Hasenauer/Scheuch · Entscheidungen im Marketing

Entscheidungen im Marketing

Fälle - Probleme - Methoden

Univ. Prof. Dr. Fritz Scheuch
Dr. Rainer Hasenauer

SERVICE
Fachverlag an der Wirtschaftsuniversität Wien

2., überarbeitete Auflage

ISBN 3-85428-002-5

Eigentümer: Servicebetriebe der HWU GmbH, 1190 Wien, F.-Klein-Gasse 1
Druck: Service Druck- und Kopierzentrum

INHALT

	Seite
VERZEICHNIS DER ABBILDUNGEN	17
VERZEICHNIS DER FLUSSDIAGRAMME ZU DEN ENTSCHEIDUNGSPROZESSEN	19
ZEITSCHRIFTEN UND ABKÜRZUNGEN	20
VORWORT	21
Einführung	29

A. DER ZIELENTSCHEIDUNGSPROZESS IN DER UNTERNEHMUNG . . 31

I. ZIELSYSTEME UND ZIELENTSCHEIDUNGSPROZESS 31

1. Arbeitsdefinition 31

2. Die Operationalität der Zielformulierung 33

2.1. Zielinhalt 33
2.2. Zielausmaß 34
2.3. Zieltermin bzw. Zielperiode 36

3. Zielhierarchie 36

4. Zielbeziehungsfunktionen 38

5. Der Zielentscheidungsprozeß 39
5.1. Entscheidungsprozeß 39
5.2. Kommentar 39

6. Literatur 45

II. DER GENERELLE BEDINGUNGSRAHMEN DER UNTERNEHMUNG 46

1. Umweltbedingungen 46

2. Unternehmensspezifische Restriktionskategorien 47

B. ENTSCHEIDUNGEN IM KONSUMGÜTERMARKETING 48

B 1. Fallstudie: SHILLO 48

A) Ist-Zustand des Marktes 48

1. Angebot 48
1.1. Allgemeine Produktionskonzeption 48
1.2. Konkurrenzprodukte 49

2. Nachfrage 50
2.1. Restriktion 50
2.2. Mögliche Untersuchungen 50

B) Maßnahmen 51

1. Daten 51
1.1. Mediakategorien und -preise 51
1.2. Beschaffbare Testinformationen zur Kontrolle des Marketing-Mix 53

1.3. Kalkulationsschema 53

2. Restriktion 53

C) Informationen zur Bestimmung des Marktpotentials . 54

D) Aufgabenstellung 59

III. DER ENTSCHEIDUNGSPROZESS DER INFORMATIONSBESCHAFFUNG 59

1. Arbeitsdefinitionen 59
1.1. Die informationstheoretischen Grundlagen 59
1.1.1. Die semiotischen Dimensionen 59
1.1.2. Informationsdefinitionen 60
1.1.3. Klassifizierung der Informationsprozesse 61
1.1.4. Der Kommunikationsprozeß 61
1.2. Der Entscheidungsprozeß unter informationstheoretischem Aspekt 62
1.3. Entscheidungsprozesse in der Informationswirtschaft 62

2. Aufbau- und Ablaufstruktur von Entscheidungsprozessen der Informationsbeschaffung 63
2.1. Beschaffungsziel 63
2.2. Restriktionen 64
2.3. Ökonomität der Informationsbeschaffung 65
2.3.1. Die Ermittlung der kostenoptimalen Beschaffungszeit 66
2.3.2. Kostenoptimaler Genauigkeitsgrad 66
2.4. Die Struktur des Informationsbeschaffungsprozesses als mehrstufiger Entscheidungsprozeß 67
2.4.1. Filterbereiche 69
2.4.1.1. Kategorienfilter 69
2.4.1.2. Lösungsrelevanzfilter 74
2.4.1.3. Zieladaptionsfilter 75

3. Objektbereiche und Methoden betrieblicher Informationssuche . 75
3.1. Objektbereiche 75
3.2. Methodenbereiche der Informationssuche 76
3.2.1. Sekundäranalyse 76
3.2.2. Primärerhebungen 77
3.2.2.1. Befragungen 77
3.2.2.2. Beobachtungen 77
3.2.2.3. Experimente 77
3.3. Anforderungen an die Erhebungsmethoden im Entscheidungsprozeß der Informationsbeschaffung 78

4. Der Entscheidungsprozeß der Informationsbeschaffung 79
5. Literatur 85

IV. MARKTSEGMENTIERUNG 86

1. Arbeitsdefinitionen 86

2. Segmentierungskriterien 88
2.1. Die Homogenitätshypothese 88
2.2. Beispiele für Kundensegmentierungskriterien 88

3. Prämissen zur Konstruktion von Segmentierungsmodellen . . 90

4. Die ökonomischen Grenzen der Marktsegmentierung 91

5. Der Entscheidungsprozeß der Marktsegmentierung 93
5.1. Entscheidungsprozeß 93
5.2. Kommentar 93

6. Literatur 96

V. PRODUKTPOLITIK 96

1. Arbeitsdefinitionen 96
1.1. Wirtschaftsgut 96
1.2. Produkt 97
1.3. Produktpolitik 97

2. Ziele der Produktpolitik 97

3. Der produktpolitische Aufgabenkatalog 98

4. Der produktpolitische Entscheidungsprozeß 100
4.1. Entscheidungsprozeß 100
4.2. Kommentar 100

5. Literatur 105

VI. PLANKALKULATION 106

1. Arbeitsdefinitionen 106
1.1. Kosten, Ertrag, Erfolg 106
1.2. Die Kostenrechnung 106

2. Teilkostenrechnung 107
2.1. Der Unterschied zwischen Kostenrechnung und Kostendeckung 107
2.2. Reagibilität und Zurechenbarkeit 108

3. Grundidee der Deckungsbeitragsrechnung 108
3.1. Grundstruktur 108
3.2. Break-even-Diagramme 109
3.3. Die Kostenträgerrechnung 109

4. Der Kalkulationsentscheidungsprozeß 111

5. Literatur 114

B 2. Fallstudie: MISTRAL-Deodorant 115

A) Ist-Zustand des Marktes 115

1. International 115

2. National 116
2.1. Angebot 116
2.1.1. Marken und Produktvarianten 116
2.1.2. Marktanteile 117
2.1.3. Marketing-Mix 118
2.1.3.1. Werbeausgaben 118
2.1.3.2. Werbeaussagen 119
2.1.3.3. Distribution 120
2.2. Nachfrage 120
2.2.1. Verkaufsvolumen 120
2.2.2. Altersstruktur 120
2.2.3. Kaufkraftstruktur 120

2.2.4. Mediaverhalten 120
2.2.5. Verwendungsgewohnheiten 121
2.2.6. Einstellungen 121

B) Nebenbedingungen 122

1. Produkt 122

2. Produktkalkulation und Kostenstruktur 123

3. Werbung 124

C) Aufgabenstellung 124

VII. DIE STRUKTUR WERBLICHER KOMMUNIKATIONSENTSCHEIDUNGEN 124

1. Arbeitsdefinitionen 124

2. Der Kommunikationsprozeß und seine werbepolitische Konkretisierung 125

3. Der Werbekommunikationsprozeß 126
3.1. Sender 126
3.2. Encodierung 126
3.3. Werbeträger und Werbemittel 127
3.4. Decodierung und Informationswirkungen 127

4. Das werbepolitische Restriktionensystem 128

5. Kommunikationsziele 129

6. Der werbepolitische Entscheidungsprozeß 129
6.1. Entscheidungsprozeß 129
6.2. Kommentar 129
6.2.1. Entscheidungsstufen bei der Maßnahmenwahl 129
6.2.2. Die grundsätzlichen Alternativen bei der Berücksichtigung eines Werbebudgets 130

7. Literatur 131

VIII. VERPACKUNGSPOLITIK 132

1. Arbeitsdefinitionen 132

2. Die Struktur verpackungspolitischer Entscheidungen 133

3. Nebenbedingungen 134

4. Checkliste für die inhaltliche Bestimmung von verpackungspolitischen Instrumenten 134

5. Testkategorien 136

6. Literatur 136

B 3. Fallstudie: GOLDA – Feinstes Tafelöl 137

A) Ist-Zustand des Marktes 137

1. Allgemeine Beschreibung des Fett-Marktes 137

2. Der Speiseölmarkt: Angebot 139

2.1. Marktsegmente 139
2.2. Marken und Marktanteile 139
2.3. Marketing-Mix: GOLDA 141
2.3.1. Marken-Bezeichnung und technologische Qualität . 141
2.3.2. Packungsvarianten 141
2.3.3. Preis, Werbung, Image 142

3. Der Speiseölmarkt: Nachfrage 143
3.1. Quantitative Daten 143
3.2. Qualitative Daten 145
3.2.1. Präferenzen gegenüber Produktmerkmalen 145
3.2.2. Qualitative Anforderungskategorien 145
3.2.3. GOLDA-Image 145

B) Restriktionen 145

C) Aufgabenstellung 146

IX. PRODUKTVARIATION UND VARIATIONSENTSCHEIDUNG . . 146

1. Arbeitsdefinitionen 146

2. Produktvariation 147
2.1. Komponenten der technischen Variation 147
2.2. Komponenten der Image-Variation 148

3. Grundlagen der Variationsentscheidung 148

4. Der Entscheidungsprozeß der Produktvariation 149
4.1. Entscheidungsprozeß 149
4.2. Kommentar 149

5. Literatur 152

X. PREISPOLITISCHE ENTSCHEIDUNGEN 152

1. Arbeitsdefinitionen 152

2. Preispolitische Ziele und Restriktionen 153
2.1. Absatzzielsystem und Preispolitik 153
2.2. Preispolitisches Zielsystem des Anbieters 153
2.3. Preispolitische Restriktionen des Anbieters 154

3. Elemente der Preisgestaltung 154
3.1. Preissystem 155
3.2. Nachfragelenkung 155
3.3. Preispsychologlische Taktik 155

4. Preispolitisch relevante Umweltsymptome und Indikatoren . . 156
4.1. Marktsymptome 156
4.2. Datenkategorien 157

5. Prüfkategorien des Marktverhaltens 157
6. Der preispolitische Entscheidungsprozeß 158
7. Literatur 158

C. ENTSCHEIDUNGEN IM INVESTITIONSGÜTERMARKETING 164

C 1. Fallstudie: NCR 280 DATENERFASSUNGSSYSTEM / GAZELLE 164

A) GAZELLE: Beschaffungsproblem und -entscheidung 164

1. Ist-Zustand 164
1.1. Generelle Unternehmensdaten 164
1.2. Das Belegsystem bei GAZELLE 164
1.2.1. Bereiche des Belegsystems 164
1.2.1.1. Beschaffungsbereich 164
1.2.1.2. Warenausgang: Zentrale an Filialen und Verkaufsstellen 165
1.2.1.3. Verkaufsbereich 166
1.2.2. Bestellung und Warenweg 166
1.3. Das Mengengerüst des Belegsystems 166
1.3.1. Die Belegmengen im Warenausgang 166
1.3.2. Die Belegmengen im Verkauf 167
1.3.3. Preisänderungen 168

2. Ziele und Restriktionen 168
2.1. Organisatorische Mängel 168
2.2. Anforderungskatalog an ein Datenerfassungssystem 168

3. Beschaffungsalternativen 170
3.1. Kostenvergleich der angebotenen Datenerfassungssysteme 170
3.2. Sonstige Merkmale der Systemalternativen . . . 171

B) NCR: Marketing-Mix und Absatzstrategie . . . 171

1. Ist-Zustand 171
1.1. Generelle Unternehmensdaten 171
1.2. Die Marketing-Organisation 173
1.3. Marketing-Mix für NCR 280 Datenerfassungssystem 174
1.3.1. Produktprogramm 174
1.3.2. Systemkonfigurationen 178
1.3.3. Distribution 179
1.3.4. Kommunikation 180
1.3.5. Preis und Konditionen 180

2. Ziele und Restriktionen 180
2.1. Ziele 180
2.1.1. Allgemeine Unternehmensziele 180
2.1.2. Absatzziel für NCR 280 Datenerfassungssystem . 181
2.2. Restriktionen 181
2.2.1. Produktrestriktionen 181
2.2.2. Marktsegmentierung 181

C) Aufgabenstellung 181

XI. KAUFENTSCHEIDUNGSPROZESS UND INVESTITIONSGÜTER-MARKETING . . . 182

1. Arbeitsdefinitionen . . . 182

2. Strukturmodelle des Kaufverhaltens . . . 182

3. Die Phasen des allgemeinen Kaufentscheidungsprozesses . . . 185
3.1. Entscheidungsprozeß . . . 185
3.2. Kommentar . . . 188

4. Determinanten des organisierten Kaufentscheidungsprozesses . 189
4.1. Die arbeitsteilige Struktur organisierter Entscheidungsprozesse 189
4.2. Bestimmungsmerkmale der Struktur des organisierten Kaufentscheidungsprozesses . . . 189
4.2.1. Die organisatorische Gestaltung als Bestimmungsmerkmal des Entscheidungsprozesses . . . 189
4.2.1.1. Die Organisation des Entscheidungsanlasses . . . 189
4.2.1.2. Die Erkennbarkeit der Phasenstruktur und die Gestaltung des Kommunikationssystems . . . 190
4.2.1.3. Die Identifikation der Aufgabenträger in Abhängigkeit von Organisationsgrad, Verteilungsstruktur und Kooperationsbeziehung . . . 191
4.2.2. Persönliche und gruppenspezifische Merkmale der Aufgabenträger . . . 192
4.2.2.1. Informale Strukturelemente . . . 192
4.2.2.2. Die Rollenstruktur im Kaufentscheidungsprozeß . . . 193
4.2.3. Kaufentscheidungsrelevante Umweltfaktoren . . . 193
4.2.4. Organisationsspezifische Beziehung zum Beschaffungsobjekt . 194

5. Die Phasenstruktur des organisierten Kaufentscheidungsprozesses . . . 195
5.1. Entscheidungsprozeß . . . 195
5.2. Kommentar . . . 195

6. Investitionsgütermarketing: Kontaktstrategien und Entscheidungsprozeß . . . 197

7. Der marketingpolitische Prüf- und Entscheidungsprozeß . . . 200

8. Literatur . . . 203

XII. ANALYSE BETRIEBLICHER BELEGSYSTEME . . . 204

1. Arbeitsdefinitionen . . . 204
1.1. Beleg und Belegsystem . . . 204
1.2. Der Belegfluß . . . 205
1.3. Der Belegprozeß . . . 205

2. Planung und Kontrolle eines Belegsystems . . . 206
2.1. Belegplanung und -kontrolle . . . 206
2.1.1. Planung und Kontrolle des Beleginhaltes . . . 206
2.1.2. Planung und Kontrolle der Belegmengen . . . 208
2.1.3. Planung und Kontrolle der Belegkosten . . . 209
2.2. Planung und Kontrolle der kommunikativen Struktur des Belegsystems . . . 209
2.2.1. Hierarchiedifferenzierte Kommunikationsprofile in betrieblichen Belegsystemen . . . 209
2.2.2. Planung und Kontrolle des Belegflusses . . . 212

3. Literatur . . . 213

C 2. Fallstudie: UNIVAR-Forschungsmikroskop 214

A) Ist-Zustand des Marktes 214

1. Angebot 214
1.1. C. REICHERT AG 214
1.1.1. Das Produktionsprogramm 215
1.1.2. Marketing-Mix 217
1.1.2.1. Distributionssystem 217
1.1.2.2. Preispolitik 218
1.1.2.3. Werbung 218
1.1.2.4. Service- und Ersatzpolitik 219
1.2. Konkurrenz 219
1.2.1. Konkurrenzfirmen, Sortimentsschwerpunkte und Marktpräsenz 219
1.2.2. Die Exportintensität der Erzeuger 220
1.2.3. Anmerkungen zum Marketing-Mix der Konkurrenz 220

2. Nachfrage 220

B) Ziele und Restriktionen 221

1. Ziele 221

2. Restriktionen 221

C) Aufgabenstellung 222

C 3. Fallstudie: MEYNADIER-Bauchemie 222

A) Ist-Zustand 222

1. Angebot 222
1.1. MEYNADIER-Bauchemie 222
1.1.1. Generelle Unternehmensdaten 222
1.1.2. Marketing-Mix 223
1.1.2.1. Produktprogramm 223
1.1.2.2. Die Kommunikationspolitik von MEYNADIER . 224

B) Der Ist-Zustand im betrachteten Markt 224

1. MEYNADIER NATIONAL 224
1.1. Generelle Unternehmensdaten 224
1.2. Marketing-Mix 225

2. Konkurrenz 225

3. Nachfrage 225
3.1. Marktsegmentierung und Marktanteile 225
3.2. Quantitative Strukturmerkmale der Nachfrage . . 226

4. Ziele und Restriktionen 226

C) Das Distributionsproblem 227

D) Aufgabenstellung 228

XIII. DIE WAHL DES DISTRIBUTIONSSYSTEMS 228

1. Arbeitsdefinitionen 228
1.1. Absatz 228
1.2. Das Distributionssystem 228
1.2.1. Das Akquisitionssystem 229
1.2.2. Das Logistiksystem 229
1.2.3. Zusammenhang zwischen logistischem und akquisitorischem System 229
1.3. Das Distributionssystem im Rahmen der Absatzpolitik 230

2. Elemente und Struktur des Distributionssystems 230
2.1. Das akquisitorische System 230
2.1.1. Die Elemente des akquisitorischen Systems 230
2.1.1.1. Handelsbetriebe 231
2.1.1.2. Absatzmittler 232
2.1.2. Die Struktur des akquisitorischen Systems 232
2.2. Elemente und Struktur des Logistiksystems 233
2.2.1. Die Logistikelemente 233
2.2.2. Die Logistikstruktur 233

3. Die Wahl des Distributionssystems als absatzpolitische Entscheidung 234
3.1. Die absatzpolitische Entscheidung 234
3.2. Die Struktur der Entscheidung über das Distributionssystem . 234
3.2.1. Die Rangstruktur von Distributionssystementscheidungen . . . 234
3.2.1.1. Zielebene 234
3.2.1.2. Maßnahmenebene 235
3.2.2. Das zulässige Alternativrepertoire für die Wahl des Distributionssystems 237

4. Literatur 239

D. ENTSCHEIDUNGEN IM DIENSTMARKETING 245

D 1. Fallstudie: STADTSPARKASSE 245

A) Der Ist-Zustand des Marktes 245

1. Angebot 245
1.1. Stadtsparkasse 245
1.1.1. Generelle Geschäftsdaten 245
1.1.2. Personalstruktur 246
1.1.3. Das Leistungsprogramm 246
1.2. Konkurrenz 249
1.2.1. Die Marktanteile 249
1.2.2. Das Marketing-Mix 250

2. Nachfrage 251
2.1. Quantitative Strukturmerkmale der regionalen Nachfrage 251
2.1.1. Allgemeine Strukturmerkmale 251
2.1.2. Quantitative Merkmale des Sparverhaltens 253
2.1.3. Die Wahl des Geldinstitutes in Abhängigkeit von demographischen Merkmalen 255
2.2. Qualitative Daten 258
2.2.1. Der Bekanntheitsgrad der Geldinstitute 258
2.2.2. Unternehmensimage 259
2.2.3. Anforderungsprofile (Soll-Image) 260

2.3.	Mediagewohnheiten der Zielgruppen	263
2.3.1.	Das allgemeine Informationsverhalten bezüglich Geld- und Währungsfragen	263
2.3.2.	Die Stellung des Fernsehens im Kommunikations-Mix	263
B)	Ziele und Restriktionen	264
C)	Aufgabenstellung	264

XIV: DIREKTKONTAKT IM MARKETING 265

1.	Marketing und Kundenkontakt	265
1.1.	Arbeitsdefinitionen	265
1.2.	Individueller Kontakt und Kontaktziele	265
1.3.	Organisatorische Erscheinungsformen des individuellen Kontaktes	266
1.4.	Die Gestaltung der Kontaktelemente	268
1.5.	Kontaktgestaltung und werbliche Kommunikation	269
2.	Dienst als Wirtschaftsgut	270
2.1.	Arbeitsdefinition	270
2.1.1.	Wirtschaftsgut	270
2.1.2.	Dienste als Wirtschaftsgüter	271
2.2.	Zusammenfassender Merkmalskatalog	275
2.3.	Systematik der Dienstearten	276
2.4.	Die Phasen der Diensteerstellung	277
2.4.1.	Die Erstellung des Dienstepotentials	277
2.4.2.	Die Erstellung von Diensten	278
3.	Dienstemarketing	278
3.1.	Dienstekategorien als Differenzierungskriterium	278
3.2.	Bestimmungskomponenten der Dienste	279
3.3.	Diensteprofile	281
3.4.	Dienstenachfrage	281
4.	Literatur	283

XV. IMAGE 284

1.	Arbeitsdefinitionen	284
1.1.	Imagebegriff	284
1.2.	Imagearten	284
1.3.	Allgemeine Imagecharakteristik	284
2.	Imagewirkungen	285
3.	Imageanalyse	286
3.1.	Aufgaben der Imageanalyse	286
3.2.	Graphische Darstellungen zur Imageanalyse	286
4.	Image-Beeinflussung	288
5.	Entscheidungsprozeß	288
6.	Literatur	289

SACHREGISTER 291

Verzeichnis der Abbildungen

Abb. 1:	Inhaltliche Konkretisierung eines Zielsystems unter Berücksichtigung der Mittel-Ziel-Hierarchie sachlicher und formaler Finalkategorien	34
Abb. 2:	Ziel- und Skalenarten	34
Abb. 3:	Marketing-Zielsystem	37
Abb. 4:	Nach Komplexitätsbewältigung geordnete Grundtypen informationsverarbeitender Systeme	44
Abb. 5:	Leistungsprofile	49
Abb. 6:	Regelkreis und Entscheidungsprozeß	62
Abb. 7:	Semiotische Prozeßkategorien	65
Abb. 8:	Optimale Beschaffungszeit bei Gesamtkostenminimum	66
Abb. 9:	Optimaler Genauigkeitsgrad bei Gesamtkostenminimum	67
Abb. 10:	Zusammenhang zwischen Entscheidungsunsicherheit und Informationsgrad in Abhängigkeit von der Suchdauer und den zugehörigen Kosten	69
Abb. 11:	Ranglogische Struktur von Suchfragen	72
Abb. 12:	Rangmatrix kategorial effizienter Nachrichten	73
Abb. 13:	Preis-Leistungs-Verhältnis kategorial effizienter Nachrichten	73
Abb. 14:	Segmentierungsmatrix	92
Abb. 15:	Matrix zur ziel- und restriktionenbezogenen Beurteilung von ökonomischen Produktmerkmalen	99
Abb. 16:	Break-even-Diagramm	110
Abb. 17:	Abhängigkeit der Werbegestaltung von werbepolitischen Restriktionen und kontrollierbaren Phasen des Kommunikationsprozesses	128
Abb. 18:	Verpackungsfunktionen und -gestaltung	133
Abb. 19:	Der Gesamtfettmarkt	138
Abb. 20:	Der Speiseölmarkt	140
Abb. 21:	Umsatzentwicklung „GOLDA" (Dosen und Kanister)	143
Abb. 22:	Der „GOLDA"-Anteil am Speiseölmarkt	144
Abb. 23:	Packungsarten am DT-Markt	144
Abb. 24:	Beurteilung von GOLDA durch Verwender und Nichtverwender	146
Abb. 25:	Preispsychologie und Preis-Absatz-Funktion	156
Abb. 26:	Bestellung und Warenweg bei GAZELLE	167
Abb. 27:	Etikette für das System NCR 280	168
Abb. 28:	Die Verkaufsorganisation der NCR	173
Abb. 29:	Struktur des Systems NCR 280	175
Abb. 30:	Verkaufsbelege im System NCR 280	176
Abb. 31:	Systemkonfigurationen NCR 280	178
Abb. 32:	Der allgemeine Problemlösungsprozeß	183
Abb. 33:	Strukturmodell des Kaufverhaltens in Anlehnung an Howard/Sheth	184
Abb. 34:	Die Identifikation der Aufgabenträger	192
Abb. 35:	Gate-Keepers und Rollen im Beschaffungsentscheidungsprozeß	199
Abb. 36:	Abweichungsarten	207
Abb. 37:	Abweichungsanalyse bei stochastischen Belegmengen	208
Abb. 38:	Wertmäßige Abweichungen unter Berücksichtigung singulärer und repetitiver Belegerstellung	209
Abb. 39:	Aufgabenorientiertes Sendeprofil	210
Abb. 40:	Relative Häufigkeiten unzulässiger Abweichungen des Sendeprofils	211
Abb. 41:	Kommunikationsmatrix des hierarchiedifferenzierten Belegflusses	212
Abb. 42:	Zusammenhang zwischen Zielbeziehungsfunktion und Flußgeschwindigkeit	217
Abb. 43:	Das Distributionssystem der C. REICHERT AG	230

Abb. 44: Absatzzielsystem und Zielbeziehungsfunktionen 230
Abb. 45: Analyse der Konkurrenzdistribution 239
Abb. 46: Imageanalyse 1 259
Abb. 47: Imageanalyse 2 259
Abb. 48: Imageanalyse 3 260
Abb. 49: Imageanalyse 4 261
Abb. 50: Imageanalyse 5 261
Abb. 51: Imageanalyse 6 261
Abb. 52: Imageanalyse 7 262
Abb. 53: Imageanalyse 8 262
Abb. 54: Imageanalyse 9 262
Abb. 55: Kontaktorganisation 268
Abb. 56: Güterarten 272
Abb. 57: Die Diensteerstellung in Abhängigkeit von Diensteerstellungspotential und Diensteabnahmepotential 276
Abb. 58: Dienstekategorien 279
Abb. 59: Kontakt- und Bereitschaftsorganisation 280
Abb. 60: Angebotsprofile für Dienste 282
Abb. 61: Imagepositionierung 1 286
Abb. 62: Imagepositionierung 2 287
Abb. 63: Imagepositionierung 3 287
Abb. 64: Imagepositionierung 4 288

Verzeichnis der Flußdiagramme zu den Entscheidungsprozessen

Entscheidungsprozeß	*Index (Inhaltsverzeichnis)*
Der Zielentscheidungsprozeß	I.5.1.
Der Entscheidungsprozeß der Informationsbeschaffung	III.4.
Der Entscheidungsprozeß der Marktsegmentierung	IV.5.1.
Der produktpolitische Entscheidungsprozeß	V.4.1.
Der Kalkulationsentscheidungsprozeß	VI.4.
Der werbepolitische Entscheidungsprozeß	VII.6.1.
Der Entscheidungsprozeß der Produktvariation	IX.4.1.
Der preispolitische Entscheidungsprozeß	X.6.
Die Phasen des allgemeinen Kaufentscheidungsprozesses	XI.3.1.
Die Phasenstruktur des organisierten Kaufentscheidungsprozesses	XI.5.1.
Der marketingpolitische Prüf- und Entscheidungsprozeß (Investitionsgütermarketing)	XI.7.
Die Phasen der Distributionssystementscheidung – Entscheidungsprozeß	XIII.3.3.
Image – Entscheidungsprozeß	XV.5.

Zeitschriften und Abkürzungen

Accounting Review (AR)
Betriebswirtschaftliche Forschung und Praxis (BFuP)
Cash & Carry
Der Markt
Die Unternehmung
Jahrbuch der Absatz- und Verbrauchsforschung (JBdAuV)
Journal of Advertising Research
Journal of Marketing
Journal of Marketing Research
Management Science (MS)
Neue Betriebswirtschaft (NB)
Zeitschrift für Betriebswirtschaft (ZfB)
Zeitschrift für betriebwirtschaftliche Forschung (ZfbF)
Geldeinheiten (GE)

VORWORT ZUR ZWEITEN AUFLAGE

Die Entscheidung über die Neuauflage eines Buches erfolgt meist mit einigem zeitlichen Abstand zur erstmaligen Gestaltung des Werkes und kann gewonnene Erfahrungen berücksichtigen. Für die Neuauflage der „Entscheidungen im Marketing" sprachen mehrere Überlegungen:

- Das Buch war nicht als detailreiche Erstlektüre im Fachbereich Marketing gedacht, sondern konzeptionell angelegt. Zulasten von Literaturdiskussion, Darstellung quantitativer Methoden, Referierung empirischer Untersuchungen etc. wurde das Schwergewicht auf immer wieder dargestellte und trainierbare Denk- und Entscheidungsprozesse gelegt. Dieses Konzept ist insbesondere für schlecht strukturierte Entscheidungsprobleme im Marketing unverändert aktuell.
- Abschnitte, deren Gestaltung ungewohnt schien, bewährten sich terminologisch und in der heuristischen Kraft, d. h. in der Fähigkeit, kreative Problemlösungen anzuregen und Analogien auf die Anwendbarkeit für neue Marketing-Entscheidungssituationen systematisch zu prüfen.
- Die Fallstudien bewähren sich aufgrund der gewählten Beispiele und Problemschwerpunkte nach wie vor in ihrer illustrativen und situationsexemplarischen Funktion.
- Einige Kapitel wurden in der Marketing-Literatur rezipiert und bewahrten damit ihre Aktualität.
- Ein Sonderproblem im Rahmen von Lehrbüchern stellen Literaturnachweise dar. Die Literaturangaben der Erstauflage bezogen sich weitgehend auf die grundsätzliche Gedankenführung der Kapitel. Die Literatur zu Marketing-Entscheidungen ist mittlerweile in einem Maße angewachsen, das eine einfache Auflistung kaum mehr sinnvoll erscheinen läßt. Die problembezogene Auswahl von Literatur stellt beinahe ein eigenständiges Informationsentscheidungsproblem im Marketing dar. Die dazu notwendige Neugestaltung hätte den Rahmen der Neuauflage gesprengt und wurde daher unterlassen. Die in den Literaturangaben genannten Stichwörter können allerdings auch als Suchbereiche für neuerscheinende und weiterführende Literatur eingesetzt werden.

Der Aufbau des Buches verursachte einige Schwierigkeiten und erscheint auf den ersten Blick erklärungsbedürftig. In der Tat beinhaltet das Buch verschachtelte Gliederungskriterien:

Einerseits ist der Aufbau des Buches durch Kapitel gekennzeichnet, die der systematischen Behandlung allgemeiner Kapitel der Marketing-Lehre dienen.

Diese beinhalten jeweils die

- begriffliche Festigung von Marketing-Grundlagenwissen, das für den didaktischen Einsatz des Buches vorausgesetzt wird,
- die Entwicklung von Überblickstabellen und Alternativensystemen und
- die Darstellung von Flußdiagrammen als Vorschlag für die effiziente Reihenfolge der Bearbeitung von Teilproblemen im Rahmen von Marketing-Entscheidungen.

Das zweite Gliederungskriterium berücksichtigt Güterarten (Konsumgüter, Investitionsgüter und Dienste), um die Anpassung allgemeinen Marketing-Wissens auf sektorale Besonderheiten zu demonstrieren. Dieser Gedanke wird durch darauf abgestimmte Fallstudien unterstützt. Die Problemstellungen der Fallstudien sind so gewählt, daß sie von allgemein gehaltenen Marketing-Problemen ausgehend schrittweise Detailschwerpunkte in den Instrumentalbereichen oder Gutskategorien illustrieren. An diese Schwerpunkte der Fallstudien wird auch die Reihenfolge der theoretischen Kapitel angepaßt.

Dieser aufbauende Charakter der Kapitel legt für den Einsatz in Lehre und Selbststudium nahe, das Buch von Anfang an durchzuarbeiten. Da die späteren Fallstudien und Entscheidungsprozesse auch Entscheidungen beinhalten, die bereits vorher Gegenstand eines Kapitels waren, wird die problembezogene Wiederholung von Stoffgebieten angeregt und ermöglicht die Entwicklung von Routine in der Analyse von Entscheidungsproblemen und Entwicklung von Lösungsschritten.

Die Positionierung des Buches im Ausbildungsstadium ist dadurch charakterisierbar, daß eine begriffliche und methodische Grundausbildung vorausgesetzt wird. Ergänzt kann das Buch durch zusätzliche Fallstudien werden, um in analogen Entscheidungssituationen die fall- und problembezogene Umsetzung zu üben. Weitere Ausbildungsinhalte, die im vorliegenden Buch nicht aufgenommen wurden, können einerseits methodenorientiert sein (quantitative Entscheidungsmodelle im Marketing, Erfolgskontrolle, heuristische Problemlösungsprozesse etc.) oder sektorale Spezialisierungen darstellen (Investitionsgüter-Marketing aus der Sicht des Organizational-buying-Ansatzes, Export-Marketing, Marketing in verschiedenen Dienstleistungsbranchen etc.).

Für die Ermöglichung einer zweiten Auflage danke ich Herrn Dr. Oskar Mennel vom SERVICE-Fachverlag an der Wirtschaftsuniversität Wien, der praktiziert, wovon Marketing-Lehrer träumen: die erfolgreiche branchen- und produktspezifische Anwendung von Marketing-Lehrinhalten.

Wien, im Februar 1981 — Fritz Scheuch

Fall-Studie	*Problem*	*Kommentarteile*		*Entscheidungsprozeß*
	A. Der Zielentscheidungsprozeß in der Unternehmung	I.	Zielsystem und Zielentscheidungsprozeß	ja
		II.	Der generelle Bedingungsrahmen (Restriktionen-Input) der Unternehmung	–
	B. Entscheidungen im Konsumgütermarketing			
B 1 SHILLO	– Produkteinführung; verbunden mit der Aufbereitung einer neuen Verwendungsgewohnheit	III.	Der Entscheidungsprozeß der Informationsbeschaffung	ja
	– Sub-Problem: Marktforschungsselektionsentscheidung	IV.	Marktsegmentierung	ja
		V.	Produktpolitik	ja
B 2 MISTRAL-Deodorant	– Produkteinführung in einem bereits aufbereiteten Markt (Verwendung bekannt, Konkurrenz am Markt)	VI.	Plankalkulation	ja
		VII.	Die Struktur werblicher Kommunikationsentscheidungen	ja
B 3 GOLDA-Feinstes Tafelöl	– Relaunch eines emotionsarmen Produktes	VIII.	Verpackungspolitik	ja
		IX.	Produktvariation und Variationsentscheidung	ja
		X.	Preispolitische Entscheidungen	ja
	C. Entscheidungen im Investitionsgütermarketing			
C 1 NCR/GAZELLE	– Ermittlung des Investitionsbedarfes für die Datenerfassung in einem Handelsbetrieb	XI.	Kaufentscheidungsprozeß und Investitionsgütermarketing	ja
	– Marketing-Mix für ein Investitionsgüter anbietendes Unternehmen	XII.	Analyse betrieblicher Belegsysteme	
C 2 UNIVAR-Forschungsmikroskop	– Produkteinführung im Investitionsgüterbereich unter Berücksichtigung einer spezifischen Zielgruppenstruktur			
C 3 MEYNADIER-Baustoffchemie	– Wahl eines Distributionssystems	XIII.	Die Wahl des Distributionssystems	ja
	D. Entscheidungen im Dienstemarketing			
D 1 STADTSPARKASSE	– Kundenkontakt und Image-Politik eines Geldinstitutes	XIV.	Direktkontakt im Marketing	ja
		XV.	Image	ja

NOTIZEN

NOTIZEN

NOTIZEN

NOTIZEN

NOTIZEN

Eliminierg	Auslösg		Folgen ja	nein
Zeit	intern	extern		
rasch				
langs.				

markenpol. Alternativen
* Markenart / od. nicht
* Herstellermarke / Handelsmarke
* Einzelmarke / Markenfamilie
* Unternehmensmarke / Prod.-Marke
* 1-Marken-Pol. / Mehr-Marken-Pol.
* markenbez. Prod.-Positionierung
* markenpol. Änderungen
  - Erweiterg. d. Prod. Zahl mitergl. Marke
  - Entwicklung einer Mehr-Marken-Pol.
  - Neupositionierg. einer Marke

PREISSYSTEME

		segmentierte Diff. ein Preis	mehrere Preise
zeitl. Diff.	starr	Milch	Benzin
	flexibel	Projekte	Konsumgüter

Distributionssyst.
* Lenkbarkt. d. Distr. Weges
  - direkt z.B. Fabrikverkauf
  - indir. z.B. eigenständ. Händler
* Zentralisationsgrad (1 Willenszentrum?)
* Selbstständigkt. d. Distr. Organe (rechtlich)
  - selbstst.
  - unselbstst.
* Rechtsnatur d. D.-Organe
* Auslastg. altern. D-Organe
  - universal (an vielen Stellen erhältl.)
  - selektiv (best. Wege herausgegriffen)
* Diff. d. D-Wege
  - eingeleisig
  - mehrgeleisig
* Kooperationsgrad d. D-Org.
  - kompetitiv Handelskonzentration
  - kooperativ Vertragshändler
* Steuerndes Willenszentrum
  - Hersteller
  - Großhändler / Auftragsfert.
  - Einzelh.
  - Konsument

* Ideensuche od. -prod.
* Ideenfilterung
  - Marktanalyse
  - Kap. anal.
  - Finanzanal. (PKoRe)
* Prod. Entw.
  - techn. (Prototypen
  - marktorientiert (Image, fkt. Form,
* Prod. Test
* Markt Test
* Einführungs-Planung
* Einführung
* Einführungsüberwachg.

Beschränkgn im Komm. Prozess
* Encodierung
  - Abbildbarkt.
  - Werbeverbote f. spez. Objekte
  - techn. Beschränkungen
    - Medienabh.
    - Produktion
  - inhaltl. Beschr.
* Transmission
  - Art
  - Verfügbarkt.
  - Image
  - Komm. [illegible]
* Decodierg
  - Einstellg. zur Werbg.
  - Medien-Nutzung
  - Demographie
  - Psychographie

Einführung

Die Grundidee des Buches besteht in der Darstellung der schrittweisen Lösung von Entscheidungsproblemen im Marketing. Die Zerlegung komplexer Entscheidungsprobleme in Teilprozesse steht im Dienste einer Verbesserung der Entscheidungsqualität im Marketing.

Die Aufbaustruktur des Buches wird durch die folgenden vier grundlegenden Textkategorien bestimmt:

- Fallstudien
- Methodenkommentar
- Entscheidungsprozesse
- Literatur – Abstracts

Die Fallstudien haben beispielhaften und illustrativen Charakter. Sie haben die Rolle eines didaktischen Mediums zur Veranschaulichung typischer Marketingsituationen im Konsumgüter-, Investitionsgüter- und Dienstemarketing. Die Problemstellung der Fallstudien wird in Teilfragen gegliedert; die wesentlichen Entscheidungsbereiche werden durch Methodenkommentare und Entscheidungsprozesse in Flußdiagrammen problementsprechend aufbereitet. Dem interessierten Leser ist es damit möglich, durch schrittweises Nachvollziehen der Entscheidungsabläufe alternative Lösungen für die Fallstudien entsprechend der Aufgabenstellung zu erarbeiten.

Die Synthese aus

- Entscheidungssituationen im Marketing, illustriert durch konkrete Fälle,
- Marketing-Theorie in problemrelevanten Methodenkommentaren,
- Entscheidungsprozessen, dargestellt in Flußdiagrammen

wird durch die Angabe problembezogener Literatur in Abstracts ergänzt.

Die Fallstudien sind durch den folgenden Aufbau geprägt:

- Beschreibung des Ist-Zustandes von Angebot und Nachfrage,
- fallspezifische Festlegung des Zielsystems und der wirksamen Restriktionen,
- Informationen über das Maßnahmen-Repertoire für Marketingentscheidungen,
- Aufgabenstellung in Form eines schrittweise durch die Fallstudie führenden Fragenkataloges.

Auf die Darstellung praktisch realisierter Lösungen oder theoretischer Lösungsalternativen wurde bewußt verzichtet, um im Dienste der Annäherung an realistische Entscheidungssituationen jede Präjudikation zu vermeiden. Damit soll die Möglichkeit zur spontanen Erarbeitung individueller Lösungen gewahrt bleiben.

Die vorliegenden Fallstudien wurden im Rahmen des Lehrprogrammes der Verfasser auf ihre Durchführbarkeit und pädagogische Effizienz überprüft. Das Buch kann in Fallstudien-Gruppenarbeit, Fall-Diskussionen und Fallstudien-Vergleichen zur Aufhellung struktureller Gemeinsamkeiten und Unterschiede typischer Entscheidungssituationen im Marketing eingesetzt werden.

Entsprechend dieser Zielsetzung wurde auf die Darstellung von Detailproblemen und Literaturdiskussionen im Text weitgehend verzichtet. Im Vordergrund steht vielmehr die entscheidungsprozessuale Analyse von durch Fallstudien bebilderten Marketingproblemen. Versteht man unter Entscheidung die zielfunktionale Wahl von Alternativen aus einem endlichen Alternativenrepertoire unter unvollkommener Information bei einer gegebenen Präferenzordnung, so kann der Begriff Politik als eine endliche Folge von Entscheidungen definiert werden. Marketingentscheidungen haben die Vermarktung von Wirtschaftsgütern zum Gegenstand. Unter Vermarktung wird die Vorbereitung und Betreuung von Kaufentscheidungsprozessen und die Ermöglichung der Marktentnahme von Wirtschaftsgütern verstanden.

Aus dieser entscheidungsorientierten Auffassung des Marketing ergibt sich, daß sowohl in der Darstellung konkreter Fälle als auch in der theoretischen Behandlung die logische Struktur typischer Entscheidungssituationen im Zentrum der Betrachtung steht.

Das Buch wendet sich an Studenten, Praktiker und Ausbildungsinstitutionen, die sich das Ziel gesetzt haben, in den Bereichen des Konsumgüter-, Investitionsgüter- und Diensteabsatzes Entscheidungsprobleme systematisch zu lösen:

- Dem anwendungsorientierten Leser wird ein anschaulicher Zutritt zu Entscheidungsprozessen im Marketing geboten;
- an Spezialfragen interessierte Studenten finden spezielle marketing-theoretische Kommentarteile und gezielte Literaturinformationen;
- der Pädagoge verfügt über eine Arbeitsunterlage zur Gestaltung von Gruppenarbeit und Diskussion bei der Analyse von konkreten Marketing-Problemen und deren Lösung.

Das Team, dem das vorliegende Buch seine Entstehung verdankt, geht weit über die beiden Verfasser hinaus:

Für die großzügige Überlassung der Fallstudien und die mühevolle Aufbereitung der empirischen Daten sind wir den Herren Gen. Dir. Dr. *A. Wickl*, Dipl. Ing. *G. Brunar*, Gen. Dir. *W. Micheler*, Gen. Dir. Dr. *H. Küster*, *J. Hock*, *N. Kern*, Dkfm. Dr. *F.F. Eiffe* M.B.A., Dkfm. *W. Schwingenschlögl*, Dkfm. Dr. *G. Langer*, Dkfm. *L. Wilk*, Dkfm. *R. Beckerhinn*, Dkfm. *K. Riedmüller*, Dkfm. *E. Hufnagel* und Dr. *H. Sobotka* zu Dank verpflichtet.

Alle genannten Herren standen uns tatkräftig und immer gesprächsbereit zur Verfügung.

Für die persönliche Ermutigung und pädagogische Betreuung danken wir Herrn Prof. Dkfm. Dr. *Gottfried Theuer*, die Schreibarbeiten wurden durch Frau *Anna Metelka* verläßlich besorgt. Bei den Korrekturarbeiten half uns Herr Dr. *Walter Schiebel*.

Rainer Hasenauer, Fritz Scheuch

A. Der Zielentscheidungsprozeß in der Unternehmung

I. Zielsystem und Zielentscheidungsprozeß

1. Arbeitsdefinitionen

Unter einem *System* verstehen wir die Menge der Elemente und die Menge der Relationen, welche zwischen diesen Elementen bestehen. Die Menge der Relationen heißt die *Struktur* des Systems. Ein System kann durch die Zustände seiner Elemente beschrieben werden.
Ein *Ziel* ist ein zukünftiger Systemzustand, der von einem System aufgrund einer bestehenden Präferenzordnung als anstrebenswert beurteilt wird. Eine *Unternehmung* ist ein mikroökonomisches System. Unter Berücksichtigung der systemtheoretischen Ansätze in der Betriebswirtschaftslehre seien die wesentlichen Systemeigenschaften der Unternehmung angeführt, um diese von anderen Systemen abzugrenzen. Vom Standpunkt der *Interdependenz* zur relativen System-Umwelt ist die Unternehmung ein offenes System; das heißt, zumindest ein Element des Systems steht in Relation zur Umwelt. Vom Standpunkt der *Prädeterminiertheit* ist die Unternehmung ein stochastisches System; über das Eintreten von Zuständen und/oder über die Auswirkungen von Strukturänderungen liegen mehrwertige Erwartungen vor. Vom Standpunkt des *Zeitverhaltens* ist die Unternehmung ein nichtstationäres System: Die Zeit ist eine unabhängige Prozeßvariable, welche auf das zeitstrukturierte Systemverhalten Einfluß nimmt. Vom Standpunkt der *Desaggregierbarkeit* ist die Unternehmung ein diskretes System: Es gilt die Unteilbarkeitsbedingung der Elemente bzw. Elementarsysteme. Vom Standpunkt des *Systemverhaltens* ist die Unternehmung insofern ein kybernetisches System, als die Struktur- und Zustandsänderungen an Zielen ausgerichtet werden und der Erreichung von Zielen dienen. Unter Berücksichtigung des *Stabilitätsverhaltens* ist die Unternehmung als multistabiles System zu kennzeichnen, weil der Unternehmung zum kompensatorischen Entgegenwirken auf Störungen nicht nur ein begrenztes Anpassungsrepertoire (im Falle von Ultrastabilität), sondern auch die Lernfähigkeit (Verbesserung des internen Modelles der Außenwelt aufgrund von Erfahrung) zur Ausweitung des Adaptionsrepertoires gegeben ist. Vom Standpunkt des Beobachters ist die Unternehmung ein äußerst komplexes System, da die Vielfältigkeit (Varietät) der Relations- und Elementklassen durch analytische Verfahren nicht mehr mit ausreichender Abbildungsqualität beschrieben werden kann.

Die *Unternehmung* als
offenes,
stochastisches,
nicht stationäres,
diskretes,

kybernetisches,
multistabiles und
äußerst komplexes
System ist in Teilsysteme zerlegbar. Die Zerlegung des Systems ist nach den verschiedensten Analysekriterien möglich, die letztlich von der ***pragmatischen Grunddisposition*** des Beobachters abhängig sind. Ein Teilsystem der Unternehmung ist das Zielsystem. Das ***Zielsystem*** der Unternehmung besteht aus Zielen und Relationen zwischen diesen Zielen.

Grundlegend für die Darstellung betriebswirtschaftlicher Zielsysteme ist die Gültigkeit des formalen Rationalprinzips, das systemtheoretisch als Input / Output-Relation dargestellt werden kann:

$$\frac{\text{OUTPUT}}{\text{INPUT}} \longrightarrow \text{MAX !}$$

Die Gültigkeit der formalen Rationalitätsprämisse ist jedoch nur notwendige Bedingung für die Konstruktion von betriebswirtschaftlichen Zielsystemen. Darüber hinaus ist die inhaltliche (bedeutungsmäßige, semantische) Konkretisierung der formalen Rationalität notwendig.

Das *Wirtschaftlichkeitsprinzip* wird durch seine beiden Ausprägungsformen, dem erwerbswirtschaftlichen Prinzip und dem Prinzip sparsamer Mittelverwendung gekennzeichnet. Durch die Vorschrift der Input / Output-Extremierung ist implizite die Finalität alles rationalen Verhaltens angesprochen. Gegenstand der vorliegenden Darstellung sind nur betriebswirtschaftliche Zielsysteme, wodurch eine Abgrenzung gegenüber anderen Zielsystemen gegeben ist. Die angedeutete Finalität rationalen Verhaltens kommt in der entscheidungstheoretischen Aspektierung der Betriebswirtschaftslehre insofern zum Ausdruck, als *Wirtschaften* als rationales Entscheiden über Widmungsalternativen knapper Güter zum Abbau von Mangellagen aufgefaßt wird.

Entscheidung kann allgemein unter informationstheoretischem Aspekt als eine Informationstransformation (informationsverarbeitender Prozeß) bezeichnet werden. Die Entscheidung stellt einen aufgrund einer Präferenzordnung gewollten, zielbezogenen Wahlakt unter unvollkommener Information dar, mittels dessen aus einem begrenzten Alternativen-Repertoire („subjektiver Informationsstand") jene Alternative gewählt wird, deren Erwartungswert für den Beitrag zur Zielrealisierung „relativ extremal (optimal)" ist. Bei einem weiten Entscheidungsbegriff werden auch Entscheidungen unter deterministischen Informationsbedingungen (sicheren Erwartungen) subsumiert.

Ziele, als bei gegebener Präferenzordnung für anstrebenswert beurteilte, zukünftige Zustände eines Systems, sind mit Entscheidungen in engem Zusammenhang zu sehen. Zum einen stellen Ziele das Kriterium für die Wahl der Alternative dar; zum anderen können Ziele auf einer logisch übergeordneten Ebene selbst zu Alternativen für höhere Ziele werden und somit den Gegenstand für Meta-Entscheidungsprozesse darstellen. Dieses Phänomen der mehrstufigen Finalität, welches seine Ausprägung in der *Zielhierarchie* erfährt, ist weiter unten Gegenstand zusätzlicher Betrachtungen. Es ist jedoch bereits hier zu vermerken, daß die *mehrstufige Finalität* eine Determinante der Struktur von Zielsystemen ist. Sowohl Ziele wie auch *Präferenzordnungen* sind interdependent zu anderen Teilsystemen bzw. übergeordneten (Super-) Systemen und untergeordneten (Sub-) Systemen. Das Zielsystem kann daher als offenes, stochastisches System bezeichnet werden. Dies gilt insbesondere für die Prozesse der Zielbildung *(Zielentscheidungsprozesse)*. Weiters unterliegen Ziele auf allen hierarchischen Ebenen zeitlichen Veränderungen (nicht stationäres Verhalten des Zielsystems). Darüber hinaus sind betriebswirtschaftliche Zielsysteme durch diskretes, kybernetisches, multistabiles und äußerst komplexes Verhalten gekennzeichnet.

2. *Die Operationalität der Zielformulierung*

Unternehmensziele bestimmen das „Wozu" der betrieblichen Aktivitäten. Um die Effizienz der zielbezogenen Aktivitäten kontrollieren zu können, muß das betriebliche Geschehen in einer operationalen Sprache abgebildet werden. Die *Operationalität* (Überprüfbarkeit, Entscheidbarkeit) der sprachlichen Abbildung des betrieblichen Geschehens betrifft sowohl die Aufbau- wie auch die Ablaufstruktur aller betrieblichen Prozesse sowohl auf der Lenkungs- wie auch auf der Objektebene. Die *Aufbaustruktur* wird durch die Finalitätsstufen (Mittel-Zweck-Stufen), die *Ablaufstruktur* durch die mehrstufigen Phasen („Planung"- „Realisation"- „Kontrolle"-Zyklen), jeweils auf einen bestimmten Sachcharakter der Lenkungs- oder der Objektebene bezogen, gekennzeichnet.
Wir beschränken uns im folgenden auf Fragen der operationalen Zielformulierung im Dienste der Überprüfung des Zielerreichungsgrades. Mittels einer operationalen Formulierung werden

- Zielinhalt
- Zielausmaß
- Zieltermin bzw. Zielperiode

festgelegt. Diese drei Dimensionen müssen explizite angegeben werden, damit von einer operationalen Zielformulierung gesprochen werden kann. Zielplanung und Zielkontrolle haben diese Dimensionen zum Gegenstand. Somit sind durch den Soll/Ist-Vergleich mögliche Abweichungen im Inhalt, Ausmaß und Termin bzw. Periode der Zielrealisierung prinzipiell erfaßbar. Der *Operationalitätsgrad* der Zielformulierung sinkt mit zunehmender Allgemeingültigkeit der Zielinhalte. Liegt nun das Bild einer *Ziel-Pyramide* zugrunde, wobei an der Spitze der Zielhierarchie die obersten unternehmerischen Leitmaximen stehen, welche zugleich das Bindeglied zu metaökonomischen Zielvorstellungen sind, so steigt der Operationalitätsgrad ausgehend von der Pyramidenspitze in Richtung Pyramidenbasis.
Der steigende Operationalitätsgrad spiegelt sich in der zunehmenden Überprüfbarkeit der drei Formulierungsdimensionen wider.

2.1. *Zielinhalt*

Es steht beispielsweise der eher allgemein formulierten Zielvorstellung „Sicherheit der Unternehmensexistenz" die auf exekutiver Ebene der Zielhierarchie definierte Zielvorstellung der „liquiditätswirksamen Mindestdeckungsbeiträge eines Budgetbereichs in der Periode T" gegenüber. Begriffslogisch kann die These der steigenden Operationalität des Zielinhaltes als das reziproke Verhältnis zwischen Begriffsinhalt und Begriffsumfang erklärt werden. Mit steigender Allgemeingültigkeit (Begriffsumfang) sinkt der Informationswert (Begriffsinhalt) und umgekehrt. So ist eine wesentliche Struktureigenschaft multivariabler und hierarchischer Zielsysteme darin zu sehen, daß jeder Stufe der Zielhierarchie ein ganz spezifischer Operationalitätsgrad des Zielinhaltes zukommt, welcher in den Phasen der Zielplanung, Realisation und Kontrolle explizite durch die sprachliche Abbildung des unternehmerischen Geschehens zu berücksichtigen ist.

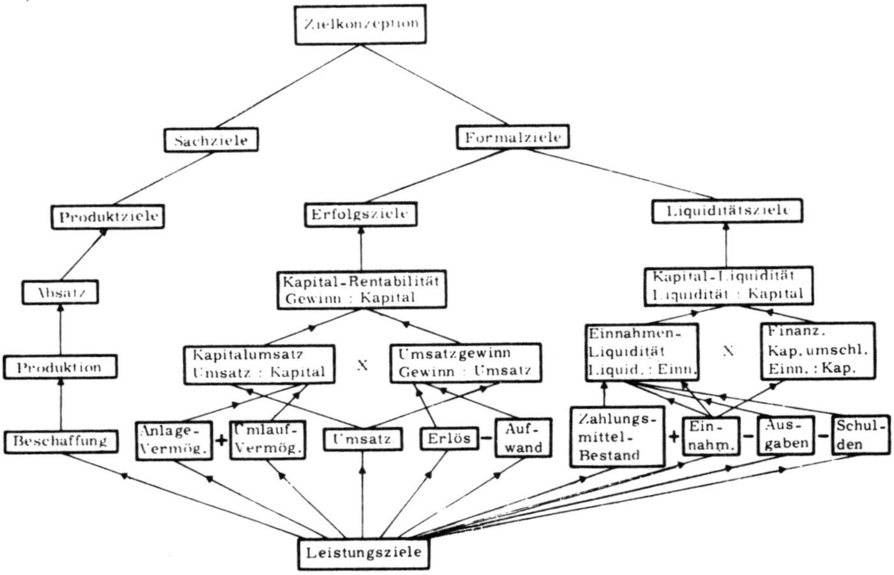

Abb. 1: Inhaltliche Konkretisierung eines Zielsystems unter Berücksichtigung der Mittel-Ziel-Hierarchie sachlicher und formaler Finalkategorien
(Nach *Jürgen Berthel,* Zielorientierte Unternehmungssteuerung – Die Formulierung operationaler Zielsysteme, Stuttgart 1973, S. 16.)

2.2. *Zielausmaß*

Skalenarten / Merkmals-(Ziel-)Arten			Diversitätsskalen					
			Nominalskalen		Präferenzskalen			
					Ordinalskalen		metrische Skalen	
			ohne Indifferenz	mit Indifferenz	ohne Indifferenz	mit Indifferenz	Intervallskalen	Verhältnisskalen
			1	2	3	4	5	6
Klassifikatorisch		1	11	12	–	–	–	–
abstufbar	komparativ	2	21	22	23	24	–	–
abstufbar	quantitativ	3	31	32	33	34	35	36

Abb. 2: Ziel- und Skalenarten
(Nach *Klaus Chmielewicz,* Die Formalstruktur der Entscheidung, ZfB 1970/4, S. 239ff.)
Die stark umrandeten Felder der Hauptdiagonale stellen normale Zuordnungen zwischen Merkmalen und Skalentypen dar. Oberhalb der Hauptdiagonale sind unmögliche, unterhalb der Hauptdiagonale mögliche, aber nicht informationsmaximale Zuordnungen definiert.

Die Frage nach dem Operationalitätsgrad der Dimension „Zielausmaß" hängt eng mit der Abbildbarkeit von Zielmerkmalen über Meßsysteme zusammen. Grundsätzlich erscheint es für betriebswirtschaftliche Problembereiche sinnvoll, zwischen nominalen, ordinalen und kardinalen (metrischen) Skalierungen von Merkmalen zu unterscheiden.

Nominalskalen erlauben eine klassifikatorische Abbildung von Zielinhalten und stellen vom Standpunkt der Operationalität die relativ unschärfste Merkmalsabbildung dar. Dementsprechend sind nominale Skalierungen klassifikatorischer Merkmalsklassen von relativ geringerem pragmatischen (im Sinne der Sprachtheorie) Informationswert als ordinale oder kardinale Skalierungen. Die fundamentale Bedeutung der Frage nach den angewandten Skalierungsverfahren zur Abbildung von Zielen wird dann ersichtlich, wenn beachtet wird, daß die Existenz einer Präferenzordnung hinreichende Bedingung für die Existenz von Entscheidungen ist. Voraussetzung für eine entscheidungstheoretische Begründung der betriebswirtschaftlichen Prozesse in der Unternehmung ist daher das Aufstellen einer *ordinalen Präferenzordnung*, welche eine Skalierung der komparativen Zielmerkmale ermöglicht. *Ordinalskalen* stellen relativ stärkere Meßverfahren dar als Nominalskalen. Ihr Operationalitätsgrad ist daher relativ höher. *Kardinalskalen* in der Form von Intervall- oder Verhältnisskalen weisen den stärksten Operationalitätsgrad auf und dienen der metrischen Abbildung quantitativer Zielmerkmale.
Die Zielhierarchie ist unter dem Aspekt der operationalen Formulierungen des Zielausmaßes ebenfalls durch das reziproke Verhältnis zwischen Informationswert und Skalierungsverfahren geprägt. Je allgemeiner das Ziel formuliert wird, desto größer ist die, durch die angewandte schwache Skalierung verursachte Unschärfe und damit um so geringer die Operationalität des Zielausmaßes und umgekehrt.
Neben der Frage der Skalierung der Zielmerkmale ist die nächste grundsätzliche Komponente dieser Formulierungsdimension im *angestrebten Zielausmaß* zu sehen. Grundsätzlich ist zwischen optimalen, zulässigen und möglichen Werten als Zielausmaß zu unterscheiden. Unter der Eigenschaft „optimal" wird in diesem Zusammenhang „relativ extremal unter Berücksichtigung einschränkender Nebenbedingungen" verstanden. *Zulässige Zielausmaße* sind solche, welche zwar die einschränkenden Nebenbedingungen beachten, jedoch innerhalb des zulässigen Lösungsraumes keinen Minimal- oder Maximalwert annehmen. Mögliche Lösungen können als prinzipiell realisierbare Zielwerte unter nicht notwendiger Beachtung bestehender Restriktionen bezeichnet werden. Die obig angeführte Dreigliederung möglicher Klassen von Zielausmaßen kann durch die Einführung zusätzlicher Kriterien verschärft werden. Diese Überlegungen orientieren sich einerseits an empirisch nachweisbaren Ausprägungsformen von angestrebten Zielausmaßen und andererseits an der theoretischen Konzeption des *Anspruchsniveaus* (Satisfizierung, aspiration level).
Unter Berücksichtigung der Existenz eines subjektiven Informationsstandes des Entscheiders erscheint eine absolute Extremierung nicht realistisch. Es ist vielmehr praxisnäher, unter Zugrundelegung einer starken Transitivitätsrelation die Annahme zu setzen, daß der Entscheider aus den ihm bekannten Alternativen jene wählt, welche bei gegebener Präferenzordnung und lückenlosem Vergleich als relativ beste erscheint und damit die relativ höchste angestrebte komparative Änderung des Zielwertes bewirkt. Es geht also bei der Festlegung des Zielausmaßes in Form einer *komparativen Veränderung* um ein an den subjektiven Informationsstand des Entscheiders angepaßtes Optimalverhalten bei gegebener stark-transitiver Präferenzordnung.
Im Gegensatz dazu steht die Konzeption der Satisfizierung. Bei der Satisfizierung geht es um die Festlegung eines anstrebbaren Zielausmaßes als zulässige, jedoch nicht extremale Zielwertvariante unter expliziter Berücksichtigung einschränkender Nebenbedingungen (Restriktionen). Das Anspruchsniveau kann als ein Intervall mit Ober- und Untergrenze (Toleranzbereich), als ein Schwellenwert oder als ein fixier-

ter Zielwert vorgegeben sein. Die jeweilige Formulierung des Ausmaßes des Anspruchsniveaus bzw. der Satisfizierung hat wesentliche Auswirkungen auf die Struktur der Rückkoppelungsprozesse bei der Zielkontrolle (Schwellenwertregelung, Folgewertregelung, Extremwertregelung).

2.3. Zieltermin bzw. Zielperiode

Da sich jeder Wirtschaftsprozeß im Zeitablauf realisiert, kommt der Terminisierung und damit der Periodisierung von Zielvorstellungen grundlegende Bedeutung zu. Bei der Definition der Zeitkomponente der operationalen Zielformulierung ist es wesentlich, zwischen Zeitpunkt (Termin) und Zeitraum (Periode) zu unterscheiden. Grundsätzlich können die einzelnen Ziele nach dem Planungszeitraum (Planungshorizont) bzw. nach der Fristigkeit geordnet werden. Es ist jedoch offensichtlich, daß die Unterscheidung zwischen kurz-, mittel- und langfristigen Zielen eine gewisse Pragmatik in sich birgt, da sich grundsätzliche Schwierigkeiten ergeben, wenn man nach der logischen Abgrenzung zwischen kurz- und mittelfristigen Zielvorstellungen fragt. Ein mögliches Abgrenzungskriterium wäre darin zu sehen, daß die Mindestdauer der Unveränderlichkeit der durch die Ziele induzierten Maßnahmen für die Unterscheidung herangezogen wird. In ähnlicher Weise liegen dem Begriffspaar „strategische Ziele – taktische Ziele“ Kriterien wie die Reaktionszeit auf betriebsrelevante Umweltveränderung bzw. andere (z. B. investitions- und finanzierungstheoretische) Unterscheidungsmerkmale zugrunde. Eine wesentliche die Zielstruktur bestimmende Determinante ist in der Nichtstationarität der Präferenzordnungen zu sehen. Diese Nichtstationarität kann prinzipiell systemtheoretisch aus dem Stabilitätsverhalten der Unternehmung erklärt werden. Multistabiles Verhalten impliziert wegen der Strukturänderung des internen Modelles der Außenwelt die Existenz innerbetrieblicher Lernprozesse, welche sich im Regelverhalten der willensbildenden Entscheidungsinstanz in der Form geänderter (an der Umwelt aktiv und/oder passiv adaptierter) Präferenzordnungen auswirken.

3. Zielhierarchie

Wie bereits weiter oben erwähnt kommt der vertikalen Strukturierung von Zielsystemen in der Form von Zielhierarchien aufgrund einer mehrstufigen Finalität grundlegende Bedeutung zu. Die Zielhierarchie eines Unternehmens ist eine Ausprägungsform der ***Aufbaustruktur*** der Lenkungsebene. Die Zielhierarchie stellt damit eine ranglogische Gliederung von Mittel-Zweckbeziehungen dar. Die Eigenschaften der Stochastizität und der Nichtstationarität des Zielsystems prägen den komplexen Charakter von Zielhierarchien. Es ist die Abhängigkeit von hierarchischen Ziel-Strukturierung zum einen von der in verschiedenen (horizontalen und/oder vertikalen) Hierarchiebereichen wirkenden Präferenzordnungen und zum anderen von der Aufbaustruktur und der durch diese implizierten, relativ autonomen Entscheidungsbereiche zu sehen.
Unter entscheidungsmethodischem Aspekt dient das Modell der Zielhierarchie einer verbesserten Zielplanung und Zielkontrolle. Durch die auf die Zielhierarchie kompatible, aufbauorganisatorische Gestaltung von Entscheidungs- und Verantwortungsbereichen wird eine operationale Erfassung der zielfunktionalen Effizienz getätigter

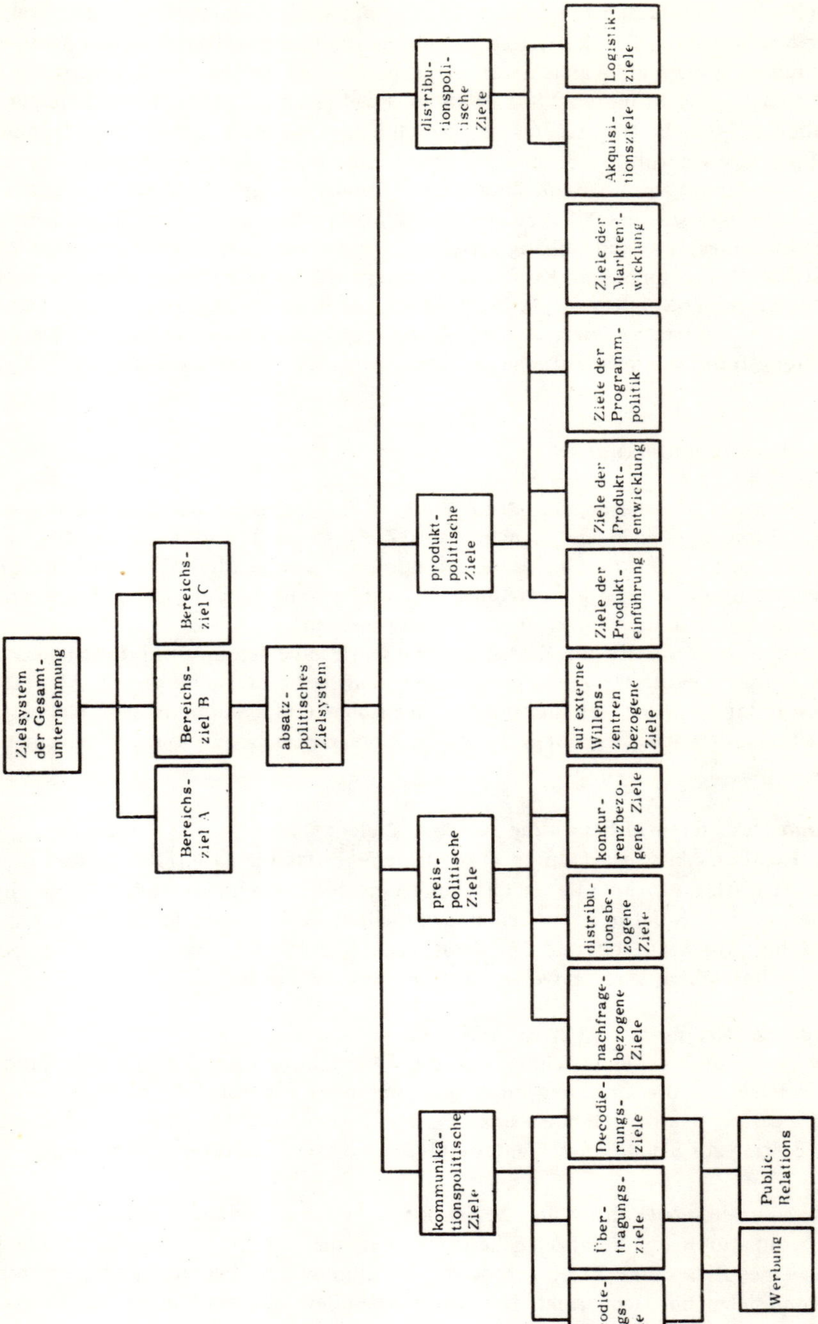

Abb. 3: **Marketing-Zielsystem**

betrieblicher Aktivitäten ermöglicht. Die Dynamik der Präferenzordnungen, welche unter anderem auch durch die Existenz kategorial verschiedener Willenszentren wie Eigentümer, Vorstand, Aufsichtsrat, Betriebsrat usw. geprägt wird, verursacht die zeitvariable Gewichtung von Subzielen unternehmerischer Dispositionsbereiche in Hinblick auf den Beitrag zu den ranglogisch übergeordneten Zielen. Diese Dynamik der Subzielgewichtung spiegelt sich insbesondere im Absatzbereich wider, wo eine Änderung der organisatorisch-dispositiven Aufbaustruktur des Absatzbereiches von einer Änderung der generell anzuwendenden Segmentierungskriterien bei gegebenen Segmentierungsprämissen abhängig ist. Die Ökonomität des Aufstellens einer Zielhierarchie als Planungs- und Kontrollinstrument richtet sich insbesondere nach dem Einfluß einzelner Subdispositionsbereiche auf die Realisierung übergeordneter Ziele. Neben der Nichtstationarität und der Ökonomität der Zielhierarchie sind die Zielbeziehungsfunktionen wesentliche Struktureigenschaften von Zielsystemen.

4. Zielbeziehungsfunktionen

Die bisherigen Ausführungen betrafen eine Kennzeichnung des Zielsystems, eine Beschreibung der Ziele als Elemente des Zielsystems und eine Darstellung einer hierarchischen Strukturierung von Zielsystemen. Im folgenden Abschnitt sollen die Beziehungen einzelner Elemente des Zielsystems zueinander durch die Klassifikation in Zielbeziehungsfunktionen dargelegt werden.
Definitionskriterium für die Klassifizierung von Zielbeziehungsfunktionen sind die Auswirkungen multipler Zielkombinationen auf den Zielerfüllungsgrad. Abstrahierend von der formalen Behandlung symmetrischer und asymmetrischer Zielrelationen können drei grundlegende Klassen von Zielbeziehungsfunktionen unterschieden werden:

Neutrale (indifferente) Beziehung zwischen Zielen:
Diese Relationsklasse ist dadurch gekennzeichnet, daß die Zielerfüllung eines Zieles keine Auswirkungen auf die Zielerfüllung eines oder mehrerer anderer Ziele hat. Streng neutrale Relationen zwischen Zielinhalten sind in komplexen Zielsystemen wegen der Stochastizität und Nichtstationarität entweder kaum feststellbar oder wenn sie feststellbar sind, so weisen sie transientes Verhalten auf.

Komplementäre Beziehung zwischen Zielen:
Diese ist dadurch gekennzeichnet, daß die Zielerfüllung eines Zieles einen fördernden Einfluß auf die Erfüllung eines oder mehrerer anderer Ziele aufweist. So hat die Steigerung des Periodendeckungsbeitrages einer Produktgruppe auch einen positiven Beitrag zur Bruttoumsatzrentabilität eben dieser Produktgruppe zur Folge.

Konkurrenzierende (konfliktäre) Beziehungen zwischen Zielen:
Diese sind durch die Relation gekennzeichnet, daß die Steigerung des Erfüllungsgrades eines Zieles eine Verringerung des Erfüllungsgrades bei einem oder mehreren anderen Zielen mit sich bringt. Hier ist insbesondere auf das konfliktäre Wirksamwerden verschiedener substantieller Rationalitäten durch kategorial verschiedene Willenszentren mit antivalenten Präferenzordnungen hinzuweisen (erwerbswirtschaftliches Denken z. B. vertreten durch Eigentümer bzw. Vorstand kontra sozialpolitisches Denken, z. B. vertreten durch Betriebsrat).

Wesentlich für die operationale Gestaltung des Zielsystems ist der methodische Versuch, die einzelnen Klassen der Zielbeziehungsfunktionen durch ordinale Skalierung der einzelnen Relationen nach ihrer Stärke zu strukturieren, wobei dies wegen des transienten Charakters indifferenter Zielbeziehungsfunktionen nur für komplementäre und konkurrenzierende Relationen gelten kann. Die ordinale Skalierung der einzelnen Relationen als Elemente der Relationsklasse ermöglicht den Entscheidungsinstanzen ein qualitatives Strukturbild des interaktiven Zielsystems. Unter Einbeziehung der hierarchischen Struktur des Zielsystems ergibt sich für jede vertikale Finalkette (Mittel-Zweck Folge) ein Stärke-Schwäche-Bild aufgrund ordinal skalierter Konkurrenz- bzw. Komplementaritätsrelationen.

5. Der Zielentscheidungsprozeß

5.1. Entscheidungsprozeß (siehe Seite 40–42)

5.2. Kommentar

Grundsätzlich sind folgende Fälle von Zielentscheidungssituationen denkbar:

1. Graduelle *Zielanpassung* (Zielvariation): Die Anpassung kann in Inhalt, Ausmaß oder Zeitbezug erfolgen.
2. Wahl eines neuen Zieles: Die Wahl eines neuen Zieles wird dann notwendig, wenn eine Zielanpassung innerhalb der aktuellen Präferenzordnung als nicht kompatibel ausgewiesen wird. Bei der Wahl eines neuen Zieles aufgrund einer aktuellen Präferenzordnung wird Inhalt, Ausmaß und Terminisierung des neuen Zieles festgelegt.
3. Da die Existenzbedingungen einer Entscheidung durch das Vorliegen von Alternativen und einer Präferenzordnung (und der daraus abgeleiteten Entscheidungsregel) definiert wurden, ist auch die Präferenzordnung im Rahmen des Zielentscheidungsprozesses näher zu untersuchen. Es kann der Fall eintreten, daß die bisher dem Zielsystem zugrunde gelegte Präferenzordnung zu revidieren ist. Sofern eine neue Präferenzordnung aufgrund einer dem Entscheider bekannten Präferenzordnungsalternative ohne externen Suchprozeß gefunden werden kann, wird von *kategorialer Änderung* der Präferenzordnung gesprochen.
4. Zeigt es sich, daß im Rahmen des subjektven Informationsstandes des Entscheiders keine alternativen Präferenzordnungen gegeben sind, so startet ein externer Suchprozeß. Da das Zielsystem als multistabil bezeichnet wurde, stellt dieser externe Suchprozeß einen Lernprozeß dar, der an Hand eines durch Testwerte zu verbessernden internen Modelles der Regelstrecke ermittelt wird. Dieser Fall sei als *prinzipielle Änderung* der Präferenzordnung bezeichnet.

Fall 1:

Ausgehend von einer Abweichungsinformation erfolgt eine Operationalitätsprüfung der Abweichung und darauf aufbauend eine Abweichungsanalyse unter Berücksichtigung von Inhalt, Ausmaß und Terminisierung. Nach der Abweichungsanalyse

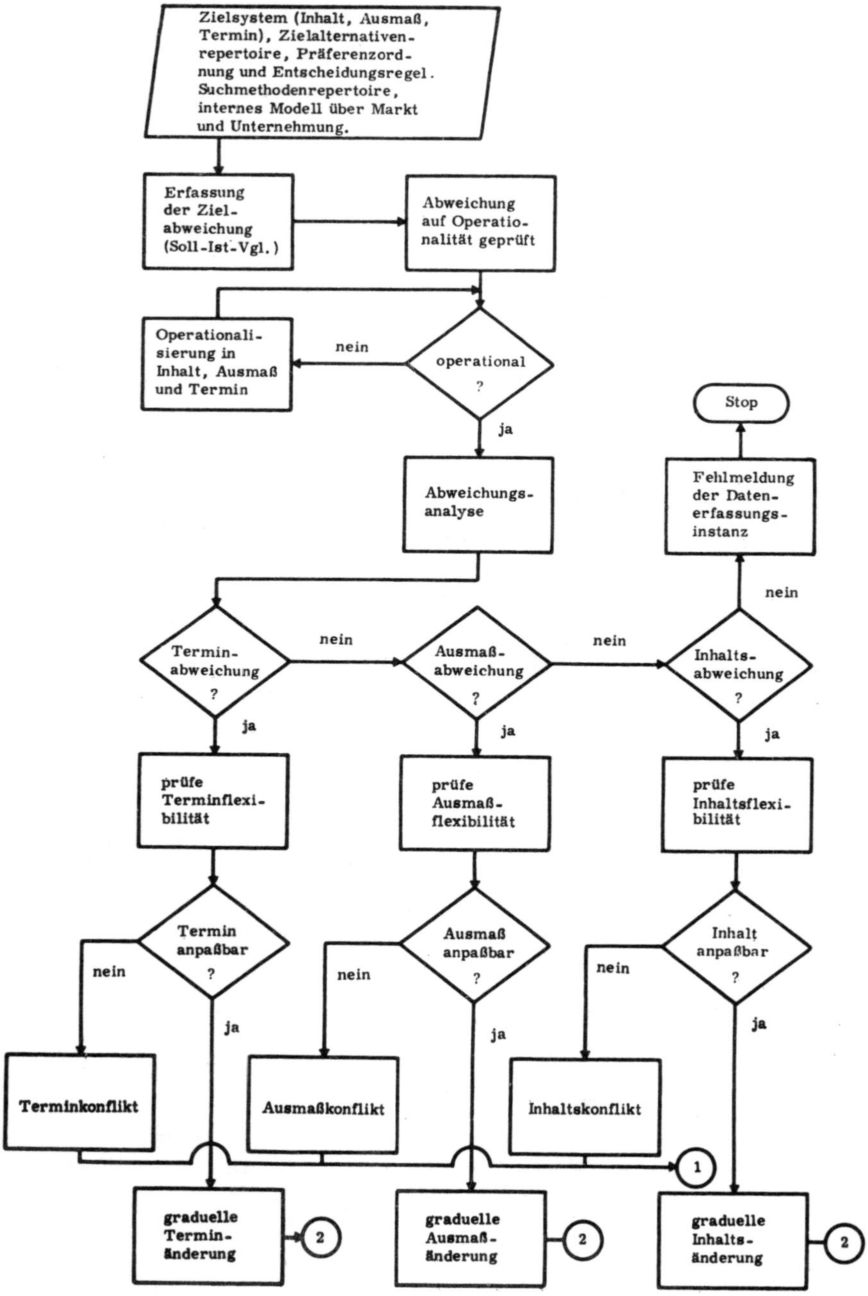
Zielsystem (Inhalt, Ausmaß, Termin), Zielalternativenrepertoire, Präferenzordnung und Entscheidungsregel. Suchmethodenrepertoire, internes Modell über Markt und Unternehmung.
Erfassung der Zielabweichung (Soll-Ist-Vgl.)
Abweichung auf Operationalität geprüft
Operationalisierung in Inhalt, Ausmaß und Termin
nein
operational ?
ja
Stop
Abweichungsanalyse
Fehlmeldung der Datenerfassungsinstanz
nein
Terminabweichung ?
nein
Ausmaßabweichung ?
nein
Inhaltsabweichung ?
ja
ja
ja
prüfe Terminflexibilität
prüfe Ausmaßflexibilität
prüfe Inhaltsflexibilität
Termin anpaßbar ?
Ausmaß anpaßbar ?
Inhalt anpaßbar ?
nein
nein
nein
ja
ja
ja
Terminkonflikt
Ausmaßkonflikt
Inhaltskonflikt
1
graduelle Terminänderung
2
graduelle Ausmaßänderung
2
graduelle Inhaltsänderung
2

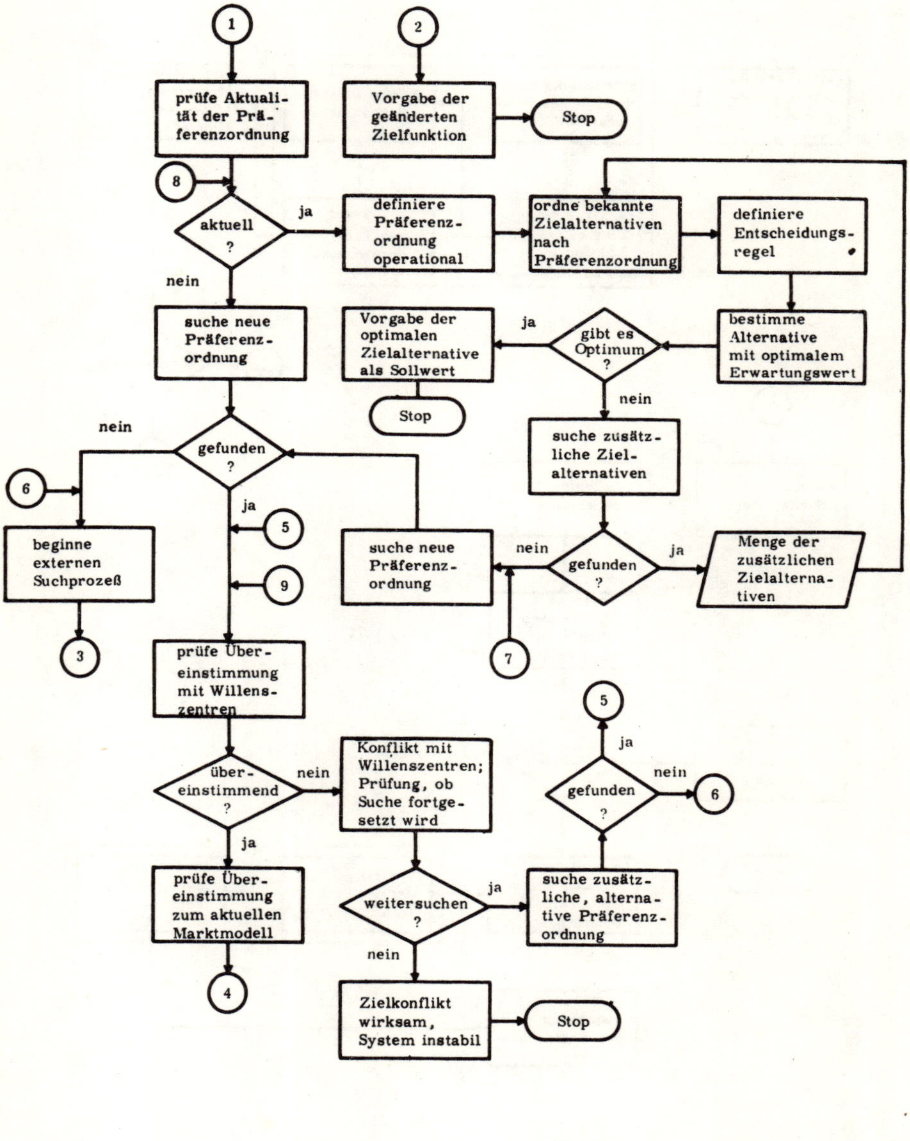
1
2
prüfe Aktualität der Präferenzordnung
Vorgabe der geänderten Zielfunktion
Stop
8
aktuell ?
ja
nein
definiere Präferenzordnung operational
ordne bekannte Zielalternativen nach Präferenzordnung
definiere Entscheidungsregel
suche neue Präferenzordnung
Vorgabe der optimalen Zielalternative als Sollwert
ja
gibt es Optimum ?
bestimme Alternative mit optimalem Erwartungswert
Stop
nein
nein
gefunden ?
suche zusätzliche Zielalternativen
6
ja
5
beginne externen Suchprozeß
suche neue Präferenzordnung
nein
gefunden ?
ja
Menge der zusätzlichen Zielalternativen
9
3
prüfe Übereinstimmung mit Willenszentren
7
5
ja
übereinstimmend ?
nein
Konflikt mit Willenszentren; Prüfung, ob Suche fortgesetzt wird
gefunden ?
nein
6
ja
prüfe Übereinstimmung zum aktuellen Marktmodell
weitersuchen ?
ja
suche zusätzliche, alternative Präferenzordnung
nein
4
Zielkonflikt wirksam, System instabil
Stop

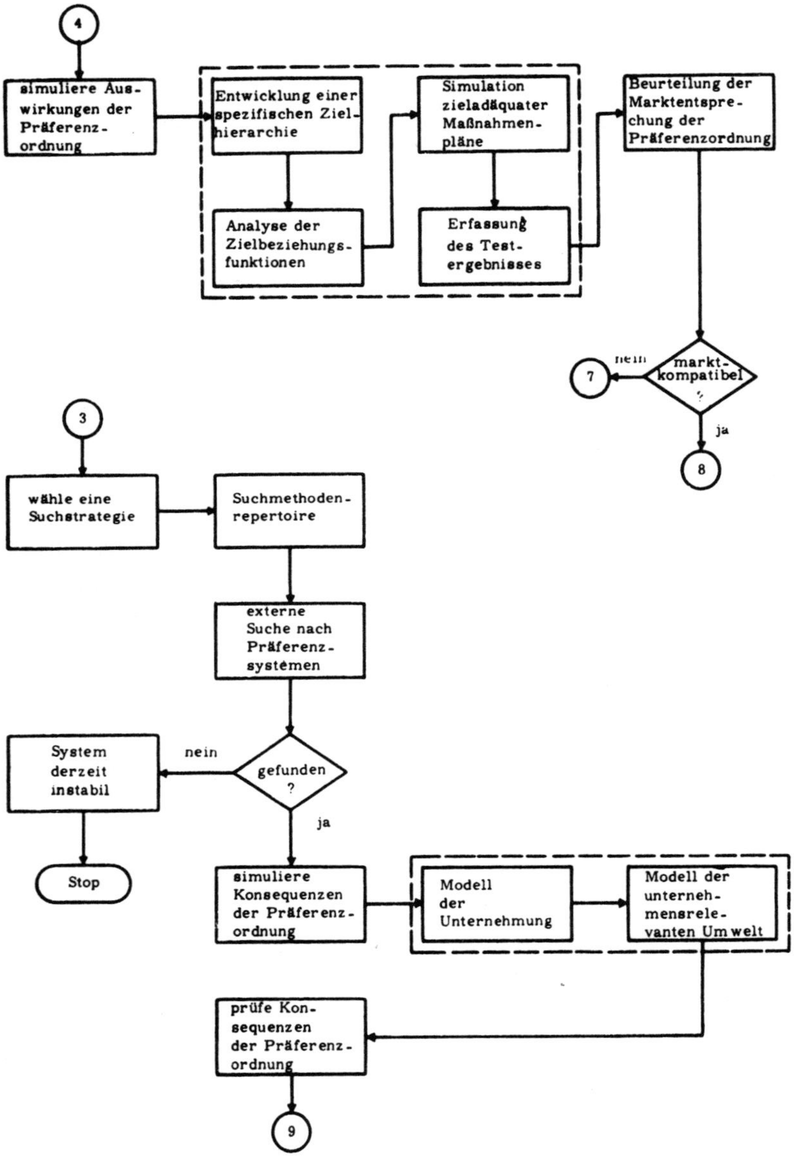
4
simuliere Auswirkungen der Präferenzordnung
Entwicklung einer spezifischen Zielhierarchie
Analyse der Zielbeziehungsfunktionen
Simulation zieladäquater Maßnahmenpläne
Erfassung des Testergebnisses
Beurteilung der Marktentsprechung der Präferenzordnung
marktkompatibel ?
nein
7
ja
8
3
wähle eine Suchstrategie
Suchmethodenrepertoire
externe Suche nach Präferenzsystemen
gefunden ?
nein
System derzeit instabil
Stop
ja
simuliere Konsequenzen der Präferenzordnung
Modell der Unternehmung
Modell der unternehmensrelevanten Umwelt
prüfe Konsequenzen der Präferenzordnung
9

untersucht das Entscheidungssystem die Frage, ob eine Zielanpassung innerhalb der gegebenen Präferenzordnung möglich ist. Ist dies der Fall, so wird eine jeweilig in der Dimension revidierte Zielfunktion an das Subsystem vorgegeben. Ist hingegen eine Anpassung nicht möglich, so entsteht die Notwendigkeit, ein neues Ziel zu finden.

Fall 2:

Ausgehend von der Tatsache, daß eine Zielanpassung innerhalb der gegebenen Präferenzordnung nicht möglich ist, erhebt sich zuerst die Frage, ob die bestehende Präferenzordnung noch aktuell ist. Ist diese Frage zu bejahen, so ist diese Präferenzordnung dem Zielsuch- und Zielentscheidungsprozeß zugrunde zu legen. Ist hingegen diese Frage zu verneinen, so ist die Suche nach einer neuen Präferenzordnung zu beginnen. Unter der Annahme, daß die Präferenzordnung noch aktuell ist, sucht nun der Entscheider innerhalb der Menge der ihm bekannten Zielalternativen jene aus, welche unter Zugrundelegung der stark-transitiven Präferenzordnung und unter Anwendung der Entscheidungsregel optimal ist. Findet sich keine Zielalternative innerhalb der Menge der möglichen Zielalternativen, so sind neue zu suchen. Diese neu gefundenen Alternativen sind wiederum der Präferenzordnung bzw. der Entscheidungsregel zu unterwerfen. Zeigt sich, daß diese Suche nach neuen Zielalternativen ergebnislos ist, so tritt als Konsequenz die Notwendigkeit einer Änderung der Präferenzordnung auf.

Fall 3:

Ausgehend von der Tatsache, daß weder eine Zielanpassung durchgeführt, noch innerhalb der gegebenen Präferenzordnung eine präferenzkompatible Zielalternative gefunden werden konnte, ist die Präferenzordnung zu ändern. An diese Forderung schließt sich die Frage, ob das entscheidende System alternative Präferenzordnungen gespeichert hat, bzw. ob dem Entscheider unter Berücksichtigung seines subjektiven Informationsstandes alternative Präferenzordnungssysteme bekannt sind. Muß diese Frage verneint werden, so muß ein über die bisher bekannten Präferenzkategorien hinausgehender Suchprozeß gestartet werden. Es sei jedoch hier angenommen, daß dem Entscheider in seinem subjektiven Informationsstand alternative Präferenzordnungen bekannt sind. Die alternativen Präferenzordnungen sind zuerst auf ihre Kompatibilität unter Berücksichtigung zweier Standpunkte zu untersuchen: Zuerst erscheint die Frage wesentlich, ob eine *alternative Präferenzordnung* zu den Präferenzsystemen der Willenszentren kompatibel ist. Ist dies nicht der Fall, so liegt ein Präferenzordnungs- bzw. Zielkonflikt vor, der bei Abbruch der Suche zu einer Konfliktaktualisierung führt, welche letztlich zur Instabilität des Systems führen kann. Wird hingegen zwar die Tatsache des Konfliktes offenbar, jedoch weiter nach alternativen Präferenzordnungen gesucht, so besteht die Chance, diesen Präferenzkonflikt zu überbrücken.
Kann hingegen die Frage nach der Kompatibilität der alternativen Präferenzordnung zu den Willenszentren bejaht werden, so ist als nächster Abschnitt der Kompatibilitätsprüfung die Entsprechung der alternativen Präferenzordnung zur betriebsrelevanten Umwelt zu untersuchen. Unter betriebsrelevanter Umwelt ist hier in erster Linie die zum Zielsystem relevante Systemumgebung zu verstehen. Die alternative Präferenzordnung wird an einem internen Simulationsmodell des Zielsystems überprüft. Dieses *interne Simulationsmodell* besteht aus grundsätzlich drei Teilen:

- Die Zielhierarchie, welche im Rahmen der Simulation analysiert wird
- Das Stärke- und Schwächebild dieser Zielbeziehungsfunktionen (Neutralität, Konflikt, Komplementarität)
- Das Maßnahmenrepertoire konkurrenzierender und komplementärer Subsysteme.

Nach Überprüfung der alternativen Präferenzordnung am internen Simulationsmodell kann der Output auf seine Kompatibilität zur Umwelt überprüft werden. Ist diese bestätigt, so wird diese alternative Präferenzordnung und die daraus abgeleitete Entscheidungsregel als die nunmehr aktuelle Präferenzordnung im Teilprozeß der Zielsuche vorgegeben. Ist hingegen die Kompatibilität des Output nach dem Simulationsprozeß nicht gegeben, so ist die Suche nach alternativen Präferenzordnungen unter Berücksichtigung der Kompatibilitätsprüfung fortzusetzen.

Fall 4:

Wenn im Gegensatz zum Fall 3 keine alternativen Präferenzordnungen dem Entscheider bekannt sind, so ist ein externer Suchprozeß zu starten. Wesentlich ist die Klärung der Suchstrategie. Es erscheint folgende methodische Dreiteilung des Suchvorgehens zur Ermittlung neuer Präferenzordnungen sinnvoll:

analytisches Vorgehen
synthetisches Vorgehen
heuristisches Vorgehen.

Die Suche erfolgt an einem variablen internen Modell der Außenwelt (betriebs- bzw. zielsystemrelevante Umwelt), welches durch Verbesserung des *Testwertrepertoires* mit zunehmender Genauigkeit getestet werden kann. Die aufgrund des Suchvorgehens formulierten Testwerte werden in das interne Simulationsmodell eingegeben, welches aufgrund eines Reaktionsrepertoires einen gewissen Output zeitigt. Dieser Output wird dem internen Modell der Regelstrecke rückgekoppelt und verändert dieses in seinem Reaktionsrepertoire. Es liegt also ein lernendes internes Modell der Außenwelt vor (Modelltyp ‚d').

Die Veränderungen der Regelstrecke und des Testwertrepertoires werden vom Entscheidungssystem beobachtet. Induziert das Umweltverhalten das Entwickeln einer Präferenzordnung aufgrund des Reaktionsverhaltens, so wird diese mögliche Prä-

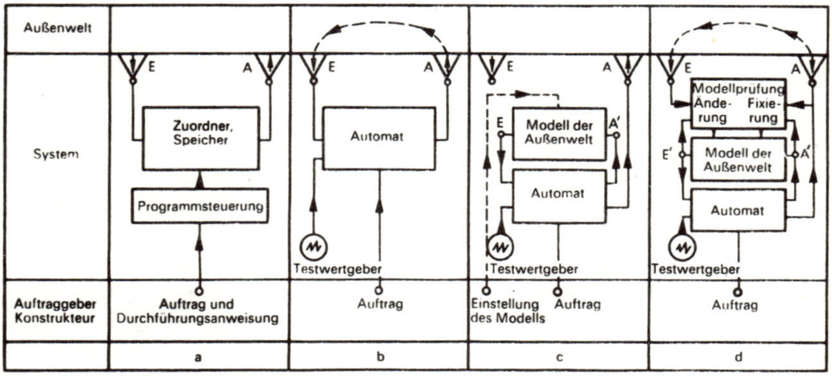

Abb. 4: Nach Komplexitätsbewältigung geordnete Grundtypen informationsverarbeitender Systeme
(Nach *Karl Steinbuch,* Automat und Mensch, 3. Aufl., Berlin 1965, S. 196)

ferenzordnung operational definiert. Darüber hinaus erfolgt eine Modifikation des in Fall 3 erwähnten internen Simulationsmodells des Zielsystems aufgrund des erweiterten Reaktionsrepertoires des internen Modells der Regelstrecke. Die neu definierte Präferenzordnung wird nun als eine dem Entscheider bekannte alternative Präferenzordnung im Teilentscheidungsprozeß der Präferenzordnungssuche eingegeben. Bewährt sich diese Präferenzordnung unter Berücksichtigung der in Fall 3 beschriebenen Kompatibilitätsprüfung, so wird sie dem Teilentscheidungsprozeß zur Zielsuche vorgegeben.
Damit wird der Zielentscheidungsprozeß als ein vierstufiger, hierarchischer Entscheidungsprozeß dargestellt, welcher auf der höchsten Hierarchiestufe (externe Suche nach neuen Präferenzordnungen) als ein lernendes System konzipiert ist.

6. Literatur

Berthel, Jürgen, Zur Operationalisierung von Unternehmungs-Zielkonzeptionen, ZfB 1973, Heft 1, S. 29 ff; *Zielkonzeption – Zielhierarchie – Produktzielhierarchie – Erfolgszielhierarchie – Flexibilitätszielhierarchie – Zielsystem – Relevanzbaum – Pattern-System.*

Berthel, Jürgen, Zielorientierte Unternehmungssteuerung – Die Formulierung operationaler Zielsysteme, Stuttgart 1973; *Zielsystem – Zielhierarchie – Ziel/Aktivitäten-Analyse – Zielbeziehungsfunktionen – Zielplanung – Zielgewichtung – Zielerreichung.*

Bidlingmaier, Johannes, Unternehmerziele und Unternehmerstrategien, Wiesbaden 1964; *Homoökonomikus-Modell – Typologie der Unternehmensziele – Rationalität – Unternehmerverhalten – Zielhierarchie – Determinanten der Zielwahl.*

Bidlingmaier, Johannes, Zielkonflikte und Zielkompromisse im unternehmerischen Entscheidungsprozeß, Wiesbaden 1968; *Zielinhalte – Zielbildung – Zielkonflikt und Konfliktarten – interpersoneller Zielkonflikt – Zielkompromiß und Kompromißarten – Mittel-Ziel-Hierarchie – Zielbeziehungsfunktionen.*

Bidlingmaier, Johannes, Marketing I, rororo – studium, Band 32, Reinbek bei Hamburg 1973, S. 131 ff; *Zielentscheidungen im Marketing.*

Chmielewicz, Klaus, Die Formalstruktur der Entscheidung, ZfB 1970, Heft 4, S. 239 ff; *Aufbauorganisation der Entscheidung – Zielmessung – Zielinhalt – Zielausmaß.*

Dichtl, Erwin, Über Wesen und Struktur absatzpolitischer Entscheidungen, Berlin 1967; *Absatzpolitik – Absatzziel – absatzpolitischer Entscheidungsprozeß – Informationen im absatzpolitischen Entscheidungsprozeß – Zielpluralismus.*

Hannig, Werner, Die Beurteilung von Entscheidungsbegrenzungen im Möglichkeitenfeld von Unternehmungen, ZfbF 1969, Heft 7, S. 468 ff; *Entscheidungsfeld – Realdaten – Möglichkeitenfeld – Alternativennegation – Alternativendetermination – Alternativenreduktion.*

Hauschildt, Jürgen, Zur Artikulation von Unternehmenszielen, ZfbF 1970, Heft 8/9, S. 545 ff; *Zielforschung – Zielerhebung – Zielentscheidungsprozeß – Zieldokumentation – Zielpräzisierung – sprachtheoretische Dimensionen der Zielartikulation – Zielmessung.*

Heinen, Edmund, Grundlagen betriebswirtschaftlicher Entscheidungen – Das Zielsystem der Unternehmung, Wiesbaden 1971, 2. Auflage; *Zielbegriff – Zieldimensionen – Zielinhalte – Zielausmaß – Zieltermin – Ordnungssystem der Ziele – Zielbeziehungsfunktionen – Zielentscheidungsprozeß – Anspruchsniveau.*

Heinen, Edmund, Zur empirischen Analyse des Zielsystems der Unternehmung durch Kennzahlen, Die Unternehmung, Heft 1, 1972, S. 1 ff.

Kirsch, Werner, Die Unternehmungsziele in organisationstheoretischer Sicht, ZfbF 1969, Heft 10/11, S. 665 ff; *Zielentscheidungsprozeß – Organisationsziele – Zielbildungsprozeß.*

Meier, Albert, Unternehmerische Zielsetzungen in betriebswirtschaftlicher Sicht, ZfbF 1973, Heft 4, S. 221 ff; *Zielkataloge – Zielmessung.*

Neuhof, Odo, Die Präzisierung von Informationen über Ziele zur Steuerung betrieblicher Mittelentscheidungen, NB 1972, Heft 5, S. 13 ff; *Zielkomponenten – Zielinformation – Informationsgehalt und intersubjektive Mitteilbarkeit von Zielinhalten – unvollkommene Zielinformation – Zielbildungsprozeß.*

Pfohl, Hans Christian, Zur Problematik von Entscheidungsregeln, ZfB 1972, Heft 5, S. 305 ff; *Rationalität – Entscheidungsbegriff – Entscheidungsregel – Präferenzordnung – Entscheidungsregeln und Risiko – Entscheidungsregeln bei Fehlen von Wahrscheinlichkeitsvorstellungen – Informationsgewinnung – Informationstransformation.*
Ramser, Hans Jürgen, Wachstum als Unternehmungsziel, ZfbF 1972, Heft 4, S. 209 ff; *Wachstumsziel – Wachstumsfinanzierung.*
Schmidtkunz, Hans Walter, Zum Problem der monetären Begrenzung finanzieller Entscheidungsbefugnisse, ZfB 1970, Heft 7, S. 469 ff; *Budget – Budgetlimitierung – monetäre Entscheidungsrestriktionen – Budgetprognose – Methode der Budgeterstellung.*
Strebel, Heinz, Zur Gewichtung von Urteilskriterien bei mehrdimensionalen Zielsystemen in ZfB 1972, Heft 2, S. 89 ff; *Zielinhalt – Zielausmaß – Zieltermin – Alternativenbewertung bei eindimensionalem Zielsystem – Alternativenbewertung bei mehrdimensionalem Zielsystem – Maßskalen.*
Szyperski, Norbert, Das Setzen von Zielen – primäre Aufgabe der Unternehmensleitung, ZfB 1971, Heft 10, S. 639 ff; *Zielsystem – Zielhierarchie – kybernetische Struktur des Zielsystems – management by objectives – Zieloperationalität – Zielentscheidungsprozeß – Zielbildung durch Lernprozesse.*
Ullrich, Hans, Die Unternehmung als produktives soziales System – Grundlagen der allgemeinen Unternehmungslehre, Stuttgart, 2. Auflage, 1970; *Zielsystem der Unternehmung – Zielbildung – Zielentscheidung – systemtheoretische Interpretation des Zielsystems.*
Will, J. Hartmuth, Betriebswirtschaftliche Budgetsysteme, ZfB 1969, Heft 11, S. 691 ff; *Budget – Budgetinformation – Budgetarten – Budgetziele.*
Williamson, Jones, Profit, Growth and Self-Maximization, in: Readings in the Economics of Industrial Organization, Hrsg. *Douglas Needham,* New York 1970, S. 48 ff.
Wittstock, Jan, Elemente eines allgemeinen Zielsystems der Unternehmung, ZfB 1970, Heft 12, S. 833 ff; *Sicherungsziel – Liquiditätssicherung – Mindestgewinnziel – Zielbeziehungsfunktion – Rufpflege als Ziel.*

II. Der generelle Bedingungsrahmen (Restriktionen-Input) der Unternehmung

1. Umweltbedingungen

- Physische Umweltstruktur (topographische Merkmale, Vegetation, Tierwelt, Klima, Wetter, Jahreszeiten etc.)
- Technische Bedingungen (Entwicklungsstand)
- Wirtschaftliche Bedingungen:
  - Makrostruktur (Preisniveau, Lohnniveau, Branchenstruktur, Kaufkraftstruktur etc.)
  - Mikrostruktur (branchenspezifische Daten, Konkurrenzdaten, Bedürfnisse, Verwendungsstruktur und Käuferverhalten)
- Demographische Bedingungen (Altersstruktur, regionale Verteilung, Schulbildung)
- Psychische und soziale Bedingungen (Normen, Institutionen, Rollen, Schichten, Einstellungen, Reaktionstypen auf unternehmerische Aktionen)
- Politische Bedingungen (öffentliche Verwaltung)
- Rechtliche Bedingungen:
  - Standortwahl (z. B. Grunderwerbs-Bestimmungen, Bauverordnungen)
  - Sortimentspolitik (z. B. Marktzugangsbeschränkungen wie bei Taxibetrieben, Apotheken etc.)
  - Produktion (u. a. arbeitstechnische Sicherheitsvorschriften)

- Preispolitik (Kartellrecht, Preisbestimmung, Wettbewerbsgesetze, Preisauszeichnungsgesetz, Rabatt- und Zugabengesetze, Ratengesetze etc.)
- Werbepolitik („vergleichende“ Werbung, produktspezifische Regelungen, bspw. Pharmazeutika und Zigaretten etc.)
- Produktpolitik (Sicherheit bei Verwendung, Beimengungen und Zusätze, Patenrecht, Markenschutzrecht etc.)
- Distribution (z. B. Ladenschlußregelung)

Für alle Umweltbedingungen, soweit sie unternehmens- und aufgabenspezifisch Restriktionscharakter annehmen, ist eine Differenzierung nach:

gegenwärtigen und

prognostizierten

Bedingungen notwendig. Darüber hinaus erfordern die Umweltbedingungen eine nach Zeit und Aufwand differenzierte Beurteilung der Beeinflussungsmöglichkeiten aus der Sicht der Unternehmung.

2. *Unternehmensspezifische Restriktionskategorien*

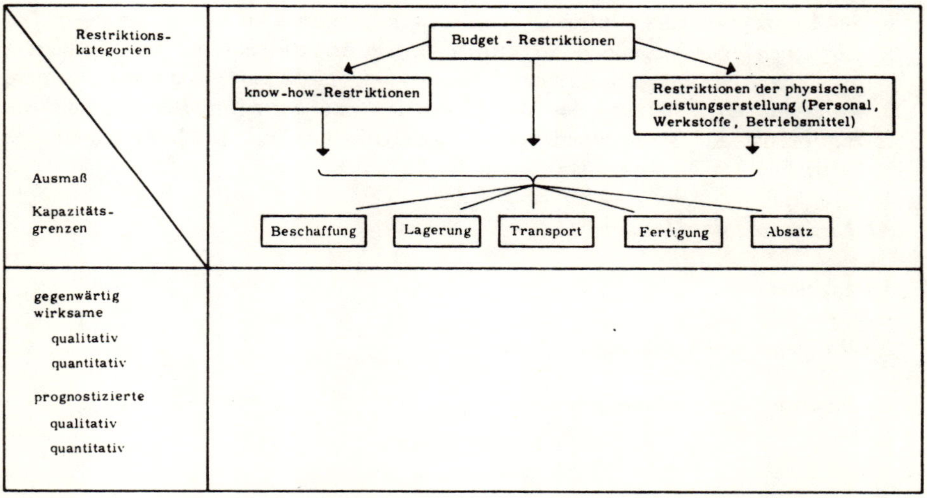

B. Entscheidungen im Konsumgütermarketing

B 1. Fallstudie : SHILLO

Die Fallstudie SHILLO behandelt die Entscheidungssituation einer geplanten Produkteinführung. Es handelt sich dabei um die Vermarktung einer neuen Produktkonzeption, welche sich gegenüber den bestehenden Verwendungskategorien am Markte der Fußbodenpflegemittel (abgesehen von zwei kleinen Marken ähnlicher Produktkonzeption) prinzipiell unterscheidet.

Die vorliegende Fallstudie umfaßt zwei Stufen:

1. Aufbauend auf einer gegebenen Information des Ist-Zustandes ist dieser durch die Konzeption eines Informationsbeschaffungsplanes zu vervollständigen. Die möglichen zu erlangenden Marktforschungsinformationen sind bei gegebenem restriktiven Marktforschungsbudget zielbezogen zu bewerten und auszuwählen.
2. Aufgrund der Schätzung des Marktpotentials und der definierten Produktkonzeption ist auf Maßnahmenebene das zielgruppenadäquate Marketing-Mix zu bestimmen (Maßnahmenplan).

A) Ist-Zustand des Marktes

1. Angebot

1.1. Allgemeine Produktkonzeptionen

Chemisch-technische Einteilung der

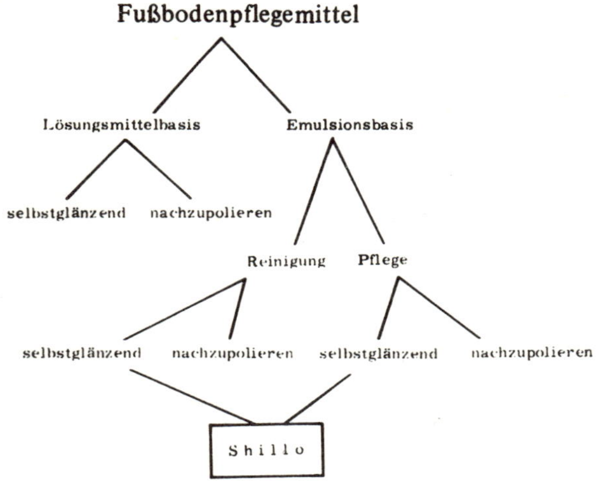

Durchschnittlicher Mengenbedarf an SHILLO für die Pflege von Kunststoff- und Linoleumböden: 10 g/m².
Technische Produktleistung der verschiedenen Fußbodenpflegemittel:

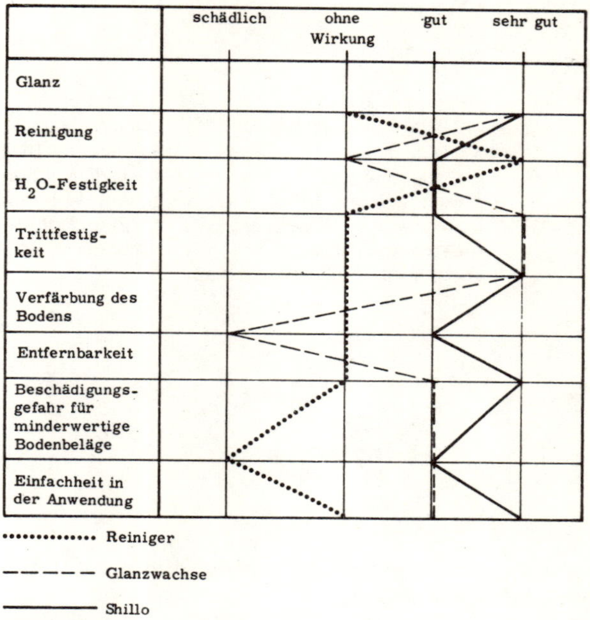

Abb. 5: Leistungsprofile

1.2. Konkurrenzprodukte

Das Angebot an Bodenpflegemittel

Produktkonzeption / Marktdaten	Reiniger	Glanzwachse: Wachse	Glanzwachse: Selbstglanzwachse
Verkaufsmenge p.a.	1.800 t	2.000 t	
Marken und Verpackungsgrößen	Rapido 350 g – – 590 g Cindy 100 g Ilo 420 g	Vexol (flüssig) 250 g Tube Litto (flüssig) 250 g Standa (Benzin) 1 l Carundo (fest) 1 l	Sunny (flüssig) 500 g Rodal (flüssig) 500 g Ledor 500 g Lyca 500 g
Handelsspanne vom LVP*	ca. 50 %	60–75 %	
Letztverbraucherpreis pro kg	Rapido/Ilo 10,– Cindy 50,–	Benzin u. Hartwachse 20,– GE	35,– bis 50,– GE
Werbeausgaben	ca. 8 Mill GE	ca. 4 Mill GE	
Distribution	70–90 % der potentiellen Outlets	Nur zum Teil national, meist regional	

*Letztverbraucherpreis

Kombinationskonzeptionen (Reinigung und Pflege)

Marken	*BILUX*	*PRIMO*
Marktdaten		
Verkaufsmengen	100 t	50 t
Packungsgrößen	500 g	250 g
Letztverbraucherpreis / Packung	26, – GE	13,80 GE
Werbeausgaben	500.000, – GE	500.000, – GE
Produktaussagen	„BILUX, das neue Wischwachs. Aufgewischt, gut gereinigt und schon gewachst. So gut für alle Ihre Böden. Auf feuchtes Tuch spritzen und damit auf Boden übertragen." Nachpolieren wird empfohlen.	„PRIMO, das konzentrierte Wischwachs. Die beste Methode der täglichen Bodenpflege. Gleich ins Aufwischwasser – reinigt, pflegt und glänzt." Nachpolieren wird vorgeschrieben.

2. *Nachfrage*

2.1. Restriktion

Für die Beschaffung von Marktinformationen steht Ihnen ein Marktforschungsbudget von 255.000, – GE zur Verfügung.
Aus diesem Budget können Sie folgende Untersuchungen kaufen:

2.2. *Mögliche Untersuchungen*

Information über den Fußbodenpflegemarkt (Ist-Zustandsaufnahme):

1.	Einzelhandelspanel: Spülmittel	110.000, –
2.	Haushaltspanel: Spülmittel	40.000, –
3.	Wohnungen und Wohnungs- bzw. Raumgrößen im regionalen Markt	15.000, –
4.	Bodenarten in Haushalten	35.000, –
5.	Verwendergewohnheiten und -frequenz	50.000, –
6.	Markenbekanntheit und -verwendung	10.000, –
7.	Psychologische Studie „Bodenpflegemittel"	80.000, –

Information Nr. 1 Kosten: 110.000, –

Einzelhandelspanel: Haushalts-Spülmittel unterteilt nach Marken.
Inhalt: „Im Durchschnitt kaufte ein Einzelhändler monatlich x kg einer Marke"

Information Nr. 2 Kosten: 40.000, –

Haushaltspanel: Spülmittel unterteilt nach Marken
Inhalt: „Käuferhaushalte: Von 100 berichtenden Haushalten kaufen x Haushalte das Produkt ______ (Erhebungszeitraum: 1 Jahr; Erhebungsintervall: 1 Monat)"

Information Nr. 3 Kosten: 15.000, –
Wohnungen und Wohnungs- bzw. Raumgrößen
Inhalt: „1. Zahl der Wohnungen (-Haushalte)
a) Total
b) Urban
c) Städteagglomeration (Regionalhauptstadt)
d) für einen Testmarkt erforderliche Zahl
2. Durchschnittliche Wohnungsgröße
3. Durchschnittliche Raumanzahl pro Wohnung
4. Durchschnittliche Raumgröße“

Information Nr. 4 Kosten: 35.000, –
Bodenbelag und Bodenarten in Wohnungen
Inhalt: „1. Welche Bodenarten kommen in 100 Wohnungen wie oft vor?
2. Wenn in einer Wohnung ein bestimmter Bodenbelag vorhanden ist, in wieviel Räumen kommt er dann im Durchschnitt vor?
3. In welchen Räumen kommt ein bestimmter Bodenbelag wie oft vor?
4. Für welche Bodenarten werden Bodenpflegemittel verwendet? “

Information Nr. 5 Kosten: 50.000, –
Bodenpflegemittel: Verwendungsgewohnheiten und -frequenz für unterschiedliche Bodenarten.
Inhalt: „1. Reinigungsmethoden
2. Reinigungsfrequenz
3. Pflegemethoden
4. Pflegefrequenz“

Information Nr. 6 Kosten: 10.000, –
Bodenpflegemittel: Markenbekanntheit und Verwendung für Fußböden in je 100 Haushalten
Inhalt: „1. Reinigungsmittel
2. Pflegemittel
3. Mittel, die zugleich reinigen und pflegen (Kombinationskonzeptionen)“

Information Nr. 7 Kosten: 80.000, –
Psychologische Studie: Bodenpflegemittel
Inhalt: „Psychologische Bedeutung der Fußbodenpflege“

B) Maßnahmen

1. Daten

1.1. Mediakategorien und -preise

Mediakategorie	*Einsatzart*	*Quantitative Netto-Reichweite in % der erwachsenen Bevölkerung*	*Kosten der Herstellung*	*Kosten einer Einschaltung*
Fernsehen	30 Sekunden – Spot	30	80.000, –	30.000, –
Hörfunk	20 Sekunden Durchsage	10	5.000, –	
	– national			3.000, –
	– lokal			600, –

Mediakategorie	*Einsatzart*	*Quantitative Netto-Reichweite in % der erwachsenen Bevölkerung*	*Kosten der Herstellung*	*Kosten einer Einschaltung*
Presse	*Tageszeitungen:*			
	1/1 Seite schwarz/weiß		50.000, –	
	– nationale Abdeckung (Auswahl)	60		300.000, –
	– für einen Testmarkt (2 Zeitungen, lokal)			30.000, –
	Illustrierte			
	(national – 3 Blätter)	45		
	1/1 Seite schwarz/weiß		50.000, –	80.000, –
	1/1 Seite farbig		75.000, –	150.000, –
Plakat	4/1 Bogen, vier Wochen angeschlagen		100.000, –	
	– national			250.000, –
	– im Testmarkt			20.000, –
Kino	30 Sekunden-Film		120.000, –	
	Kopien und Einschaltung pro Woche Laufzeit			
	– national			300.000, –
	– in städtischen Bereichen			200.000, –
	– im Testmarkt			30.000, –
Prospekt	4-farbig, DIN A 4 Kosten pro Stück bei einer Auflage von			
	– 1 Million Stück		0,25	
	– 80.000 Stück		0,70	
	Als Beilage in Tageszeitungen			
	– national			400.000, –
	– im Testmarkt			20.000, –
	Einzelverteilung an die Haushalte, Kosten pro Stück			0,30

Musterflasche:

Eine 175 g Musterflasche kostet 3, – GE (Material- und direkte Kosten)

Die Verteilung kostet 5, – GE pro Haushalt.

Ladenwerbematerial:

Die Kosten für Ladenwerbematerial zur Unterstützung der Einführung belaufen sich

a) national auf 200.000, – GE

b) am Testmarkt auf 20.000, – GE

1.2. Beschaffbare Test-Informationen zur Kontrolle des Marketing-Mix

1. Psychologische Untersuchung über Produktidee		50.000, –
2. Namenstest – Namensselektion		25.000, –
3. Verpackungs-Anmutungstest		70.000, –
4. Preisakzeptanz-Test		35.000, –
5. Werbe-Pre-Test		35.000, –
6. Produkt-Test gegenüber Konkurrenzprodukten		120.000, –
7. Testmarkt	a) Ausgangssituation b) Kontrollerhebung c) Nielsen Shop-Audit	280.000, –

1.3. Kalkulationsschema

Text	GE/Tonne	%
1. Letztverbraucherpreis (brutto)		150
./. 2. Rabatte		
= 3. Letztverbraucherpreis (netto)		
./. 4. Direkte, umsatzvariable Vertriebskosten (Skonto, Vertriebsprovisionen, Vertriebssteuern, Handelsspannen)		50
= 5. Fabrikabgabepreis		100
./. 6. Variable Einzelkosten der Leistungserstellung:	11.500, –	
6.1. Direkte, beschäftigungsvariable Kosten der Fertigung (Roh-, Hilfs- und Betriebsstoffe; Packstoffe, sonstige variable Fertigungseinzelkosten		
6.2. Direkte, umsatzvariable Kosten des Vertriebs		
= 7. Deckungsbeitrag I		
./. 8. Variable Gemeinkosten der Leistungserstellung:		15
8.1. Variable Gemeinkosten der Fertigung		
8.2. Variable Gemeinkosten des Vertriebs		
= 9. Deckungsbeitrag II		
./.10. Marketing-Fixkosten:		
10.1. Werbebudget		
10.2. Marktforschungsbudget		
= 11. Deckungsbeitrag III		

2. Restriktion

Das Informationsbeschaffungsbudget für Test-Informationen über das Marketing-Mix ist mit 495.000, – GE begrenzt.

C) Informationen zur Bestimmung des Marktpotentials

Haushalt-Panel:

Warengruppe Spülmittel (Käuferzahlen)

Zeitraum	Juli		August		September		Oktober		November		Dezember	
	abs.	%	abs.	%	abs.	%	abs.	%	abs.	%	abs.	%
Von 100 Panel-Haushalten kaufen Spülm.	44,0	100,0	40,7	100,0	44,6	100,0	44,3	100,0	40,4	100,0	43,2	100,0
RAPIDO	21,3	48,4	21,7	53,3	21,7	48,7	21,3	48,1	19,0	47,1	21,8	50,5
CINDY	3,1	7,1	2,3	5,6	3,7	8,3	4,0	9,0	3,0	7,4	4,4	10,2
MERIL	8,2	18,6	9,1	22,4	8,7	19,5	7,9	17,8	6,9	17,1	6,4	14,8
ILO	1,8	4,1	1,6	3,9	1,9	4,3	1,1	2,5	1,4	3,5	1,4	3,2
Sonstige Pulver	1,2	2,7	0,7	1,7	1,0	2,2	0,9	2,0	0,7	1,7	1,1	2,5
REX flüssig	8,0	18,2	4,7	11,5	6,2	13,9	5,3	12,0	5,4	13,4	6,0	13,9
RAPIDO flüssig	0,3	0,7	0,7	1,7	1,1	2,5	2,7	6,1	1,7	4,2	1,4	3,2
MERIL flüssig	5,4	12,3	4,5	11,0	5,8	13,0	6,7	15,1	6,4	15,8	5,5	12,7
sonstige flüssige Spülmittel	1,0	2,3	0,6	1,5	1,4	3,1	1,1	2,5	0,5	1,2	0,8	1,9
Spülmittel Pulver – total	27,8	63,2	32,2	79,1	34,2	76,7	33,3	75,2	28,9	71,6	32,9	76,2
Spülmittel flüssig – total	14,0	31,9	9,9	24,3	13,7	30,8	15,1	34,1	13,7	34,0	13,3	30,8

Information Nr. 1

Einzelhandelspanel: Durchschnittlicher Einzelhandels-Einkauf pro Geschäft

Warengruppe Spülmittel (Einkaufsmenge in kg)

Zeitraum	Jänner	Feber	März	April	Mai	Juni	Juli	Aug.	Sept.	Okt.	Nov.	Dez.
Spülmittel	248,01	223,83	204,70	221,84	203,91	204,19	226,48	202,36	232,17	239,15	201,88	231,93
Rapido	128,34	106,80	92,44	101,16	90,36	95,14	92,84	100,18	104,54	101,88	87,58	104,94
Cindy	5,20	6,60	11,20	13,00	6,40	9,00	7,80	6,40	9,40	9,80	8,40	11,00
Meril	35,80	30,40	24,80	24,20	26,40	21,10	25,30	25,50	23,70	23,30	16,90	18,60
Ilo	5,20	6,10	4,60	4,60	3,70	4,60	5,90	4,40	5,20	3,80	4,20	5,90
Sonst. Pulver	3,80	5,20	4,70	5,00	3,00	4,60	5,00	2,00	3,40	3,60	2,20	3,60
REX flüssig	33,73	29,37	26,72	33,90	29,48	26,15	48,24	31,20	38,74	35,41	31,98	42,58
RAPIDO flüssig	1,84	5,20	6,24	4,16	7,28	5,20	1,56	4,68	6,24	14,04	10,40	9,88
Meril flüssig	28,60	31,72	30,16	31,72	32,76	33,28	33,80	25,48	34,44	41,88	36,08	29,80
Sonst. fl. Spülm.	5,50	2,44	3,84	4,10	4,53	5,12	6,04	2,52	6,51	5,44	4,14	5,63
Pulver	178,34	155,10	137,74	147,96	129,86	134,44	136,84	138,48	146,24	142,38	119,28	144,04
Spülmittel flüssig	69,67	68,73	66,96	73,88	74,05	69,75	89,64	63,88	85,93	96,77	82,60	87,89

Im regionalen Markt gibt es ca. 21.000 Einzelhandels-Geschäfte.

Information Nr. 2

Haushalt-Panel:

Warengruppe Spülmittel (Käuferzahlen)

Zeitraum	Jänner		Feber		März		April		Mai		Juni	
	abs.	%	abs.	%	abs.	%	abs.	%	abs.	%	abs.	%
von 100 Panel-Haushalten kaufen Spümittel	50,1	100,0	45,0	100,0	44,2	100,0	43,6	100,0	41,0	100,0	41,9	100,0
RAPIDO	28,2	56,3	23,7	52,7	22,7	51,4	22,6	51,8	20,9	51,0	21,7	51,7
CINDY	2,4	4,8	3,1	6,9	5,0	11,3	5,1	11,7	2,9	7,1	3,4	8,1
MERIL	12,5	25,0	10,6	23,6	9,5	21,5	9,3	21,3	9,1	22,2	8,1	19,3
ILO	2,4	4,8	2,1	4,7	1,7	3,9	1,6	3,7	1,5	3,7	1,8	4,3
Sonstige Pulver	1,3	2,6	1,2	2,7	1,3	2,9	1,1	2,5	0,8	2,0	1,4	3,3
REX flüssig	5,2	10,4	4,3	9,6	4,3	9,7	4,4	10,1	4,4	10,7	4,0	9,5
RAPIDO flüssig	0,3	0,6	1,0	2,2	1,2	2,7	0,8	1,8	1,2	2,9	1,0	2,4
MERIL flüssig	4,5	9,0	5,5	12,2	4,8	10,9	4,6	10,6	4,7	11,5	4,7	11,2
Sonstige flüssige Spülmittel	0,9	1,8	0,5	1,1	0,7	1,6	0,7	1,6	0,8	1,9	0,9	2,1
Spülmittel Pulver – total	42,9	85,9	37,2	82,7	36,3	82,2	36,6	84,0	32,5	79,3	33,5	80,0
Spülmittel flüssig – total	10,4	20,8	10,8	24,0	10,8	24,4	10,3	23,3	10,9	26,6	10,3	24,6

Information Nr. 3

Wohnungen und Wohnungs- bzw. Raumgröße:
1. Anzahl der Wohnungen (= Haushalte):
   a) Total: 2,3 Mill.
   b) Urbane Gebiete: 1,1 Mill.
   c) Städteagglomeration: 650.000
   d) für Testmarkt erforderlich ca. 70.000
2. Durchschnittliche Wohnungsgröße: 57 m^2
3. Durchschnittliche Raumanzahl pro Wohnung: 2,7
4. Durchschnittliche Raumgröße: 20 m^2
   (Nebenräume, Küche und Vorräume zählen als halbe Räume)

Information Nr. 4

Bodenbelag und Bodenarten in Wohnungen:

1. Von 100 Wohnungen haben x folgende Bodenarten:

rohes Holz	34	Teppiche	68
versiegeltes Holz	13	Spannteppiche	2
anderes Holz	50	Plastik	19
Linoleum	56	Stein	39

2. Die Bodenart kommt, wenn vorhanden, in x Räumen pro Wohnung vor:

rohes Holz	2,2	Teppiche	2,4
versiegeltes Holz	2,2	Plastik	0,8
anderes Holz	2,1	Stein	1,1
Linoleum	1,2		

3. In 100 Räumen einer Art kommt die Bodenart x -mal vor:

	Wohnräume	Schlafräume	Vorraum	Küche	Nebenräume
rohes Holz	12	11	20	15	20
versiegeltes Holz	8	5	5	2	2
anderes Holz	45	60	18	16	30
Linoleum	13	10	20	25	25
Plastik	1	2	15	17	13
Stein	21	12	12	25	10

4. Hat man diese Bodenart in der Wohnung, dann verwendet man Boden-Wachse und Polituren in x Fällen:

rohes Holz	39	Linoleum	83
versiegeltes Holz	27	Plastik	67
anderes Holz	86		

Information Nr. 5

Bodenpflegemittel: Verwendungsgewohnheiten und -frequenz für unterschiedliche Bodenarten

A) Reinigungsmittel

1. Von 100 Räumen mit

werden	versiegeltem Holzboden	Kunststoff / Gummiboden	Linoleum
mit Wasser gereinigt	80	95	90
davon mit Wasser und Reinigungsmittel	30	70	68
nur mit Wasser	50	25	22
ohne Wasser gereinigt / nicht gereinigt	20	5	10
	100	100	100

2. Von 100 Räumen mit

werden gereinigt	versiegeltem Holzboden	Kunststoff / Gummibelag	Linoleum
mehrmals wöchentlich	2	12	6
einmal wöchentlich	18	40	35
2–3 x monatlich	10	8	12
einmal monatlich	30	25	27
seltener	40	15	20
	100	100	100

B) Pflegemittel

1. Von 100 Räumen mit

werden gepflegt:	versiegeltem Holzboden	Kunststoff / Gummibelag	Linoleum
mit einem Pflegemittel	30	60	80
ohne Pflegemittel	70	30	20
	100	100	100

2. Von 100 Räumen mit

die mit einem Pflegemittel behandelt werden, werden gepflegt	versiegeltem Holzboden	Kunststoff / Gummibelag	Linoleum
mehrmals wöchentlich	0	3	4
einmal wöchentlich	20	20	25
2–3 x monatlich	10	12	16
1 x monatlich	40	50	40
seltener	30	15	15
	100	100	100

Information Nr. 6

Bodenpflegemittel: Markenbekanntheit und Verwendung für Fußböden in je 100 Haushalten

1. Reinigungsmittel

%	RAPIDO	ILO	CINDY	ALLE ANDEREN
Bekanntheit:	95	60	75	–
Verwendung:	30	5	15	35

2. Pflegemittel

%	SUNNY	VEXOL	ALLE ANDEREN
Bekanntheit:	25	50	–
Verwendung:	10	18	62

3. Mittel, die reinigen und pflegen

%	PRIMO	BILUX
Bekanntheit:	20	25
Verwendung:	1	3

Information Nr. 7

Psychologische Studie: „Bodenpflegemittel“

„Technisch rationale Funktion: Reinigung des Fußbodens; Grundnutzen von primärer Bedeutung; sauberer Boden entspricht zivilisierten Menschen, umweltbezogene Verhaltensnormen werden erfüllt.

Psychisch – emotionaler Nutzen: Bodenpflege erbringt einen sichtbaren Leistungsbeweis der Hausfrau; durch Sauberkeit (Reinigung), insbesondere aber durch Glanz (Pflege).

Glanz am Fußboden ist ein für jedermann erkennbares Symbol perfekter Reinlichkeit.“

D) Aufgabenstellung

1. Erstellung eines Beschaffungsplanes für Marktforschungsinformationen
2. Auswertung der Marktforschungsinformationen
   2.1. Bestimmung des Marktpotentials für die Produktkonzeption
   2.2. Konkretisierung der Marktpotentialschätzung durch Segmentbildung
3. Festlegung des Absatzzielsystems für die Einführung des Produktes SHILLO
4. Erstellung des Marketing-Mix
   4.1. Erstellung eines Beschaffungsplanes für Marktforschungsinformationen
   4.2. Entscheidung über das Werbe- und Sales-Promotion-Mix
   4.3. Preiskalkulation unter Berücksichtigung von Marktpotential, Zielsystem Budgets und Kosten der Marktforschung und Werbung

III. Der Entscheidungsprozeß der Informationsbeschaffung

1. Arbeitsdefinitionen

1.1. Die informationstheoretischen Grundlagen

1.1.1. Die semiotischen Dimensionen

Um die Struktur des Phänomens „Information" erfassen zu können, ist es notwendig, sich mit einigen grundlegenden Begriffen der *Sprachtheorie (Semiotik)* zu befassen. In der Semiotik werden grundsätzlich 4 Dimensionen unterschieden, wobei die Sigmatik für die vorliegende Betrachtung ausgeklammert werden kann:

Syntaktik
Semantik
Pragmatik
(Sigmatik)

Die *Syntaktik* ist jene Relationskategorie (Dimension), innerhalb welcher die Beziehungen zwischen *Zeichen*, losgelöst von deren Bedeutung und Zwecksetzung, untersucht werden. Die Syntaktik untersucht die Struktur von Zeichensystemen. Die Aussagen der syntaktischen Informationstheorie nehmen jedoch auf Bedeutung und Zwecksetzung der Zeichen bzw. Zeichenkombinate (=Superzeichen) keinen Bezug. Es ist zu beachten, daß die Syntaktik nicht von der Bedeutung der Beziehungen (Relationen) zwischen den Zeichen abstrahiert. Würde man nämlich von der Bedeutung der Zeichenrelationen (Junktoren) abstrahieren, so könnte kein syntaktisches Ordnungsgefüge aufgestellt werden.

Die *Semantik* stellt jene sprachtheoretische Relationskategorie dar, innerhalb welcher die Beziehungen zwischen Zeichen bzw. Superzeichen und deren Bedeutung dargestellt werden.. Die Bedeutung eines Zeichens hängt von seinem Gebrauch in der Sprache ab. Die den Zeichen zukommende Bedeutung kann entweder vereinbart oder erfahren (erlernt) werden. Die Zuordnung der Bedeutung auf das semantische Potential eines Zeichens erfolgt durch die *Bedeutungsfunktion*. Die logische Rangrelation zwischen Semantik und Syntaktik ist dadurch gekennzeichnet, daß die

semantische Dimension eines Sprachsystems die Existenz der syntaktischen Dimension voraussetzt.
Die ***Pragmatik*** als die dritte sprachtheoretische Relationskategorie regelt die Beziehungen zwischen bedeutungstragenden Zeichen (=Nachrichten) und deren Verwendung beim Empfänger bzw. Sender. Wesentliche Struktureigenschaft pragmatischer Information ist die Zielfunktionalität (Zielbezogenheit) der Information bezüglich der Präferenzordnung des Senders bzw. Empfängers. Für informationsökonomische Betrachtungen ist die pragmatische Relationskategorie von grundlegender Bedeutung. Unter Berücksichtigung der logischen Rangrelation setzt die pragmatische Dimension der Information das Vorhandensein semantischer und syntaktischer Relationen voraus.

1.1.2. Informationsdefinitionen

Die semiotischen Relationskategorien können für eine Abgrenzung der Begriffe „Signal", „Zeichen", „Nachricht" und „Information" verwendet werden. Unter Annahme der semiotischen Beziehung als Definitionskriterium ergibt sich ein Bild über die logische Beziehungshierarchie zwischen den abzugrenzenden Begriffen. Ein ***Signal*** kann als ein physikalisch wahrnehmbarer Tatbestand bezeichnet werden. Das Signal ist Informationsträger unter Berücksichtigung der Prämisse, daß es keine Information ohne Informationsträger gibt. Unter Einbeziehung der kybernetischen Informationstheorie kann ein Zeichen als die Klasse der als äquivalent vereinbarten Signale definiert werden. Ein ***Zeichen*** stellt somit eine Menge durch Konvention als äquivalent vereinbarter oder erlernter Signale dar. Die Abbildungsvorschrift, welche einer Klasse von Signalen Zeichenwert zuordnet, wird ***Zeichenfunktion*** genannt. Das Zeichen selbst ist Element des syntaktischen Informationssystems. Dem Zeichen haftet eine semantische Leerstelle (semantisches Potential) an, welche bei bedeutungsmäßiger (semantischer) Konkretisierung aus einer Leerstelle in eine Designatstelle verwandelt wird. Nach dem Komplexitätsgrad können Zeichen niederer oder Zeichen höherer Ordnung unterschieden werden. Ein ***Superzeichen*** setzt sich aus einer Menge von Zeichen zusammen. Diese Desaggregation kann bis zu den ***Elementarzeichen*** eines Alphabetes vorgenommen werden. Wenn im folgenden von Zeichen bzw. Superzeichen gesprochen wird, so ist dieser Tatbestand der Desaggregationsmöglichkeit zu beachten.
Eine ***Nachricht*** ist ein Zeichen, dem Bedeutung zukommt. Nachrichten sind somit als semantisch konkretisierte Zeichen aufzufassen, wobei die Abbildungsvorschrift, welche einem Zeichen einen Bedeutungsinhalt zuordnet, als ***Bedeutungsfunktion*** definiert wird. Eine Bedeutungsfunktion ordnet somit einem Zeichen durch Inanspruchnahme des semantischen Potentials eine Bedeutung zu. Aus diesen Überlegungen ist es ersichtlich, daß dasselbe Zeichen verschiedene Bedeutung und damit verschiedenen Nachrichtenwert haben kann.
(Diese Überlegung kann an dem Zeichen „Zug" veranschaulicht werden, welches aus den 3 Elementarzeichen „Z", „U" und „G" zusammengesetzt ist. Je nach der Struktur des semantischen internen Modelles des Senders bzw. des Empfängers kann in Abhängigkeit des sprachlichen Kontextes im Zeichen „Zug" die Bedeutung eines „Verkehrsmittels", einer „Bewegung" oder eines „Spielzeuges" usw. zugeordnet werden.) Setzt man hingegen ***normierte Bedeutungsfunktionen*** zwischen Zeichen und Bedeutung voraus – wie es etwa in Nomenklaturen bzw. spezifischen Fachsprachen der Fall ist – so ist die semantische Unschärferelation nicht gegeben.

Unter *Information* soll eine pragmatisch konkretisierte Nachricht verstanden werden. *Information im engeren Sinne* ist als eine zielfunktional definierte Nachricht anzusehen, welche aufgrund der spezifischen Zwecksetzung des Senders bzw. Empfängers einen zu diesem Zweck definierten Wert hat. In diesem Sinne ist es möglich, daß dieselbe Nachricht für das eine informationsverarbeitende System (z. B. Sender) wohl Informationswert hat, aber für den Empfänger mangels Zweckbezug keinen Informationswert hat.
(*Information im weiteren Sinn* umfaßt die Begriffe „Zeichen", „Nachricht" und „Information im engeren Sinne".)

1.1.3. Klassifizierung der Informationsprozesse

Ein Informationsprozeß ist ein informationeller Input – Output Transfer. Unter Berücksichtigung systemtheoretischer Denkkategorien lassen sich Informationsprozesse in 3 Transferklassen unterscheiden:

Transmissionsprozesse:

Eine Informationstransmission liegt dann vor, wenn die Information im weiteren Sinne ohne Änderung von Form und Inhalt einer raumzeitlichen Veränderung (Transport) oder einer zeitlichen Veränderung bei räumlicher Konstanz (Speicherung) zugeführt wird.

Codierungsprozesse (Translationsprozesse):

Codierungsprozesse sind inhaltsinvariante, formvariante Transferprozesse, die entweder inputseitig oder outputseitig in einem Informationssystem auftreten.

Encodierung (das ist outputseitige Codierung durch den Sender) stellt einen Transfervorgang dar, in dem die Information (im engeren Sinne) in Nachrichten und diese in Zeichen encodiert werden.

Decodierung (inputseitige Codierung des Empfängers) stellt einen Transfervorgang dar, in welchem vom Übertragungskanal aus gesehen die Signale in Zeichen, diese in Nachrichten und die Nachrichten in pragmatische Information decodiert werden.

Die logische Folge von Zeichen-, Bedeutungs- und Zielfunktion ist für die Beschreibung von Codierungsprozessen wesentlich.

1.1.4. Der Kommunikationsprozeß

Kommunikation im allgemeinsten Sinne als das Bestehen einer informationellen Relation zwischen informationsverarbeitenden Systemen setzt die relative Offenheit der beteiligten Systeme voraus. Ein System ist dann *offen*, wenn zumindest ein Element des Systems in Relation zu einem Element der systemrelativen Umwelt steht. Die elementare Struktur einer Kommunikationskette kann durch 3 Elementklassen gekennzeichnet werden:

Sendeelement
Übertragungselement (Kanal)
Empfangselement

Die Voraussetzung für die Kommunikation zwischen Sender und Empfänger besteht in der Existenz eines gemeinsamen Zeichenvorrates (*syntaktische Kommunikation*), eines gemeinsamen Bedeutungsvorrates (*semantische Kommunikation*) und eines gemeinsamen Zielfunktions- bzw. Präferenzordnungsvorrates (*pragmatische Kommunikation*).

1.2. Der Entscheidungsprozeß unter informationstheoretischem Aspekt

Der Entscheidungsprozeß kann als eine spezifische Teilklasse pragmatischer Informationsprozesse erklärt werden. Die Bedingungen für das Vorliegen von Entscheidungen bestehen in der Existenz eines Alternativenrepertoires und einer Entscheidungsregel, die von einer Präferenzordnung des Entscheiders abgeleitet ist. Unter informationstheoretischem Aspekt kann das Alternativenrepertoire als Menge der dem Entscheider subjektiv zur Verfügung stehenden Informationen gekennzeichnet werden. Die *Entscheidungsregel* ist eine pragmatische Transformationsvorschrift, welche an die Menge der Informationen anzulegen ist. Aus dem Alternativenrepertoire wird mittels der Entscheidungsregel jene Alternative gewählt, deren Zielbeitrag optimal ist (extremal unter Berücksichtigung von Nebenbedingungen). Pragmatische Information kann als Verringerung von Entscheidungsunsicherheit bzw. -ungewißheit verstanden werden. Im Falle deterministischer, („logischer") Entscheidungen besteht vollkommene Information.
Die strukturelle Darstellung des Entscheidungsprozesses als Informationsprozeß läßt sich durch folgendes Regelkreisschaubild ausdrücken:

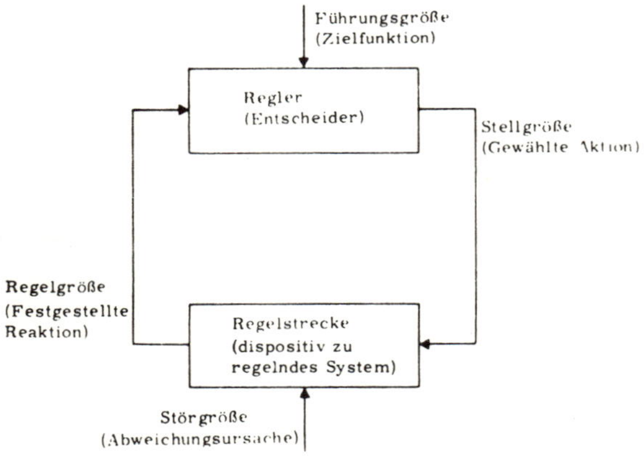

Abb. 6: Regelkreis und Entscheidungsprozeß

1.3. *Entscheidungsprozesse in der Informationswirtschaft*

Wirtschaften kann unter entscheidungstheoretischem Gesichtspunkt als die ökonomisch-rationale Wahl von Gütern als Mittel zum Zweck der Bedarfsdeckung definiert werden. Es handelt sich hierbei um Entscheidungen unter *Unsicherheit* (Vorliegen objektiver Wahrscheinlichkeitsverteilungen) bzw. unter *Ungewißheit* (Vorliegen von subjektiven Wahrscheinlichkeitsverteilungen). Die Wirtschaftsentschei-

dung kann unter Anwendung der beiden Existenzbedingungen für das Vorliegen von Entscheidungen dahingehend definiert werden, daß Information über Güter und Information über den Bedarf vorhanden sind und daß als Entscheidungsregel im allgemeinsten Fall die ökonomische Rationalität gilt. Bei Existenz subjektiver Präferenzordnungen modifiziert sich die Entscheidungsregel in der Form, daß man *subjektive Rationalität* zuläßt. Unter Zugrundelegung eines weiten Wirtschaftsgutbegriffes, unter dem die Information als eine Erscheinungsform fällt, können auch diese als Gegenstand der Wirtschaftsentscheidungen aufgefaßt werden. Der polare Begriff zur Information als Wirtschaftsgut wäre der Informationsbedarf als ökonomisch relevante Mangellage. Die *Informationswirtschaft* kann daher definiert werden als die ökonomische rationale Widmung von Informationen zum Abdecken des Informationsbedarfes. Ein *Informationsbedarf* tritt immer auf, wenn folgende Bedingungen erfüllt sind: Problemexistenz als notwendige und Problemlösungswille als hinreichende Bedingung. Der ökonomisch relevante Teil des Informationsbedarfes kann als Informationsnachfrage bezeichnet werden. Der *Informationsnachfrage* steht das *Informationsangebot* an konkreten Informationsgütern gegenüber.
Definiert man die ökonomische Entscheidung als einen informationsverarbeitenden Prozeß, welcher Wirtschaftsgüter zum Gegenstand hat, so zeigt sich im Rahmen der informationswirtschaftlichen Betrachtung der Dualitätscharakter der Information:
1. als Entscheidungsobjekt (Informationsgut, Informationsbedarf)
2. als Entscheidungsinstrument auf der Lenkungsebene als „Informationen über den Informationsbedarf"

Grundsätzlich ist in der Informationswirtschaft zwischen Informationsproduktion (weiter Produktionsbegriff) und Informationskonsum zu unterscheiden. Weiters gelten wie für den materiellen Güterstrom die Aktionsphasen:
- Informationsbeschaffung
- Informationsspeicherung
- Informationstransport
- Informationsverarbeitung
- Informationsabsatz

2. Aufbau- und Ablaufstruktur von Entscheidungsprozessen der Informationsbeschaffung

Unter *Informationsbeschaffung* soll allgemein die Aufnahme von Informationsgütern in den Dispositionsbereich der Unternehmung verstanden werden. Informationsgüter als Wirtschaftsgüter haben einen Marktpreis. Die Komponenten der Informationsbeschaffungsentscheidung können durch folgende Bereiche skizziert werden:
- Inhalt
- Genauigkeit
- Terminisierung
- Beschaffungsbudget

2.1. Beschaffungsziel

Die Komponenten der Beschaffungsentscheidung für Informationsgüter wirken sich auf die Formulierung des *Beschaffungszieles* aus:

Zieldimension	*Allgemeine Ziele*	*Informationelle Ziele*
Inhalt *(Was?)*	zukünftiger Zustand, der unter aktueller Präferenzordnung erstrebenswert ist (materiell/energetisch/informationell)	zukünftig informationeller Zustand (Informationsstand), der erstrebenswert (vgl. „Problemlösungswille") ist.
Ausmaß *(Wieviel?)*	die durch die Präferenzordnung gewünschte Merkmalausprägung des zukünftigen Zustandes	„Genauigkeit": wie genau (Skalentypus) soll der zukünftige Informationsstand (zweckbezogenes Wissen) sein: Detaillierungsgrad, Verläßlichkeit der Information.
Terminisierung *(Wann?)*	Zeitrahmen der Realisierung des zukünftigen Zustandes (Zeitpunkt- bzw. Zeitraumbezogenheit)	Zeitdauer bzw. Zeitpunkt der Realisierung des angestrebten Informationsstandes.

2.2. *Restriktionen*

Bei der Realisierung des Beschaffungszieles sind grundsätzlich folgende Restriktionsbereiche zu berücksichtigen:

1. Die maximal zulässige *Beschaffungszeit* (Suchzeit) für Informationen:
   Die Dimensionierung dieser Zeit hängt wesentlich von der Termingebundenheit des Entscheidungsproblemes ab. Andererseits ist zu beachten, daß zu früh erhobene bzw. angelieferte Informationen, welche einem hohen Veralterungsrisiko ausgesetzt sind, zum Zeitpunkt der Entscheidungsfindung möglicherweise bereits veraltert sind. Es ist daher als Restriktion ein zulässiges Zeitintervall für die Informationsbeschaffung zu definieren. Bei der Dimensionierung des zulässigen Beschaffungszeitraumes ist noch der Zeitbedarf für Informationsauswertung, Prüfung und Speicherung zu beachten.
2. Der geforderte Entsprechungsgrad des Informationsinhaltes zum Problem *(Problementsprechung)*: Der Entscheidungsinstanz ist es möglich, aufgrund einer Problemanalyse eine Differenzierung der Suchfragen nach Gewichtigkeit vorzunehmen und darauf aufbauend einen gewünschten Entsprechungsgrad der Informationsinhalte zur Problemstruktur zu fordern.
3. Das Anspruchsniveau an *Genauigkeit* und Verläßlichkeit der Informationen: Die Beantwortung einer Suchfrage kann mit *variablem Genauigkeitsgrad* erfolgen. In Abhängigkeit von der Wichtigkeit der Suchfrage und der zur Verfügung stehenden Zeit kann eine Mindestgenauigkeit vorgegeben werden. In diesem Zusammenhang gilt generell die Entscheidungsregel: „so genau, als wirtschaftlich vertretbar" d. h., daß die Kosten der Steigerung des Genauigkeitsgrades in Relation zum Wissenszuwachs zu sehen sind.
4. Das zur Verfügung stehende *Beschaffungsbudget*:
   Das Beschaffungsbudget stellt einen Rahmen finanzieller Mittel dar, welcher für die Beschaffung der problemrelevanten Informationsgüter vorgesehen ist. Es handelt sich hier um eine finanzielle Restriktion.
5. Die vorhandene *Informationskapazität*:
   Die vorhandene Informationskapazität stellt das maximal mögliche Informa-

tions-Transferpotential des informationsverarbeitenden Systems (Informationsbeschaffungssystems) dar. Es stellt einen möglichen Engpaßfaktor im Rahmen der Beschaffungspolitik dar. Eine Klassifizierung der Informationskapazität kann grundsätzlich nach systemtheoretischen und sprachtheoretischen Prozeßkategorien erfolgen.

Prozeßkategorien des Informationstransfers	Transmission	Translation	Transformation
Syntaktik	Zeichenübertragung	Zeichencodierung	Algorithmische Operationen
Semantik	Nachrichtenübertragung	Bedeutungscodierung	Anwendung von Interpretationsregeln
Pragmatik	Informationsübertragung	Codierung von Zielfunktionen	Anwendung von Entscheidungsregeln

Abb. 7: **Semiotische Prozeßkategorien**

2.3. Ökonomität der Informationsbeschaffung

Für die Informationsbeschaffungsentscheidung sind folgende Kostenarten anzuführen:

Fixkosten:

- Bereitschaftskosten der Informationskapazität:

  Diese fallen für den definierten Beschaffungszeitraum unter Beachtung der Mindestdauer der Unveränderlichkeit an. Zu dieser Gruppe gehören Personal-, Sachmittel- und know-how-Kosten.

Variable Kosten:

- Kosten der Inanspruchnahme der Informationskapazität
- Kosten der erworbenen Informationsgüter (Einstandspreise der Informationsgüter).

Ausgehend von der Annahme, daß eine kostenoptimale Informationsbeschaffung stattfinden soll, wird eine Kostenminimierung unter Berücksichtigung von Nebenbedingungen angestrebt. Um die Kostenoptimalität ermitteln zu können, müssen die funktionalen Abhängigkeiten der einzelnen Kostenarten grundsätzlich geklärt werden. Die im folgenden dargestellten Zusammenhänge sollen einige Anregungen bei der Analyse informationsökonomischer Probleme im Rahmen der Informationsbeschaffung geben. Bei der Konzeption der kostenoptimalen Informationsbeschaffung werden in Abhängigkeit von Beschaffungszeit, Informationsgenauigkeit, Problementsprechungsgrad, budgetärer Restriktion und knapper Informationskapazität die minimalen Gesamtkosten der Informationsbeschaffung ermittelt. Die Informationskosten sind einer Erfassung prinzipiell leichter zugänglich; im Gegensatz dazu ist der *Informationsertrag* und damit der *Informationserfolg* als Differenzgröße zwischen Informationsertrag und Informationskosten kaum mehr meßbar. (Abhängig von der individuellen Präferenzordnung.) Es soll daher die Diskussion auf die kostenoptimale Informationsbeschaffung beschränkt bleiben. Als grundsätzlich freie Variable werden angenommen:

– Beschaffungszeit
– Informationsgenauigkeit
– Beschaffungsbudget
– Problementsprechung des Informationsinhaltes

2.3.1. Die Ermittlung der kostenoptimalen Beschaffungszeit

Unter Beachtung eines gegebenen Beschaffungsbudgets, eines geforderten Anspruchsniveaus der Informationsgenauigkeit und des inhaltlichen Entsprechungsgrades ist die kostenoptimale Beschaffungszeit zu ermitteln. Man kann grundsätzlich von folgenden Zusammenhängen ausgehen:
Sinkende Informationsbeschaffungszeit impliziert

- steigende Beschleunigungskosten,
- sinkende Risikokosten der Informationsveralterung (in Grenzen des zulässigen Zeitintervalls)
- tendenziell sinkende Bereitschaftskosten (im Rahmen der Mindestdauer der Unveränderlichkeit)
- steigende Risikokosten wegen sinkender Genauigkeit und sinkender Inhaltsentsprechung.

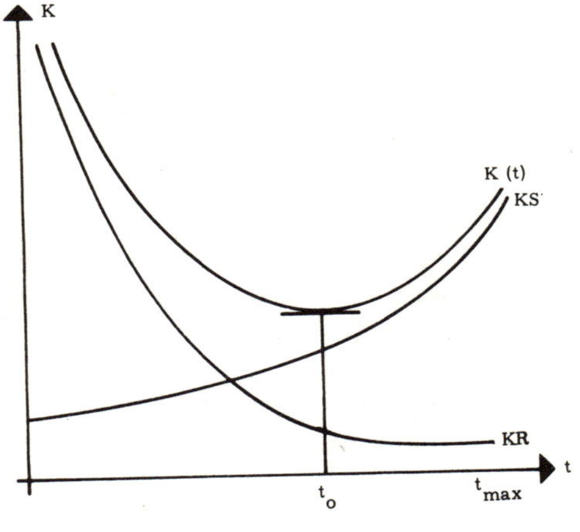

Legende:

K(t) =	Von der Suchzeit abhängige Gesamtkosten der Informationsbeschaffung
KS =	zeitabhängige Suchkosten
KR =	suchzeitabhängige Risikokosten der Informationsveralterung
t_o =	kostenoptimale Suchzeit
t_{max} =	maximal zulässige Suchzeit

Abb. 8: Optimale Beschaffungszeit bei Gesamtkostenminimum

2.3.2. Kostenoptimaler Genauigkeitsgrad

Ausgehend von einem gegebenen Beschaffungsbudget, einem gegebenen Zeitintervall der zulässigen Beschaffungszeit, einem gegebenen Anspruchsniveau der inhaltlichen Entsprechung zum Problem ergeben sich folgende Zusammenhänge:
Ein steigender Genauigkeitsgrad impliziert:

– steigende Kosten der Informationserfassung,
– steigendes Veralterungsrisiko,
– steigende beschaffungszeitabhängige Kosten,
– sinkende Beschleunigungskosten,
– sinkende Risikokosten der Ungenauigkeit,
– sinkende Risikokosten der mangelnden Inhaltsentsprechung,
– tendenziell steigende Bereitschaftskosten.

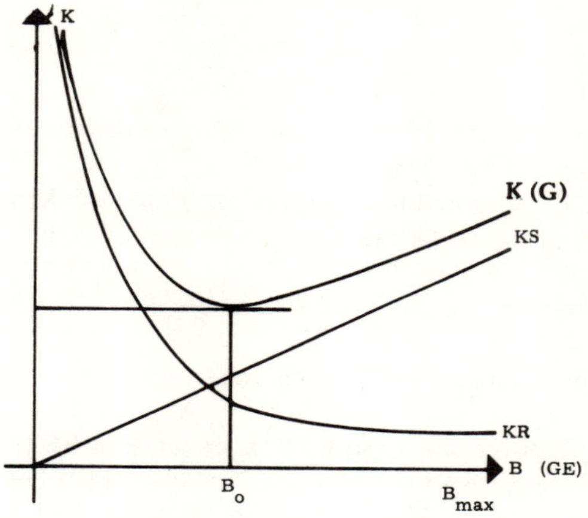

Legende:
K (G) = Gesamtkosten der Informationsbeschaffung in Abhängigkeit vom Genauigkeitsgrad der Informationsbeschaffung
KS = genauigkeitsabhängige Suchkosten (angenommener proportionaler Verlauf; progressive Suchkosten würden auf geänderte Suchmethode bzw. steigende Rüstkosten des Methodenwechsels mit fortschreitender Suche hindeuten. Die Rüstkosten sind als Ausbildungs-, Umschulungs- und sonstige vom Methodenwechsel abhängige Kosten der Informationserfassung zu verstehen.)
KR = Risikokosten in Abhängigkeit vom Genauigkeitsgrad
B_{max} = maximal zur Verfügung stehendes Budget der Informationsbeschaffung
B_o = kostenoptimale Dimensionierung des Budgets der Informationsbeschaffung.

Abb. 9: Optimaler Genauigkeitsgrad bei Gesamtkostenminimum

2.4. Die Struktur des Informationsbeschaffungsprozesses als mehrstufiger Entscheidungsprozeß

Der Informationsbeschaffungsprozeß kann als mehrstufiger Entscheidungsprozeß aufgefaßt werden, für den die Existenzbedingungen für das Vorliegen von Entscheidungen gelten. Ein *mehrstufiger Entscheidungsprozeß* kann als eine durch Entscheidungen bewirkte Sequenz von Zustandsänderungen eines informationsverarbeitenden Systems definiert werden.
Eine Klassifizierung der möglichen modellmäßigen Behandlung von Entscheidungsprozessen kann durch eine Kriteriensystematik veranschaulicht werden:

abzubildendes Merkmal	als Modelleigenschaft berücksichtigt?	
	ja	nein
unvollkommene Information	stochastisch	deterministisch
nicht freie Teilbarkeit der Produktionsfaktoren	diskret	stetig
Zeit	dynamisch	statisch
Nichtlinearität	nichtlineare Funktionen	lineare Funktionen
Mehrstufigkeit	sequentiell	simultan

Um die Mehrstufigkeit des Informationsbeschaffungsprozesses zu demonstrieren, sei die folgende Ausgangslage definiert:
Aufbauend auf den Existenzbedingungen für das Vorliegen ökonomisch relevanten Informationsbedarfs müssen folgende Eigenschaften erfüllt sein:

(I) Es gibt ein Problem P,

(II) Es gibt eine Instanz, welche das Problem lösen möchte (Problemlösungswille vorhanden): L(P)

(III) Es gibt die informationellen Wirtschaftsgüter zur Realisierung der Problemlösung: G(P)

Die Ausgangslage ist durch die Konjunktion dieser drei Sätze definiert. Die Abdeckung des problembezogenen Informationsbedarfes Ib(P) besteht in der Ermittlung von problemrelevantem Wissen über die Struktur- und Ablaufsgesetzmäßigkeiten des dem Problem zugrunde liegenden Phänomens.
In diesem Sinne kann der *Informationsbeschaffungsprozeß* als ein ökonomisch-pragmatischer Suchprozeß definiert werden.
Die drei Dimensionen des Informationsbeschaffungszieles lauten:
Inhalt: Die von der Problemdefinition abgeleitete Konkretisierung des Suchinhaltes.
Genauigkeit: Diese ist von der Beobachtungsmethode und von der Problemdefinition ableitbar; sie wird bestimmt in der Wahl der Beobachtungs- bzw. Meßmethoden.
Terminisierung: Der Zeitraum- bzw. Zeitpunktbezug der Informationsbeschaffung ist vom Entscheidungstermin (Plantermin der Problemlösung) abhängig.
Die Realisierung der Informationsbeschaffung besteht in einer schrittweisen pragmatischen *Filterung* mit mehrstufiger Filterverschärfung. Die Aufbau- und auch die Ablaufstruktur des Informationsbeschaffungsprozesses spiegelt sich in drei Filterbereichen wieder. Unter einem *Filter* wird eine von der Präferenzordnung des Systems abhängige pragmatische Transformationsvorschrift verstanden, welche aus dem inputseitig einwirkenden Nachrichtenstrom jene Nachrichten auswählt, denen ein zieloptimaler Erwartungswert für das Vorhandensein von zweckbezogenem Wissen zukommt *(ex ante* Betrachtung). Der Entscheider kann aber erst nach Filterung den Grad der *Problemrelevanz* der erwählten Nachrichten feststellen *(ex post* Betrachtung). In der konfliktären Struktur von ex ante und ex post Betrachtung manifestiert sich das Dilemma des Informationsbeschaffungs-Entscheidungsprozesses:

Mit zunehmender Annäherung an die Problemlösung weiß der Entscheider besser, was er wissen möchte. Im Extremfall ist die vorliegende Problemlösung die beste Definition des Informationsbedarfes. Am Beginn der Informationssuche kann der Entscheider nur grob strukturierte Suchfragen aus dem Problem ableiten.

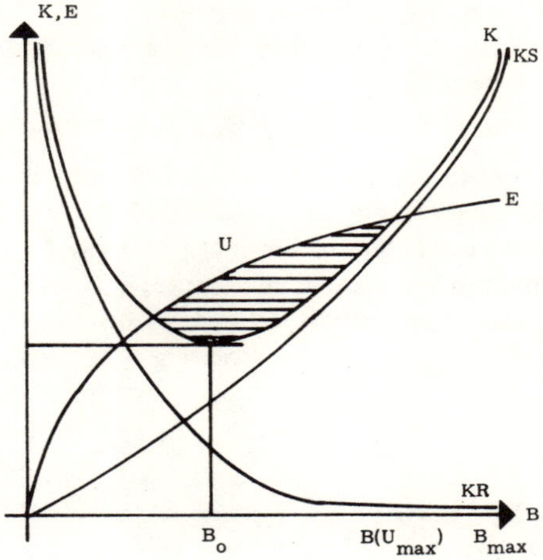

Legende:
K = Gesamtkosten der Informationsbeschaffung
KS = Suchkosten
KR = Risikokosten
E = Informationsertrag
U = Informationserfolg als Differenz zwischen Informationsertrag und Informationskosten
B_O = kostenoptimales Suchbudget
$B(U_{max})$ = erfolgsmaximales Suchbudget

Abb. 10: Zusammenhang zwischen Entscheidungsunsicherheit und Informationsgrad in Abhängigkeit von der Suchdauer und den zugehörigen Kosten

2.4.1. Filterbereiche

2.4.1.1. Kategorienfilter

Um die Struktur des Informationsbedarfes definieren zu können, ist es notwendig, daß das Problem durch Fragen in Teilprobleme zerlegt wird. Die Wahl der Zerlegungsmethode bestimmt die *Suchrichtung* zur Erfassung problemorientierter Nachrichten. Ein Problem P kann durch das Zerlegungsverfahren Z in eine Menge von i Subproblemen $P(Z) = \{p(Z)i\}$ zerlegt werden. Jedes dieser Subprobleme stellt eine Suchfrage dar.
Der auf das informationsverarbeitende System einwirkende Nachrichtenstrom wird nun auf seine prinzipielle Problemrelevanz untersucht, indem unter Berücksichtigung der der Problemformulierung zugrunde liegenden Syntaktik und Semantik die vorhandenen Nachrichten auf ihre inhaltliche Entsprechung zur Problemformulierung bzw. der Klasse von Subproblemen P(Z) geprüft werden.
Angenommen das informationsverarbeitende System verfüge über ein Nachrichtenpotential $N(n_j)$, so ist jedes n_j mit jedem $p(Z)_i \in P(Z)_i$, auf kategoriale Entsprechung zu überprüfen. Unter *kategorialer Entsprechung* ist in diesem Zusam-

menhang die Kompatibilität zwischen der Suchfrage und dem Nachrichteninhalt zu verstehen.

Beispiel:

1. Das Problem P: „Der Markt ist zu differenzieren."
2. Bildung von Subproblemen nach einem Desaggregierungsverfahren (Z), z.B. Marktsegmentierungsverfahren.
   Dies ergibt die Bildung von Subproblemen $p(Z)_1 \ldots p(Z)_n$

Die Abdeckung des Informationsbedarfs für jedes Subproblem impliziert eine notwendige prinzipielle Übereinstimmung zwischen dem Inhalt der Suchfrage und dem erwarteten Inhalt der Nachricht. Würde beispielsweise $p(Z)_3$ bedeuten: „Welches wertmäßige Auftragsverhalten weist die Kundengruppe ‚Großhändler' im Jahr 1972 auf? ", so ist die inhaltliche Kompatibilität einer Nachricht zur Suchfrage komponentenweise durch die Ermittlung der ranglogischen Struktur der Suchfrage zu untersuchen:

Großhändler

1972

Auftragsverhalten der Großhändler

wertmäßiges Auftragsverhalten der Großhändler im Jahr 1972

Die logische Struktur der Frage läßt sich nach dem Grad der sinkenden Allgemeingültigkeit darstellen. Eine Nachricht ist *kategorial effizient*, wenn sie inhaltlich zumindest eine Komponente der Suchfrage anspricht. Die kategoriale Effizienz einer Nachricht n_j steigt mit zunehmender Abdeckung des Informationsbedarfes bei sinkendem Allgemeingültigkeitsgrad.

Beispiel:

Nachricht n_1: Großhändler erteilt im Jahr 1972 12.000 Aufträge
Nachricht n_2: Großhändler hatten 1972 5 Mill. Umsatzanteil

Die kategoriale Effizienz einer Nachricht steigt mit der Anzahl der übereinstimmenden arteigenen Unterschiede (differentiae specificae). Eine Nachricht, welche alle für die Beantwortung der Suchfrage relevanten differentiae specificae aufweist, kann als maximal kategorial effizient bezeichnet werden. Eine Nachricht, welche keine differentia specifica mit der Suchfrage gemeinsam hat, ist *kategorial ineffizient.*
Es sei N(P) die Menge der problemrelevanten Nachrichten (=Informationen)

$N(P) = \{n_j/p(Z)_i\}$ und $N(P) \subset N$

Bleiben eine oder mehrere durch Subprobleme repräsentierte Fragenkategorien durch das aktuelle Nachrichtenpotential nicht abgedeckt, so ist prinzipiell eine Nachrichtensuche zu starten. Das Nachrichtenpotential N ist in Abhängigkeit von der Problemstruktur zu erweitern. Die Aufnahme einer zusätzlichen Nachricht n' ist dann kategorial effizient, wenn sie das offene Suchfeld abdeckt und damit das problemrelevante Nachrichtenpotential N(P) zu dem Nachrichtenpotential N'(P) erweitert. Darüber hinaus ist die Suche nach neuen Nachrichten auch dann effizient, wenn die neu beschafften Nachrichten die bereits prinzipiell abgedeckten Such-

felder ansprechen und sich von den bereits bekannten problemrelevanten Nachrichten prinzipiell unterscheiden (pro und kontra – Informationen zu ein und derselben Frage).
Es ist dabei wesentlich zu vermerken, daß ein und dieselbe Nachricht zwar für das Problem P und die definierte Klasse von Subproblemen keinen Informationswert hat, jedoch auf eine andere Problemstellung pragmatisch Bezug nehmen kann. Es ist zwischen einer Berücksichtigung der kategorialen Effizienz vor Hereinnahme (ex ante) der Nachricht und nach erfolgter Aufnahme (ex post) zu unterscheiden. Da die Nachrichtenaufnahme eine zeit- und kapazitätsbeanspruchende und damit kostenverursachende Aktivität darstellt, ist die Beurteilung der kategorialen Effizienz auch als ökonomisches Problem zu verstehen. Die in Betracht kommenden Informationen haben bei ökonomisch relevantem Informationsbedarf Wirtschaftsgutcharakter; damit ist eine ex ante–Beurteilung der zu erwartenden kategorialen Effizienz ökonomisch notwendig.

Überprüfungsverfahren:

1. Jedes Subproblem ist in einer Frage zu formulieren, deren Rangstruktur ausdrücklich aufscheint. (Angabe der differentia specifica durch Klassenbildung).
2. Die Folge der arteigenen Unterschiede „d" vom allgemeinsten Begriff (Individuenklasse mit größtem Umfang) bis zum speziellsten Begriff (Individuenklasse mit geringstem Umfang) ist zu definieren mit:

   $U(d_1) > U(d_2) > \ldots > U(d_i) > \ldots > U(d_n)$

   U = Umfang der Suchfrage (Menge der Singulärsätze, welche den Individuenbereich repräsentieren können).

   $I(d_1) < I(d_2) < \ldots < I(d_i) < \ldots < I(d_n)$

   I = Informationsinhalt der Suchfrage (Eigenschaftsausprägung).
   Dann läßt sich die Rangfolge der d_i ableiten als

   $d_1 > d_2 \ldots > d_i > \ldots > d_n$

   mit „>" als „ranglogisch allgemeiner".
3. Die explizite Listung der dem Entscheider im Suchzeitraum T bekannten Nachrichten $n_j \in N(P)_T$.
4. Nominale Filterung des Nachrichtenpotentials N:
   Es werden all jene Nachrichten $n_j \in N$ ausgeschieden, deren $d(n_j)$ keinem $d(p(Z)_i)$ zuordenbar sind. Den verbleibenden Rest stellen die problemrelevanten Nachrichten dar. Die Menge der problemrelevanten Nachrichten wird als problemrelevantes Nachrichtenpotential (= Informationspotential) bezeichnet:

   $N(P)_T = \{n(P)_j\}$

5. Aufstellen einer Rangmatrix kategorial effizienter Nachrichten $n(P)_j \in N(P)_T$, wobei die Rangstellung der Nachricht nach ihrem kategorialen Informationswert, der das Subproblem $p(z)_i$ anspricht, ermittelt wird:

   Jedem $n(P)_j$ entspricht ein *Vektor der arteigenen Unterschiede*

   $d(n(P)_j) = (d_1(n(P)_j), \ldots, d_k(n(P)_j))$

Jedem $p(z)_i$ entspricht ein Vektor der arteigenen Unterschiede

$$d(p(Z)_i) = (d_1(p(z)_i), \ldots, d_m(p(z)_i))$$

Die gemeinsamen Elemente vom

$$\{d(n(P)_j)\} \cap \{d(p(Z)_i)\} = \kappa(n(P)_j)$$

stellen die Menge kategorial effizienter Nachrichten dar (mit κ = kategoriale Effizienz).
κ steigt mit steigender Anzahl der gemeinsamen Vektorelemente. Der maximale κ-Wert ist durch eine m-fache Übereinstimmung der arteigenen Unterschiede, der minimale κ-Wert ist durch die Nichtübereinstimmung mit der Struktur des Informationsbedarfes gegeben.

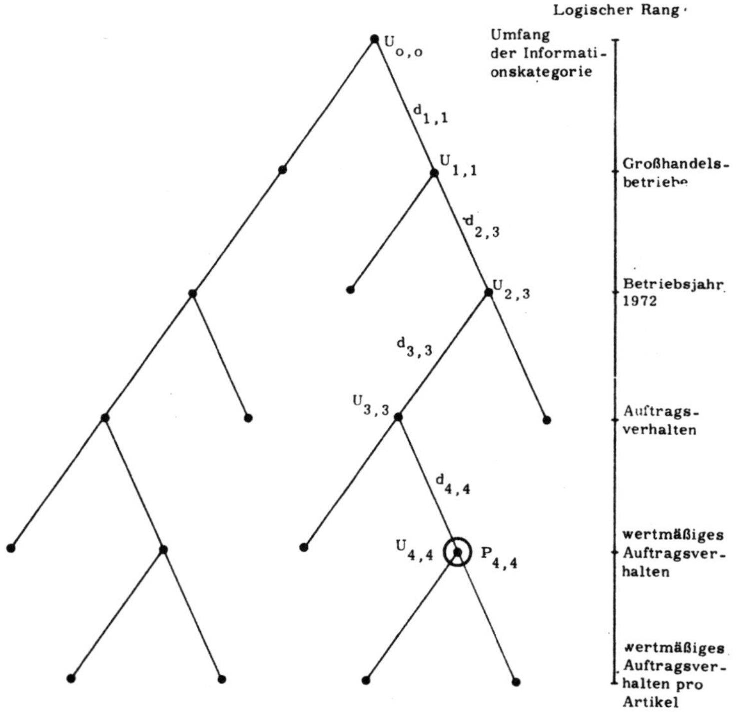

Abb. 11: **Ranglogische Struktur von Suchfragen**

Die Suchfrage $P_{4,4}$ ist durch den Begriffsumfang $U_{4,4}$, abgeleitet durch die Folge der arteigenen Unterschiede $d_{1,1}$, $d_{2,3}$, $d_{3,3}$ und $d_{4,4}$ und dem zugehörigen Begriffsinhalt $I_{4,4}$ (aus Darstellungsgründen zur Vereinfachung nicht abgebildet) definiert. Die Informationskategorien sind durch die Folge der arteigenen Unterschiede bestimmt.
Bei ex ante–Betrachtung ist der Erwartungswert $E(\kappa)$ der kategorialen Effizienz für eine Information zu definieren. Bei ex post–Betrachtung ist der tatsächlich erzielte Rangwert der kategorialen Effizienz für eine Information festzuhalten. Es zeigt sich, daß der ex ante-Wert von κ nicht gleich dem ex post-Wert von κ sein muß. Ist der ex post-Wert größer als der ex ante-Wert von κ, so bedeutet dies eine im nachhinein

sich ergebende größere kategoriale Effizienz der Nachricht als vor der Informationsbeschaffungsentscheidung erwartet wurde. Ist hingegen der ex post-Wert von κ kleiner als der ex ante-Wert, so bleibt die realisierte kategoriale Effizienz hinter der erwarteten zurück. Diese Überlegungen sind insbesondere dann anzustellen, wenn Information vom Informationsmarkt gegen monetäres Entgelt beschafft wird.

	D_1	D_2	...	D_{n-1}	D_n
N_1	x	x	x	x	x
N_2	x	x	x		
...					
N_{m-1}	x	x			
N_m	x				

Abb. 12: **Rangmatrix kategorial effizienter Nachrichten**

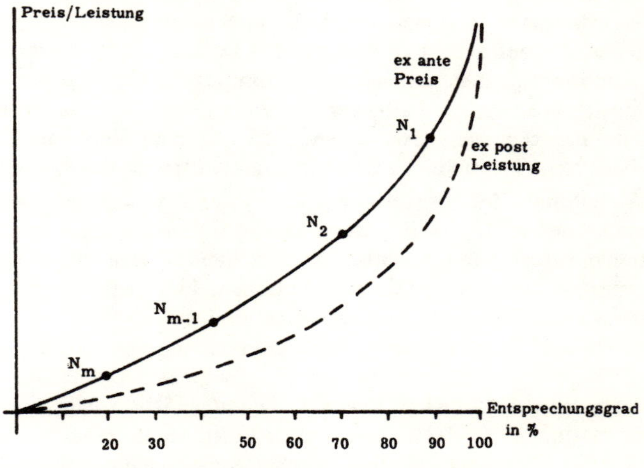

Abb. 13: **Preis-Leistungs-Verhältnis kategorial effizienter Nachrichten**

In diesem Fall ist das Preis-Leistungs-Verhältnis jeweils ex ante und ex post zu vergleichen, um Abweichungen im Preis-Leistungs-Verhältnis für die beschaffte Information zu ermitteln. Dadurch kann eine Kontrolle der kategorialen Effizienz unter Berücksichtigung des ökonomischen Aspektes durch Soll-Ist-Vergleich erfolgen.

Im Falle innerbetrieblicher Beschaffung sind die Kosten des Informationszugriffs und der -aufbereitung im Sinne selbsterstellter, innerbetrieblicher Leistungen anzusetzen. Das Ergebnis der kategorialen Effizienzfilterung stellt das ex post als problemrelevant erachtete Nachrichtenpotential dar, welches zu den durch ein bestimmtes Desaggregationsverfahren definierten Problemkomponenten (Komponenten der Informationsnachfrage) in einem bestimmten kategorialen Entsprechungsgrad steht. Dieses Informationspotential ist vom Entscheider zur Verschärfung der Problemlösung zu verwenden, die in der zweiten Stufe des Informationsbeschaffungsprozesses erfolgt.

2.4.1.2. Lösungsrelevanzfilter

Unter Berücksichtigung des informationellen Zieles erhebt sich die Frage, ob weitere Informationen zur Lösung des Problemes eingeholt werden müssen oder ob bereits das Anspruchsniveau eines gewünschten Informationsstandes erreicht ist; wenn letzteres der Fall ist, so ist die Suche abzubrechen. (Beispiel: Im Falle der Primärbestimmung des Marktpotentiales ist eine Fortsetzung der Suche durch Konkretisierung des Informationsbedarfes notwendig.)

Der nächste Konkretisierungsschritt für eine Problemlösung besteht darin, daß aufbauend auf einer pragmatischen Modellvorstellung über die Lösung („Modellösung“) das bestehende, kategorial effiziente Informationspotential auf seine *Lösungsrelevanz* überprüft wird. Diese Überprüfung hat zu beachten:

- Das *Informationsziel*: Die Überprüfung des Informationspotentials ist bei gegebener Modellösung unter Berücksichtigung des angestrebten Informationsinhaltes, der gewünschten Genauigkeit und der Terminisierung vorzunehmen. Damit wird eine Zielkompatibilität der Ermittlung der Lösungsrelevanz des an sich kategorial effizienten Informationspotentials ermöglicht.
- Die Struktur des definierten *Verfahrens* zur Lösung des Problems impliziert eine Unterscheidung zwischen *zentralem Informationsbedarf* und *peripherem Informationsbedarf.* (So ist im Falle der Marktsegmentierung die Untersuchung der Segmentierungsprämissen bzw. deren Erfüllung eine Kernfrage.) Aus der Modellogik läßt sich eine sachliche Gewichtung der Informationssuche ableiten.
- Die *Restriktionen* des informationellen Systems stellen eine weitere Bestimmungskomponente für die Erfassung lösungsrelevanter Informationen aus dem kategorialen Informationspotential dar. Es handelt sich insbesondere um zeitliche, kapazitive und budgetäre Restriktionen, innerhalb derer die Suche nach lösungsrelevanten Informationen betrieben wird.

Die *Pragmatik* der Problemlösung stellt zum einen eine Fortsetzung der pragmatischen Problemanalyse, zum anderen eine Berücksichtigung des Informationszieles und der informationellen Restriktionen dar. Die Suche nach lösungsrelevanten Informationen ist dann ziel- und restriktionenkompatibel, wenn aus der Menge der für das Lösungsverfahren möglichen Suchfragen der Bereich der ziel- und restriktions*zulässigen Suchfragen* gefiltert wird. Jener Teil des kategorial effizienten Informationspotentials ist auch *lösungseffizient*, wenn seine Information zur Verringerung der Entscheidungsunsicherheit der zulässigen Suchfragen des Lösungsbereiches beitragen (= *Lösungsrelevanzfilter*).

Innerhalb der zulässigen Fragebereiche der Modellösung ist ebenfalls eine durch die Modellogik implizierte Wichtigkeit gegeben. Eine Information aus dem kategorial effizienten Informationspotential ist um so lösungseffizienter, je höher ihr Wichtigkeitswert ist. Generell haben Informationen, welche den zentralen Informationsbedarf der zulässigen Fragen treffen, einen höheren Wert als Informationen, welche den peripheren Informationsbedarf treffen.

Reicht das kategorial effiziente Informationspotential zum Abdecken des Bereiches der zulässigen Lösungsfragen nicht aus, so ist eine Suche nach lösungsrelevanten zusätzlichen Informationen zu beginnen. Die Suche ist dann *lösungseffizient*, wenn unter Berücksichtigung des Informationszieles und der informationellen Restriktionen zusätzliche Information zur Abdeckung der zulässigen Lösungsfragen erarbeitet werden konnte. Die ordinale Wertung der Lösungseffizienz der zusätzlich

hereingenommenen Informationen leitet sich aus der Dringlichkeit der Frage ab, auf welche die Information zugeordnet wird.
Analog zur kategorialen Effizienz ist auch bei der Lösungseffizienz ein ex ante- und ein ex post-Aspekt zu unterscheiden. Da die Informationssuche eine Entscheidung unter Unsicherheit darstellt, kann bei der Wahl der Suchrichtung immer nur der Erwartungswert der Lösungseffizienz für die einzelnen zulässigen Lösungsfragen angesetzt werden. Ebenso stellen die Informationsgüter Alternativen des Maßnahmenrepertoires des Suchenden dar, wobei jeder dieser Maßnahmen ein Erwartungswert über Lösungseffizienz zukommt. Im nachhinein (ex post) kann dann die realisierte Lösungseffizienz der einzelnen Informationen zumindest ordinal angegeben werden.
Die Filterung der lösungseffizienten Fragen aus der Menge der durch das Lösungsverfahren als möglich induzierten Fragen stellt einen Auswahlprozeß dar. Durch diesen Auswahlprozeß wird der lösungsrelevante Informationsbedarf definiert. Die Filterung des kategorial effizienten Informationspotentials unter dem Blickwinkel des lösungsrelevanten Informationsbedarfes und unter Berücksichtigung der Dringlichkeit der zulässigen Lösungsfragen ergibt das erste Ergebnis des Lösungsrelevanzfilters. Wird eine zulässige, zentrale oder periphere Lösungsfrage durch das kategorial effiziente Informationspotential nicht abgedeckt, so beginnt der oben beschriebene Suchprozeß. Es gilt dabei die Überlegung, daß jede lösungseffiziente Information auch kategorial effizient ist, aber jede kategorial effiziente Information nicht unbedingt lösungseffizient ist. Kategoriale Effizienz ist daher notwendige und Lösungseffizienz hinreichende Bedingung für einen pragmatischen, problemorientierten Suchprozeß bzw. Informationsbeschaffungsprozeß.

2.4.1.3. Zieladaptionsfilter

Der Zieladaptionsfilter stellt die dritte Stufe des Entscheidungsprozesses der Informationsbeschaffung dar. Durch den Zieladaptionsfilter werden die lösungsrelevanten Informationen in Inhalt, Genauigkeit und Terminisierung an das Ziel angepaßt. Zeigt sich, daß die lösungsrelevante Information nicht zielkonform ist, so wird die Abweichung festgestellt und der Informationsbedarf für die zielorientierte Information definiert. Es kann sein, daß eine zusätzliche Zielentsprechung der lösungsrelevanten Informationen nicht möglich ist; in diesem Fall ist eine Überprüfung der Komponenten des Informationszieles notwendig.

3. Objektbereiche und Methoden betrieblicher Informationssuche

3.1. Objektbereiche

- Physische Umwelt:
  - Topographie
  - Vegetation
  - Klima
  - Wetter

    etc.
- Technologischer Entwicklungsstand:
  - allgemeines Niveau des technischen know how

  - spezielle Patente
  - Erfindungen etc.
- Gesellschaftliche Umwelt:
  - allgemeine demographische Struktur (Alter, regionale Verteilung, Bildung etc.)
  - allgemeine soziologische Strukturen (Normen, Tabus, Informationsverhalten etc.)
  - politische Strukturen und öffentliche Verwaltung
  - rechtliche Normenrahmen und aktuelle Rechtsauffassungen
- Ökonomische Umwelt:
  - gesamtwirtschaftliche Struktur (Kaufkraft, Konkunktur, Branchenstrukturierung etc.)
  - branchenspezifische Strukturen (Marktform, Zugangsbeschränkungen etc.)
  - einzelwirtschaftliche Umweltstruktur:
    Beschaffungsmarkt:
    - Sachgütermarkt (Anlagen, Werkstoffe etc.)
    - Personalmarkt
    - Kapitalmarkt
    - Informationsmarkt (als institutioneller Rahmen des Informationsangebotes im Rahmen informationspolitischer Entscheidungssituationen)

    Absatzmarkt:
    - Nachfrage (Zielgruppenmerkmale, Bedürfnisse, Kaufkraft, Kauf- und Verwendungsverhalten etc.)
    - Konkurrenz (Anzahl, Marktanteile, Konkurrenzreaktionen, Marketing-Mix der Konkurrenz)
    - Instrumentalwirkungen (Informationen über Einsatzmöglichkeiten und Wirkungen des absatzpolitischen Instrumentariums)

3.2. Methodenbereiche der Informationssuche

3.2.1. Sekundäranalyse

Sekundäranalyse liegt vor, wenn das auszuwertende Material (objektbezogene Daten) in irgendeiner Form, aus irgendeiner Quelle bereits vorhanden ist. Die Datenquellen können grundsätzlich unternehmensexternen Ursprung haben oder aus firmeninternen Datenspeichern stammen. In jedem Falle kann das auszuwertende Material in drei grundsätzlichen Formen vorliegen:

- Statistiken: Bevölkerungsstatistik, Wohnungsstatistik, Auftrags- und Umsatzstatistik, ausgewertete Kundenkarteien etc.
- Kompilationen: Adreßbücher, Telephonbücher, Industriekompasse, Kundenkarteien etc.
- Dokumente: Fachzeitschriftartikel, Artikelsammlungen, Geschäftsberichte, Prospektmaterial, Mediabeobachtungen, Berichte über empirische Beobachtungen und Experimente, betriebliches Rechnungswesen, Reklamationen, Außendienst- oder Vertreterberichte etc.

3.2.2. Primärerhebungen

Primärerhebungen liefern Daten aufgrund fragebezogener, gesondert durchgeführter Erhebungen.

3.2.2.1. Befragungen

- Interview (in unterschiedlicher Frequenz, meist unterschiedlicher Personenkreis, Ein- oder Mehr-Themen-Befragung)
  Fragenbereiche:
  - Meinungen
  - Einstellungen
  - Verhaltensbegründungen
  - Besitzverhältnisse
  - Wohnverhältnisse
  - sozio-ökonomische Daten wie Einkommen, Schulbildung etc.
- Konsumenten / Unternehmer – Panel-Befragung (gleichbleibender Personenkreis, gleiche Fragenkategorien, regelmäßige Befragung)
  Fragenbereiche:
  - Markenwahl
  - Einkaufsquelle
  - Kaufrhythmus
  - Preise
  - Ausgabenrahmen
  - Umsätze
  - Einkäufe
  - Lagerbewegung
  - etc.

3.2.2.2. Beobachtungen (Untersuchungsobjekt ist tatsächliches, erkennbares Verhalten)

Fragenbereiche:
- Kundenlauf
- Markenwahlverhalten
- Preissensitivität
- Verkaufsgespräche
- etc.

3.2.2.3. Experimente (Beobachtungen der Wirkungen – abhängige Variable – bei unterschiedlich beeinflußten Situationsbedingungen – unabhängige Variable)

u.a.:
- Werbepretest
- Testläden (Preise, Display etc.)
- Testmärkte
- Qualitätsanmutungstests von Preisklassen oder Packungsgestaltungen

Dabei muß festgehalten werden, daß für manche Untersuchungsobjekte auf unterschiedlichen Ebenen mehrere Erhebungsmethoden verkettet eingesetzt werden müssen:

Beispiele	Experiment	Beobachtung	Befragung	Sekundäranalyse
Testmarkt	x		x	x
Kundenlauf		x		x
Panelauswertung nach untersuchungsrelevanten (z.B. demographischen) Merkmalen			x	x

3.3. *Anforderungen an die Erhebungsmethoden im Entscheidungsprozeß der Informationsbeschaffung*

Untersuchungsziel- und restriktionenabhängig unterliegen die Erhebungsmethoden den Beurteilungskriterien:

- Genauigkeit (Meßmethode, Durchführungsart, resultierende Verläßlichkeit)
- Inhalt (problemabhängige Kompatibilität in der Datenkategorie und im Detailierungsgrad)
- Terminisierung
- Budgetbeanspruchung (in Abhängigkeit von den 3 genannten Beurteilungskriterien, die situationsabhängig unterschiedlich zu gewichten sind, ist die Budgetbeanspruchung in die Entscheidungsfindung einzubeziehen).

<table>
<tr><th>Anforderungen / Methoden</th><th>Genauigkeit</th><th>Inhalt</th><th>Zeitbedarf zur Erreichung des Informationszieles</th></tr>
<tr><td>Sekundäranalyse</td><td>limitiert durch vorhandene Daten</td><td>genereller Inhalt auf Problembezug zu überprüfen (Mehrfachpragmatik der Ursprungsdaten)</td><td>gering; von der Quellenkenntnis abhängig</td></tr>
<tr><td>Befragung
Interview</td><td colspan="2">anpaßbar</td><td>abhängig von Sampelgröße und Genauigkeit</td></tr>
<tr><td>Panel-Erhebung (Konsumenten-Panel, Unternehmer-Panel)</td><td colspan="2">limitiert durch kontinuierliche Fragenstruktur</td><td>relativ gering (Aktualitätsgrad durch Erhebungsintervall limitiert)</td></tr>
<tr><td>Beobachtung</td><td rowspan="2">zeit- und kostenabhängig anpaßbar</td><td>Im Rahmen vorhandener Beobachtungsobjekte anpaßbar</td><td rowspan="2">genauigkeits- und inhaltsabhängig relativ hoch</td></tr>
<tr><td>Experiment</td><td>anpaßbar</td></tr>
</table>

4. *Der Entscheidungsprozeß der Informationsbeschaffung*

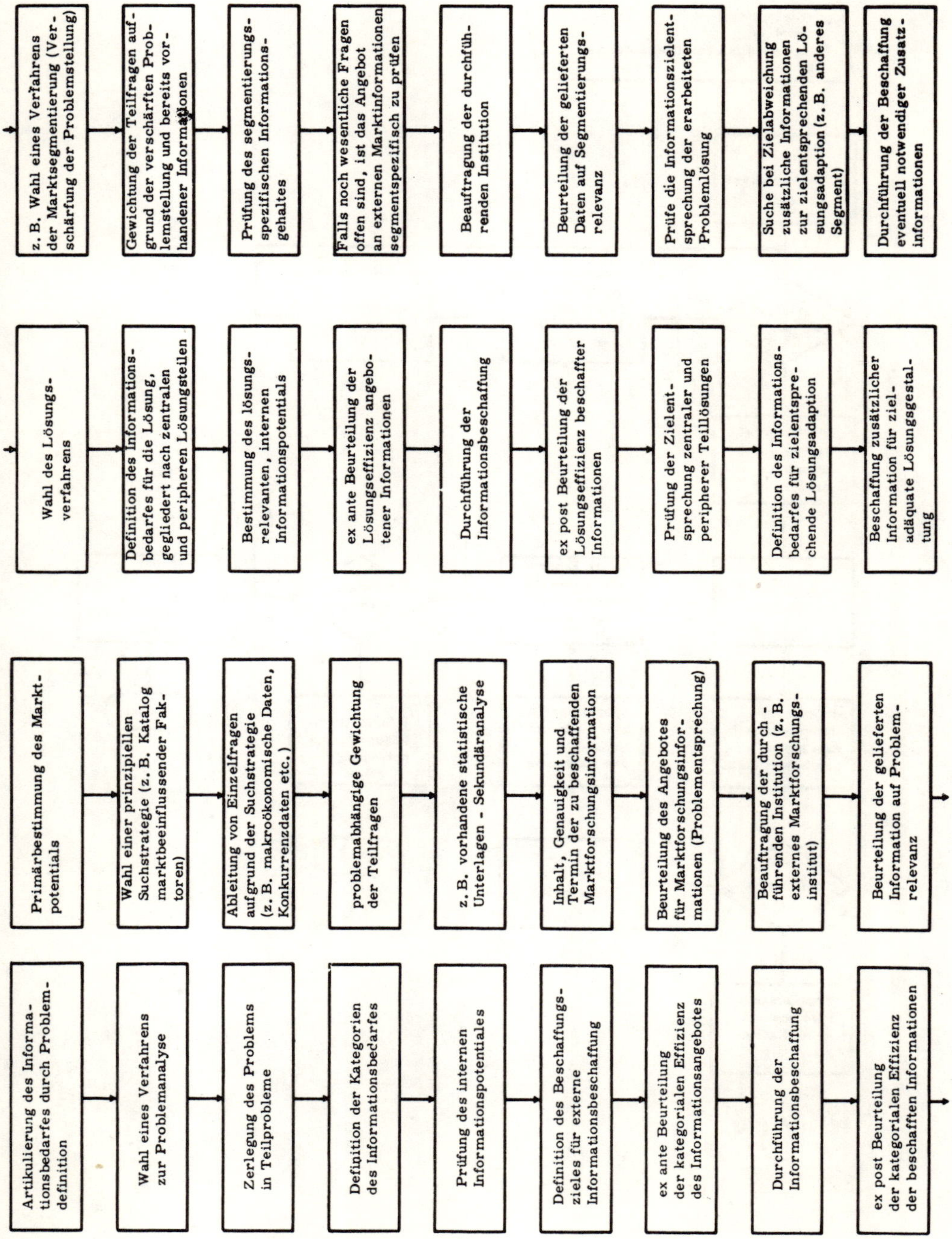

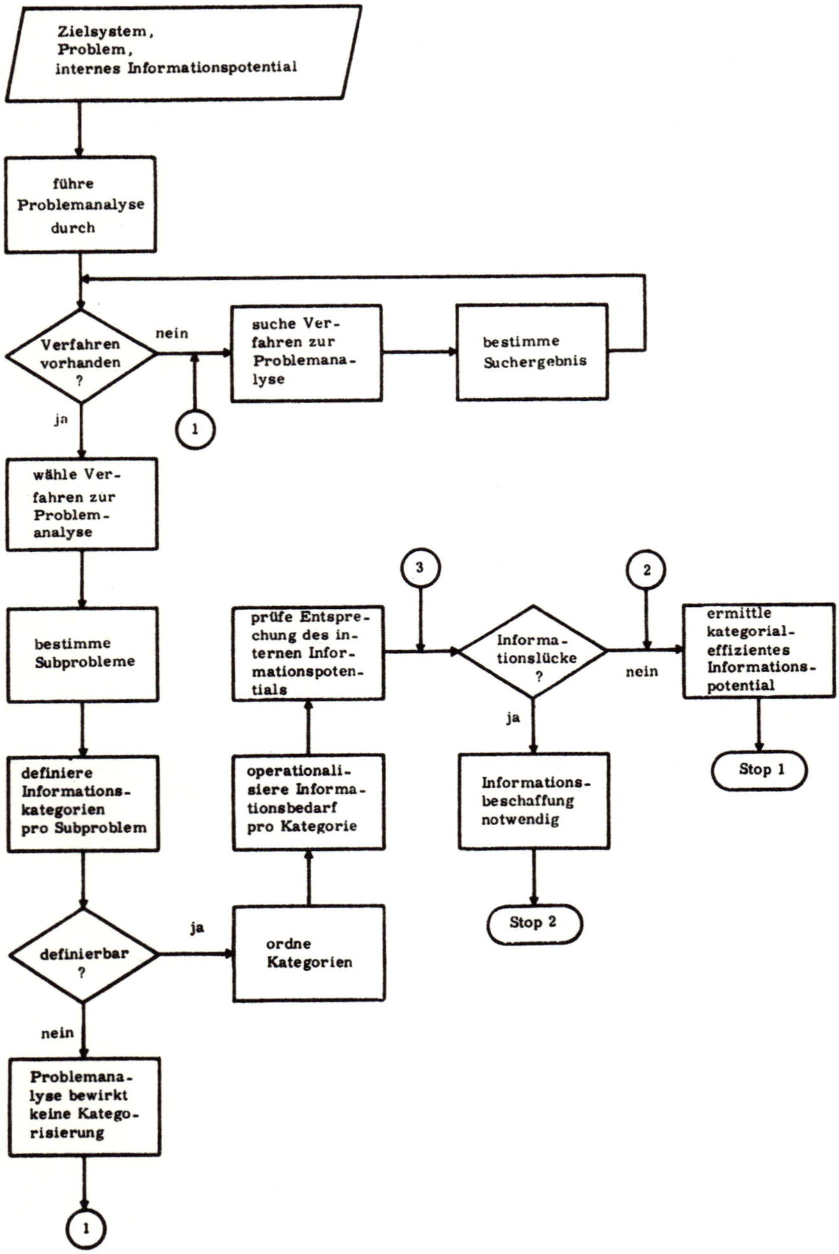
Zielsystem,
Problem,
internes Informationspotential
führe
Problemanalyse
durch
Verfahren
vorhanden
?
nein
suche Ver-
fahren zur
Problemana-
lyse
bestimme
Suchergebnis
ja
1
wähle Ver-
fahren zur
Problem-
analyse
3
2
bestimme
Subprobleme
prüfe Entspre-
chung des in-
ternen Infor-
mationspoten-
tials
Informa-
tionslücke
?
nein
ermittle
kategorial-
effizientes
Informations-
potential
ja
Stop 1
definiere
Informations-
kategorien
pro Subproblem
operationali-
siere Informa-
tionsbedarf
pro Kategorie
Informations-
beschaffung
notwendig
Stop 2
definierbar
?
ja
ordne
Kategorien
nein
Problemana-
lyse bewirkt
keine Katego-
risierung
1

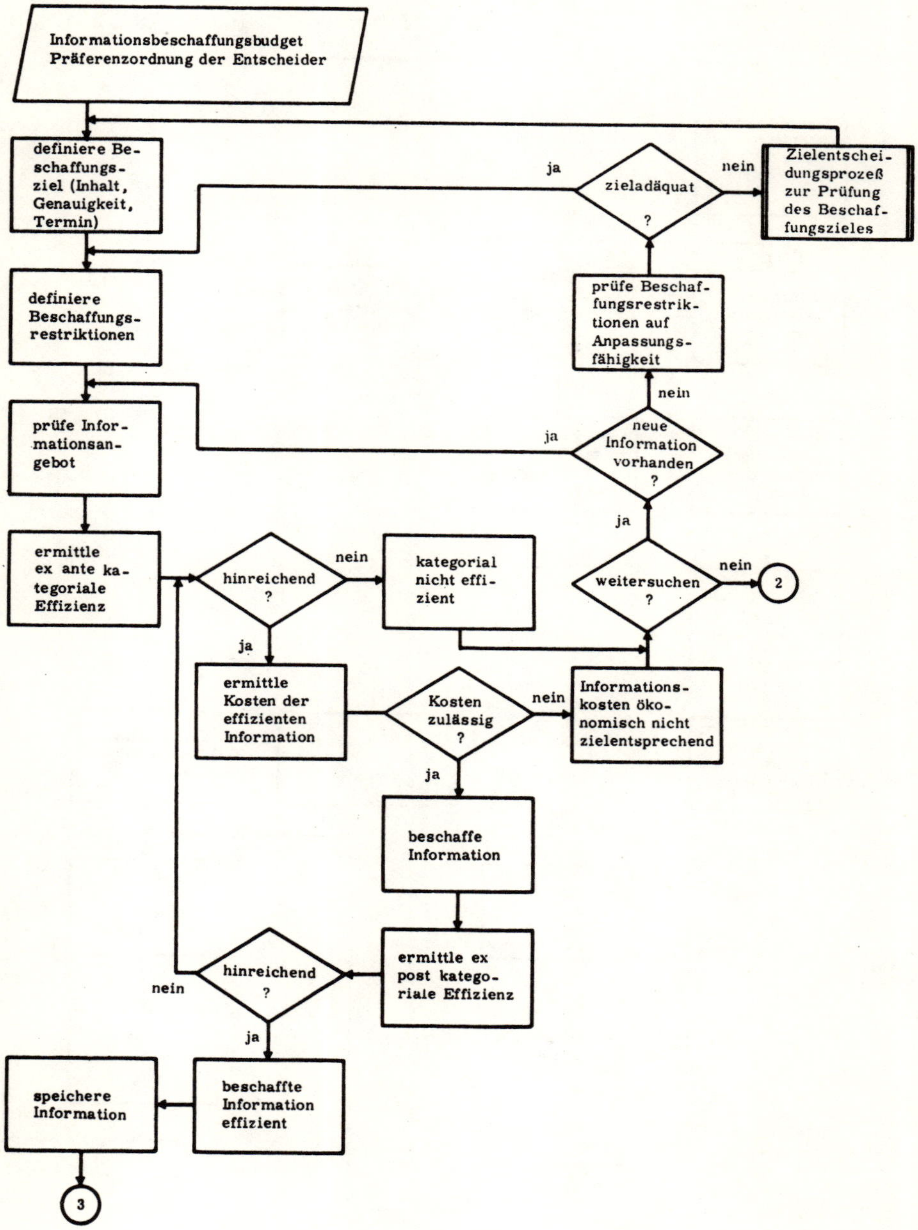
Informationsbeschaffungsbudget
Präferenzordnung der Entscheider
definiere Beschaffungsziel (Inhalt, Genauigkeit, Termin)
ja
zieladäquat ?
nein
Zielentscheidungsprozeß zur Prüfung des Beschaffungszieles
definiere Beschaffungsrestriktionen
prüfe Beschaffungsrestriktionen auf Anpassungsfähigkeit
nein
prüfe Informationsangebot
ja
neue Information vorhanden ?
ja
ermittle ex ante kategoriale Effizienz
hinreichend ?
nein
kategorial nicht effizient
weitersuchen ?
nein
2
ja
ermittle Kosten der effizienten Information
Kosten zulässig ?
nein
Informationskosten ökonomisch nicht zielentsprechend
ja
beschaffe Information
ermittle ex post kategoriale Effizienz
hinreichend ?
nein
ja
speichere Information
beschaffte Information effizient
3

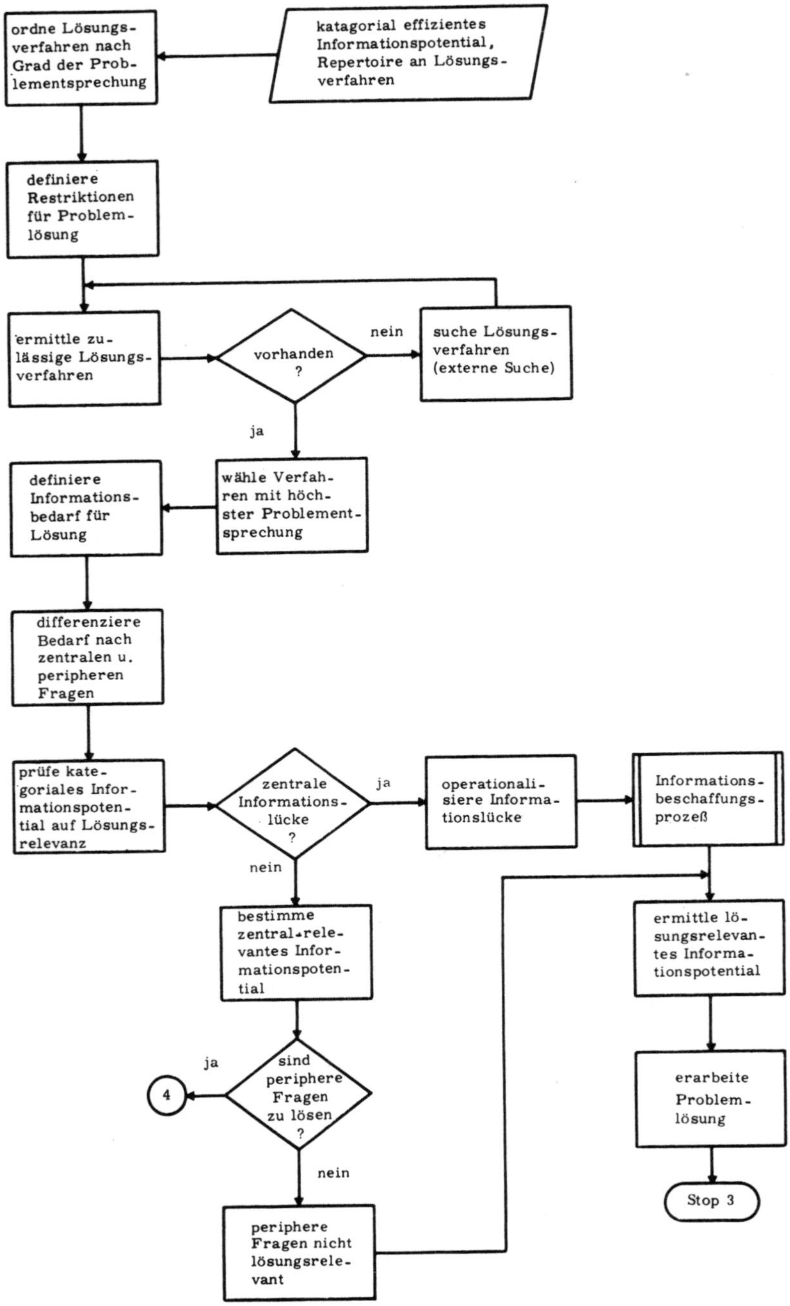

ordne Lösungsverfahren nach Grad der Problementsprechung
katagorial effizientes Informationspotential, Repertoire an Lösungsverfahren
definiere Restriktionen für Problemlösung
ermittle zulässige Lösungsverfahren
vorhanden ?
nein
suche Lösungsverfahren (externe Suche)
ja
wähle Verfahren mit höchster Problementsprechung
definiere Informationsbedarf für Lösung
differenziere Bedarf nach zentralen u. peripheren Fragen
prüfe kategoriales Informationspotential auf Lösungsrelevanz
zentrale Informationslücke ?
ja
operationalisiere Informationslücke
Informationsbeschaffungsprozeß
nein
bestimme zentral-relevantes Informationspotential
ja
4
sind periphere Fragen zu lösen ?
nein
periphere Fragen nicht lösungsrelevant
ermittle lösungsrelevantes Informationspotential
erarbeite Problemlösung
Stop 3

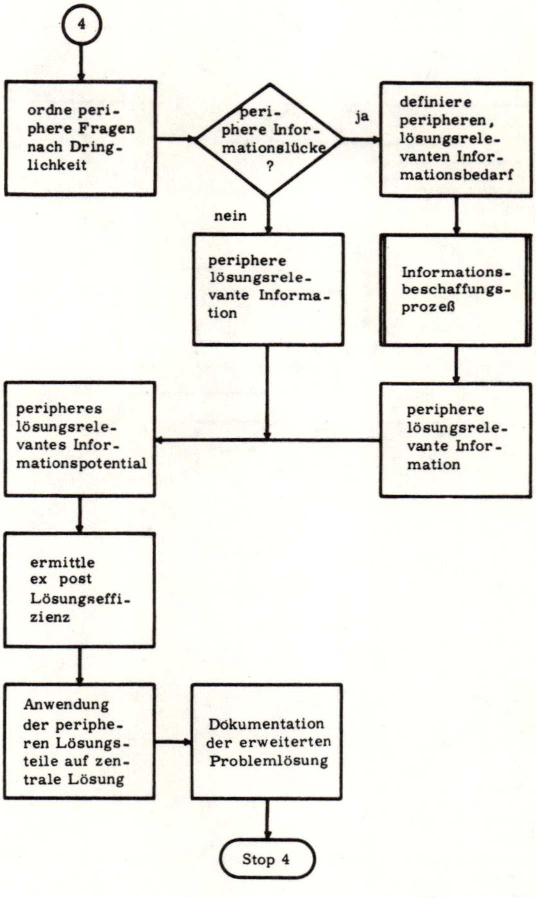
4
ordne periphere Fragen nach Dringlichkeit
periphere Informationslücke ?
ja
nein
definiere peripheren, lösungsrelevanten Informationsbedarf
periphere lösungsrelevante Information
Informationsbeschaffungsprozeß
periphere lösungsrelevante Information
peripheres lösungsrelevantes Informationspotential
ermittle ex post Lösungseffizienz
Anwendung der peripheren Lösungsteile auf zentrale Lösung
Dokumentation der erweiterten Problemlösung
Stop 4

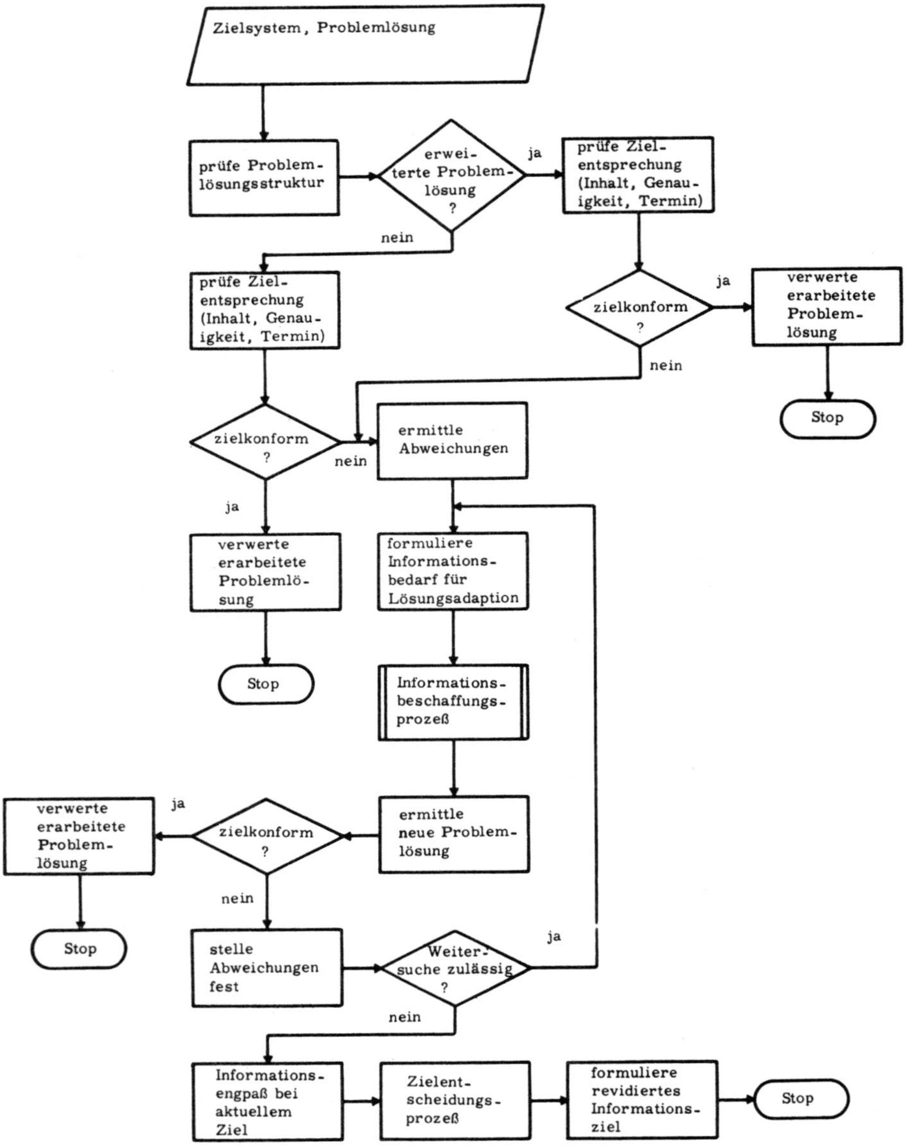
Zielsystem, Problemlösung
prüfe Problemlösungsstruktur
erweiterte Problemlösung ?
ja
nein
prüfe Zielentsprechung (Inhalt, Genauigkeit, Termin)
prüfe Zielentsprechung (Inhalt, Genauigkeit, Termin)
zielkonform ?
ja
verwerte erarbeitete Problemlösung
Stop
nein
zielkonform ?
nein
ermittle Abweichungen
ja
verwerte erarbeitete Problemlösung
Stop
formuliere Informationsbedarf für Lösungsadaption
Informationsbeschaffungsprozeß
ermittle neue Problemlösung
zielkonform ?
ja
verwerte erarbeitete Problemlösung
Stop
nein
stelle Abweichungen fest
Weitersuche zulässig ?
ja
nein
Informationsengpaß bei aktuellem Ziel
Zielentscheidungsprozeß
formuliere revidiertes Informationsziel
Stop

5. Literatur

Adam, A., Helten, E., Scholl, F., Kybernetische Modelle und Methoden, Köln-Opladen 1970; *Informationsökonomie – semiotische Struktur der Information – systemtheoretische Grundlagen für Informationssysteme.*

Atteslander, Peter, Methoden der empirischen Sozialforschung, Berlin 1969.

Baker, Norman R., Freeland, James R., Structuring Information Flow to Enhance Innovation, MS, Band 19, Nr. 1, September 1972, S. 105 ff; *Kommunikationsverhalten – Informationsverarbeitung und Kreativität – Informationssuche – Relevanzbaum und Informationsfluß.*

Berthel, J., Moews, D., Information und Planung in industriellen Unternehmungen, Berlin 1970; *Informationsbeschaffungsprozeß – Informationsstand des Entscheiders – empirische Untersuchung über Informationsstand und Planungsqualität.*

Bidlingmaier, Johannes, Marketing 1, Reinbek bei Hamburg 1973, S. 69 ff; *Erhebungsmethoden und Auswertung.*

Buchmann, Karl Heinz, Quantitative Planung des Marketing-Mix auf der Grundlage empirisch verfügbarer Informationen, Berlin 1973.

Ference, Thomas P., Organizational Communication Systems and the Decision Process, MS, Band 17, Nr. 2, Oktober 1970, S. 83 ff; *Kommunikationsstruktur – Informationsfluß in Netzwerken – formale Struktur des Problemlösungsprozesses – Stufen des Problemlösungsprozesses – Informationsbeschaffung und Beschaffungsrestriktionen.*

Frese, Erich, Heuristische Entscheidungsstrategien der Unternehmungsführung, ZfbF 1971, Heft 5 / 6, S. 283 ff; *Entscheidungsbegriff – Entscheidungsfeld – heuristische Suche – Informationssuche – Wirtschaftlichkeit – Zeit der Informationsgewinnung – Problemwahrnehmung.*

Green, Paul E., Tull, Donald S., Research for Marketing Decisions, Englewood Cliffs, N. J., 2. Auflage 1970; *Marktforschungsmethoden – Auswertungsverfahren – Skalierung.*

Hasenauer, Rainer, Entscheidungsprozeß und Informationskapazität in der Betriebswirtschaft, Wien 1973 (Diss. 1972); *Sprachtheoretische Analyse von Informationsprozessen – Informationskapazität – informationelle Struktur von Entscheidungsprozessen*

König, Rene, Hrsg., Handbuch der empirischen Sozialforschung, Band I, Stuttgart, 2. Auflage 1967 und Band II, 1969; *wissenschaftstheoretische Grundlagen – Erhebungsmethoden – Repräsentativerhebung – Skalierung – statistische Auswertung – Literaturanhang – ausgewählte soziologische Arbeitsbereiche.*

Janko, Wolfgang, Die wirtschaftliche Beschaffung von Informationen, Dissertation, Wien 1968.

Koppelmann, Udo, Produktinformation als Aktivitätsparameter des Marketing, ZfbF 1972, Heft 3, S. 170 ff; *Semantik und Pragmatik zur Kennzeichnung von Produktinformationen – Informationsgestaltung im Marketing – Kommunikationsprozeß – segmentierte Kommunikation – Informationssegmente.*

Kotler, Philip, Marketing Management – analysis, planning, and control, Englewood Cliffs, N. J., 2. Auflage 1972; *Informationsfluß im Marketing-Informationssystem – Marketing-Kennzahlensysteme.*

Loh, Dieter, Die Bedeutung der Marktforschung im Marketing, in: Marketing und Unternehmensführung, hrsg. von *H. Jakob*, Wiesbaden 1971, S. 51 ff.

Lüder, Klaus, Ein entscheidungstheoretischer Ansatz zur Bestimmung auszuwertender Plan-Ist-Abweichungen, ZfbF 1970, Heft 10, S. 532 ff; *Kontrollinformation – Informationsauswertung – Auswertungskosten – Auswertungsertrag – Entscheidungsregel für Auswertungsprozesse – Informationsbeschaffungskosten.*

Mc Carthy, E. Jerome, Basic Marketing – A Managerial Approach, 3. Auflage, Homewood, Ill. 1968; *Marketing-Informationssystem – Informationsbeschaffung – Informationsquellen – Informationsbedarfsbestimmung – Informationskosten im Marketing.*

Mc Niven, Malcolm, Hyton, Bob D., Free Assessing Marketing Information Systems, in: Readings in Marketing Management, hrsg. von *Philip Kotler* und *Keith K. Cox* Englewood Cliffs 1972, S. 159 ff; *information retrieval-Systeme – Dokumentationssysteme – Informationsbeschaffung.*

Mag, Wolfgang, Planungsstufen und Informationsteilprozesse, ZfbF 1971, Heft 10/11/12, S. 803 ff; *Informationsteilprozesse – phasendifferenzierte Informationsverarbeitung – Informationsbeschaffungsprozeß – Planung des Alternativenrepertoires für den Entscheidungsprozeß – Informationsgrad und Planungshorizont – Informationsveralterung – Informationskosten.*

Marte, Lothar, Einfluß der Rationalisierung der Informationsbeschaffung und -aufbereitung auf die rationale Unternehmensführung, Dissertation, Wien 1967.
Mock, Theodore J., Concepts of Information Value and Accounting, AR, Oktober 1971, S. 765 ff; *Informationswert – Informationsökonomie – Informationsentscheidung.*
Nieschlag, R., Dichtl, E., Hörschgen, H., Marketing – Ein entscheidungstheoretischer Ansatz, 4. Auflage, Berlin 1971; *Informationsgewinnung – Informationsübermittlung – Informationsverarbeitung – Management-Informations-Systeme.*
Oechslin, Hans Peter, Zielvorstellungen und Konzepte von Informationssystemen, Die Unternehmung, 1972, Heft 2, S. 81 ff; *Informationszielsystem – Kommunikationsziele – Informationswerterfassung.*
Ott, Werner, Hrsg., Handbuch der praktischen Marktforschung, München 1972, Teil I – Methoden und Techniken der Marktforschung.
Rice, Craig S., How to Plan and Execute the Marketing Campaign, Chicago 1966, S. 23 ff; *Marktforschungsmethoden in Abhängigkeit vom Untersuchungsziel.*
Rütschi, Klaus, Marketing Modelle – Systemanalyse, Formalisierung und Aufbau, Winterthur 1972; *Informationstransfer – Informationstransformation – Marketing-Entscheidungsprozeß – Marketing-Informationssystem – Informationssuche.*
Schrader, Achim, Einführung in die empirische Sozialforschung, Stuttgart – Berlin – Köln – Mainz 1971, S. 75 ff; *Erhebungsmethoden.*
Spaetling, Dieter, Informationskosten und -zeit in der Theorie der Unternehmung, ZfB 1972, Heft 10, S. 693 ff; *Informationssuche – Informationskosten – Informationsproduktion.*
Teichmann, Heinz, Die optimale Komplexion des Entscheidungskalküls, ZfbF 1972, Heft 8, S. 519 ff; *Entscheidungsverhalten – Informationsverhalten im Entscheidungsprozeß – Informationstransformation – Kalkültransformation – Strukturierung des Alternativenrepertoires bei Entscheidungsprozessen.*
Uhl, Tennes, Schoner, Bertram, Marketing Research – Information – Systems and Decision Making, New York, 1969; *Informationsbegriff – Marketing-Informationssysteme – Marketing-Entscheidung – Informationsgewinnung – Informationssegmente – Informationsfluß – Marktkommunikation – Marketing-Informationsorganisation – segmentspezifische Informationsgewinnung.*
Wacker, Wilhelm, Betriebswirtschaftliche Informationstheorie, Köln-Opladen 1971; *Informationsbeschaffung – Informationstransformation – Codierungsprozesse – Informationsbewertung – Kommunikationsstruktur.*
Wild, Jürgen, Input-Output- und Prozeßanalyse von Informationssystemen, ZfbF 1970, Heft 1, S. 50 ff; *Informationsbegriff – Informationskosten – Informationsertrag – Kostenarten der Information – Informationstransfer – Prozeßanalyse – Kommunikationsprozeß – Kommunikationsstruktur – Informationsbedarf.*
Wild, Jürgen, Informationskostenrechnung auf der Grundlage informationeller Input-, Output- und Prozeßanalysen, ZfbF 1970, Heft 4, S. 218 ff; *Informationskosten – Informationskostenrechnung – Kommunikationskosten – Informationsprozeßkostenrechnung.*
Wild, Jürgen, Zur Problematik der Nutzenbewertung von Informationen, ZfB 1971, Heft 5, S. 315 ff; *Informationsbegriff – sprachtheoretische Dimensionen – Analyse der Informationspragmatik – phasendifferenzierte Informationsbewertung.*

IV. Marktsegmentierung

1. Arbeitsdefinitionen

Die grundlegende Problematik betriebswirtschaftlichen Handelns kann in der einzelwirtschaftlichen Entscheidung über die Widmung von Wirtschaftsgütern gesehen werden. Der sowohl bei gesamt- wie auch bei einzelwirtschaftlicher Betrachtung bestehende Spannungszustand zwischen der „unendlich" feinen Differenziertheit der Individualbedürfnisse im Konsumtionsbereich und der knappen Verfügbarkeit

von Wirtschaftsgütern im Produktionsbereich (Produktion im weiteren Sinne) stellt die Prämisse für die Behandlung der Marktsegmentierung dar. Allgemein kann unter *Marktdifferenzierung* die Konstruktion eines Marktmodelles verstanden werden, das durch die Bildung von Merkmalsklassen eine Aufspaltung des Marktes ermöglicht. Die *Marktsegmentierung* baut auf dem grundlegenden Prinzip der Marktdifferenzierung auf. Unter Zugrundelegung eines operationalen Absatzzieles wird das Absatzgeschehen nach verschiedenen Kriterien analysiert und die sich aus der Absatzanalyse ergebenden Merkmalsklassen werden zieladäquat und differenziert bearbeitet. Die Marktsegmentierung setzt begriffslogisch die Marktdifferenzierung voraus. Der Begriff Segmentierung wird im absatzwirtschaftlichen Kontext nicht mit einheitlichen Bedeutungen verwendet. Segmentierung kann allgemein und in weiter Begriffsauffassung als eine nominale Skalierung klassifikatorischer Merkmale eines Ereignisraumes definiert werden. Marktsegmentierung wird dann allgemein als eine nominale Darstellung von klassifikatorischen Markt- bzw. Absatzmerkmalen verstanden. Eine vergleichsweise engere Auffassung kann vom Standpunkt der *Vertriebskostenrechnung* vertreten werden. Hier wird unter Segmentierung die Aufspaltung des betrieblichen Absatzgeschehens in selbständige Abrechnungsbezirke aufgrund einer vertriebskostenrechnerischen Kosten- und Erlösaufspaltung verstanden. Dieser Segmentierungsbegriff liegt der theoretischen Konzeption der *selektiven Absatzpolitik* zugrunde, wobei unter selektiver Absatzpolitik absatzpolitische Entscheidungsprozesse auf der Grundlage von Segmentierungsmodellen verstanden werden. Das Absatzgeschehen kann zum Zwecke selektiver absatzpolitischer Strategien in die Segmente
- Kundengruppen
- Produktgruppen
- Auftragsgrößen
- Absatzgebiete
- Absatzmethoden

klassifikatorisch gegliedert werden, wobei jedes dieser Segmente aus einzelnen Teilabsatzsegmenten besteht. Im Sinne des Differenzierungsprinzips werden nun diejenigen Teilabsatzsegmente *selektiv* bearbeitet, deren zugehöriger Erwartungswert der Zielerfüllung bei definiertem, operationalem Absatzziel optimal ist.
Ein enger Begriff der Segmentierung liegt jenen Segmentierungsmodellen zugrunde, die ausschließlich den Kunden als Merkmalsträger für die Segmentbildung berücksichtigen. Die zuletzt skizzierte Begriffsauffassung ist ein Spezialfall des allgemeineren Segmentierungsbegriffes.
Der Unterschied zwischen Differenzierung und Segmentierung in absatzpolitischem Zusammenhang zeigt sich darin, daß Marktdifferenzierung der übergeordnete Begriff ist, welcher sich vom Begriff der Segmentierung dahingehend unterscheidet, daß von der Möglichkeit der Einführung alternativer Segmentierungskriterien (Aspekte der Segmentierungsmodelle) abstrahiert wird und generell von einem mehrdimensionalen Merkmalsraum als theoretischer Hypothese ausgegangen wird. Marktsegmentierung als zur Marktdifferenzierung relativer Unterbegriff kann daher als vom gewählten Modellbildungsaspekt (Segmentierungskriterien) abhängige Marktdifferenzierung definiert werden. Das *Selektionsprinzip* als Handlungsvorschrift für konzentriertes Marketing stellt nun die Anwendung der durch das operationale Absatzziel implizierten Präferenzordnung auf das Segmentierungsmodell dar. Die operationale Anwendung des Selektionsprinzips setzt die Konstruktion eines Segmentierungsmodelles voraus. Die Wahl des zulässigen Segmentierungs-

kriteriums aus der Menge der möglichen Kriterien wird durch die Präferenzordnung des Entscheiders geregelt. Daraus folgt, daß alternativen zulässigen Segmentierungskriterien bei gegebener absatzpolitischer Präferenzordnung verschiedene Gewichtigkeit bei selektiv absatzpolitischem Verhalten zukommt.

2. *Segmentierungskriterien*

Ausgehend von den genannten weiten Segmentierungsauffassungen beschränkt sich die *Kundenmarktsegmentierung* auf Merkmalsgruppen, die *Verwenderklassen* beschreiben. Die Angehörigen (Merkmalsträger) der Verwenderklassen stellen die Träger des Marktpotentials dar.

2.1. *Die Homogenitätshypothese*

Die logische Grundlage zur *Zielgruppenbildung* stützt sich auf soziologische Grundhypothesen:
- die Existenz von Verhaltenskonstanten und
- gruppenspezifisch typischen Verhaltensweisen

Die Angehörigen einer Kategorie mit relativer Verhaltenshomogenität lassen sich über Merkmalskombinationen beschreiben. Als Homogenitätsbedingung gilt nun die Annahme, daß mittels der Segmentierungskriterien beschriebene Angehörige von (Ziel-) Gruppen ein relativ homogenes Informations- und Kaufverhalten aufweisen. Damit ist die logische Berechtigung gegeben, zielgruppenorientierte absatzpolitische Instrumentalkombinationen zu entwerfen.

2.2. *Beispiele für Kundensegmentierungskriterien*

Sozioökonomische Kriterien:

Altersklassen
Geschlecht
Familiengröße (Personen im Haushalt)
Familienstand
Einkommen
Beschäftigungsgruppen (Arbeiter, Angestellte, Beamte, Selbständige, Freiberufliche)
Schulbildung
etc.

Geographische Kriterien:

Regionen:

insbesondere unter Berücksichtigung wirtschaftlicher Merkmale der Regionen (z. B. Kaufkraft, Industrialisierungsgrad)
Charakter (städtisch, ländlich)
Klima
Topographie
etc.

Kriterien des Kauf- und Verwendungsverhaltens:

Verwendungshäufigkeit
Kenntnis der Verwendungsmöglichkeit
Einstellung zur Verwendung
Einstellung zur Produktkategorie
Verwendungsvarianten
Kauf- u. Verwendungsbeschränkungen (monetäre, räumliche, etc.)
Markentreue und Parallelverwendungen
Preissensitivität
Kommunikationsverhalten
Einstellung zur Werbung
etc.

Persönlichkeitsmerkmale:
Leistungsmotivation
Affiliationsstreben
etc.

Organisationen oder *gewerbliche Verwender* sind komplexe Merkmalsträger. Einerseits kann die Organisation oder Unternehmung als Ganze durch äußere Merkmale beschrieben werden; anderseits können auch innerorganisatorische Merkmale und Merkmale der Mitglieder von Beschaffungsentscheidungsgremien herangezogen werden, insbesondere wenn bereits intensivere Geschäftskontakte bestehen.

Äußere (umweltbezogene) Merkmale: Unternehmensdemographische Kriterien (Unternehmensalter, Branche, geogr. Lage, Unternehmensgröße etc.); Kriterien des Kauf- und Verwendungsverhaltens (Kunde/Konkurrenzkunde, Auftragsgrößen, Bestellrhythmus, Zahlungsverhalten etc.) u.s.w.

Innerorganisatorische Merkmale: Stellen-, Aufgaben-, Hierarchie-, Rollenstruktur, Routineprozesse, Zielsystem, Restriktionen etc.

Merkmale der Mitglieder von Beschaffungsentscheidungsgremien: Merkmale für individuelle Personen, analog zu den Kriterien für Konsumgüter, die auf die Entscheidungssituation in der Unternehmung zu adaptieren sind (z. B. Einstellungen gegenüber Firmen, Produkten, Vertreterpersonal).

Die Praktikabilität einer stark differenzierten Merkmalszuordnung hängt einerseits von den Segmentierungsprämissen, die mit zunehmendem Differenzierungsgrad restriktiv wirken, und anderseits von der Funktion des Segmentierungsmodelles ab. Ist nur die Auswahl von Teilmärkten (*selektive Absatzpolitik*) zu treffen, werden leicht erhebbare und zuordenbare Merkmale (z. B. unternehmensdemographische) verwendet werden. Zusätzliche Merkmale dienen insbesondere als Entscheidungsgrundlage für die kundenspezifische Gestaltung des Instrumentaleinsatzes.

3. Prämissen zur Konstruktion von Segmentierungsmodellen

Jede Wahl von Segmentierungsstrategien unterliegt den folgenden Prämissenkategorien:

- Die Auswahl von Merkmalen hat den Forderungen nach *Erfaßbarkeit* und *Zuorderbarkeit* der Segmenteigenschaften auf den Merkmalsträger zu entsprechen.

- Die Verwirklichung der zielgruppenspezifischen Segmentierungsstrategie durch differenzierte Maßnahmensetzung setzt die prinzipielle, relativ isolierte *Ansprechbarkeit* der Zielgruppe voraus.

Die *Zielgruppe* aus der Sicht der Segmentierungspolitik ist eine dem Absatzziel und daraus abgeleiteten Segmentierungsziel entsprechende Zusammenfassung von Merkmalsträgern. Die Zielgruppe kann als (mengentheoretischer) Durchschnitt aller ausgewählten Merkmalsklassen definiert werden.

- Die Erfassung und Zuordnung von Ausprägungen der Segmentierungskriterien muß wirtschaftlich sein.

Beispielsweise ist die Erfassung und Ausweitung sozioökonomischer Kriterien in ihrer Ausprägungsform (Altersgruppen, Geschlecht, Berufsgruppen etc.) aus sekundärstatistischen Materialien oder Repräsentativerhebungen möglich. Die zur Erfassung von Persönlichkeitsmerkmalen, Einstellungen, Motivationen benötigten Erhebungs- bzw. Meßmethoden (qualitative Aussagen, Interpretation, Skalierung) sind wesentlich kostenintensiver.
Ähnliche Schwierigkeiten treten auch bei der Erhebung von Merkmalen des Kaufverhaltens auf. Die Ermittlung von Preis- und Werbesensitivitäten erfordert den Einsatz von Experimental- und Beobachtungsverfahren. Diese Schwierigkeiten werden insbesondere dann spürbar, wenn eine Zielgruppen-Hypothese über die Korrelation von Merkmalsausprägungen als Grundlage für die Produktkonzeption und den Einsatz des Marketing-Mix überprüft werden soll (z. B. Altersgruppe – Berufszugehörigkeit – Einstellung zur Körperpflege).

- Die selektive *Erreichbarkeit* der Zielgruppe(n) soll innerhalb der ökonomischen Grenzen bei minimalem Streuverlust möglich sein.

Jede Kombination von Segmentierungskriterien, deren resultierende Zielgruppen einer differenzierten Ansprache nicht zugänglich sind, weist eine zu desaggregierte Merkmalskombination auf und ist nur mit hohem Streuverlust ansprechbar. Im Falle nur einer Zielgruppe bleibt der Streuverlust im Rahmen der unvermeidlichen Mediagegebenheiten.
Die Grenzen für die Differenzierungsmöglichkeiten werden in jedem Instrumentalbereich durch unterschiedliche Nebenbedingungen bestimmt:
Produktpolitik:
Technisch-ökonomische Grenzen der Produktdifferenzierung
Distributionspolitik:
Zur Verfügung stehende unterschiedliche Vertriebskanalkapazitäten
relativ geringe Flexibilität des Distributionssystems

Preispolitik:

Zentral geplante Preisdifferenzierung bei indirektem Absatz kaum möglich

Werbepolitik:

Mediaspezifisch unterschiedliche Differenzierungsmöglichkeit (Extrembeispiele: enge regionale Zeitung, geschlechts- und altersspezifische Zeitschriften einerseits; anderseits nationales Werbefernsehen).

4. Die ökonomischen Grenzen der Marktsegmentierung

Als wesentliche Segmentierungsprämissen bei der Ermittlung zulässiger Segmentierungskriterien aus der Menge möglicher Kriterien ist die Wirtschaftlichkeit der Marktsegmentierung zu berücksichtigen. Mit der Frage der Segmentierungsökonomie ist die Anwendung des Selektionsprinzipes als Handlungsvorschrift für ein segmentspezifisches Marketing verbunden. Da die Ökonomität der Marktsegmente prinzipiell über eine Input / Output-Beziehung beurteilt werden kann, sind die Input- und Output-Größen eines Segmentes zu bestimmen. Grundsätzlich ist von der Annahme auszugehen, daß dem Unternehmen knappe *Marketingbudgets* zum Setzen von verkaufsfördernden Aktivitäten zur Verfügung stehen. Es ist daher über die zieloptimale Widmung knapper Marketingbudgets unter Berücksichtigung der definierten Marktsegmente zu entscheiden. Generell ist die Relation zwischen erwartetem Zielbeitrag (Output) eines Teilabsatzsegmentes innerhalb eines Segmentbereiches in Beziehung zu den eingesetzten knappen Marketingbudgets zu sehen. Je nach dem Inhalt des Absatzzieles werden Wachstumsgrößen (Periodenumsatz, Marktanteil) oder Rentabilitätsgrößen (Gewinn, Deckungsbeitrag, Umsatz-, Kapitalrentabilität pro Periode) als Output-Größen eines Teilabsatzsegmentes zu beurteilen sein. Neben den realisierten Wachstums- bzw. Rentabilitätsgrößen ist das geschätzte Marktpotential bzw. die segmentbezogene Marktlücke wesentliche Orientierungsinformation für die Größe eines Segmentes bzw. für die Wachstumschancen des Firmenabsatzes innerhalb eines Segmentes. Die Struktur der für die Bestimmung des Marktpotentials informationsökonomischen Entscheidungsprozesse wird wesentlich von der Tatsache beeinflußt, ob für ein neu einzuführendes Produkt bereits ein Markt vorhanden ist und darauf aufbauend das Marktpotential eines Segmentes abgeschätzt werden kann oder ob es sich um eine völlig neue Verwendungskategorie handelt, für die das generelle Marktpotential erst abgeschätzt werden muß.
Die Marketingbudgets als Input-Größen für die Beurteilung der Ökonomität der Segmentbearbeitung sind die zweite Determinante zur Bestimmung der ökonomischen Grenzen der Marktsegmentierung. Die Budgetpositionen sind in Inhalt, Ausmaß und Periode zielkompatibel zu formulieren. Die ökonomischen Grenzen der Bearbeitung eines Teilsegmentes sind durch den Quotienten $\frac{\Delta O}{\Delta I} = 1$ bestimmt.

Dieser Differenzenquotient gibt an, wie ein bestimmtes Segment bei Steigerung des Einsatzes an Marketinginstrumenten mit seinem Output reagiert. Solange einem zusätzlichen Marketingbudgeteinsatz ein überproportional großer Output-Zuwachs gegenübersteht, ist die Bearbeitung des Segmentes ökonomisch sinnvoll. Steht hingegen einer Steigerung des Budgeteinsatzes ein degressiver Output-Zuwachs gegenüber, so ist eine weitere Bearbeitung dieses Segmentes zu überprüfen.
Die ökonomischen Grenzen der Segmentierung werden also von folgenden Faktoren bestimmt:

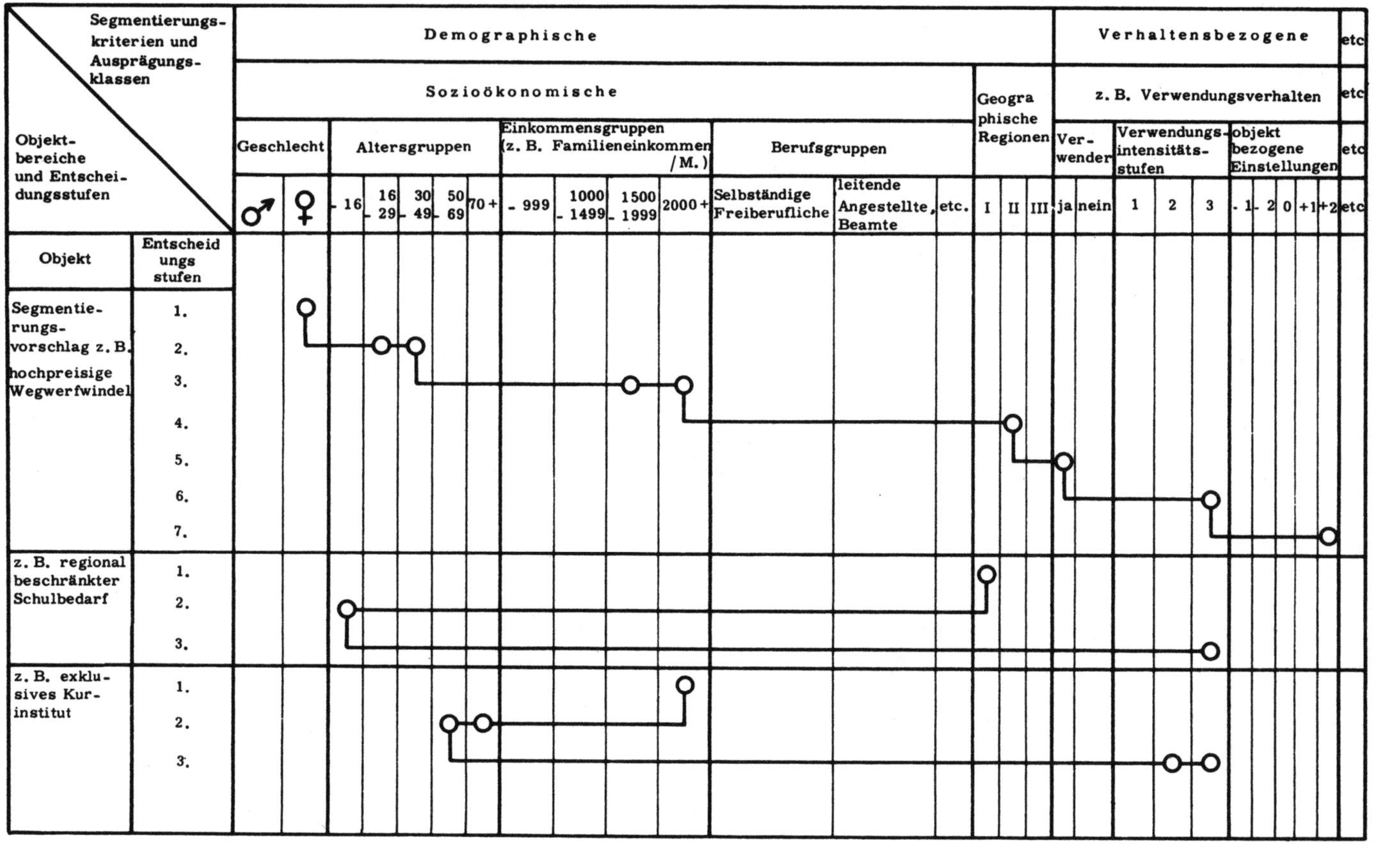

Abb. 14: Segmentierungsmatrix

- vom geschätzten Marktpotential (segmentspezifischen Versorgungslücken)
- von der knappen Kapazität der absatzpolitischen Instrumente und verfügbarer Budgets (Werbebudgets, Aktions-, Provisions-, Rabattbudgets, Distributionskanalkapazität usw.).

Die Ökonomität der Segmentbearbeitung ist letztlich immer in Hinblick auf Inhalt, Ausmaß, Terminisierung des Anspruchsniveaus für die Absatzziele zu beurteilen. So kann eine Segmentierungsvariante bei einem relativ niedrig angesetzten Anspruchsniveau der Umsatzrentabilität noch immer als zieleffizient angesehen werden, hingegen kann die gleiche Segmentierungsvariante bei höherem Anspruchsniveau nicht mehr zieleffizient sein.

Zusammenfassend kann daher festgestellt werden, daß die Ökonomitätsprämisse für eine segmentspezifische Absatzpolitik durch die Beziehung zwischen zusätzlichem Zielbeitrag (Output) und zusätzlichem Beitrag an Marktinvestitionen (Input) definiert ist. Es sind daher jene Segmentierungskriterien als ökonomisch zulässig zu erachten, die unter Beachtung der Ökonomitätsrelation als zieleffizient zu beurteilen sind. Um diese Beurteilung für einzelne Segmentierungskriterien durchführen zu können, ist eine Überprüfung der Erwartungswerte für die ökonomische Effizienz alternativer Segmentierungskriterien notwendig.

5. Der Entscheidungsprozeß der Marktsegmentierung

5.1. Entscheidungsprozeß

Bilder zu Kap. 5.1. auf Seite 94 und 95

5.2. Kommentar

Ausgehend von einem operational definierten Absatzziel, einem dem Entscheider bekannten Repertoire an Marketing-Mix-Alternativen und unter Berücksichtigung nachfrageabhängiger und ökonomischer Restriktionen wird eine operationale Produktkonzeption formuliert.

Zuerst ist festzustellen, ob für diese Produktkonzeption bereits ein Markt existiert. Ist diese Frage zu verneinen, so ist eine Primärbestimmung des Marktpotentials notwendig. Ist diese Frage zu bejahen, so erfolgt eine Ist-Zustandsanalyse des bestehenden Marktes unter Berücksichtigung der Konkurrenz-, Nachfrage- und der eigenen Unternehmensstruktur. Aufbauend auf dieser Strukturanalyse wird die Kompatibilität zwischen den Konkurrenzprodukten und den Verwendungskategorien der Nachfrage anderseits untersucht.

Unter Berücksichtigung der Ergebnisse der Ist-Zustandsanalyse und unter Anwendung der bisherigen zur Marktsegmentierung verwendeten Kriterien erhebt sich die Frage, ob die bisherigen Segmentierungskriterien auf die Produktkonzeption anwendbar sind. Ist dies nicht der Fall, so sind neue Kriterien zu suchen. Sind diese hingegen anwendbar, so ist unter expliziter Berücksichtigung der nachfrageabhängigen und ökonomischen Segmentierungsprämissen die neue Zielgruppe zu definieren. Nach Filterung der möglichen Zielgruppen und Anwendung der Segmentierungs-

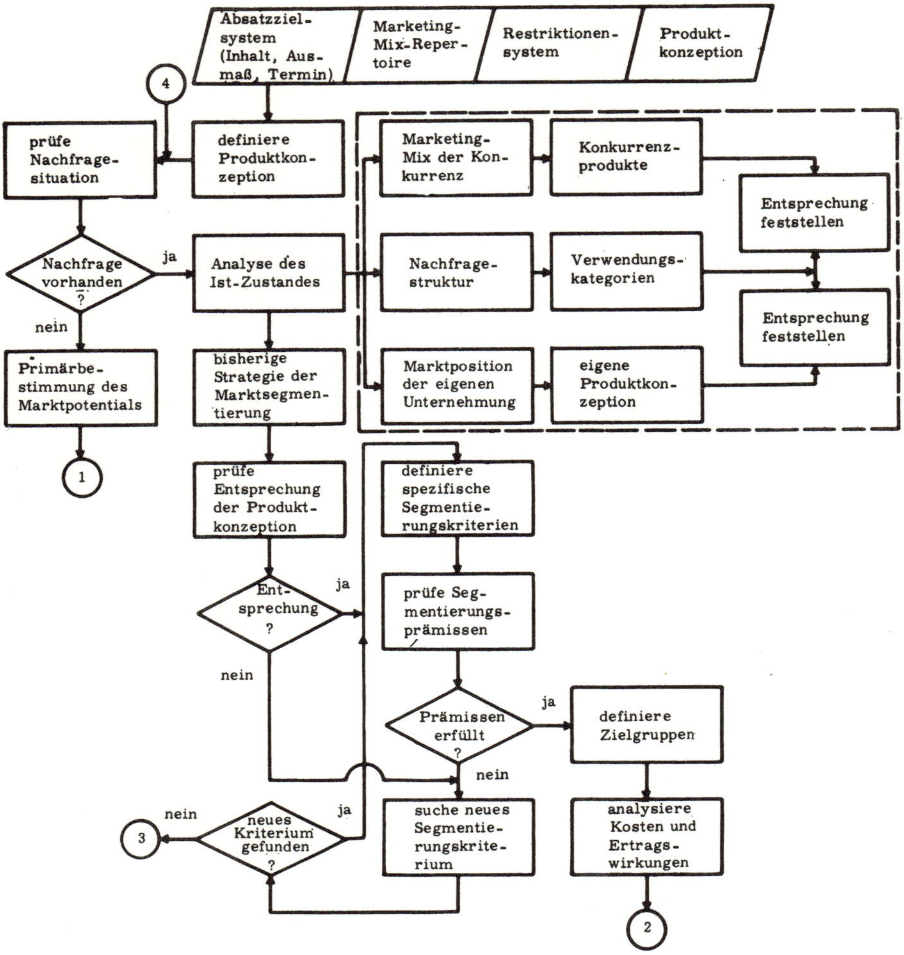

prämissen ist die Menge der anzusprechenden Zielgruppen operational zu definieren und darauf aufbauend in der Marketing-Mix-Planung die Segmentierung durch das zielgruppenadäquate Marketing-Mix zu berücksichtigen.

Für den Fall, daß noch kein Markt für die Produktkonzeption existiert, sind die Ausführungen zum Informationsbeschaffungs-Entscheidungsprozeß zur Bestimmung des Marktpotentials wesentlich. Darauf aufbauend wird der Markt unter Berücksichtigung des Absatzzieles analysiert. Daraus kann ein Segmentierungsmodell formuliert werden, welches der Überprüfung durch die Segmentierungsprämissen standhalten muß. Zeigt sich, daß das Segmentierungsmodell sowohl den nachfrageabhängigen als auch den ökonomischen Prämissen genügt, so ist dieses Modell der Marketing-Mix-Planung zugrunde zu legen.

Sind die Modellprämissen nicht erfüllt, so ist eine neue Kriterienkombination aus der Menge der möglichen Kombinationen zu wählen. Dies kann fallweise über einen Lernprozeß (Suchprozeß) zur Ausweitung der Menge der möglichen Kriterien organisiert werden.

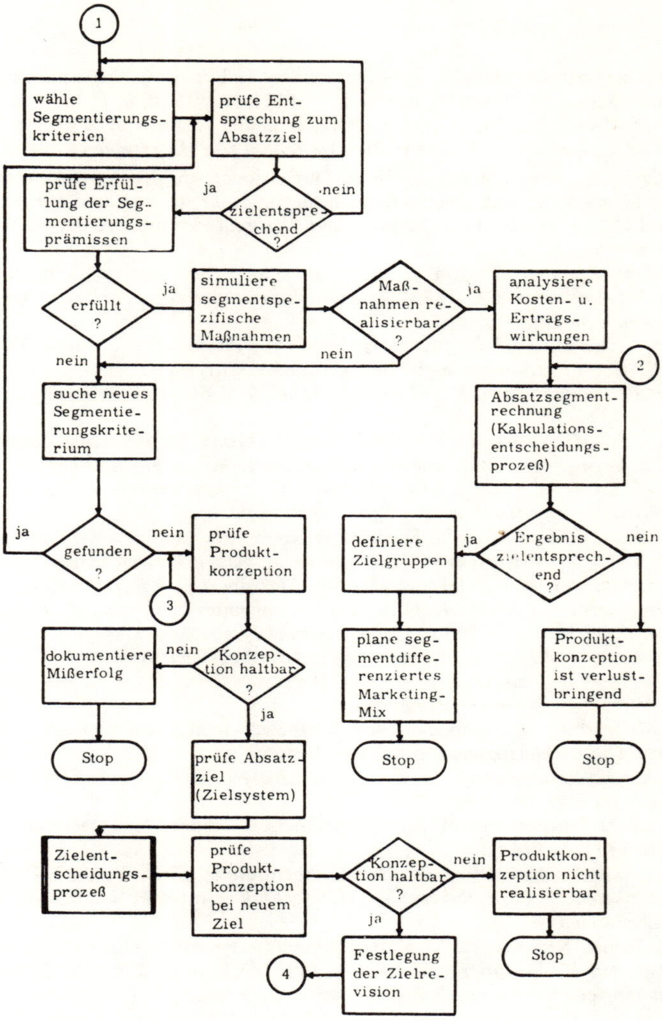

Falls eine Ausweitung des Kriterienrepertoires unter Berücksichtigung von Zeit, Kosten und Informationskapazitäten nicht möglich erscheint, ist die Produktkonzeption auf ihre prinzipielle Realisierbarkeit hin zu überprüfen. Darüber hinaus ist auch das Absatzziel zu kontrollieren. Bei nicht realisierbaren Produktkonzeptionen, die entweder nicht ziel- oder nicht marktadäquat sind, wird der Mißerfolg gespeichert, um damit eine realistischere Konzeption des internen Modells der systemrelevanten Umwelt zu erarbeiten. Ist hingegen die Produktkonzeption zielkompatibel, so wird die Zielentsprechung erfaßt und die Produktkonzeption unter Berücksichtigung der prinzipiellen Zielentsprechung neu überprüft.

6. Literatur

Assael, Henry, Segmenting Markets by Group Purchasing Behavior: An Application of the AID Technique, Journal for Marketing Research, Vol VII, May 1970, S. 153 ff.

Bass, Frank M., Decomposable Regression Models in the Analysis of Market potentials, MS, Band 17, Nr. 8, April 1971, S. 485 ff; *Marktpotential von Marktgebieten.*

Boyd, Harper W. jr., Levy, Sidney J., Neue Dimensionen in der Konsumentenanalyse, in: Marketing-Management und Organisation, hrsg. von *Stuart H. Britt* und *Harper W. Boyd jr.,* München 1971, S. 183 ff; *Verwendungs- und Verbrauchsverhaltenskriterien in der Marktsegmentierung.*

Claycamp, Henry J., Massy, William, A Theory of Market Segmentation, Journal of Marketing Research, November 1968, S. 388 ff; *Segmentierungstheorie – mehrstufige Marktsegmentierung – Segmentbildung.*

Engel, James F., Wales, Hugh G., Warshaw, Martin R., Promotional Strategy, Homewood, Ill. 1967, S. 87 ff; *motivationsabhängige Segmentierungskriterien.*

Engel, James F., Kollat, David T., Blackwell, Roger D., Consumer Behavior, New York etc. 1968.

Frank, Ronald E., Massy, William F., Wind, Yoram, Market Segmentation, Englewood Cliffs, N. J. 1972; *Segmentierungskriterien – Segmentauswahl – segmentorientierte Medienwahl.*

Geist, Manfred, Selektive Absatzpolitik, Stuttgart 1963; *Marktsegmentierung – Absatzsegmentierung – Absatzsegmentrechnung – Ergiebigkeitsrechnung.*

Hasenauer, Rainer, Bednar Leopold, Selektive Absatzpolitik und lineare Programmierung, Der Markt 45, 1973, S. 14 ff; *selektive Absatzpolitik – knappe Vertriebskapazität – Interdependenz der Marktsegmente – Selektionswirkung absatzpolitischer Entscheidungen.*

Kotler, Philip, Marketing Management – analysis, planning, and control, Englewood Cliffs, N. J., 2. Auflage, 1972, S. 165 ff; *Segmentierungskriterien – Segmentierungsprämissen – segmentorientierte Marketingstrategien – Segmentertragsschätzung.*

Rice, Craig S., How to Plan and Execute the Marketing Campaign, Chicago – London 1966, S. 55 ff; *zielgruppenabhängige Mediaplanung.*

Steinmann, Matthias F., Massenmedien und Werbung, Freiburg im Breisgau 1971, S. 273 ff; *unterschiedliche Wirkungscharakteristik von Medien.*

Stern, Mark E., Marketingplanung – eine Systemanalyse, Berlin, 1. Auflage 1969, S. 42 ff; *Schätzung eines Marktpotentials.*

Thomas, J., Linear Programming Models for Production – Advertising Decisions, MS, Band 17, Nr. 8, April 1971, S. 474 ff;

Winkler, A., Praktische Anwendung der Marktsegmentierung, JBdAuV, 1972, Heft 2, S. 101 ff; *Einstellungsskalen – Clusterbildung – AID-Technik (automatic interaction dedector-program) – Clusteranalyse.*

Yankelovich, Daniel, New Criteria for Market Segmentation, in: Readings in Marketing Management, hrsg. von *Philip Kotler* und *Keith K. Cox,* Englewood Cliffs, N. J., 1972, S. 90 ff; *produktabhängige Prioritäten von Segmentierungskriterien.*

V. Produktpolitik

1. Arbeitsdefinitionen

1.1. Wirtschaftsgut

In der allgemeinsten Fassung läßt sich der Begriff „*Wirtschaftsgut*" durch die logische Konjunktion der folgenden Merkmale definieren: Information über

1. Vorhandensein bedarfsauslösender Zwecke bei den Wirtschaftssubjekten –

2. Technische Zweckeignung der Güter und Beherrschung der Verfahrenstechnik zur Zweckerreichung –
3. Vorhandensein von faktisch und rechtlich verfügbaren Gütern –
4. Übertragbarkeit der Güter auf andere Subjekte –
5. Relative Knappheit –
6. Ökonomische (preisliche) Eignung.

Als Wirtschaftsgut im allgemeinen Sinn werden jene Güter bezeichnet, auf welche die aussagenlogische Konjunktion der Merkmale 1 bis 5 zutrifft.
Wirtschaftsgüter, welchen darüber hinaus das Merkmal 6 zugeordnet werden kann (als differentia specifica) werden als preiswirksame Wirtschaftsgüter bezeichnet.

1.2. Produkt

Im vorliegenden Sachbezug grenzen wir für die weitere Behandlung auf „produzierte Sachgüter" und „produzierte immaterielle Güter" (z. B. Dienste) ein. Dafür wird in der Folge der Terminus *„Produkt"* verwendet.
Der bedarfsauslösende Zweck wird durch eine Kombination stofflich-technischer Beschaffenheit *(„Grundnutzen")* und symbolischer Elemente (subjektiv empfundene Eigenschaften, *soziale Kommunikationswirkung, Prestigewert, „Zusatznutzen")* bestimmt.

1.3. Produktpolitik

Die Produktpolitik umfaßt jene Entscheidungen und Maßnahmen im Gesamtrahmen des unternehmerischen Ziel- und Restriktionensystems, die Prozesse der *Produkteinführung,* der *Produktvariationen* bestehender Produkte und der *Produktelimination* aus dem bestehenden Programm lenken.

2. Ziele der Produktpolitik

Produktpolitische Ziele haben im Rahmen des Gesamtzielsystems Mittelcharakter. Anderseits jedoch determiniert die Produktpolitik als zentrales Instrument alle anderen Instrumentalbereiche (Preis, Distribution, Werbung).
Unmittelbar übergeordnete Zielkategorien:

	Ausmaßprägung	
Zielkategorien	Absolut	Relativ
Marktziele	Umsatz (Menge od. Wert)	Marktanteil (Menge, Wert)
Finanzziele	Gewinn Deckungsbeitrag Cash flow	Umsatzrentabilität Kapitalrentabilität (EK, GK)

Je nach Inhalt, Ausmaß und Zeitbezug der Zieldefinition im Rahmen der oben genannten Kategorien, unter Beachtung der Umweltsituation (Kunden, Konkurrenz, Beschaffungsmarkt, wirtschaftliche Gesamtlage) differieren auch die produktpolitischen Strategien (Neueinführung, Variation und Elimination), die insgesamt die Erreichung der übergeordneten Zielsetzung gewährleisten sollen (z. B. Zielsetzung: Gewährleistung eines mittelfristigen Gewinnzieles durch Erreichung des *break even point* im Laufe des dritten Jahres nach Produkteinführung; weitere Gewährleistung des bestehenden Marktanteiles oder Ausweitung durch Produktvariation; Produktelimination zur Vermeidung eines Imageverlustes oder zur Freisetzung von Kapazitäten für erfolgsversprechende Neueinführungen etc.)

3. Der produktpolitische Aufgabenkatalog

Aufgabenkategorien	Restriktionen
A) Produktideenfindung Quellen: Interne Quellen (z.B. Forschungs- und Entwicklungsabteilung, Marketingabteilung, Produktionsbereich, Betriebliches Vorschlagswesen, Werbeabteilung etc.) Externe Quellen (z.B. Kunden, Konkurrenz, Lieferanten, externe Berater, wissenschaftliche und überbetriebliche Institutionen etc.) Methoden: a) unsystematisch (Zufallsentdeckung) b) teilorganisiert (z.B. Vorschlagswesen) c) gezielte Stimulation brain storming Delphi-Prozesse kombinatorische Methoden u.a.m.	Informationskapazität (beschränktes Faktenwissen, beschränktes Methodenwissen – „know-how") Informationsbudget (Ausbildungsbudget, Forschungsbudget, Budget für Entwicklung von Informationssystemen) Zielkonflikte (konkurrenzierende Willenszentren)
B) Vorfilterung der Produktideen durch unmittelbar Vorgesetzte fachliche Instanzen Beurteilungsgremien	Individuelle Beurteilung, zumeist aber implizite Vorwegnahme unternehmensinterner und umweltbezogener produktpolitischer Entscheidungskriterien.
C) Ökonomische Filterung (screening) Bestimmung und Bewertung von Beurteilungskriterien (siehe Beurteilungsmatrix) Beurteilungsmatrix Wertskalen Punktwertsystem Polaritätsprofil (etc.) kostenrechnerische Beurteilung (Vgl. Plankalkulation)	Aus dem Zielsystem abgeleitete Subziele (Sollwerte) legistische Normen Patentschutz Gesundheitsbestimmungen Wettbewerbsrecht informelle soziale Normen (z.B. Verwendungsgewohnheiten) Unternehmungserfahrung Produktionskapazität Finanzkapazität Bestehende Distributionssysteme
D) Produktentwicklung technische Produktentwicklung Entwurf der technologischen Produktkonzeption (detaillierte, gefilterte Anforderungskataloge) technische Entwicklung (Konstruktion, chemische Zusammensetzung etc.)	technologische, konstruktive Bedingungen gesetzliche Einschränkungen für mögliche Produktkomponenten (z.B. unerlaubte Zusätze für höhere Haltbarkeit etc.) Präferenz der Zielgruppe

	marktorientierte Produktentwicklung Formgebung, Packungsgestaltung (vgl. Packungspolitik), Namensgebung, Werbekonzeption Beurteilung und Tests	Markenschutz Markenumbrella
E)	Testmarkt Auswahl des Testmarktes Sicherstellung funktionsfähiger Distributionskanäle testmarktspezifisches Mediamix Festsetzung der Erfolgserwartungen Sicherstellung der Kontrollinstrumente (z.B. Panel)	Distributionskapazitäten Mediagegebenheiten (Repräsentativcharakter)
F)	Produkteinführung	
G)	Produktpolitische Änderungsstrategien Produktdifferenzierung (partielle Änderung unter Beachtung aller Restriktionen, z.B. Relaunch) Produktdiversifikation Produktelimination	

Abb. 15: Matrix zur ziel- und restriktionenbezogenen Beurteilung von ökonomischen Produktmerkmalen:
(Die Ausprägungsformen und Merkmale verstehen sich als Beispiele und sind im individuellen Fall erweiterbar und einer operationalen Form zuzuführen.)

Merkmale \ Ausprägung	Bewertungsklassen			
Unternehmensbezogene Merkmale				
Benötigte Absatzwege	Nur gegenwärtig vorhandene	Überwiegend gegenwärtig vorhandene	Überwiegend neu zu erschließende	Ausschließlich neu zu erschließende
Sortimentsbezug	Beginn einer neuen Produktgruppe	Fortsetzung einer begonnenen Produktgruppe	Nicht widersprüchlich zu vorhandenen Produktkategorien	Fremdartige Produktkategorien
Umsatz- oder Marktanteilswirkungen auf bestehende Produkte	Steigert den Umsatz vorhandener Produkte	Hat keinen Einfluß	Steht in Konkurrenz zu bestehenden Produkten	Erfolg ausschließlich durch Substitutionswirkung bei bestehenden Produkten möglich
Notwendige Produktionsmittel	Ungenützte Anlagen vorhanden	Ausnützung der Kapazität verwendeter Anlagen	Teilweise Neuinvestitionen notwendig	Völlig neue Produktionsmittel erforderlich
Personal, technisches – und Marketing – know how	Völlig vorhanden	Im wesentlichen vorhanden	Im wesentlichen zu beschaffen	Neu zu beschaffen
Beschaffungs- und Rohstoffabhängigkeit	Konzerneigene Quellen	Bisherige Lieferanten	Einige neue Quellen	Völlig neue Quellen sind zu erschließen

Ausprägung / Merkmale	Bewertungsklassen			
Legistische Bindungen und Nachahmungsschutz aktiv	Patent und Markenschutz möglich	Teilweiser Schutz (z.B. national unterschiedlich)	Nachahmung schwierig und und teuer	Nachahmung leicht und billig
passiv	Produktindividuelle Bestimmungen: z.B. urheberrechtliche, patentrechtliche, wettbewerbsrechtliche, gesundheitspolizeiliche Bestimmungen			
Marktbezogene Merkmale				
Preispolitische Stellung	Preis absolut unter der Konkurrenz	Preis relativ niedrig	Preis relativ hoch	Absolut höchster Preis am Markt
selling-proposition	Befriedigung neuer Bedürfniskategorien	Erhebliche Verbesserung bestehender Produkte	Geringfügige Verbesserung bestehender Produkte	Keinerlei Verbesserung gegenüber ähnlichen Produkten
Marktpotential	Undifferenzierter Massenbedarf	Abnehmende Segmentbreite bis hin zu engen Spezialmärkten (vgl. Marktsegmentierung)		
Marktausweitung	Rasche Expansion durch rasche Adoption neuer Verwendungskategorien	Zögernde Adoption neuer Verwendungskategorien	Marktausweitung in bestehenden Verwendungskategorien	Markterfolg nur auf Kosten der Marktanteile konkurrierender Produkte
Marktzutritt potentieller Konkurrenten	Produktindividuell abhängig von der Konkurrenzsituation in bezug auf Investitionen, know-how, legistische Bindungen, Beschaffungspolitik etc.			

4. *Der produktpolitische Entscheidungsprozeß*

4.1. *Entscheidungsprozeß*

Abbildungen zu Kap. 4.1. siehe Seite 101, 102 und 103

4.2. *Kommentar*

Der produktpolitische Entscheidungsprozeß umfaßt die folgenden vier Grundphasen:

- Die Ideenfilterung
- Die Produktentwicklung
- Eventuelle Testphasen
- Aktionsentscheidungen (Eliminierung der Ideen oder des Prototyps, Modifikation oder bedingungslose Einführung)

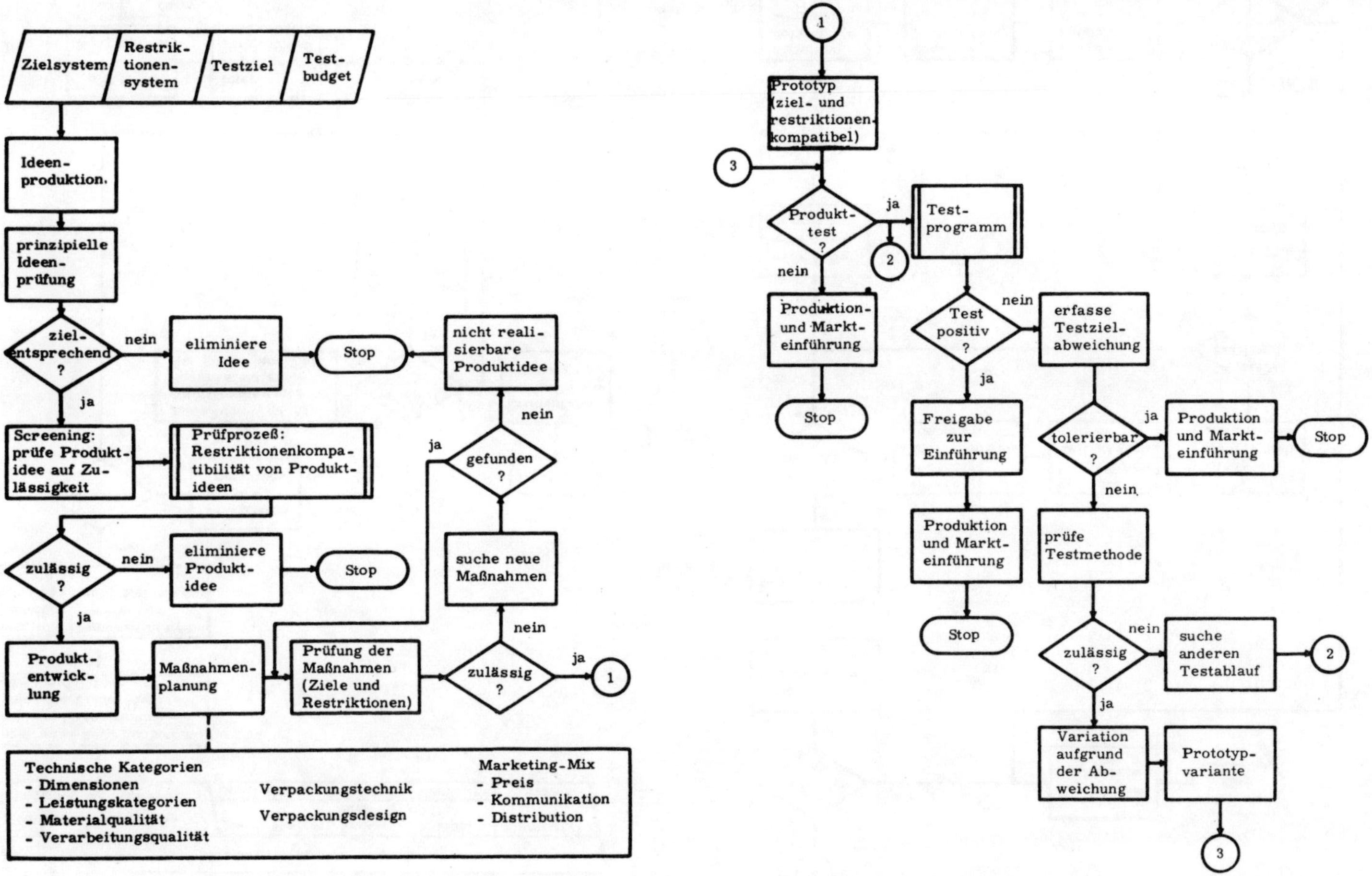
Zielsystem
Restrik-tionen-system
Testziel
Test-budget
Ideen-produktion.
prinzipielle Ideen-prüfung
ziel-entsprechend ?
nein
ja
eliminiere Idee
Stop
nicht reali-sierbare Produktidee
Screening: prüfe Produkt-idee auf Zu-lässigkeit
Prüfprozeß: Restriktionenkompa-tibilität von Produkt-ideen
zulässig ?
eliminiere Produkt-idee
Stop
gefunden ?
suche neue Maßnahmen
Produkt-entwick-lung
Maßnahmen-planung
Prüfung der Maßnahmen (Ziele und Restriktionen)
zulässig ?
1
Technische Kategorien
- Dimensionen
- Leistungskategorien
- Materialqualität
- Verarbeitungsqualität
Verpackungstechnik
Verpackungsdesign
Marketing-Mix
- Preis
- Kommunikation
- Distribution
Prototyp (ziel- und restriktionen-kompatibel)
3
Produkt-test ?
2
Test-programm
Produktion-und Markt-einführung
Stop
Test positiv ?
erfasse Testziel-abweichung
Freigabe zur Einführung
tolerierbar ?
Produktion und Markt-einführung
Stop
Produktion und Markt-einführung
prüfe Testmethode
Stop
zulässig ?
suche anderen Testablauf
2
Variation aufgrund der Ab-weichung
Prototyp-variante
3

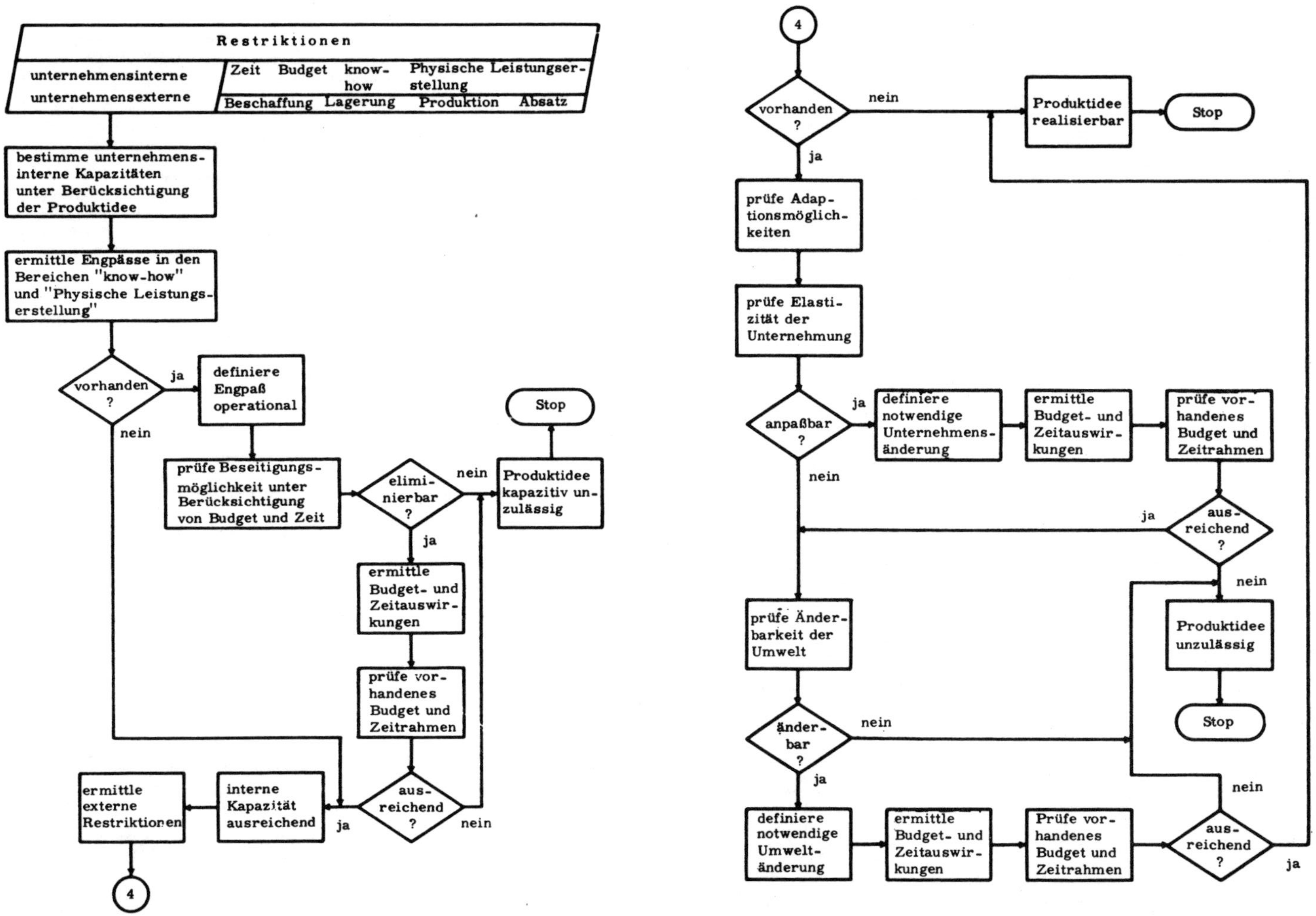
Restriktionen
unternehmensinterne
unternehmensexterne
Zeit
Budget
know-how
Physische Leistungserstellung
Beschaffung
Lagerung
Produktion
Absatz
bestimme unternehmensinterne Kapazitäten unter Berücksichtigung der Produktidee
ermittle Engpässe in den Bereichen "know-how" und "Physische Leistungserstellung"
vorhanden ?
ja
nein
definiere Engpaß operational
prüfe Beseitigungsmöglichkeit unter Berücksichtigung von Budget und Zeit
eliminierbar ?
ja
nein
Produktidee kapazitiv unzulässig
Stop
ermittle Budget- und Zeitauswirkungen
prüfe vorhandenes Budget und Zeitrahmen
ausreichend ?
ja
nein
interne Kapazität ausreichend
ermittle externe Restriktionen
4
4
vorhanden ?
nein
ja
Produktidee realisierbar
Stop
prüfe Adaptionsmöglichkeiten
prüfe Elastizität der Unternehmung
anpaßbar ?
ja
nein
definiere notwendige Unternehmensänderung
ermittle Budget- und Zeitauswirkungen
prüfe vorhandenes Budget und Zeitrahmen
ausreichend ?
ja
nein
Produktidee unzulässig
Stop
prüfe Änderbarkeit der Umwelt
änderbar ?
nein
ja
definiere notwendige Umweltänderung
ermittle Budget- und Zeitauswirkungen
Prüfe vorhandenes Budget und Zeitrahmen
ausreichend ?
nein
ja

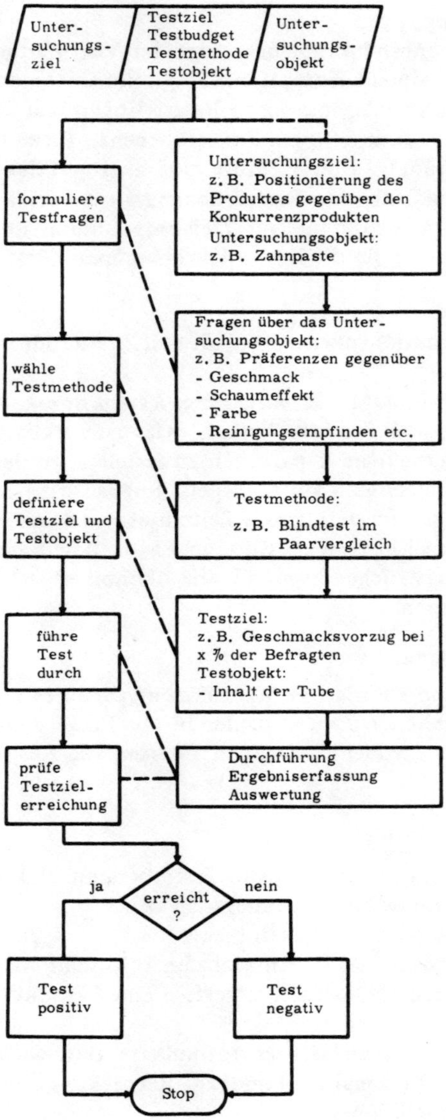

Für alle Phasen gilt das Ziel- und Restriktionensystem (der generelle Bedingungsrahmen der Unternehmung). Der Charakter der wirkenden Restriktionen ändert sich in den Grundphasen des produktpolitischen Entscheidungsprozesses: In der Phase der *Ideenfilterung* wirken die Restriktionen in ihrer prognostizierten Form. In der Produktentwicklung und endgültigen Produkteinführung präsentieren sich Restriktionen in ihrer real-wirksamen Form.

(1) Der generelle Input umfaßt das Zielsystem, das Restriktionensystem und daraus abgeleitet für die eventuelle Testphase ein Testziel und als Restriktion das Testbudget.

(2) Die Ideenfilterung

Der Output der Ideenproduktion unterliegt der Vorfilterung, in der nach Grundüberlegungen die prinzipielle Kompatibilität mit der Unternehmungssituation (meist unter Vorwegnahme der ökonomischen Restriktionen und Zielvorstellungen) überprüft wird. In der Folge unterliegen die verbliebenen Ideen dem *"screening"* (Ökonomische Ideenfilterung). In dieser Stufe muß als Input das produktbezogene Zielsystem und das prognostizierte Restriktionensystem berücksichtigt werden. Nach der grundsätzlichen Überprüfung auf Zielkompatibilität unterliegen die Produktideen dem Prüfprogramm für die Restriktionenkompatibilität

Sub-Programm:
Prüfung der Restriktionenkompatibilität von Produktideen

Der generelle Input umfaßt alle wirksamen *Restriktionskategorien* in Inhalt, Ausmaß, Zeitverhalten und Beeinflußbarkeit. Als erste Aktivität ist ein Katalog der beanspruchten Unternehmenskapazitäten zu erstellen. In der Folge werden alle zu beanspruchenden Kapazitäten auf eventuelle Engpaßsituationen überprüft. Für jede Engpaßbeseitigung, die im definierten Zeitrahmen und innerhalb eines erlangbaren Zusatzbudgets möglich ist, muß die zur Engpaßbeseitigung nötige Budgetinanspruchnahme als zusätzlicher Input für die ökonomische Bewertung der Produktidee gespeichert werden.

(3) Produktentwicklung

Aus der Kombination alternativer Maßnahmenrepertoires und unter Beachtung der Restriktionen entsteht ein *Prototyp*, der in der Folge dem Testprogramm unterworfen werden kann, wobei als Zwischenfilterung die Restriktion des Testbudgets wirksam wird.

Sub-Programm: Produkttest

Als wesentliche Vorfragen sind für jedes Testprogramm zu klären:
- Untersuchungsziel und Untersuchungsobjekt
- Testziele, Testmethoden und Testobjekte

Das „Untersuchungsziel" stellt den globalen Informationsbedarf dar (z.B. Untersuchung der Ursachen für den Umsatzerfolg eines Produktes in einer definierten Zielgruppe).
Der „Test" zerlegt die grundsätzlich formulierte Untersuchungsfrage in überprüfbare Teilfragen (z.B. Verwendungsblindtest, Verpackungsanmutungstest etc.)
Die Testmöglichkeiten können

a) isolierte Kategorien zum Gegenstand haben:
   - Namentest
   - Verpackungstest
   - Preisakzeptanz
   - Werbepretest
   - Verwendungsvergleichtest etc.

b) aggregiert auftreten:
   z.B. Testmarkt

In jedem Fall ist Testobjekt (Preis, Verpackung, Marke, Farbe, Duft etc.), Testmethode (Befragung, Paarvergleich, Blindtest, Einkaufssimulation etc.) und Testziel (Grenze der Preissensibilität, Präferenzordnung, Zielumsatz im Testmarkt etc.) festzulegen. Das Testergebnis geht in die nächste Stufe des produktpolitischen Entscheidungsprozesses als Information ein. Eine zusätzliche Kontrollstufe zur Überprüfung der Testmethodik auf Aussagefähigkeit in bezug auf das Untersuchungsproblem ist einzuschalten.

Beispielsweise wird für einen Testmarkt zu überprüfen sein:

1. Die Testzielformulierung (war die Umsatzprojektion realistisch?)
2. Die Homogenitätsbedingungen
   - Zielgruppen-Repräsentanz
   - Kaufverhalten
   - Verwendungsverhalten
   - Konkurrenzsituation
   - Mediasituation
   - Distributionssystem
3. Testzeit (Termin und Dauer)
4. Kontrollmöglichkeit für Testmarktergebnisse

(4) Endgültige Produktentscheidung

Sollte die Testphase entfallen, wird unmittelbar die ziel- und restriktionenkompatible Produktentwicklung einzuführen sein. Im Falle einer Teststufe kann der Prototyp

a) eliminiert werden
b) variiert werden
c) eingeführt werden

5. Literatur

Bidlingmaier, Johannes, Marketing 2, rororo-studium 33, Reinbek bei Hamburg 1973, Abschnitt IX, S. 229 ff; *produktpolitische Grundbegriffe – Stellung im unternehmerischen Zielsystem – Entscheidungsstufen bei Innovationen – Produktbewertungsverfahren.*

Bidlingmaier, Johannes, Marketing 1, rororo-studium 32, Reinbek bei Hamburg 1973, S. 33 ff; *Datensammlung und -bewertung als produktpolitische Ausgangssituation – Daten- und Restriktionenkatalog.*

Chmielewicz, Klaus, Wirtschaftsgut und Rechnungswesen, ZfbF, Heft 2/3, 1969, S. 86 ff; *Wirtschaftsgutbegriff.*

Day, Ralph L., Preference Tests and the Management of Product Features, Journal of Marketing, July 1968, Vol. 32, Nr. 3, S. 24 ff.

Freudenmann, Helmut, Planung neuer Produkte, Stuttgart 1965.

Hake, Bruno, Die Suche und Auswahl neuer Produkte, München 1966.

Hill, Wilhelm, Marketing II, Bern 1971, S. 43 ff; *Produktbewertung.*

Kotler, Philip, Marketing Management – analysis, planning, and control, Englewood Cliffs, N. J., 2. Auflage 1972, S. 464 ff; *Produktprogramm – Produktklassifikation – screening – Testmarketing – Eliminationsentscheidungen.*

Kreusslein, Gert, Modelle zur Bestimmung der Gewinnerwartung im Rahmen der Neuproduktplanung, Berlin 1971; *Neuproduktentscheidungen – quantitative Modelle für Gewinnerwartung bei Neuproduktentscheidungen – Produktbewertungsmodell – DEMON-Modell – Sprinter-Modell.*
Kuhn, Alfred, Zum Problem der Entwicklungsdauer neuer Produkte, NB 1969, Heft 5, S. 1 ff.
Learner, David B, "DEMON – New Produkt Planning: A Case History", in: Readings in Marketing Management, hrsg. von *Philip Kotler* und *Keith K. Cox*, Englewood Cliffs, N. J., 1972, S. 232 ff; *Produkteinführungsentscheidungen an Hand des Adoptionsprozesses (DEMON-Model).*
Meffert, Heribert, Marketing als synthetische Disziplin – Dargestellt am Beispiel der Produktinnovation, Die Unternehmung, 1973, Heft 2, S. 115 ff; *Innovationen im Marketing – Prozeßphasen der Innovation – Sammlung von Anregungsinformationen – Ideenproduktion – Ideenprüfung – Testmethoden – Diffusionsanalyse (zu den genannten Stichwörtern werden kurz die interdisziplinären Ansätze erwähnt).*
Moran, William T., Why New Products Fail, Journal of Advertising Research, Vol. 13, April 1973, Heft 2, S. 5 ff.
Nieschlag, R., Dichtl, E., Hörschgen, H., Marketing – Ein entscheidungstheoretischer Ansatz, 4. Auflage 1971, Berlin, S. 154 ff; *Produktklassifikation – Produktvariationen – Selektionsprozeß – Zusatzleistungen* – S. 360 ff; *produktpolitischer Bedingungsrahmen und insbesondere rechtliche Restriktionen.*
Pessemier, Edgar A., New-Product Decisions – An Analytical Approach, New York etc. 1966.
Pessemier, Edgar A., Root, Paul H., The Dimensions of New Product Planning, Journal of Marketing, Jänner 1973, S. 10 ff; *Informationsbeschaffung bei der Planung neuer Produkte – Marktsegmentanalyse bei der Planung neuer Produkte – investitionspolitische Aspekte bei der Planung neuer Produkte.*
Sabel, Hermann, Produktpolitik in absatzwirtschaftlicher Sicht, Wiesbaden 1971.
Scheuing, Eberhart E., Das Marketing neuer Produkte, Wiesbaden 1970.
Schmitt-Grohe, Jochen, Produktinnovation, Wiesbaden 1972.
Stern, Mark E., Marketing-Planung – eine System-Analyse, Berlin 1968, S. 76 ff; *Produktplanung – Produktbewertung.*

VI. Plankalkulation

1. Arbeitsdefinitionen

1.1. Kosten, Ertrag und Erfolg

Unter *Kosten* wird das multiplikative Produkt aus Faktoreinsatzmenge mal Faktorpreis pro Faktormengeneinheit verstanden, d.h. der monetär bewertete betriebliche Faktormengeneinsatz zur Leistungserstellung. Das Kostenvolumen eines Betriebes ist durch ein Mengen- und ein Wertegerüst definiert.
Unter *Ertrag* wird das multiplikative Produkt aus Absatzmenge mal Verkaufspreis pro Absatzmengeneinheit verstanden. Die periodenabhängige Gegenüberstellung von Kosten und Erträgen bestimmt den kostenrechnerischen *Erfolg* (Betriebsgewinn bzw. Betriebsverlust). Langfristig gesehen impliziert das ökonomische Rationalprinzip im Dienste der Substanzerhaltung eine *Vollkostendeckung* pro Periode.

1.2. Die Kostenrechnung

Die Kostenrechnung dient als Methode des betrieblichen Rechnungswesens der Erfassung, Bewertung und Verrechnung von Faktoreinsatzmengen auf die betrieblichen Produkte (Kosten- bzw. Erfolgsträger). Zweckmäßigerweise wird das Kostenrechnungssystem allgemein, seiner Aufbaustruktur nach, durch folgende Bereiche definiert:

- Kostenartenrechnung
- Kostenstellenrechnung
- Kostenträgerstückrechnung
- Kostenträgerperiodenrechnung

Diese vier Bereiche können in drei grundsätzlich verschiedenen Zwecksetzungen im Rahmen eines entscheidungsorientierten Rechnungswesens ihre Ausprägung finden:

- Planung:
  Plankostenrechnung aufbauend auf den Plankostenbegriff
  (Planfaktormenge x Planfaktorpreis)
- Realisierung:
  Istkostenrechnung
  (Istfaktormenge x Istfaktorpreis)
- Kontrolle:
  die Kontrolle im Rahmen der Kontrollkostenrechnung erfolgt durch Gegenüberstellung von Soll- und Istwerten der Kosten und wird durch das Einführen von Abweichungsanalysen (Mengen-, Preis-, Beschäftigungs- und Verfahrensabweichung) zu einem Dispositionsinstrument der Unternehmensführung.

2. *Teilkostenrechnung*

Für eine realistische Beurteilung des Aussagewertes von Teilkostenrechnungsverfahren ist die kurze Erörterung einiger grundsätzlicher Gedanken notwendig:

2.1. Der Unterschied zwischen Kostenrechnung und Kostendeckung

Die Kostenrechnung als methodisches Instrument des betrieblichen Rechnungswesens hat die Aufgabe, die Kostendeckung zu planen und zu kontrollieren. Die Kostendeckung stellt eine Abdeckung bewerteter betrieblicher Faktoreinsätze durch die vom Absatzmarkt hereinströmenden monetären Erträge dar. Nach dem Grad der Kostendeckung kann zwischen Vollkostendeckung und Teilkostendeckung unterschieden werden. Der Übergang von der Teilkostendeckung auf die Vollkostendeckung wird durch die Gewinnschwelle (*break-even point*) definiert. Grundsätzlich muß eine Unterscheidung zwischen Vollkostendeckung pro Absatzmengeneinheit und Vollkostendeckung pro Abrechnungsperiode getroffen werden. Die Vollkostendeckung pro Absatzmengeneinheit impliziert die Verrechnung der Fixkosten auf die einzelnen Mengeneinheiten des Kostenträgers, was unter dem Satz der „*künstlichen Proportionalisierung* der Fixkosten" als Hauptargument gegen die Vollkostenrechnung vorgebracht wird. Bei der Vollkostendeckung pro Periode wird den verschiedenen Reagibilitätsverhalten der Kostenartenvolumina Rechnung getragen und der Gewinn, welcher naturgemäß eine Strömungsgröße ist, pro Abrechnungsperiode ermittelt.

2.2. Reagibilität und Zurechenbarkeit

Unter ***Reagibilität*** versteht man die Abhängigkeit der Kostenartenhöhe von Beschäftigungsänderungen. Grundsätzlich ist zu bemerken, daß es keine absolut variablen oder absolut fixen Kosten gibt, sondern daß der Reagibilitätscharakter von Kostenarten von der Dauer der zugrundegelegten Abrechnungsperiode abhängt. Man kann zwischen outputvariablen und outputfixen Kosten unterscheiden. Unter ***Zurechenbarkeit*** ist ein rechnungsorganisatorisches Unterscheidungskriterium zu verstehen, welches relativen Charakter hat. Auf eine Bezugsgröße direkt zurechenbare Kosten werden als Einzelkosten bezeichnet. Jene Kostenpositionen, die einer Bezugsgröße nicht direkt, sondern nur durch Schlüsselung zugerechnet werden können, werden als Gemeinkosten bezeichnet. Der logische Zusammenhang zwischen Reagibilität und Zurechenbarkeit zeigt sich nun wie folgt:

Ausprägungsformen der Kostenarten		Reagibilität	
		variable Kosten	fixe Kosten
Zurechenbarkeit	direkt zurechenbare Kosten	variable Einzelkosten	fixe Einzelkosten
	indirekt zurechenbare Kosten	variable Gemeinkosten	fixe Gemeinkosten

Um die Kategorisierung von Kostenarten nach dem Kriterium der Zurechenbarkeit operational formulieren zu können, ist es notwendig, die jeweils zugrundegelegte Bezugsbasis der Einzel- oder Gemeinkostenklassifizierung anzugeben. Durch die Konstruktion alternativer Bezugsgrößenhierarchien kann ein und dieselbe Kostenart einmal relativen Einzelkosten- und dann relativen Gemeinkostencharakter haben. (Personalkosten des Produktgruppen-Managers sind für das einzelne Produkt Gemeinkosten, aber für die ganze Produktgruppe Einzelkosten.)

Im Sinne eines entscheidungsorientierten Rechnungswesens hat die Verknüpfung der beiden Kriterien „Zurechenbarkeit" und „Reagibilität" insofern Bedeutung, als durch die Abstimmung der Bezugsgrößenhierarchie der Kostenrechnung auf den Kompetenzenplan die Kostenarten innerhalb eines Dispositionsbereiches (Kompetenzbereiches) nach ihrem Reagibilitätsverhalten geplant und kontrolliert werden können und damit ein Dispositionsinstrument im Dienste einer kompetenzentsprechenden Budgetplanung und -kontrolle unter Abstimmung auf die Zielhierarchie gegeben ist.

3. Grundzüge der Deckungsbeitragsrechnung

3.1. Grundstruktur

Ausgehend von einer Abrechnungsperiode T, innerhalb der ein Gesamtumsatz U (T) und Gesamtkosten K (T) durch die betriebliche Leistungserstellung und -verwertung entstanden sind, kann für die Mehrproduktunternehmung mit $i = 1, \ldots, n$ Produkten und bei einem linearen Gesamtkostenverlauf folgende Darstellung der Deckungsbeitragsrechnung in vereinfachter Form verwendet werden:

Der Stückdeckungsbeitrag db_i des i-ten Produktes ist die Differenz zwischem dem Verkaufspreis p_i und dem Grenzkostensatz v_i. Der in der Periode T erzielte wertmäßige Umsatz berechnet sich aus:

$$U(T) = \sum_{i=1}^{n} x_i p_i$$

Die Gesamtkostenfunktion zeigt bei angenommener Linearität folgenden Aufbau:

$$K(T) = \sum_{i=1}^{n} x_i v_i + F(T)$$

Der Periodendeckungsbeitrag des gesamten Produktprogrammes ist daher definiert als:

$$DB(T) = \sum_{i=1}^{n} x_i db_i$$

Der Periodenerfolg ist definiert als:

$$E(T) = DB(T) - F(T)$$

also die Differenz zwischen Periodendeckungsbeitrag und den in der Periode zu verrechnenden relativ outputunabhängigen Fixkosten.

3.2. Break-even Diagramme

Für die Gewinnplanung steht das Instrument des Gewinnschwellendiagrammes zur Verfügung. Es wird für eine kumulative Mehrperiodenplanung bzw. für eine kumulative Produktionsmengenplanung verwendet, um den zu erwartenden Schwellenwert der Vollkostendeckung zu ermitteln.

Abbildung s. Seite 110

3.3. Die Kostenträgerrechnung

In der Kostenträgerstückrechnung (Kalkulation) sollen aufbauend auf einer abgeschlossenen Kostenstellenrechnung die *Grenzkostensätze* und Stückdeckungsbeiträge pro Outputmengeneinheit festgelegt werden, um damit den Verkaufspreis zu bestimmen. Das Verfahrensprinzip der Teilkostenrechnung bezüglich der Produktkalkulation besteht in einer Bestimmung des *Stückdeckungsbeitrages* von mehreren Standpunkten aus:

1. wird der variable Grenzkostensatz (variable Einzelkosten der Outputmengeneinheit) aufgrund der Kostenstellenrechnung ermittelt;
2. wird von der Produktionsplanung die kapazitiv maximale Produktionsmenge ermittelt;
3. wird von der Marktforschung eine Marktpotentialschätzung für die geplante Verkaufsmenge des jeweiligen Produktes ermittelt;
4. wird darauf aufbauend der Mindestdeckungsbeitrag berechnet, es werden die vom Produkt zu deckenden fixen Einzelkosten ermittelt und ein Mindestdeckungsbeitrag zur Deckung dieser fixen Einzelkosten berechnet. Darüber

hinaus muß das Produkt noch einen positiven Ertragsteil zur Deckung der restlichen Gemeinfixkosten leisten.

5. Der Mindestdeckungsbeitrag pro Stück plus dem Grenzkostensatz ergibt einen kostenorientierten Preisvorschlag.
6. Der kostenorientierte Preisvorschlag wird nun mit dem maximal möglichen Preis für die jeweilige Zielgruppe verglichen. Ist der Preisvorschlag höher als die Preisobergrenze aufgrund der Preiselastizität der Zielgruppe, dann müssen Kosteneinsparungen in Form von Rationalisierungen bzw. *geplanter Teilkostendeckung* vorgenommen werden. Hier ist als wesentliche Information die Beeinflußbarkeit von Fixkostenanteilen zu beachten.
   Ist der Preisvorschlag tiefer als die Preisobergrenze der Zielgruppe, dann ist zu entscheiden, inwieweit dieser Preisvorteil als preispolitisches Argument in das Marketing-Mix aufgenommen wird oder ob dieser Preisvorteil im Sinne einer erwerbswirtschaftlichen Rente ausgenützt wird.

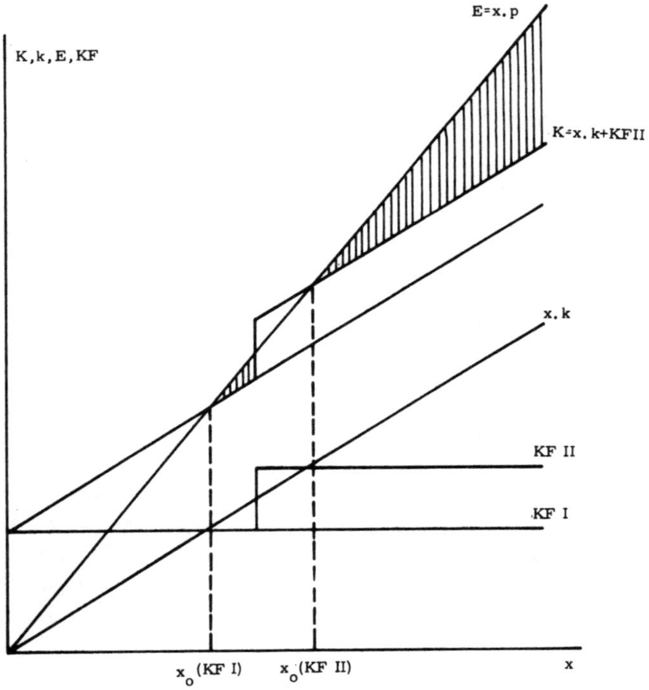

Legende: K = Gesamtkosten
KF I = Fixkosten vor Kapazitätserweiterung
KF II = Fixkosten nach Kapazitätserweiterung
k = variable Kosten pro Stück
x = Erzeugungs- bzw. Absatzmenge
E = kumulativer Erlös
p = Verkaufspreis pro Mengeneinheit
x_o = Gewinnschwellen

Abb. 16: **Break-even Diagramm**

4. *Der Kalkulationsentscheidungsprozeß*

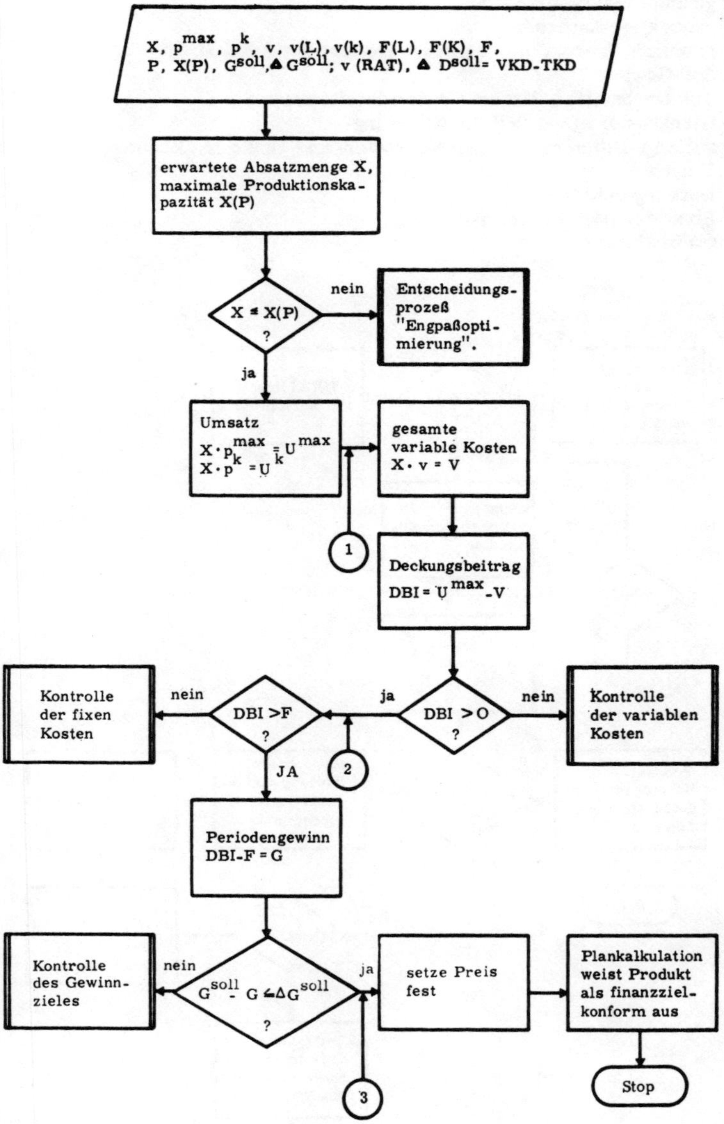

Legende zum Kalkulationsentscheidungsprozeß:

x	erwartete Absatzmenge
p^{max}	maximal möglicher Verkaufspreis
p^{k}	notwendiger Preis für Vollkostendeckung
v	Grenzkostensatz
$v(L)$	in der Periode ausgabenwirksame Grenzkosten (proportionale Kosten)
$v(K)$	in der Periode nicht ausgabenwirksame Grenzkosten (proportionale Kosten)
$F(L)$	in der Periode ausgabenwirksame Fixkosten
$F(K)$	in der Periode nicht ausgabenwirksame Fixkosten
F	gesamte Periodenfixkosten
P	Produktionskapazität
$X(P)$	maximale Produktionsmenge laut Produktionskapazität
G^{soll}	Soll-Gewinn
ΔG^{soll}	Toleranzbereich zulässiger Gewinnabweichungen
v^{rat}	Grenzkostensatz nach Rationalisierung
ΔD^{soll}	zulässige Differenz zwischen Vollkosten- und Teilkostendeckung
U	Umsatz
DB	Deckungsbeitrag
F^{rat}	Fixkosten nach Rationalisierung
G	realisierbarer Gewinn

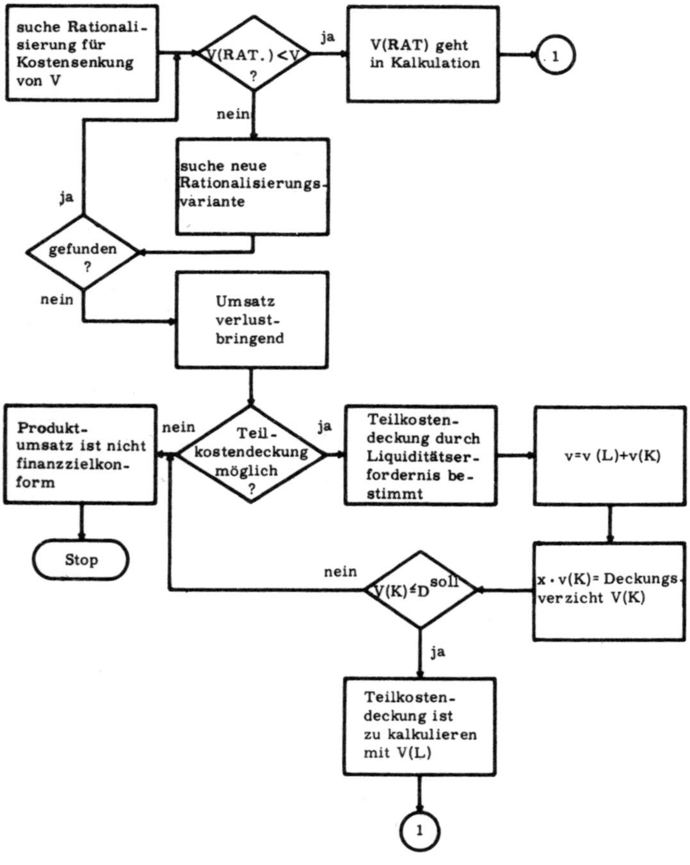

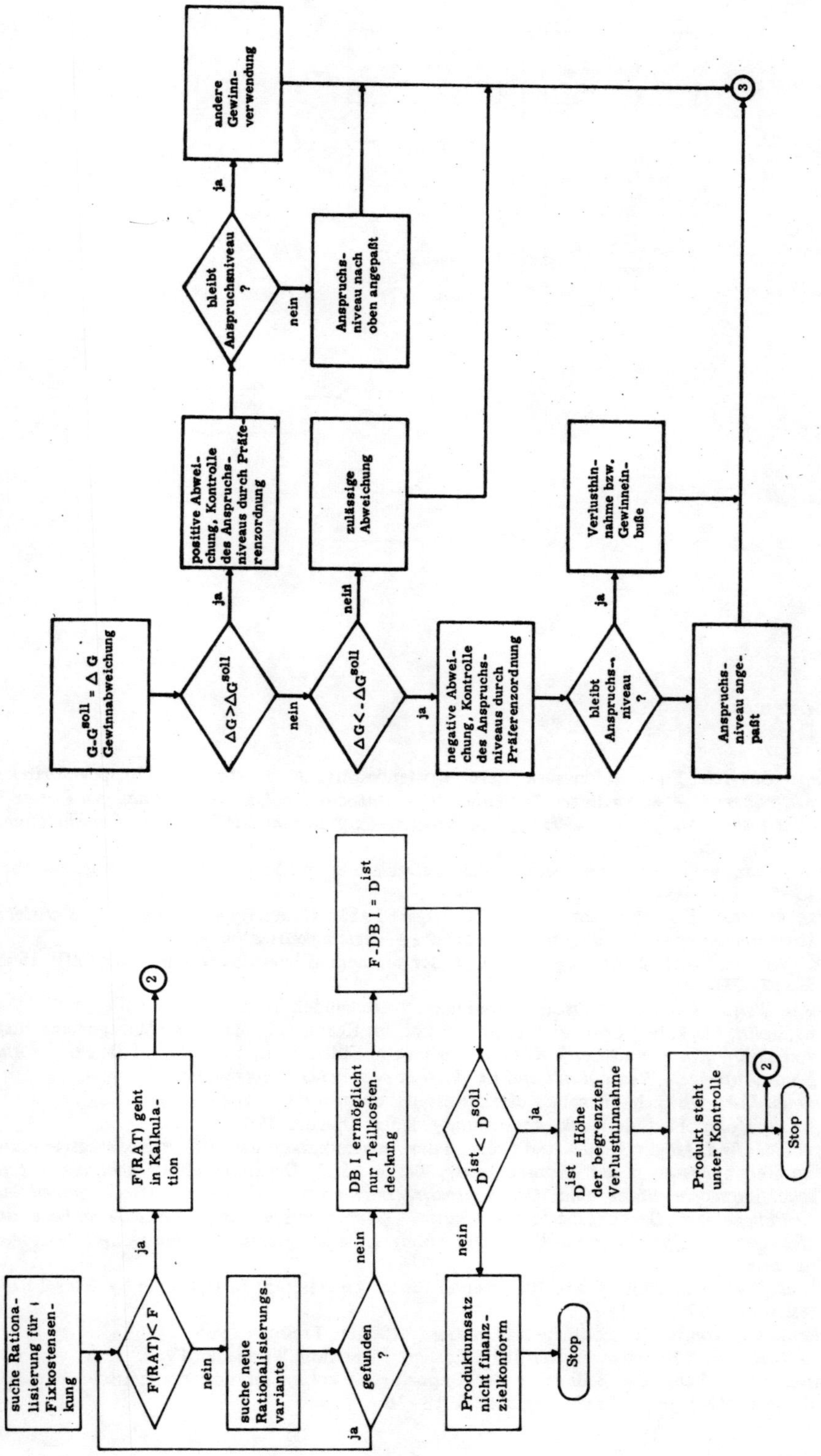
suche Rationa- lisierung für Fixkostensen- kung
F(RAT)< F
ja
F(RAT) geht in Kalkula- tion
2
nein
suche neue Rationalisierungs- variante
gefunden ?
ja
nein
DB I ermöglicht nur Teilkosten- deckung
F - DB I = D ist
D ist < D soll
nein
Produktumsatz nicht finanz- zielkonform
Stop
ja
D ist = Höhe der begrenzten Verlusthinnahme
Produkt steht unter Kontrolle
2
Stop
G-G soll = Δ G Gewinnabweichung
ΔG>ΔG soll
ja
positive Abwei- chung, Kontrolle des Anspruchs- niveaus durch Präfe- renzordnung
bleibt Anspruchsniveau ?
ja
andere Gewinn- verwendung
nein
Anspruchs- niveau nach oben angepaßt
nein
ΔG< -ΔG soll
nein
zulässige Abweichung
ja
negative Abwei- chung, Kontrolle des Anspruchs- niveaus durch Präferenzordnung
bleibt Anspruchs- niveau ?
ja
Verlusthin- nahme bzw. Gewinnein- buße
Anspruchs- niveau ange- paßt
3

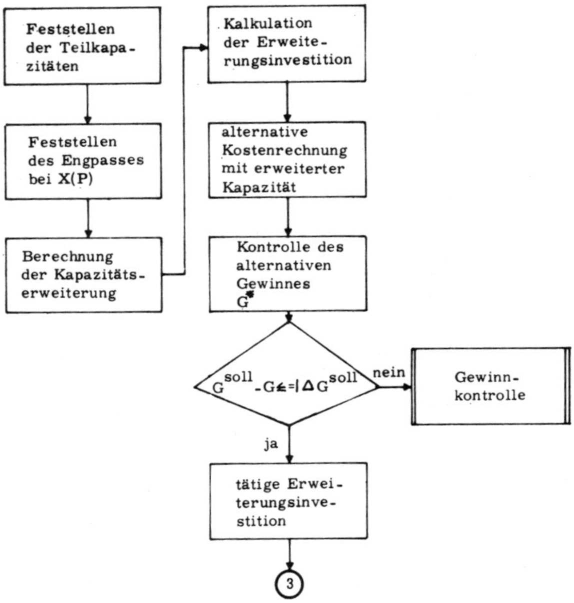

5. Literatur

Adam, Dietrich, Entscheidungsorientierte Kostenbewertung, Wiesbaden 1970; *pagatorischer Kostenbegriff – wertmäßiger Kostenbegriff – statische Analyse der wertmäßigen Kosten – dynamische Analyse der wertmäßigen Kosten – zur Dezentralisierung von Entscheidungsprozessen bei wertmäßigem Kostenbegriff.*

Böhm, Hans, Wille, Friedrich, Deckungsbeitragsrechnung und Programmoptimierung, München 1965.

Geist, Manfred, Selektive Absatzpolitik, Stuttgart 1963; *Absatzsegmentrechnung – Vertriebskostenrechnung – Deckungsbeitragsrechnung – Ergiebigkeitsrechnung.*

Hax, Herbert, Kostenbewertung mit Hilfe der mathematischen Programmierung, ZfB 1965, S. 197–210.

Hecker, Walter, Kurzfristige Erfolgsrechnung im Einzelhandel, Stuttgart 1968.

Hudig, John, Marketing Costs and Their Control, in: Readings in Marketing Management, hrsg. von *Philip Kotler* und *Keith K. Cox*, Englewood Cliffs, N. J., 1972, S. 388 ff; *gewinnbringende Aufträge – Rentabilität und Effektivität von Marketingmaßnahmen.*

Hummel, Kurt, Wirklichkeitsnahe Kostenerfassung, Berlin 1970.

Kilger, Wolfgang, Flexible Plankostenrechnung, Köln–Opladen 1967.

Layer, Manfred, Möglichkeiten und Grenzen der Anwendbarkeit der Deckungsbeitragsrechnung im Rechnungswesen der Unternehmung, Berlin 1967; *Deckungsbeitragsrechnung – Entscheidungsvorbereitung und Deckungsbeitragsrechnung – Fertigungsentscheidungen auf Grundlage der Deckungsbeitragsrechnung – Absatzentscheidungen auf Grundlage der Deckungsbeitragsrechnung – Kontrollrechnung – Deckungsbeitragsrechnung und Belegorganisation.*

Mc Rae C.W., Opportunity and Incremental Costs: An Attempt to Define in Systems Terms, AR, April 1970, S. 315 ff.

Mellerowicz, Konrad, Neuzeitliche Kalkulationsverfahren, Freiburg 1966.

Meffert, Heribert, Betriebswirtschaftliche Kosteninformation, Wiesbaden 1968.

Münstermann, Hans, Die Bedeutung der Opportunitätskosten für unternehmerische Entscheidungen, ZfB 1966, 1. Ergänzungsheft, S. 18–36.

Nieschlag, R., Dichtl, E., Hörschgen, H., Marketing – Ein entscheidungstheoretischer Ansatz, 4. Auflage 1971, *Vertriebserfolgsrechnung – Absatzsegmentrechnung.*
Reinermann, Heinrich und *Opfermann, Klaus*, Opportunitätskosten, Schattenpreise und optimale Geltungszahl, ZfB 1965, S. 211–236.
Riebel, Paul, Kurzfristige unternehmerische Entscheidungen im Erzeugungsbereich auf Grundlage des Rechnens mit relativen Einzelkosten und Deckungsbeiträgen, NB 1961, S. 146 ff.
Riebel, Paul, Einzelkosten und Deckungsbeitragsrechnung, Opladen 1972; *Deckungsbeitragsrechnung als Entscheidungsinstrument – als Planungsinstrument – als Kontrollinstrument.*
Schmalenbach, Eugen, Kostenrechnung und Preispolitik, Köln 1956, 7. Auflage.
Seicht, Gerhard, Die stufenweise Grenzkostenrechnung, ZfB 1963, S. 693 ff.
Seicht, Gerhard, Deckungsbeitragsrechnung als Hilfsmittel der Verkaufssteuerung, Der Markt 1971, Heft 2, S. 55 ff; *Grenzkostenrechnung – gewinnmaximale Absatzpolitik.*
Sevin, Charles H., Marketing Productivity Analysis, New York 1965; *Absatzerfolgsrechnung – Ergiebigkeitsrechnung – Kostenkontrolle in der Distribution.*

B 2. Fallstudie: Mistral-Deodorant

Die vorliegenden Unterlagen enthalten alle notwendigen Daten auf deren Basis im *Berichtsjahr* der mit der Einführung von MISTRAL-Deodorant betraute Produktmanager die Einführungskonzeption entwickelte.

A) Der Ist-Zustand

1. International

In den Jahren vor der zu treffenden Entscheidung (Berichtsjahr) war analog zur internationalen Entwicklung auch im nationalen Markt ein starkes Wachstum des Marktes für desodorierende Körperpflegemittel feststellbar:

Jahr	–2	–1	Berichtsjahr
Zuwachsrate	10 %	12 %	10 %

Das Gesamtvolumen betrug im Berichtsjahr 26 Mio. GE

Verwendungsstruktur (im Berichtsjahr)

	Pro-Kopfverbrauch p.a.		gelegentliche Verwendung
im nationalen Markt	GE	4,10	45 % aller Frauen
BRD	GE	5,80	62 % aller Frauen
Schweiz	GE	7,30	73 % aller Frauen
Schweden	GE	8,50	81 % aller Frauen

Altersmäßig stellte sich die regelmäßige Verwendung im nationalen Markt wie folgt dar:

Frauen bis 29 Jahre	22 %
30–49 Jahre	26 %
über 50 Jahre	20 %

In Schweden verwendeten vergleichsweise regelmäßig
70 % aller 15–55 jährigen Frauen
98 % aller 15–24 jährigen Frauen

Beurteilung der Markterfahrungen von Schwestergesellschaften

Zu bekannt gewordenen Fehlschlägen kamen die ermutigenden Ergebnisse aus jenen Ländern, in denen Schwestergesellschaften bereits Deodorants auf den Markt gebracht hatten.
Dies war in Süd-Afrika, England, Frankreich und Finnland der Fall. Besonders die beiden letzten Länder waren interessant, denn in beiden war wie im nationalen Markt eine MISTRAL-Deoseife auf dem Markt. Ein Testmarkt in Frankreich zeigte, daß die Befürchtung, ein Deodorant unter gleicher Marke könnte eine bereits etablierte Seife substituieren, nicht bestätigt wurde; es kam vielmehr zur Doppelverwendung.
Im nationalen Markt gehörte zum Betrachtungszeitpunkt Toiletteseife bereits zum täglichen Bedarf, während Deodorants noch ein luxuriöses Image zugeschrieben wurde.

2. *National*

2.1. *Angebot*

2.1.1. Marken und Produktvarianten

Marken	LVP* in GE	Inhalt	Packung und Duftrichtung	
ICE				
Spray Taschenpackung (Aerosol)	19,50		fresh/clear	grün
			mild/soft	rot
			herb/dry	braun
			ohne Alkoh.	h.blau
Spray Normalpackung	42, –	100 cc	ohne Alkoh.	h.blau
Spray Großpackung	57, –	160 cc	ohne Alkoh.	h.blau
Stick Taschenpackung	15, –		ohne Alkoh.	h.blau
Stick Normalpackung	19,50		ohne Alkoh.	h.blau
Stick Großpackung	27, –		ohne Alkoh.	h.blau
ICE de Luxe Compact Deo-Antitranspirant	48, –	100 cc	–	
VOILA				
Spray rosa	42, –	100 cc	rosa	
Spray grün	46, –	100 cc	grün/herb/fresh	
Stick groß	26, –		grün, rosa	
Stick klein	16,50		grün, rosa	
Roller (Antitranspirant)	27, –		rosa	

* Listenverkaufspreis

Marken	LVP in GE	Inhalt	Packung und Duftrichtung
DEOVELA			
Spray Taschenpackung	19,50		zart (orange) frisch (blau) herb (braun)
Spray Normalpackung	42, –	100 cc	herb (braun)
LANE			
Spray/Glas + Alu	48, –		fresh, smart, chic
Squeeze klein (Sprühfläschchen)	25, –		fresh, smart, chic
Squeeze groß	39, –		fresh, smart, chic
RILON			
Spray	45, –	120 cc	olive/herb, frisch
Stick groß (Drehstift)	28, –		rosa
Stick klein (Schiebestift)	16,50		rosa
Stick alkoholfrei (groß)	31, –		weiß
Stick alkoholfrei (klein)	19,50		weiß
Squeeze	25, –		blau
Squeeze Refill	15, –		blau
Roller „Rilomatic“	27, –		
NIXA			
Spray	39, –	100 cc	blau
Spray	42, –	100 cc	blau/gold fresh
Stick (Drehstift)	19,50		blau

2.1.2. Marktanteile im Berichtsjahr (wertmäßig)

Marktanteile

Marken	total	nach Produkt-varianten	Produkt-varianten
ICE	30 %	70 %	Stifte
		30 %	Sprays
LANE	14 %	85 %	Sprühfläschchen
		15 %	Aerosole
VOILA	12 %	58 %	Stifte
		30 %	Aerosole
		12 %	diverse
RILON	10 %	60 %	Stifte
		15 %	Aerosole
		25 %	Sprühfläschchen
DEOVELA	4 %	100 %	Aerosole
andere	30 %	50 %	Aerosole
		25 %	Sprühfläschchen
		25 %	diverse

Bedeutung der einzelnen Produktformen (Marktanteile in %):

Sticks	wertmäßig	mengenmäßig
Sticks	40 %	50 %
Aerosole	50 %	30 %
Diverses (Roll-on, Sprühfläschchen)	10 %	20 %

2.1.3. Marketing-Mix

2.1.3.1. Konkurrenzausgaben für klassische Werbung (im Berichtsjahr) (ohne Herstellkosten) in 1000 GE

TV

Marke	Jan.	Feb.	Mrz.	Apr.	Mai	Juni	Jul./Aug.	Sep.	Okt.	Nov.	Dez.	
ICE	–	–	–	60	70	110	70	80	–	–	–	390
VOILA	–	–	–	50	20	100	70	60	–	–	–	300
DEOVELA	–	–	–	–	–	–	– –	–	–	–	–	–
LANÉ	–	–	–	20	50	110	100	60	–	–	–	340
RILON	–	–	–	–	80	70	– – –	50	–	–	–	200
NIXA	–	–	–	–	–	60	150	–	–	–	–	210
				130	220	450	390	250				1.440

Presse

ICE	–	–	–	10	120	80	30 20	30	10	–	–	300
VOILA	–	–	–	20	50	30	30 20	20	–	–	–	170
DEOVELA	–	–	–	–	20	80	20 –	–	–	–	–	120
LANÉ	–	–	–	–	–	–	– –	–	–	–	–	–
RILON	–	–	–	–	–	–	– –	–	–	–	–	–
NIXA	–	–	–	–	–	–	– –	–	–	–	–	–
				30	190	190	80 40	50	10	–	–	590

Rundfunk

ICE	–	–	–	30	40	50	30	20	10	–	–	180
VOILA	–	–	–	–	10	10	10	10	–	–	–	40
DEOVELA	–	–	–	–	10	30	10	–	–	–	–	50
LANÉ	–	–	–	–	–	–	– –	–	–	–	–	–
RILON	–	–	–	–	–	–	– –	–	–	–	–	–
NIXA	–	–	–	–	–	20	80	–	–	–	–	100
				30	60	110	130	30	10	–	–	370

Medien total		– 1	Berichtsjahr
TV		1.400	1.440
Presse		500	590
Rundfunk		250	370
Film		100	100
		2.250	2.500
Marken total	**– 2**	**– 1**	**Berichtsjahr**
ICE	350	850	870
VOILA	360	350	510
DEOVELA	––	350	170
LANE	230	190	340
RILON	180	210	200
NIXA	100	300	310
	1.220	2.250	2.400
nichtklassische Werbung	1.280	1.750	2.000
Werbung der Marken total	2.500	4.000	4.400
Werbung total in % des NSV	11 %	17 %	17 %

NSV: Net Sales Value (Basis: Erzeugerabgabepreis)

Media-Politik

Als Produkt mit ausgeprägter Saisonspitze (Sommer) konzentriert sich der Einsatz von Medien nahezu ausschließlich auf die Monate der Hauptsaison.

2.1.3.2. Analyse der Werbeaussagen

ICE
„ICE-Frische macht unbeschwert und sicher – ICE schenkt Frische und macht Sie sicher und unbeschwert bei jeder Bewegung und Begegnung.“

NIXA
„24-Stunden-Frische – befreit Sie von Körpergeruch und macht Sie sicher und sympathisch.“

DEOVELA
„Gibt Frische – DEOVELA – – – und man ist gern in Ihrer Nähe.“

LANE
„Die morgendliche LANE-Duftdusche – Morgenfrische den ganzen langen Tag – durch Lane frisch wie ein neuer Tag.“

RILON
„Anhaltende Frische – nur RILON kann so lang Frische schenken.“

VOILA
„Deo-Spray mit französischem Parfum – Sympathie und Frische.“

2.1.3.3. Distribution

Im Berichtsjahr wurden 75 % der Deodorant-Umsätze im Fachhandel getätigt, die restlichen 25 % im Lebensmittelhandel.
Im Jahr davor betrug das Verhältnis 80:20.
Die Präsenz der Marken ICE, LANE, VOILA und RILON im Fachhandel erreichte nahezu 100 %; die Marken waren damit in fast jedem Fachgeschäft erhältlich. Hingegen waren im Lebensmittelhandel an bekannten Marken nur NIXA und RILON in ca. 20–30 % der bestehenden Läden vertreten.

2.2. Nachfrage

2.2.1. Verkaufsvolumen

Entwicklung des Gesamtmarktes (im nationalen Markt)

Jahr	NSV in Mio. GE	Änderung
– 3	19,5	+ 10 %
– 2	21,5	+ 12 %
– 1	24,0	+ 12 %
Berichtsjahr	26,0	+ 10 %

NSV: Net Sales Value (Basis: Erzeugerabgabepreis)

2.2.2. Alterstruktur

Von den 8,1 Mio. Einwohnern in 2,5 Mio. Haushalten zählen 53 % zur weiblichen Bevölkerung. Gegliedert nach Alter gehören zu den

16–19 jährigen	19 %
30–49 jährigen	25 %
50–69 jährigen	24 %
unter 16 bzw. über 69 Jahre	32 %

2.2.3. Kaufkraftstruktur

Betrachtet man die Bevölkerung nach dem Haushalts-Nettoeinkommen, so ergibt sich, daß die Zentren der *Kaufkraft* in Städten, Industrie- und Fremdenverkehrsgebieten liegen. Ebenso besteht ein Nord-West-Süd-Ost-Gefälle in der Kaufkraftstruktur, d.h., die Kaufkraft ist mit Ausnahme der Bundeshauptstadt im Nordwesten höher als im Südosten des Landes.

2.2.4. Mediaverhalten

Durchschnittliche Reichweite der einzelnen Mediengruppen Presse, Rundfunk, Fernsehen und Kino: Man erreicht mit einer Einschaltung

Medium	Erreichter Anteil der Bevölkerung
in der Tagespresse	49,8 %
in Illustrierten	20,1 %
in Wochenblättern	56,2 %
im Rundfunk	67 %
im Fernsehen	27,5 % (bei 30 % TV-Haush.)
im Kino	12,8 %

2.2.5. Verwendungsgewohnheiten

Die bisherige Verwendung von Deodorants weist eine ähnliche regionale Verteilung wie die beschriebene Kaufkraftstruktur auf. Analog zur internationalen Verwenderstruktur werden Deodorants vorwiegend von Frauen benutzt.

Adoptionsstufen

	Frauen	Männer
von einem „Deodorant“		
haben gehört	61 %	12 %
verwenden es gelegentlich	14 %	6 %
verwenden es täglich	23 %	2 %

Verwendungsfrequenz

Von den Verwenderinnen benützen ein Deodorant

23 % täglich
9 % mehrmals wöchentlich
5 % selten
37 % (Verwenderinnen)

Die Verwendung einzelner Produktarten:

22 % Stiftverwender (Anteil sinkend) stehen
10 % Sprayverwendern (Anteil steigend) und
2 % Roll-on Verwendern (mit gleichbleibendem Anteil) gegenüber, d.h., daß diese 3 Produktarten
92 % (Basis 37 %) aller Verwender auf sich vereinigen; der Rest teilt sich auf Deo-Puder, Talcum-Spray u.a. auf.

Diese Anteile zeigen eine Situation, die vom Bild anderer Staaten abweicht. Der Anteil der Stiftverwender in Großbritannien war relativ geringer, Roll-on hingegen populärer.
Die Untersuchung der *Kaufgewohnheiten* ergab folgendes Markenwahlverhalten:

Von 86 befragten Personen verlangen
67 eine bestimmte Marke,
13 lassen sich verschiedene Marken vorlegen,
6 verhalten sich wechselhaft.

2.2.6 Einstellungen

Verwender: Streben nach Sicherheit und Frische, um ihrer Umwelt gegenüber nicht unangenehm aufzufallen.

Nichtverwender: „Ich habe keinen Körpergeruch, schwitze wenig, das ist Luxus“. Vereinzelt werden auch Hautunverträglichkeit und Allergie als Grund angegeben.

Produkterwartungen: Beseitigung des Körpergeruchs, Vermittlung von Frische, danach erst lang anhaltende Wirkung, Milde und gutes Parfum. Allerdings soll ein Deodorant den Körpergeruch nicht durch Parfum überdecken, sondern beseitigen. Die desodorierende Wirkung wird in erster Linie der speziellen Zusammensetzung der Produkte zugeschrieben. Als Wirkstoffe werden Alkohol, Menthol, „etwas Desinfizierendes“ angegeben.

Einstellungen gegenüber den verschiedenen Produktformen:

Deo-Stick:

Stifte waren als traditionelles Produkt für die Bekämpfung des Körpergeruchs allgemein bekannt. Als vorteilhaft wird die Handlichkeit und Ausgiebigkeit empfunden. Man bemängelt jedoch das „Vertrocknen" des Stiftes, sowie das Verkleben der Poren durch seine Anwendung.

Roll-on:

Diese Anwendungsvariante war noch weitgehend unbekannt und hatte daher kein ausgeprägtes Image, doch empfanden die Testpersonen die Flüssigkeit des Produktes und die Handlichkeit als positiv. Negative Aspekte gab es keine.

Spray:

Spray war bereits weitgehend bekannt. Die angenehme und rasche Anwendung und die Kältewirkung durch Alkohol und Treibgas (Frische) werden positiv beurteilt; jedoch herrscht der Eindruck geringer Ausgiebigkeit bei relativ hohem Preis.

B) Nebenbedingungen

1. Produkt

Name: „MISTRAL-Deodorant" kann unter Verwendung der international bekannten Markenbezeichnung „MISTRAL" verwendet werden.

Packungsdesign: Soll der Seifenverpackung entsprechen.

Chemische Zusammensetzung (Ansatz): Mögliche Varianten waren bekannt.

Parfum: Ein den für ein Deodorant – Parfum geltenden Anforderungen entsprechendes Parfum war in der Konzernmarke „QUEEN", die im englischen Markt sehr erfolgreich war, eingearbeitet.

Produkttest:

Der durchgeführte Blind-Test ergab folgende Präferenzen gegenüber einer Konkurrenzmarke:

	generelle Präferenz	Desodorierende Wirkung	Anhalten d. Wirkung	Anhalten d. Duftes
englischer Ansatz und Parfum	57 %	64 %	66 %	71 %
ICE	43 %	36 %	34 %	29 %

Die Differenzierung der Bevorzugung des englischen Ansatzes gegenüber ICE nach Altersgruppen:

65 % aller 18–29 jährigen
53 % aller 30–39 jährigen
45 % aller 40–49 jährigen

Produktvarianten.

Vom „know how" her könnte jede Produktform eingeführt werden. Für diese Fallstudie soll die folgende Vereinfachung gelten:

Von den möglichen Produktformen

Aerosol

Talkum-Spray

Stift
Roll-on
Sprühfläschchen
können maximal zwei eingeführt werden.

2. Produktkalkulation und Kostenstruktur

Ausgehend vom Letztverbraucherpreis werden dem Handel generell folgende Spannen gewährt:
Einzelhandel: 33 1/3 % vom LVP
Großhandel: 15 % vom EH-Einstandspreis

Vereinfachende Annahmen:
Zur leichteren Kalkulation wird angenommen, daß sich sämtliche Kalkulationsposten (Letztverbraucherpreis, variable Kosten, Deckungsbeiträge etc.) von Aerosol und Talkum Spray zu Stift und Roll-on und Sprühfläschchen wie 1:2/3 verhalten (z.B. LVP Aerosol GE 30, – = LVP Stift GE 20, –)
Auf diese Weise kann der Anteil einer Produktform am Bruttoerfolg der Marke im Zeitraum t auf einen Prozentsatz vom Umsatz beschränkt bleiben. Die variablen Kosten betragen 55 % des NSV. Dies ergibt einen Deckungsbeitrag zur Deckung der Fixkosten. Der verbleibende Rest ist der Nettogewinn vor Steuerabzug.
Für die Fixkosten gelten folgende Annahmen:

Erzeugungsmenge in Einheiten:	Fixkosten p.a.
bis 250.000	1,300.000
bis 350.000	1,500.000
über 350.000	1,700.000

Kalkulationsbeispiel für Produkt x

LVP	177 % (des NSV)
– Handelsspannen	
= NSV	100 %
– variable Kosten	55 %
= Deckungsbeitrag	45 %

Erwünschte Kostendeckung:

1. Fix-Kosten (entsprechend der Staffelung)
2. Werbebudget (Fix-Kosten-Charakter)

Annahme:

Fix-Kosten	=	1,300.000, –	
Werbebudget	=	1,100.000, –	
Deckungsbeitrag/Stk.	=	10, –	45 %
NSV/Stk.	=	22, –	100 %
LVP/Stk.	=	39, –	177 %

Summe der zu deckenden Kosten:

Fix-Kosten	1,300.000, –
Werbebudget	1,100.000, –
Summe	2,400.000, –
Deckungsbeitrag/Stk.	10, –
Abzusetzende Einheiten, wenn nur Fix-Kosten und Werbebudget gedeckt sein sollen	240.000

Abzusetzende Einheiten		
x NSV/Stk.	**=**	**Summe NSV**
240.000 x 22	**=**	**5.280.000, –**
Gesamtmarkt	**=**	**30 Mio NSV**
Marke x		**5,28 Mio NSV**
Marktanteil von x	**=**	**17,6 %**

3. Werbung

International war bereits festgelegt, daß das Packungsbild der Seifenverpackung entsprechen soll. Es war bekannt, daß trotz eventueller Namensgleichheit Seife und Deodorant sich in verschiedenen, hochkompetitiven Märkten behaupten müssen.

C) Aufgabenstellung

1. Bestimmung der Ausgangssituation für die Produkteinführung
   1.1. Prüfung der generellen Marktchancen für die Produktkonzeption MISTRAL
   1.2. Bestimmung des Marktpotentials unter Berücksichtigung der Segmentierungsalternativen
2. Festlegung des Absatzzielsystems für die Produkteinführung unter Berücksichtigung der Konkurrenzsituation
3. Planung des Marketing-Mix
   3.1. Entscheidung über Werbebudget und Werbeaussagen
   3.2. Planung der Packungsvarianten
   3.3. Entscheidung über das Distributionssystem
   3.4. Produktkalkulation

VII. Die Struktur werblicher Kommunikationsentscneidungen

1. Arbeitsdefinitionen

Werbung:
Unter *Wirtschaftswerbung* wird die geplante öffentliche Kommunikation zum Zwecke einer ökonomisch relevanten Information, Beeinflussung und Entscheidungssteuerung verstanden.

Der werbliche Kommunikationsprozeß:
Daraus abgeleitet bildet der werbliche Kommunikationsprozeß die Grundlage für die Betrachtung werbepolitischer Entscheidungen als anwendungsspezifische Konkretisierung eines allgemeinen Kommunikationsprozesses.

Der werbepolitische Entscheidungsprozeß:
Dieser umfaßt Entscheidungen über die inhaltliche und organisatorische Gestaltung des werblichen Kommunikationsprozesses.

Das werbepolitische Zielsystem:
Das Zielsystem im Bereiche der werbepolitischen Entscheidungen umfaßt:
- die gewünschten intern oder extern beobachtbaren (offenen) Kommunikationswirkungen beim Empfänger
- als Subziele die Zielsetzungen für die Gestaltung der Elemente der Kommunikationsprozeßstufen

2. Der Kommunikationsprozeß und seine werbepolitische Konkretisierung

Kommunikationssystem		Kommunikationsprozeß		Dimensionen des Kommunikationsinhaltes	
generell	werbespezifisch	generell	werbespezifisch	generell	werbespezifisch
Sender	Unternehmung Agentur etc.	Encodierung	Verfassen der Werbebotschaft und Umsetzung in Werbemittel	Information Nachricht Zeichen (Superzeichen)	Werbeidee Werbebotschaft Werbemittel
Kanal	Werbeträger Medium	Transmission (Übertragung)	Streuung	Signal	physikalisch-technische Gestaltungselemente der Medien
Empfänger	Werbezielgruppe Publikum etc.	Decodierung	Wahrnehmung des Werbemittels; Aufnahme der Werbebotschaft; Herstellung des persönlichen Zweckbezuges	Zeichen Nachricht Information	Werbemittel Werbebotschaft Werbeidee

Die Nachrichtenkonzipierung als Ausdruck einer Mitteilungsabsicht verfolgt Zielsetzungen auf zwei Ebenen: einerseits wird beabsichtigt, für den Empfänger eine Information unter Vorwegnahme einer im Empfänger vermuteten pragmatischen Beziehung zu liefern; anderseits sieht der Sender diese Pragmatik beim Empfänger als ein Mittel zur Erfüllung seiner eigentlichen Kommunikationszwecksetzung (z. B. Einstellungsbeeinflussung, Aktionsauslösung).
Auch die Encodierung beruht auf einer internen Modellvorstellung über die Decodierkapazität des Empfängers. Der Informationsinhalt wird in einer „Sprache" (im weiteren Sinn) dargestellt, für die in der Kommunikationszielgruppe eine hohe Verstehens- (Decodierkapazitäts-)Wahrscheinlichkeit besteht.
Die Wahl des Übertragungskanals (Medium) und dessen Qualität beeinflussen die Empfangswahrscheinlichkeit.
Die empfangenen Signale unterliegen nun empfängerseitig der Decodierung. Auf syntaktischer Ebene erfolgt die Zuordnung der Signale zu (vereinbarten) Zeichen (mittels Zeichenfunktion). Unverständliche Signale sind solche, die nicht decodierbar sind.

Auf semantischer Ebene folgt die Zuordnung von Bedeutungen zu den Zeichen bzw. Superzeichen (Zeichenkombinationen) mittels Bedeutungsfunktion. Bei nicht normierten Bedeutungsfunktionen unterliegt die Bedeutungszuordnung einer (semantischen) Mehrdeutigkeit (semantischer Polymorphismus, Bedeutungsschleier).
Auch die pragmatische Decodierung (der individuelle Zweck der Nachricht) ist zielgruppenspezifisch und individuell unterschiedlich, verursacht durch unterschiedliche Präferenzordnung oder unterschiedliche Normensysteme der Empfängergruppe.

3. Der Werbekommunikationsprozeß

3.1. Sender

Die Unternehmung (eventuell in Zusammenarbeit mit einer organisatorisch ausgegliederten Werbeagentur) hat die Absicht, einem definierten Publikum (Zielgruppe) etwas mitzuteilen, Einstellungen zu formen und das Verhalten zu beeinflussen (z. B. Bekanntgabe der Neueinführung eines Produktes; Information über Problemlösungswege durch die Verwendung eines Produktes; Beeinflussung des bestehenden Images in einer bestimmten Zielrichtung; Mitteilung besonderer Maßnahmen wie Preisreduktionen, Sonderaktionen, Preisausschreiben etc.; Absicht der Veränderung von Gewohnheiten wie z. B. Speisezettel, Körperpflegegewohnheiten etc.; Information über besondere Produkteigenschaften und Vorteile).

3.2. Encodierung

Die Encodierung der Werbebotschaften in eine kommunizierbare Form fordert die Kenntnis
- grundsätzlicher Ausdrucksweisen, die der Zielgruppe verständlich (decodierbar) sind (zulässiges Zeichenrepertoire)
- von Bedeutungsinhalten, die eine hohe Wahrscheinlichkeit der Empfangsbereitschaft vermuten lassen (zulässiges Bedeutungsrepertoire)
- von übertragungskanalabhängigen (Medien-) Einflüssen.

Es ist zur Verständlichkeit die Berücksichtigung von kulturellen, sprachlichen, bildungsabhängigen Daten notwendig. Die *Empfangswilligkeit* erfordert wieder die Berücksichtigung von Präferenzordnungen, Einstellungen, Vorkenntnissen und Gruppenorientierungen (z. B. Einstellungen zum „gesunden" Leben, zur Erfüllung von Kinderwünschen, zum Erfolgsstreben). Darüber hinaus wirken die Einflüsse der Gestaltung (Werbestil, Werbegag etc.) auf die Empfangswilligkeit ein.
Encodierungsalternativen werden immer aufgrund der Modellvorstellung des Senders über die Struktur der Zielpersonen und der Annahme relativ ähnlicher Strukturen innerhalb der Zielgruppe erstellt und einer Beurteilung unterzogen. Diesbezügliche Entscheidungen beruhen auf einer Hypothese über die Wirksamkeit werblicher Kommunikationsformen.

3.3. Werbeträger und Werbemittel

Medien und *Übertragungscharakteristika:*
Die Medien (Werbeträger)

- Zeitschriften (Tageszeitung, Wochen-, Monatsschriften etc., allgemeine Illustrierte, zielgruppenspezifische Zeitschriften wie Frauen-, Jugend-, Fach-Zeitschriften etc.)
- Rundfunk (Programmdifferenzierung, Regionaldifferenzierung)
- Fernsehen (Programmdifferenzierung, eventuell Regionaldifferenzierung)
- Lichtspiel
- Anschlagsmöglichkeiten (Säulen, Plakatwände, Transportmittel etc.)
- Verkaufshilfen (Point of Purchase)
- Postsendung (Werbebriefe, Postwurf)
- Verpackung

und die mediaspezifischen Werbemittel (Anzeigen, Funk- und Fernsehspot, Plakat etc.) stellen für die Wirtschaftswerbung im definierten Sinn die Übertragungsmöglichkeiten für Werbebotschaften dar. Sie unterliegen in der Entscheidungssituation der Überprüfung auf Eignung für die Darstellung der Kommunikationsinhalte
- Funktion und Image der Werbeträgerkategorie (aktuelle Information, Unterhaltung, Untermalung) und des spezifischen Werbeträgers (Illustrierte allgemeiner Art, Fachzeitschriften etc.)
- Empfangssituation (Zeit, Ort, Stimmung)
- Darstellungsmöglichkeiten (Bild, Farbe, Text, Bewegung, Ton etc.)

Überprüfung der Erreichbarkeit und Empfangsgewohnheiten der Zielgruppe
- zielgruppenbezogene Differenzierbarkeiten (Überschneidungen, Streuzwang, z. B. bei nationalem Fernsehen, Auflagendifferenzierbarkeiten etc.)
  - Frequenz und Wiederholbarkeit der Betrachtung
  - Reichweiten
  - Sende- oder Kommunikationsrhythmus
  - Verfügbarkeit

Ermittlung der relativen Kosten der Informationszielerreichung.

3.4. Decodierung und Informationswirkungen

Im idealen Fall entspricht die resultierende Information den Kommunikationsabsichten des Werbenden. Im Extremfall kann es auch zu nachteiligen (z. B. wenn Werbung im Stil subjektiv abstoßend empfunden wird, so daß diese Sekundärwirkung dem eigentlichen Werbeziel abträglich ist) oder zweckentfremdeten Interpretationen kommen. Daraus resultiert eine Verzerrung der Informationsabsicht durch unterschiedliche und nicht beabsichtigte Decodierungsvorgänge.

Wirkungskategorien des Kommunikationsprozesses:

Interne Wirkungen
- Adoptionswirkungen:
  Wirkungen auf

– Aufmerksamkeit
– Interessen
– Präferenz
– Einstellungen

– Informationswirkungen: Wissenszuwachs

Externe Wirkungen (Aktionen)
– Sekundär-Kommunikation (two-step-flow of communication, opinion-leadership)
– Kaufentscheidung
– Verwendungsänderung
etc.

4. Das werbepolitische Restriktionensystem

Als generelle Unternehmensrestriktionen sind insbesondere know-how, Budget und rechtliche Normen zu berücksichtigen (Encodierung: Werbemittel-know-how, Marktforschungsbudget zur Erfassung zielgruppenspezifischer Eigenschaften, Wettbewerbsgesetze etc.; Transmission, Werbebudget, Media-Marktkenntnis).

Kategorien / Phasen	zielgruppenabhängig	leistungsabhängig (Werbeobjekt)	angebotsmarktabhängig	mediaabhängig
Sender: Encodierung	Bedürfnisstrukturen: Bezugsgruppen-orientierung Einstellungen Normensysteme Tabuisierungen Vorkenntnisse Kaufverhalten Verwendungsverhalten	spezifische Eigenschaften des Werbeobjektes: zielabhängig zu kommunizierende Elemente des Werbeobjektes	- besondere Merkmale der Konkurrenzprodukte - Verkaufsidee und Werbestil der Konkurrenz - Konkurrenzimages	- Berücksichtigung der medienabhängigen Gestaltungsmöglichkeiten - Image der Medien
Kanal: Transmission	zielgruppenspezifische Mediaverwendung Erreichbarkeit der Zielgruppe	medienabhängige Darstellbarkeit, Abbildbarkeit des Werbeobjektes	Mediamix der Konkurrenz: Inhalt, Ausmaß und zeitliche Strukturierung der Konkurrenzwerbung	Mediasituation im spezifischen Markt: Differenzierungsmöglichkeiten Verfügbarkeit Reichweite Streuverluste Kumulative Wirkungen etc. der Medien

Abb. 17: Abhängigkeit der Werbegestaltung von werbepolitischen Restriktionen und kontrollierbaren Phasen des Kommunikationsprozesses

Zusätzlich zu den werbepolitisch unmittelbar wirksamen Restriktionenkategorien wirken die werbespezifischen Ausformungen allgemeiner Restriktionenkategorien unternehmenainterner (z. B. Werbebudget) und unternehmensexterner Art (z. B. gesetzliche Bestimmungen).

5. Kommunikationsziele

- Encodierungsziele
  Die Subziele der Encodierungsphase umfassen die zielentsprechende Informationsabsicht und die informationsziel- und restriktionengerechte Gestaltung der Werbebotschaft.
- Übertragungsziele
  - Berührungserfolg (Berührtenzahl / Adressatenzahl)
  - Reichweiten (räumliche Reichweite, quantitative Reichweite, qualitative Reichweite, Bruttoreichweite und Nettoreichweite)
  - Zielgenauigkeit (Streuverlustminimierung)
- Decodierungsziele
  - Aufmerksamkeits-(Beeindruckungs-)Erfolg (Zahl der Werbebeeindruckten / Zahl der Werbegemeinten oder Zahl der Werbeberührten)
  - Interessenweckung (Zahl der Interessierten / Zahl der Werbegemeinten oder der Werbeberührten oder der Werbebeeindruckten)
  - Überzeugungserfolg
  - Erinnerungserfolg (Zahl der Erinnerer / Zahl der Werbegemeinten oder Werbeberührten oder Werbebeeindruckten)
  - Informationserfolg (Lernerfolg)
  - Aktions-(Streu-)Erfolg (Zahl der Erfüller der Werbeabsicht (z. B. Kauf) / Zahl der Werbegemeinten oder Werbeberührten oder Werbebeeindruckten oder Erinnerer)
  - Einstellungsänderungserfolge (z. B. für Imagevariationen)
  - Diskriminierungserfolge (Abhebung von der Konkurrenz)

6. Der werbepolitische Entscheidungsprozeß

6.1. Entscheidungsprozeß

(Bilder zu Kap. 6.1. siehe Seite 130 und 131)

6.2. Kommentar

6.2.1. Entscheidungsstufen bei der Maßnahmenauswahl

- Werbemittelwahl
  Werbemittelkategorie
  Gestaltungsform (Werbemittel: Darstellung (Stil), Plazierung und Größe, Dauer (z. B. Film) etc.)

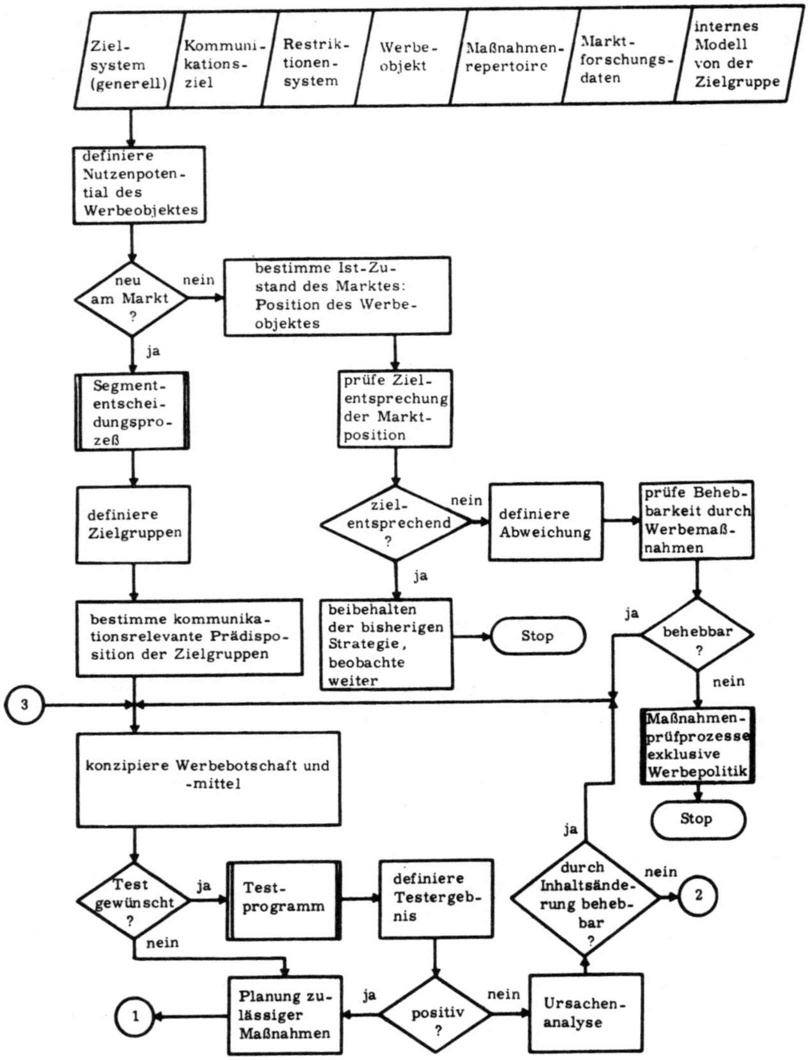

– Werbeträger-(Medien-)wahl
  Wahl der Trägergruppe
  Wahl der spezifischen Medien in der gewählten Trägerkategorie
  Kombinationen von Werbeträgern
  Benützungsintensität und Zeitverhalten (kontinuierlich, periodisch, Intensitätsverlauf).

6.2.2. Die grundsätzlichen Alternativen bei der Berücksichtigung eines Werbebudgets

Das Werbebudget nimmt
- Restriktionencharakter an, wenn es als Datum aufgrund eines Indikators (Konkurrenzetat, Prozentsatz vom Umsatz etc.) zu berücksichtigen ist;

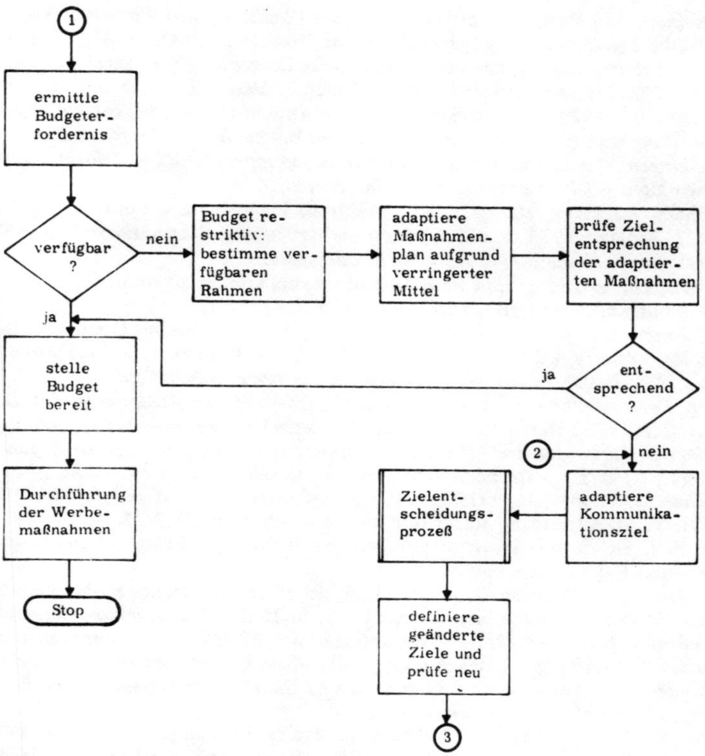

– ist Ergebnis einer Entscheidungsstufe im Rahmen des werbepolitischen Entscheidungsprozesses, wenn abhängig vom Werbeziel und den dazu einzusetzenden Maßnahmen das erforderliche Budget ermittelt wird, und das Ausmaß einer Überprüfung im Rahmen des Gesamtbudgets unterliegt.

7. Literatur

Behrens, Karl Christian, Absatzwerbung, Wiesbaden 1963; *Werbeziele – Werbeerfolgskategorien – Werbeerfolgsdarstellung.*

Bidlingmaier, Johannes, Festlegung der Werbeziele, in: Handbuch der Werbung, hrsg. von *K. Chr. Behrens,* Wiesbaden 1970, S. 404 ff; *Absatz und Werbeziele im Zielsystem der Unternehmung – Überblick über Literaturmeinungen zu Werbezielen.*

Bidlingmaier, Johannes, Marketing 2, rororo-studium, Band 33, Reinbek bei Hamburg 1973, S. 377 ff; *Werbeziele – Datenrahmen der Werbepolitik – Systematik der Werbeziele – Mediencharakteristik – Budgetierungsmethoden – Pretestverfahren – werbepolitische Entscheidungsstufen.*

Fleck, Jr. Robert A., How Media Planners Process Information, Journal of Advertising Research, Vol. 13, April 1973, Heft 2, S. 14 ff; *Mediaselektion aufgrund von Zielgruppenmerkmalen.*

Haseloff, Otto W., Kommunikationstheoretische Probleme der Werbung, in: Handbuch der Werbung, a.a.O., S. 157 ff; *Werbung als Kommunikationsprozeß – Selektionswirkungen im Kommunikationsprozeß – sprachtheoretische Ansätze.*

Jacobi, Helmut, Die Planung der Werbestrategien (Werbeobjekt-, Werbesubjekt-, Werbemittel- und Werbeträgerplanung), in: Handbuch der Werbung, a.a.O., S. 435 ff; *werbepolitische Daten und Restriktionenkategorien – qualitative Beurteilung von Werbeträgerkategorien.*

Kollat, David T., Blackwell Roger D., Engel James F., Hrsg., Research in Consumer Behavior, New York etc. 1970; *Forschungsberichte über Phasen und Einflußkategorien auf den Kaufentscheidungsprozeß: Motivation – Beeindruckungseffekte – Persönlichkeitsmerkmale – Einstellungen – Klassen-, Familien- und Bezugsgruppeneinfluß – Informationsverhalten – Kaufverhalten – Diffusionsprozesse – Markentreue.*

Kotler, Philip, Marketing Management – Analysis, Planning, and Control, Englewood Cliffs, N. J., 2. Auflage, 1972, S. 623 ff; *Werbung als Kommunikationsprozeß,* S. 663 ff; *Werbebudgetierung – Mediawahl – Zeitliche Einsatzplanung.*

Müller, Peter, Die soziale Gruppe im Prozeß der Massenkommunikation, Stuttgart 1970; *Rollen im Kommunikationsprozeß – Diffusionstheorie.*

Newman, Joseph W., Staelin Richard, Information Sources of Durable Goods, Journal of Advertising Research, Vol. 13, April 1973, Heft 2, S. 19 ff; *Informationsverhalten der Konsumenten, AID-Verfahren zur Aufsplitterung der Informationsquellen.*

Penzkofer, Peter, Kölblinger Mario, Kommunikative und soziale Aspekte der Diffusionsforschung, ZfB 1973 / Heft 1, S. 1 ff; *sprachtheoretische Gliederung des Informationsprozesses – Selektionswirkungen im Informationsverhalten – Wirkungen von Diffusionsgegenstand, Medium, Empfänger – Gruppenorientierung – two-step-flow of communication.*

Ray, Michael L., Sawyer Allan G., Behavioral Measurement for Marketing Models: Estimating the Effects of Advertising Repetition for Media-Planning, MS, Dezember 1971, Band 18, Nr. 4, S. 73 ff; *Entscheidungsprozeß und Wiederholungswirkung – zielgruppenabhängige Kosten- und Reichweitenanalyse.*

Ray, Michael L., A Decision Sequence Analysis of Developments in Marketing Communications, Journal of Marketing, Jänner 1973, S. 29 ff; *Marketingkommunikation – informationstheoretische Aspekte der Marketingkommunikation – Kommunikationsziele – Informationsbeschaffungsentscheidungen – Kommunikationsstrategie und Produktpositionierung – Kommunikationsstrategie und Distributionssystem – selektive Budgetallokation und Marketingkommunikation.*

Rice, Craig S., How to Plan and Execute the Marketing Campaign, Chicago 1966, S. 58 ff; *strategische Bewertung von Mediakategorien – Checklist für den Vergleich von Werbeträgern innerhalb derselben Mediakategorie.*

Seidel, Christian, Qualitative und stochastische Aspekte diffusionsorientierter Werbestrategien, BFuP. 1971, Heft 4, S. 203 ff; *Opinion Leader – two-step-flow of communication.*

Topritzhofer, Edgar, Modelltheoretische Ansätze zur optimalen Lösung von Logistikproblemen im Marketing, Der Markt, 1970/Heft 3, S. 71 ff.

VIII. Verpackungspolitik

1. Arbeitsdefinitionen

Die Verpackung versteht sich als Mittel zur Erfüllung eines *Funktionskombinates*:

- Umhüllung als Schutz (Aromaverlust, Verdunstung, Verschmutzung, Empfindlichkeit, Verformung etc.)
- Akquisitorisches Potential (Unterstützung am point of sale, Selbstbedienung, display)
- Werbeträger (Verpackungsform; Aufdruck: Markenname, Farbe, Abbildungen, Werbetexte etc.)
- Kommunikationsmittel (Symbolcharakter)
- Verwendungsdatenträger (Gebrauchsanweisungen, Verfalls- oder Frischedatum)
- Verwendungshilfe (anwendungskonforme Formgebung und Konstruktion)

Manipulationshilfe (physical handling auf dem Distributionsweg)
- Nutzenkommunikation (aufgrund der Gestaltung sofort erkennbare Nutzenstiftung)

Darüber hinaus ist die Packungsgröße Ausdruck einer Mengenentscheidung (verwendungs-, zielgruppen-, ökonomie-, qualitäts- und preispolitisches Problem). Damit kommt dem Entscheidungsbündel der Packungspolitik im Rahmen des Marketing-Mix ein vielfältiger Mittelcharakter zu. Die Packungspolitik nimmt eine zentrale Stellung in Produkt-, Werbe-, Distributions- und Preispolitik ein.

2. Die Struktur verpackungspolitischer Entscheidungen

Als konkrete Mittel der Verpackungsgestaltung (packungspolitische Instrumentalbereiche) sind zu nennen:
- Größe (Volumen)
- Form
- Material
- Verpackungstechnik (z. B. Aerosol)
- Farbe
- Text und Bild
- Markierung und Name

Darstellung der relativen Bedeutung der Instrumente in bezug auf die Verpackungsfunktionen:

	Größe	Form	Material	Verpackungstechnik	Farbe	Text u. Bild	Marke u. Name
Umhüllung als Schutz	x		x	x			
Manipulationshilfe	x	x	x	x			
Akquisitorisches Potential		x			x	x	x
Nutzenkommunikation		x		x	x	x	
Werbeträger		x			x	x	x
Verwendungsdatenträger						x	
Verwendungshilfe		x	x	x			
soziales Kommunikationsmittel		x			x	x	x

Abb. 18: **Verpackungsfunktionen und -gestaltung**

3. Nebenbedingungen

Vorentscheidungen:
- vorhandene Produktnamen
- Markenumbrella
- Gestaltungsstil der Produktfamilie
- Verwenderstruktur (gewerbliche und / oder private Verwendung; Zielgruppe)

Gesetzliche Bestimmungen:
- Mengenauszeichnung
- Sicherheitsbestimmungen
- Qualitätsschutz durch Verfallsmarken

  etc.

Gestaltungstrend:
- technologische (z. B. Kunststoffe) Trends
- Präferenzstruktur der Verwender (z. B. Verwendungsvorteile der Aerosol (Spray)-Dosen)
- Bedenken gegen „Konserven" Charakter etc.
- Konkurrenzaktionen

4. Checklist für die inhaltliche Bestimmung von verpackungspolitischen Instrumenten (anhand des Distributionsweges und unter Berücksichtigung der Packungsfunktionen)

Warenweg	Fragenkatalog	Verpackungsfunktionen
1. Packung im Lager des Produzenten	1. Wie wird gelagert (stehend, liegend, wieviele Schichten etc.) 2. Wie erfolgt das handling (Gabelstapler, Kran, Förderbänder) 3. Welche Verpackungseinheiten soll es geben (Stück/Karton, Flaschen/Kiste etc.) 4. Durchschnittliche Lagerdauer der Verpackungseinheiten 5. Wie erfolgt eine körperliche Bestandsaufnahme und die Lagerkontrolle	Schutz Qualitätssicherung Manipulationshilfe
2. Packung beim Transport	1. Transportmittel (Auto, Bahn, Schiff, Flugzeug, etc.) 2. Abstimmung auf die Transportverpackung (Sekundärverpackung) (z.B. Kisten, Container etc.)	Schutz Qualitätssicherung Manipulationshilfe (als Vorleistung für Zusatzverpackung)

Warenweg	Fragenkatalog	Verpackungsfunktionen
	3. Schutzmaßnahmen (gegen Feuchtigkeit, Wärme, Verdunstung, Erschütterung, etc.; Kühlkette) 4. Gesetzliche Bestimmungen und Usancen im Transportwesen	
3. Packung im Laden	1. In welcher Vertriebsmethode soll die Ware angeboten werden (Selbstbedienung, Bedienung, Automat etc.) 2. Käufer-Klassifikation (Zielgruppen) 3. Soll die Ware Teil des Displays sein 4. Ort und Art der Präsentation im Laden (Erreichbarkeit, Erkennbarkeit, Lesbarkeit, Plazierung, Gondelhöhe etc.) 5. Lagerdauer im Einzelhandelsbetrieb und im Verkaufsraum (Qualitätsminderung, äußerliche Erscheinung) 6. Wie erfolgt das handling im Laden (Transport zum Präsentationspunkt gestapelte Ware, geschüttete Ware etc.)	Schutz Qualitätssicherung akquisitorisches Potential Werbeträger Nutzenkommunikation
4. Packung beim Verwender	1. Wie lange lagert die Ware beim Konsumenten od Verwender 2. Bleibt eine angebrochene Packung weiter gelagert, wird umgepackt, umgefüllt oder sofort verbraucht 3. Kann die Packung einer Wiederverwendung zugeführt werden (Nachfüllung) 4. Weiterverwendung für andere Zwecke (Ziergegenstand) 5. Ist die Packung Retourware (Zweiweg- oder Einwegpackung)	Qualitätssicherung (Verschlußtechnik oder verwendungsadäquate Mehrfachpackung) Werbeträger soziales Kommunikationsmittel

Warenweg	Fragenkatalog	Verpackungsfunktionen
5. Packung bei Verwendung	1. Wird die Packung bei Warengebrauch zerstört 2. Welche Mengen oder Einheiten werden pro Verwendungsakt benötigt. 3. Wie und unter welchen äußeren Bedingungen sollen sie entnommen werden (Mehrfachpackung, Ausgießer, Aromaschutzverpackungen) 4. Wo wird die Packung am Verwendungsort aufbewahrt (Küche, Badezimmer, Wohnraum, Garage, Auto etc.) 5. Wie und unter welchen Bedingungen wird die Packung verwendet (im Freien, zu Hause, mit feuchten Händen, mit seifigen Händen etc.) 6. Wie beeinflussen Aufbewahrungs- und Verwendungsart die Güte und Gestaltung der Produktverpackung	Qualitätssicherung Werbeträger Kommunikationsmittel Verwendungshilfe

5. *Testkategorien*

Die unter Beachtung der genannten Nebenbedingungen und Daten erstellten Verpackungsalternativen durchlaufen die folgenden potentiellen Testkategorien:

1. Technologische Eignung (qualitative Beeinflussung des Inhaltes, Schutz des Inhaltes, Belastbarkeit und Strapazierfähigkeit der Verpackung)
2. Distributive Eignung (handling, display-Tauglichkeit, Akquisitionswirkung)
3. Konsumtive Eignung (ästhetische Anmutung, verwendungstechnische Eignung, Beachtung von Einstellungen, beispielsweise gegen bestimmte Verpackungsmaterialien).

6. *Literatur*

Kotler, Philip, Marketing Management – Analysis, Planning, and Control, Englewood Cliffs, N. J., 2. Auflage 1972, S. 494 ff; *packungspolitische Ziele – packungspolitische Instrumentalbereiche.*

Mc Carthy, E. Jerome, Basic Marketing – A Managerial Approach, Homewood, Ill., 3. Auflage 1968, S. 225 ff; *Verpackungsfunktionen – Packungspolitik in Abhängigkeit vom Warenweg – Markenpolitik.*

Nieschlag, R., Dichtl, E., Hörschgen, H, Marketing – Ein entscheidungstheoretischer Ansatz, Berlin, 4. Auflage 1971, S. 163 ff; *Kriterien der Packungsgestaltung – Markenpolitik.*

B 3. Fallstudie: GOLDA – feinstes Tafelöl

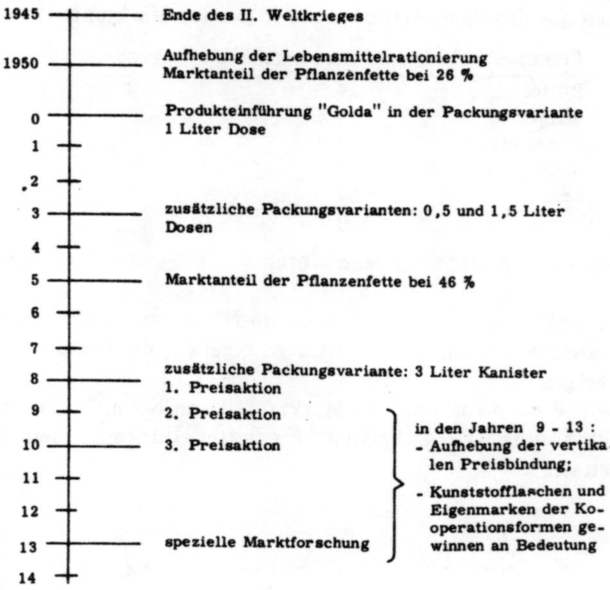

A) Ist-Zustand des Marktes

1. Allgemeine Beschreibung des Fett-Marktes

Kennzeichnend für den Fett-Markt ist eine Gliederung in fünf bedeutende Produktkategorien:
- Butter
- Margarine
- Speisefette
- Schmalz
- Speiseöle

Diese Aufteilung der Verwendung unterschiedlicher Fettkategorien entwickelte sich im wesentlichen bereits in den Jahren nach 1945. Als die Verbraucher ab 1950 / 51 ihren Konsum wieder frei wählen konnten (Wegfall der Rationierungsbestimmungen), stieg zwar der Nahrungsmittelverbrauch stark an (durchschnittliche Zuwachsrate bis 1960: 3,1 % p.a.), nicht jedoch der Kalorienverbrauch (im Durchschnitt 1,5 % p.a.). Bereits in diesen Jahren waren deutliche Verschiebungen in den Nachfragekategorien beobachtbar. Damit änderte sich auch die Struktur des Fettmarktes:

Schmalz:

Von 1950 bis 1960 verlor Schmalz als billiges, kalorienreiches Nahrungsmittel etwa 25 % seines Anteiles am Fettmarkt.

Pflanzenfette:

Der Anteil von Margarine und Speiseöl erfuhr eine starke Ausweitung. Der Anteil am Fettmarkt betrug im Jahr 5 der Fallstudie bereits 46 %.

Im Jahr 10 wiesen die einzelnen Fettarten die folgenden Marktanteile auf:

Fettarten	Marktanteile
Butter	24 %
Margarine	25 %
Speisefette	7 %
Schmalz	20 %
Speiseöle	24 %
	100 %

Die Entwicklung ab dem Jahr 10 wird durch die folgenden Nachfragemerkmale gekennzeichnet:

- Als Ausdruck einer konservativen Haltung im Nahrungsmittelbereich haben sich relativ feste Anteile der einzelnen Fettarten ergeben, die keine deutlichen Verschiebungen zeigen.
- Eine besondere Position nimmt der Marktanteil von Schmalz ein, der trotz zunehmender ernährungswissenschaftlich fundierter Informationen kaum unter 20 % gesunken ist.

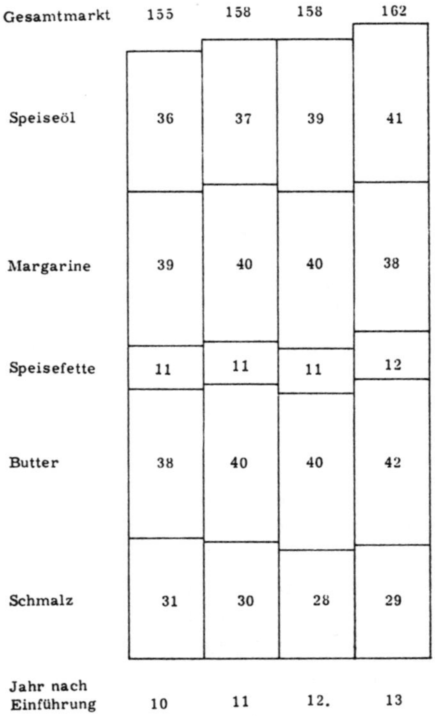

Abb. 19: **Der Gesamtfettmarkt (in 1000 Tonnen)**

2. *Der Speiseölmarkt: Angebot*

Wegen seiner Struktur und starken Expansion ist der Speiseölmarkt zweifellos der interessanteste Teilmarkt. Einem Bevölkerungszuwachs von 1,6 % in der Zeit von J. 10 bis J. 13 steht eine Steigerung des Speiseölverbrauches von fast 14 % gegenüber. Diese Änderung der Verwendungsgewohnheiten kann auf die publizierten Erkenntnisse der modernen Ernährungswissenschaft und die intensivierte Markenartikelwerbung zurückgeführt werden.

2.1. *Marktsegmente*

Üblicherweise wird der Speiseölmarkt in einen Haushaltssektor („DT" = Distributive Trade) und in einen Bereich für gewerbliche Verwendung („NDT" = Non Distributive Trade) unterschieden:

NDT-Markt:

„Gewerbliche Verwender" sind jene Speiseölverwender, die eine Verarbeitung in größeren Mengen vornehmen (z. B. Großküchen, Restaurants, Hotels, Spitäler etc.). Größere Packungseinheiten und Spezialöl für bestimmte Anwendungen sind weitere Kennzeichen dieser Zielgruppen. Obwohl pro Einkauf größere Mengen erworben werden, ist jedoch global gesehen der NDT-Sektor wegen seiner niedrigeren Gesamtabsatzmenge von geringerer Bedeutung.

DT-Markt:

Der ungleich größere und differenziertere Marktbereich ist der Haushalts-Sektor, in dem auch die erwähnte Ausdehnung des Speiseölmarktes erfolgte (vgl. Abb. 20).

2.2. *Marken und Marktanteile*

Speiseöl wird am Markt in 4 Verpackungsformen angeboten:
- Großgebinde (von 10 Liter aufwärts; auch als „Offenes Öl" bezeichnet)
- Kanister (große Dosen mit einem Füllinhalt von 3 – 4 Liter)
- Dosen und Flaschen (mit unterschiedlichem Fassungsvermögen unter 3 Liter)

Marktanteile in %	nach Produkteinführung Jahr 12	Jahr 13
GOLDA	24	26
SOLO	10	11
CORONA	8	9
Eigenmarken	12	13
Andere	46	41
	100	100

Abbildung siehe Seite 140

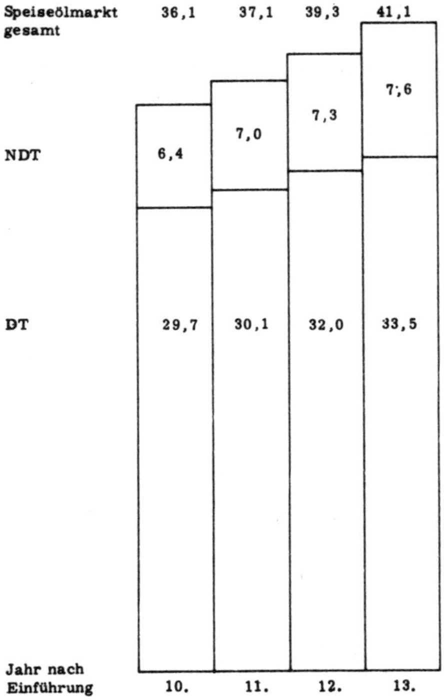

Abb. 20: Der Speiseölmarkt (DT und NDT) in 1000 Tonnen

Anteil der Packungsarten in %	nach Produkteinführung	
	Jahr 12	Jahr 13
Dosen	23	22
Flaschen	47	48
Kanister	22	24
Offenes Öl	8	6
	100	100

Konkurrenzverhältnisse am Flaschenölmarkt (Marktanteile in %)		
SOLO	12	13
CORONA	14	15
Eigenmarken	15	16
Andere	59	56
	100	100

	nach Produkteinführung Jahr 12	Jahr 13
Konkurrenzverhältnisse am Dosenölmarkt (Marktanteile in %)		
GOLDA	80	80
SOLO	4	3
CORONA	5	3
Eigenmarken	2	2
Andere	9	12
	100	100
Konkurrenzverhältnisse am Kanistermarkt (Marktanteile in %)		
GOLDA	18	21
SOLO	22	21
CORONA	8	8
Eigenmarken	3	5
Andere	49	45
	100	100

J. 10 – J. 13 kam es in diesem bisher ruhigen Markt zu tiefgreifenden Änderungen: Es wurde die Preisbindung bei Speiseöl aufgehoben, die Plastikflasche eingeführt und eine starke Eigenmarkenpolitik der Kooperationsformen des Handels wirksam. Der am Sektor „offenes Öl" herrschende Preiskampf verlagerte sich als Folge der ständigen Marktanteilsverluste auf den Flaschenölsektor, wobei ein intensiver Wechsel der Verpackungsform von Glas- zu billigeren und praktischen Plastikflaschen aufgrund intensiver Bemühungen der Handelsketten einsetzte. Gleichzeitig damit und als weitere Folge der Anteilsverluste von „offenem Öl" etablierte sich eine neue Gebindeform – der „Kanister" –, der ebenfalls in Kürze schärfster Konkurrenz ausgesetzt war.

2.3. Marketing-Mix „GOLDA"

2.3.1. Markenbezeichnung und technologische Qualität

„GOLDA, feinstes Tafelöl", mit dem Zusatz der Formulierungen „100 % reines Pflanzenöl" und „mit Vitaminen", ist ein fast geruchloses Speiseöl ohne Beigeschmack, von blaßgelber Farbe, das mit den Vitaminen A und D angereichert ist. Auf eine ausdrückliche Deklaration, wie z. B. Erdnuß- oder Sonnenblumenöl wurde bewußt verzichtet, da bereits die Bezeichnung „feinstes Tafelöl" mit der Vorstellung besonderer Qualität assoziiert wird.

2.3.2. Packungsvarianten

GOLDA wird in Dosen zu 0,5, 1 und 1,5 Liter und einem Kanister zu 3 Liter Inhalt abgesetzt. Alle Größen tragen ein einheitliches Druckbild in den Farben hellgrün, rot und dunkelgrün und sind mit dem gleichen Plastikausgießer versehen. Die gebräuchlichste Einheit ist die 1-Liter-Dose. Die 0,5-Liter-Dose ist tonnagemäßig von geringerer Bedeutung; sie wird primär von Einzelpersonen und Touristen

bevorzugt. Die 1,5-Liter-Dose und der 3-Liter-Kanister werden vom „Vorratskäufer“ verwendet.
GOLDA wurde in der 1-Liter-Dose auf den Markt gebracht. 3 Jahre später folgten die 0,5-Liter- und 1,5-Liter-Dose, im 8. Jahr nach der Einführung der 3-Liter-Kanister. Die Verpackung wurde in diesen Jahren nicht geändert, so daß der Markenschriftzug zusammen mit der Farbkombination zu einem vertrauten Bild für den Konsumenten wurde.

2.3.3. Preis, Werbung und Image

Die Hochwertigkeit des Öles, der Gesundheitsaspekt, der relativ hohe Preis gegenüber der Konkurrenz und die Vorteile der lichtgeschützten Verpackung gegenüber der Flasche waren Argumente, die zur Imagebildung eingesetzt wurden. Die Einführung der Dosengrößen (0,5 Liter und 1,5 Liter) wurde mit einer Serie von Preisrätseln begonnen, bei denen Autos, Geld- und Warenpreise zu gewinnen waren. Bewußt wurde all die Jahre auf Preisreduzierungsaktionen verzichtet. GOLDA als führende Marke sollte aus der Preiskonkurrenz herausgehalten werden. Eine kontinuierliche Werbung mit dem Leitargument der hervorragenden Qualität von GOLDA war notwendig.
Erst im 8. Jahr nach der Einführung der Marke GOLDA wurde die erste Preisreduktion, allerdings in verschleierter Form, durchgeführt. 6 Wochen gab es Probedosen, mit einem Füllinhalt von 350 cm^3, zu einem äußerst attraktiven Verkaufspreis. Neben einem kurzfristigen Preisvorteil für den Konsumenten sollten mit dieser Aktion neue Verwender im DT-Sektor gewonnen werden. Ein Jahr später erfolgte die erste echte Price-Off-Aktion, das „Werbeangebot“; zum ersten Mal wurde auch das Druckbild der 1-Liter-Dose durch den Aufdruck eines Preisvorteils verändert.
Da Speiseöl außer der Raffination und Abfüllung keine Verarbeitung im üblichen Sinne erfährt, ist der Wert des Fertigproduktes weitgehend durch die Rohstoffkosten bestimmt. Da diese jedoch dem Einflußbereich der Hersteller entzogen sind – Rohöle werden am Weltmarkt gehandelt –, liegt eine direkte Abhängigkeit von den jeweiligen Rohstoffpreisen vor, die ihrerseits wieder von Mißernten, Naturkatastrophen, Exportrestriktionen etc. abhängig sind. In Jahren günstiger Rohstoffpreise häufen sich daher die Aktivitäten am Speiseölmarkt, während bei Rohstoffhausse Preiserhöhungen und Aktionsstops die Regel sind.
GOLDA hingegen wird, wie bereits ausgeführt, stets mit dem gleichen Endverbraucherpreis angeboten. Dies bringt zwar dem Konsumenten den Vorteil der Preisstabilität, führt jedoch zu Zeiten tiefer Rohstoffpreise (so auch in den Jahren 12 und 13) zum Aufbau eines Preispremiums von 20 % und mehr, das nur teilweise durch verstärkte Aktionstätigkeit kompensiert werden kann.
Die Hauptaussagen im Bereich der klassischen Werbung:
- Gesundheit
- Verpackung
- Salatanwendung

Mit der Wiederholung der Aktion „Werbeangebot“ und der ersten Preisreduktion zur Salatzeit (Spät-Frühjahr / Früh-Sommer) im Folgejahr wurden preispolitische Maßnahmen zu einem wesentlichen Bestandteil der Marketingaktivitäten.
Die bisher zufriedenstellenden Dosenumsätze stagnierten. Umsatzzuwächse wurden nur mehr in der Packungsvariante „Kanister“ erzielt; der Markt zeigt daher folgendes Bild:

– Verlangsamung der Marktanteilzuwächse
– Kein Wachstum durch die Varianten der Kleindosen
– Kaum wesentliche Veränderungen zwischen Dosen und Flaschen
(Vgl. Abb. 21, 22 und 23)

3. Speiseölmarkt: Nachfrage

3.1. Quantitative Daten: Verwendung, Markenwahl, Verpackungsgrößen

Eine repräsentative Stichprobe von 2000 Hausfrauen wurde im 13. Jahr nach Produkteinführung über den Fettkonsum gefragt. Daraus ergeben sich die folgenden nationalen Durchschnittsdaten:

Von 100 Hausfrauen haben in den letzten 4 Wochen verwendet:

Speiseöl	91
Margarine	78
Butter	87
Schmalz	55
Kokosfett	22

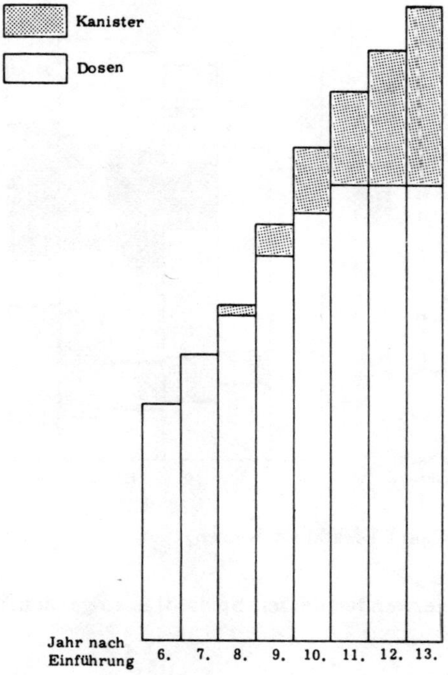

Abb. 21: **Umsatzentwicklung „GOLDA“ (Dosen und Kanister)**

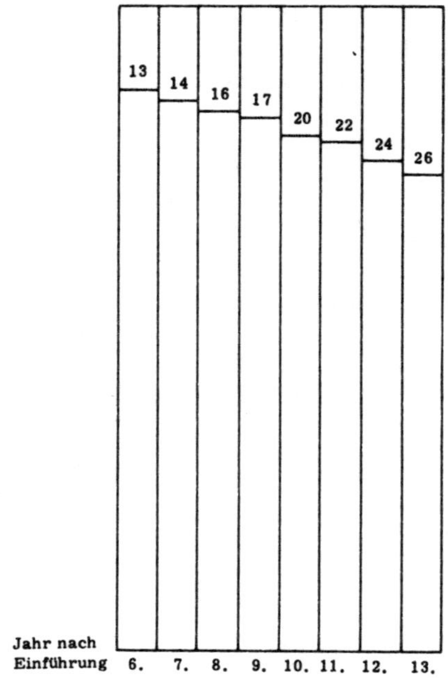

Abb. 22: Der „GOLDA"-Anteil am Speiseölmarkt in %

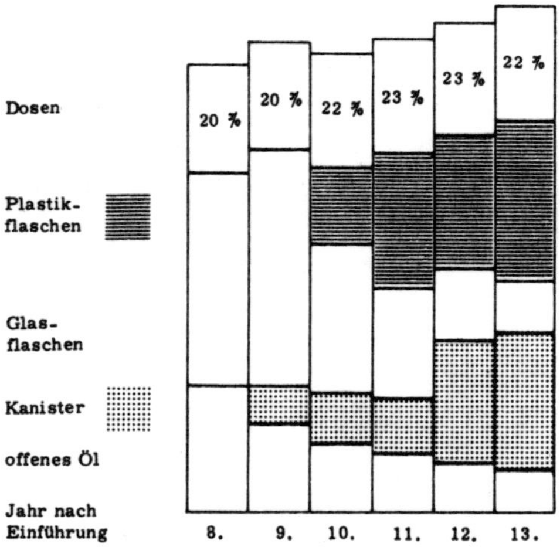

Abb. 23: Packungsarten am DT-Markt (in Tonnen)

Von 100 Hausfrauen verwenden derzeit Speiseöl in folgenden Verpackungsformen:

Offenes Öl	5
Dosen unter 2 Liter	37
Dosen über 2 Liter	22
Plastikflaschen	20
Glasflaschen	16

Von 100 Hausfrauen verwenden:

GOLDA	38
SOLO	11
CORONA	6

Verwendungszwecke	Speiseölverwender ohne Markendifferenzierung	GOLDA	SOLO
Salat	93	97	93
Backen	56	49	70
Braten	30	25	38
Kochen	35	25	54
Mehlspeisen	14	11	20

3.2. Qualitative Daten

3.2.1. Präferenzen gegenüber Produktmerkmalen

Als wichtigste Gesichtspunkte beim Kauf von Speiseöl werden angegeben:
- die Marke (81 % aller Verwenderinnen geben an, daß sie eine bestimmte Marke bevorzugen)
- die Sorte (Sonnenblumenöl, Erdnußöl, Maiskeimöl etc., aber auch Bezeichnungen wie Tafelöl und Delikatessenöl)
- die Verpackung (hygienische Aspekte, Handlichkeit etc.)
- Gesundheitsaspekt
- Preis

3.2.2. Qualitative Anforderungskategorien

Man erwartet von einem guten Speiseöl:
- keinen Eigengeschmack
- keinen Geruch bei Erhitzen
- „Fettarmut“ (ungeachtet der technologischen Voraussetzung, daß Speiseöle Fette sind, soll das Produkt beim Konsumenten den Eindruck eines „Speiseöles mit geringem Fettgehalt“ erwecken)
- Dünnflüssigkeit
- einen wesentlichen Beitrag zur gesunden Ernährung.

3.2.3. GOLDA-Image (vgl. Abb. 24 auf S. 146)

B) Restriktionen

Zusätze und Beimengungen

Gemäß Lebensmittelgesetz sind Beimengungen jeglicher Art zu Speiseöl untersagt. Lediglich Vitaminzusätze – bei GOLDA bereits angewandt – sind zulässig.
Eine Produktverbesserung durch Färben, Beifügen von Aromastoffen oder Hitzestabilisatoren etc. ist gegenwärtig nicht möglich.

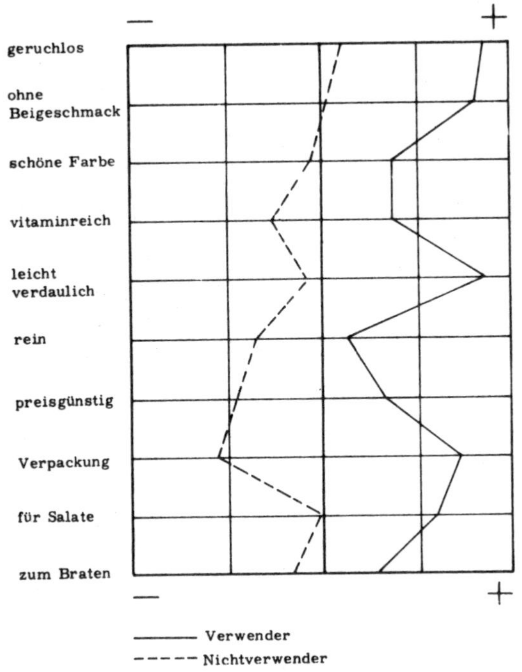

Abb. 24: **Beurteilung von GOLDA durch Verwender und Nichtverwender**

C) Aufgabenstellung

1. Ist-Zustandsanalyse
   1.1. Erfassung des Marktpotentials
   1.2. Schätzung der Marktanteilsentwicklung
   1.3. Differenzierung der Analyse nach Packungsvarianten und Verwendungssegmenten

2. Produktpolitische Zielsetzung

3. Produktpolitischer Maßnahmenplan
   3.1. Werbeaussagen (Image-Korrektur)
   3.2. Verpackungspolitik

IX. Produktvariation und Variationsentscheidung

1. Arbeitsdefinitionen

Als *Produktlebenszyklus* wird eine umsatzbezogene (mengen- oder wertmäßige) ex-post-Darstellung einer *Produktmarktentwicklung* im Zeitablauf verstanden. In der zeitlichen Erstreckung und im Verlauf einer Marktentwicklung spiegelt sich die gesamte produktbezogene Marktsituation: Marktpotential, eigene absatzpolitische Maßnahmen, Konkurrenzmaßnahmen, Verwenderpräferenzen. Der Produktlebenszyklus hat ex-post daher beschreibenden Charakter. Objekt der Betrachtung ist in den engeren Auslegungen nur eine einzige, unveränderte Produktvariante; in weiteren Begriffsfassungen können durch den Produktlebenszyklus auch die durchgeführten Produktvariationen abgedeckt werden. Es ist auch möglich, eine integrierte Betrachtung der Entwicklung einer gesamten Produktkategorie oder einer Branche in Form eines Lebenszyklus darzustellen.

Soll die Kurve des Produktlebenszyklus als *Prognoseinstrument* Verwendung finden, muß ihm ein *quasi gesetzmäßiger* Charakter zugeschrieben werden. Das ist jedoch nur unter der expliziten Annahme relativ gleichartiger Umweltbedingungen möglich. In diesem Sinne sollen die bekannten Phasen des Produktlebenszyklus z. B. in Einführungs-, Wachstums-, Reife-, Sättigungs- und Degenerationsphase typische Marktsituationen beschreiben und Anhaltspunkte für den Einsatz des Marketing-Mix bieten (z. B. recycle durch Produktvariation). Auch dabei wirkt die schwierig zu gewährleistende Forderung gleicher Umweltbedingungen einschränkend auf die Tauglichkeit des Produktlebenszyklus als Entscheidungshilfe, insbesondere für kurzfristig notwendige taktische Entscheidungen.

Produktvariation und *Diversifikation* stellen produktpolitische Entscheidungsalternativen dar. Die Produktvariation hat Änderungsentscheidungen für auf dem Markt befindliche Produkte zum Gegenstand; Diversifikation bedeutet die Ausweitung des Produktangebotes auf (von der Unternehmung her gesehen) neue Produktkategorien. Die weiteren Ausführungen beschränken sich auf die Produktvariation.

2. *Produktvariation*

Ziel der Produktvariationspolitik ist die Schaffung von, aus der Sicht potentieller Verwender, neu empfundenen Produkten (geringfügige Verbesserung, Modeentsprechung, Reaktion auf Konkurrenzmaßnahmen, Zielgruppenänderung etc.) zur Erfüllung von Absatzzielen. Die Produktvariation verfügt über die Instrumentalbereiche der

- technischen Variation und
- Image-Variation,

wobei deren gedankliche Ebenen unterschiedlich sind, da auch technische Variationen, soweit sie kommunizierbar sind, imageformend wirken.

Die Produktvariation umfaßt zwei Erscheinungsformen:

- *Produktmodifikation:*
  Änderung eines bestehenden Produktes und Elimination der alten Variante;
- *Produktdifferenzierung:*
  Aufnahme der geänderten Produktvariante zusätzlich zu bestehenden Varianten.

2.1. *Komponenten der technischen Variation*

- Ausführungsvarianten der äußeren Erscheinung:
  z. B. Dimension, Form, Farbe, Dekor, Text, Symbolik
- Variation der Produktleistungskategorien:
  z. B. leichtere Handhabung, höhere Sicherheit, mehr PS, besser genützter Innenraum, größerer Kofferraum etc.

- Variation der Materialqualität:
  z. B. Rohstoffänderung, Verarbeitungsänderung, variierte chemische Zusammensetzung etc.
- Vereinfachung, als kosten- und / oder preiswirksame Änderung ohne zwingende Änderung der Produktleistung und Materialqualität:
  z. B. geänderte Produktionstechnik

2.2. Komponenten der Image-Variation

- Geänderte Verkaufsidee und Werbeargumentation:
  z. B. bessere oder geänderte Ansprache der Zielgruppe (höhere Aufmerksamkeit, Bekanntheit, Kaufneigung; Berücksichtigung von Einstellungen, Weckung positiver Emotionen etc.)
- werbliche Berücksichtigung und Beeinflussung der übergeordneten Imagekategorien.
  Produktgruppen-, Distributionskanal- und Unternehmungsimage
- Distribution und Service
  Änderung der Distributionskanäle, Verbesserung oder Änderung von salespromotion und Service
- Preispolitik
  Änderung der Preispositionierung des Produktes
- Technische Produktvariation, sofern sie imagewirksam ist.

3. Grundlagen der Variationsentscheidung

Den Entscheidungsanlaß für Produktvariationen bilden bestehende oder prognostizierte Symptome:

Marktanteilsentwicklung
Umsatzentwicklung
Umsatzanteile des Produktes am Sortiment
Entwicklung des Deckungsbeitrages bzw. Bruttonutzens
Entwicklung des Return on Investment
Abweichungen vom Soll-Image

Ursachenkategorien der Zielabweichungen:

- Begrenztes Marktpotential
- Mangelhafte Marktbearbeitung
- Konkurrenzaktivität (gleiche Produktkategorie, Substitutionskonkurrenz)
- Geänderte Verwenderpräferenzen (technische Forderungen, Einstellungen)

4. Der Entscheidungsprozeß der Produktvariation

4.1. Entscheidungsprozeß

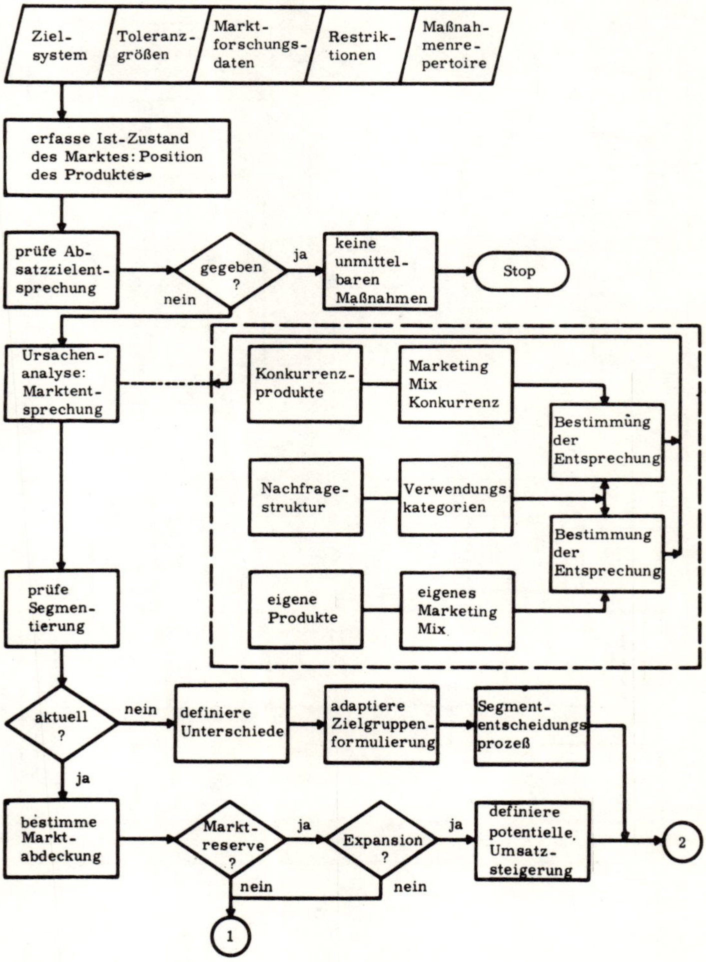

Fortsetzung des Schaubildes zu 4.1. auf S. 150

4.2. Kommentar

Es ist die folgende Fragestellung gegeben:
Soll eine auf dem Markt befindliche Produktvariante
- unverändert beibehalten,
- variiert oder
- eliminiert werden?

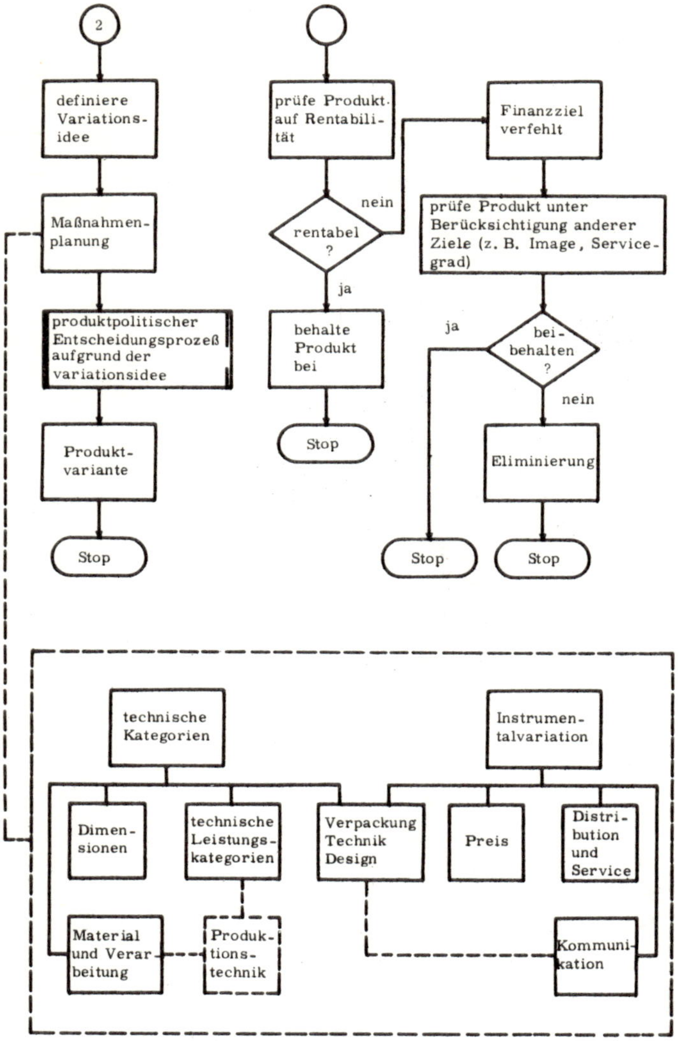

Input:

1. Produktspezifische Ziele (aus den generellen Absatzzielen abgeleitete produktspezifische Subziele): z. B. Produktumsatz, Marktanteil des Produktes, Rentabilität
2. Produktspezifische Informationen:
   a) aus unternehmensinternen Daten (Rechnungswesen)
   b) Marktdaten (Marktforschung)
3. Maßnahmenkatalog der Produktvariation
4. Andere Absatzziele:
   z. B. Stabilität des Kernsortimentes, Imageziele
5. Absatzsegmentrechnung der Distributionskanäle etc.

Der produktpolitische Variationsentscheidungsprozeß umfaßt drei Abschnitte:

1. Erfassung des Ist-Zustandes der auf dem Markt befindlichen Produktvariante.
2. Erfassung der Ursachen im Falle von festgestellten Soll-Ist Abweichungen der Produktleistung vom Zielanspruchsniveau.

Die Ursachenanalyse führt unter Berücksichtigung der geltenden Restriktionen und Zielformulierungen jeweils zu den drei grundsätzlichen Entscheidungsalternativen:
- Behalte das Produkt unverändert
- Variiere das Produkt
- Eliminiere das Produkt

Die *Ursachenanalyse* gliedert sich in die folgenden grundsätzlichen Bereiche:

1) Unternehmung

Es müssen Ist-Zustand und wirksame Restriktionen erfaßt werden. Als Sub-Programme gelten dafür die relevanten Bereiche des produktpolitischen Entscheidungsprozesses und das Sub-Programm der Engpaß-Prüfung aus dem Plankalkulations-Entscheidungsprozeß.

2) Angebot

Zur Ermittlung der Entscheidungsgrundlage aus der Angebotsanalyse ist das Sub-Programm des Simulationsmodelles aus dem Zielgruppen-Entscheidungsprozeß einzusetzen.

3) Nachfrage

Die wesentlichsten Elemente dieses Sub-Programmes umfassen
- Präferenzstrukturen der Zielgruppe
- Abdeckungsgrad
- Zielkompatibilität (Finanzziele und Absatzziele) der Segmentalternative

Die erste Teilentscheidung betrifft die Frage, ob die aktuelle Präferenzordnung der Produktzielgruppe den unternehmerischen Vorstellungen noch entspricht. Sollte sich aus dieser Entscheidung eine Abweichung ergeben, ist die Zielgruppe neu zu definieren. Der nächste Schritt umfaßt die Ermittlung der aktuellen Marktausschöpfung. Ist diese nicht gegeben, führt der weitere Entscheidungsweg über die Bestimmung der Marketing-Mix-Kosten zur Entscheidung über eine Produktvariation. Ist hingegen das Marktpotential ausgeschöpft, führt die weitere Entscheidung nach Maßgabe der Finanzzielentsprechung zur Beibehaltung der Produktvariante oder zur Heranziehung weiterer Absatzzielformulierungen (z. B. Image-Politik, Servicegrad etc.) als Beurteilungskriterien. Erst dann erfolgt die Entscheidung, die zur Eliminierung einerseits oder zur Beibehaltung der Produktvariante unter laufender Kontrolle der Zielkompatibilität führt.
Im Falle der Entscheidungsvariante „Produktvariation" folgt der dritte Abschnitt:

3. Maßnahmen – Entscheidungen

Der Prozeß endet im Falle der Produktvariation mit dem Erreichen einer ziel- und restriktionenkompatiblen Produktvariante. Alle Entscheidungsäste, die bisher zur Alternative „Produktvariation“ führten, unterliegen nun der Entscheidung über die Maßnahmenkombination zur Produktvariation.

Alle nach Maßgabe der definierten Variationsideen möglichen Maßnahmenkombinationen unterliegen den Entscheidungsschritten des produktpolitischen Entscheidungsprozesses.

Die in der Folge eingeführte Produktvariante unterliegt im Falle einer Zielabweichung wieder einem Variationsentscheidungsprozeß unter geänderten Bedingungen.

5. *Literatur*

Bidlingmaier, Johannes, Marketing 2, Reinbek bei Hamburg 1973, S. 229 ff; *Formen der Produktpolitik – Innovation, Diversifikation, Variation – Produktbewertungsverfahren – Phasen des Produktlebenszyklus.*

Bodenstein, Gerhard, Der Annahme- und Verbreitungsprozeß neuer Produkte, Frankfurt am Main – Zürich 1972, S. 23 ff; *Formen und Beurteilung von Produktlebenszyklen.*

Borschberg, Edwin, Die Diversifikation als Wachstumsform der industriellen Unternehmung, Bern – Stuttgart 1969; *Diversifikation im Rahmen der gesamten Unternehmenspolitik.*

Day, Ralph L., Preference Tests and the Management of Product Features, Journal of Marketing, July 1968, Vol. 32 Nr. 3, S. 24 ff.

Dichtl, Erwin, Die Beurteilung der Erfolgsträchtigkeit eines Produktes als Grundlage der Gestaltung des Produktionsprogrammes, Berlin 1970.

Hill, Wilhelm Marketing II, Bern – Stuttgart 1971, S. 19 ff; *Programmpolitik – Produktentwicklung – Produktbewertung.*

Kotler, Philip, Marketing Management – Analysis, Planning, and Control, Englewood Cliffs, N. J., 2. Auflage 1972, S. 423 ff; *Lebenszyklus und Marketingmaßnahmen – Programmpolitik – Variationsentscheidungsprozeß.*

Strebel, Heinz, Zum Problem von Wirtschaftlichkeitsüberlegungen bei der Wahl der Produktgestaltung neuer Erzeugnisse, BFuP, S. 315 ff; *Produktgestalt – Gestaltungsalternativen – – Entscheidungsprozeß der Produktgestaltung – Kosten der Produktgestaltung – Bewertung und Auswahl der Gestaltungsalternativen.*

White, Irving S., New Product Differentiation: „Physical and Symbolic Dimensions“, in: Marketing in a changing world, 1969, June Conference Proceedings, series 29, American Marketing Association, S. 99.

X. Preispolitische Entscheidungen

1. *Arbeitsdefinitionen*

Unter *Preis* wird ein in Geldeinheiten gemessener Gegenwert für ein angebotenes Gut verstanden. *Preispolitik* umfaßt daher Entscheidungen und Maßnahmen zur zielorientierten Festlegung dieses Gegenwertes. Entsprechend dem Gültigkeitsbereich und dem innovativen Charakter können preispolitische Entscheidungen sowohl das Preisniveau (Preisrahmen) als auch Preisfixierungen für neu angebotene Güter umfassen. Für bereits bestehende Angebote sind Entscheidungen über Preisänderungen zu treffen. Eine *freie Preispolitik* liegt dann vor, wenn die Preisbildung

zwar dem Bedingungsrahmen der Unternehmung und der Marktkonstellation, nicht aber restriktiv wirkenden unternehmensexternen Willenszentren (z. B. Kartellvereinbarungen, staatliche Preisregelung etc.) unterliegt. Bei Wirksamkeit externer Willenszentren liegt eine *gebundene Preispolitik* vor.
Die *Preisfestlegung* erfolgt in zwei Phasen:
Aufgrund der unternehmensindividuell festgelegten Preisuntergrenzen und ziel- und marktabhängigen Daten der Unternehmung wird eine *Preisforderung* erstellt. Der realisierte, bei der effektuierten Marktentnahme zustande gekommene Preis, ist Ergebnis eines Verhandlungsprozesses zwischen Anbieter und Nachfrage. Diese logische zweite Ebene bleibt auch im Falle von stillschweigender Akzeptierung der Preisforderung in verkümmerter Form erhalten. Bei nichtindividuellen Verhandlungsprozessen ist die stillschweigende Annahme oder Ablehnung einer Preisforderung nur in ihrer aggregierten Form im Rahmen der Entwicklung des Gesamtmarktes erkennbar.

2. *Preispolitische Ziele und Restriktionen*

2.1. *Absatzzielsystem und Preispolitik*

Preispolitische Ziele gehören den Absatz-(od. Marketing-)zielen an. Sie haben im Rahmen der Absatzziele Subziel- oder Mittelcharakter. Darüber hinaus sind sie auf ihren Mittelcharakter im Rahmen anderer absatzpolitischer Bereiche (Distributionspolitik, Werbepolitik, Produktpolitik) zu analysieren und in ihrer Verbundwirkung zu berücksichtigen.
Die Absatzziele haben bezüglich des Gesamtzielsystems ebenfalls Mittelcharakter und unterliegen einer Beurteilung in der Verbundwirkung mit anderen Unternehmensbereichen. So entsprechen z. B. die Absatzziele „produktspezifischer Deckungsbeitrag", „Marktanteilszuwachs", „Glättung des Absatzverlaufes" der Erfüllung der Gewinn-, Wachstums- und Stabilitätsziele der Unternehmung.

2.2. *Das preispolitische Zielsystem des Anbieters*

Die Preispolitik als absatzpolitischer Instrumentalbereich wirkt auf die Unternehmensumwelt. Dabei ist jener Ausschnitt der Unternehmensumwelt betroffen, der als grundsätzlicher Verhandlungspartner oder als preisbeeinflussendes Willenszentrum auftreten kann:
- Nachfrage
- Distribution
- Konkurrenz
- Sonstige (legistische oder vertragliche Bindungen)

Entsprechend diesen Einflußkategorien können auch preispolitische Subziele formuliert werden:
- Nachfragebezogene Ziele:
  Marken- und Firmenimage
  Aufmerksamkeitserregung
  Kaufanreiz
  Nachfrageverlaufslenkung
  etc.

– Distributionsbezogene Ziele:
  Image als Lieferfirma
  Image der Handelsware
  Anreiz zum Wiederverkauf
  Lenkungsziele (Preisbindung)
– Konkurrenzbezogene Ziele:
  Firmen- und Markenimage als Konkurrenzanbieter
  Stärkepositionierung (Autonomie)
  Kampfziele
  Abwehrziele
– Auf externe Willenszentren bezogene Ziele:
  Sicherung des eigenen Unternehmens- und Produktimages
  Konfliktvermeidung
  Kontrollvermeidung

2.3. Preispolitische Restriktionen des Anbieters

Abgesehen von allgemeinen unternehmensinternen Restriktionsbereichen, die preiswirksam werden können (z. B. Kostenstruktur etc., vgl. Plankalkulation) lassen sich absatzbezogen die preispolitischen Restriktionsbereiche beschreiben:
– Nachfragebezogene Restriktionen:
  Preispsychologische Beschränkungen
  Preiselastizitäten
– Distributionsbezogene Restriktionen:
  Spannenforderungen der Absatzmittler
  Flexibilität und Lenkbarkeit der Absatzmittler
– Konkurrenzbezogene Restriktionen:
  Marktposition der Konkurrenz
  Preispolitisches Reaktionsverhalten der Konkurrenz
  Offene oder stillschweigende Preisvereinbarungen
– Auf externe Willenszentren bezogene Restriktionen:
  Preisbindungen durch Vorlieferanten
  Amtliche Preisregelung
  Kontrollregelungen für Preisänderungen
  Wettbewerbsregelungen

Abhängig von diesen produktspezifischen Ziel- und Restriktionsausprägungen ist vorerst ein Preisrahmen und ein allgemeines angestrebtes Preisniveau als eine marktbezogene Positionierung festzulegen.

3. Elemente der Preisgestaltung

Innerhalb des definierten Preisrahmens ist der Einzelpreis des angebotenen Gutes oder das System der Einzelpreise festzulegen. Diese Entscheidungen können ***singulären*** (erstmalige Preisfestlegung eines Einzelpreises oder Preissystems aufgrund einer in diesem Zeitpunkt gültigen Ziel- und Restriktionenkonstellation) oder ***adaptiven*** Charakter haben. Adaptive Preisentscheidungen beruhen auf Abweichungen der zu beobachtenden Marktsymptome und Indikatoren über zielabhängig definierte Toleranzgrenzen hinaus.

Im Rahmen des gesteckten Preisniveaus ist für die Festlegung der Einzelpreise ein Ausprägungsprofil und eine Präferenzordnung für preistaktische Elemente zu ermitteln:

3.1. Preissystem

Bei der Wahl des Preissystems ist zwischen starren und flexiblen Preis-Systemen einerseits bzw. Ein- und Mehrpreis-Systemen für eine Gutsvariante anderseits zu unterscheiden.

	Ein-Preis-		Mehr-Preis-
starre-	1.		2.
		Systeme	
flexible-	3.		4.

ad 1. Diese Variante läßt keine zeitliche und segmentspezifische Preisdifferenzierung zu.

ad 2. In diesem Falle ist der Preis zwar segmentabhängig differenzierbar; die Preise jedoch im Beobachtungszeitraum konstant.

ad 3. Bei dieser Variante ist zwar keine segmentorientierte Differenzierung, jedoch eine Änderung des Preises innerhalb der Beobachtungsperiode zulässig.

ad 4. Der komplexeste Fall eines Preissystems liegt vor, wenn sowohl segmentabhängige als auch zeitabhängige Preisdifferenzierung vorgenommen werden kann, wobei der Komplexitätsgrad durch die Zahl der möglichen und zulässigen Preisvarianten bestimmt ist.

3.2. Nachfragelenkung

In jedem Falle ist ein *Preistypus* festzulegen, der den Charakter in bezug auf andere unternehmenspolitische Ziele zum Ausdruck bringt soweit sie über absatzpolitische Maßnahmen realisierbar sind:

- Lebenszyklusabhängige Preisdifferenzierung
  (z. B. Einführungspreise, Räumungspreise etc.)
- Nachfrageverlaufsabhängige Preisdifferenzierung
  (z. B. Saisonpreise)
- Attraktionsbezogene Preistypen
  (günstige Mehrfachpackungen, loss-leader-Politik, qualitäts- und preisabhängige Lockpreise etc.)
- Kundenselektive Preistypen
  (Hochpreisigkeit)

3.3. Preispsychologische Taktik

Innerhalb des gewählten Preissystems und der Preistypen ist bei der Erstellung des Einzelpreises auf preispsychologische Faktoren zu achten.

- Prestigekauf (Vebleneffekte, relative Abhängigkeit von Produkt- und Preisimage)
- Zahlenpsychologische Preise (Odd-Even-Pricing z. B. -,90, -99,-)
- Fühlbarkeitsschwellen (psychological-pricing)

In den Fällen preispsychologischer Taktiken handelt es sich um preisniveau- und zahlenbildabhängige Wirkungen auf die Preis-Absatz-Kurve:

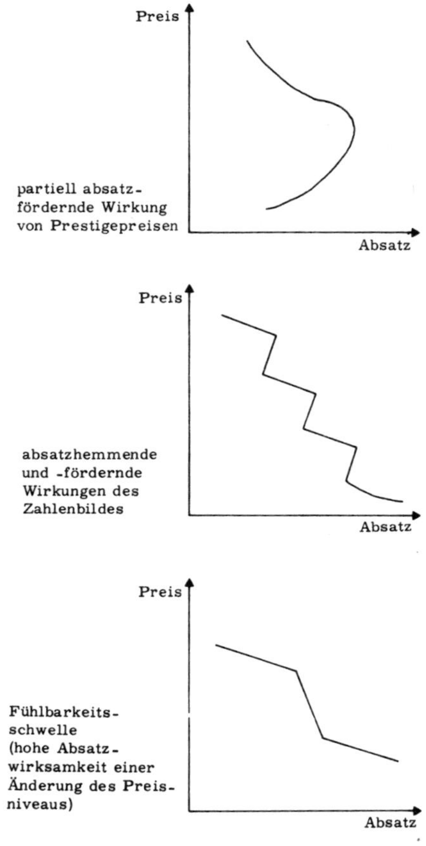

Abb. 25: **Preispsychologie und Preis-Absatz-Funktion**

4. Preispolitisch relevante Umweltsymptome und Indikatoren

4.1. Marktsymptome

Generell gilt für die Preispolitik, daß jeder Veränderung der Unternehmensumwelt gegenüber überprüft werden muß, ob unter Bezugnahme auf das aktuelle Zielsystem reagiert werden soll und ob unter Bezugnahme auf das Restriktionensystem ausreichend reagiert werden kann. Alle unternehmensexternen und unternehmensinternen Bedingungen haben auch potentiell preispolitische Auswirkungen. Unmittelbar preispolitisch relevante Marktsymptome umfassen beispielsweise:

- Absolute oder relative Umsatzrückgänge
- Preisrelationen zur Konkurrenz (generelle oder marktspezifisch positive oder negative Abweichungen vom Preisniveau)

- Imagekomponenten (Ausbeutungsvorwurf, mangelnde Vertrauenswürdigkeit, generelles oder produktspezifisch inhomogenes Qualitäts- und / oder Preisimage)
- Unzufriedene Wiederverkäufer
- Mangelnde Differenzierbarkeit zwischen Produktvarianten
- Nachfrageentwicklungen, die nicht zielkonform zu preispolitischen Änderungen erfolgen
- Vom Ziel abweichende Änderungen der Kundenstruktur (z. B. Exklusivpreise, die ihre Wirkung verlieren)
- sinkendes Qualitätsbewußtsein der Kunden gegenüber der Preisorientierung etc.

4.2. Datenkategorien

Analog zu allgemeinen und spezifischen Marktsymptomen sind Indikatoren oder Datenkategorien systematisch zu erfassen. Diese Umweltdaten haben generell wirksamen Charakter für alle Komponenten des Marketing-Mix; die spezifisch preispolitische Interpretation hat daher nur Schwerpunktcharakter:
- Mengen- und wertmäßige Umsatzentwicklung (differenziert nach Produktvarianten, Absatzperiode und -gebiet, Distributionswegen, Zielgruppen)
- Marketing-Mix der Konkurrenz (qualitative und quantitative Veränderungen)
- Qualitäts- und Preisimage (unternehmensspezifisch, produktgruppenspezifisch, produktspezifisch) des Anbieters
- Preisniveau und Preisrelation (bezogen auf den Einzelpreis oder zeitlich, räumlich, distributiv und kundenspezifisch differenziert)
- Marktanteile
- Kostenstruktur
- Lagerbestände
- Kundenstruktur und -verhalten
- Externe Normen (Gesetzeslage)

5. Prüfkategorien des Marktverhaltens

Der unter Berücksichtigung der aktuellen preispolitischen Ziele und Restriktionen und unter Verwendung der gewählten Preistaktik gefundene Einzelpreis ist prinzipiell adaptierbar. Für die gewählten Datenkategorien ist eine unternehmensindividuelle Toleranzgrenze zu bestimmen. Bei Überschreiten dieser Toleranzgrenze durch die Ausprägung einer Umweltkomponente ist das Ausmaß der Abweichung zu bestimmen und auf die Bedeutung für preispolitische Maßnahmen zu überprüfen. Die Reaktionsformen können daher grundsätzlich in der Variation von Marketing-Instrumenten inklusive oder exklusive einer Preisreaktion erfolgen. Es ist aber auch eine Reaktion der Unternehmung mit dem isolierten Einsatz des Instrumentes „Preis" möglich. Sollte mit einem oder mit mehreren Marketing-Instrumenten ohne simultaner preispolitischer Reaktion auf Umweltänderungen reagiert werden, so ist diese Maßnahme nicht Gegenstand des preispolitischen Entscheidungsprozesses. Preispolitische Überlegungen treffen immer zu, wenn mit dem Preis allein oder zusammen mit anderen Marketing-Instrumenten agiert wird. Wenn im Zusammenhang mit zusätzlichen Instrumentvariationen reagiert wird, ist insbesondere die Verbundwirkung zu beachten. Die grundsätzlichen Änderungen der Umweltbedingungen können betreffen:

Konkurrenz:
Preis
Werbung
Distribution
Produkt

Nachfrage:
Absoluter oder relativer Rückgang der Verwendung und des Absatzvolumens
Markenwechsel
Stille oder offene Konflikte (Meinungsänderung und / oder angekündigte Verhaltensänderung)

Distribution.
Bestellrückgang oder Bestellverweigerung
Offene oder stille Konflikte (Boykottierung)

Externe Willenszentren:
Preislimitierende (nach oben oder unten) und preisfixierende Regelungen

6. *Der preispolitische Entscheidungsprozeß*

(siehe Schaubilder auf den Seiten 159–163)

7. *Literatur*

Kotler, Philip, Marketing Management – Analysis, Planning, and Control, Englewood Cliffs, N. J., 2. Auflage, 1972, S. 514 ff; *Preisabsatzfunktionen – preispolitische Ziele – Richtlinien bei der Preisfestsetzung – preisabhängiges Nachfrageverhalten (Elastizitäten).*
Lange, Manfred, Preisbildung bei neuen Produkten, Berlin 1972, S. 57 ff; *Preispolitik und Konsumentenverhalten – Preis und Preisimage – Informationsverhalten.*
Mc Carthy, E. Jerome, Basic Marketing – A Managerial Approach, Homewood, Ill., 3. Auflage 1968, S. 498 ff; *preispolitische Ziele – kostenorientierte Preiserstellung – nachfrageorientierte Preiserstellung – Preisabsatzfunktionen – preispolitische Strategien – Preistypen – Restriktionen, insbesondere rechtliche Restriktionen*
Morgenroth, W. N., Ein Verfahren zur Bestimmung der Determinanten von Preisentscheidungen, in: Marketingtheorie, hrsg. von *Werner Kroeber-Riel,* Köln 1972, S. 383 ff; *konkurrenzabhängige Preisreaktionen.*
Oxenfeldt, Alfred R., A Decision-Making Structure for Price-Decisions, Journal of Marketing, Vol, 37, Jänner 1973, S. 48 ff; *preispolitische Ziele – preispolitische Datenkategorien.*
derselbe, Multi-Stage-Approach to Pricing, in: Readings in Marketing Management, hrsg. von *Philip Kotler* und *Keith K. Cox,* Englewood Cliffs, N. J. 1972, S. 259 ff.
Rütschi, Klaus, Marketing-Modelle, Winterthur, 1972, S. 144 ff; S. 239; *marktabhängige Preisgestaltung.*
Schrader, Wolfgang Karl, Marktforschung und Preispolitik, in: Absatzpolitik und Distribution, hrsg. von *Bidlingmaier, J., Jacobi, Helmut, Uherek, Edgar W.;* Karl Chr. Behrens zum 60. Geburtstag; Wiesbaden 1967, S. 95 ff; *Preistest im Rahmen von Produkteinführungsentwicklung und -einführung.*

Zeitschrift für betriebswirtschaftliche Forschung, 16. Jahrgang, 1964, S. 121 ff; Bericht über die *Arbeitstagung der Schmalenbach-Gesellschaft; Möglichkeiten und Grenzen der Preispolitik – Preispolitik und optimale Beschäftigung – Preispolitik bei Voll- und Überbeschäftigung –* S. 182 bis 186; *Literaturübersicht zum Thema Preispolitik*, zusammengestellt von *Wolfgang Korndörfer.*

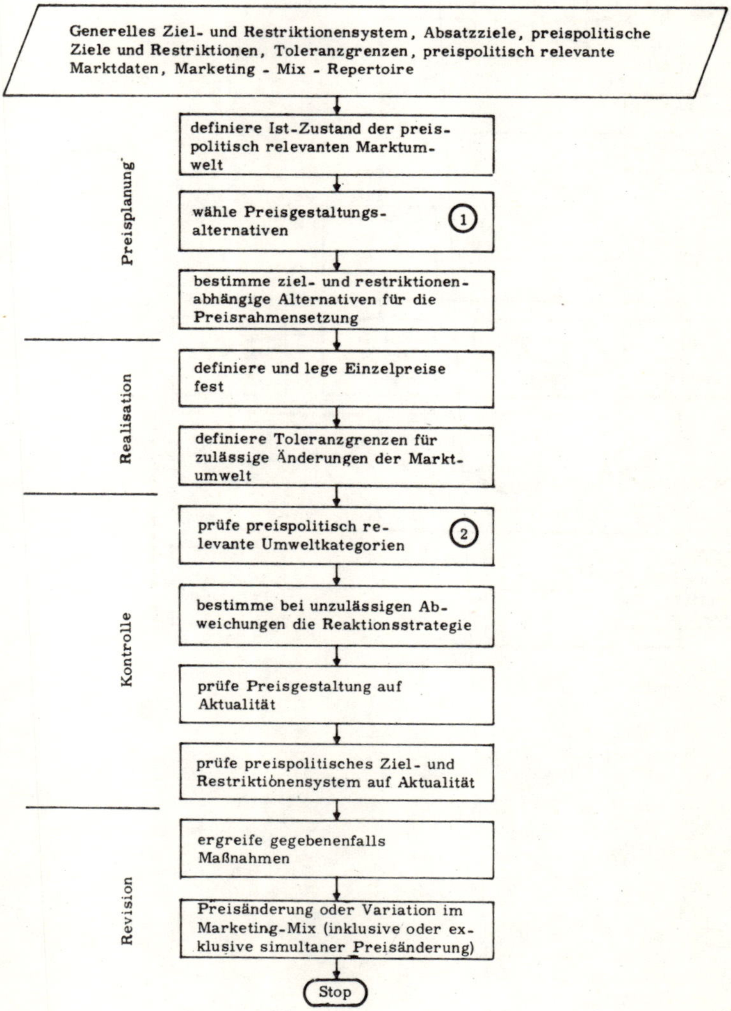

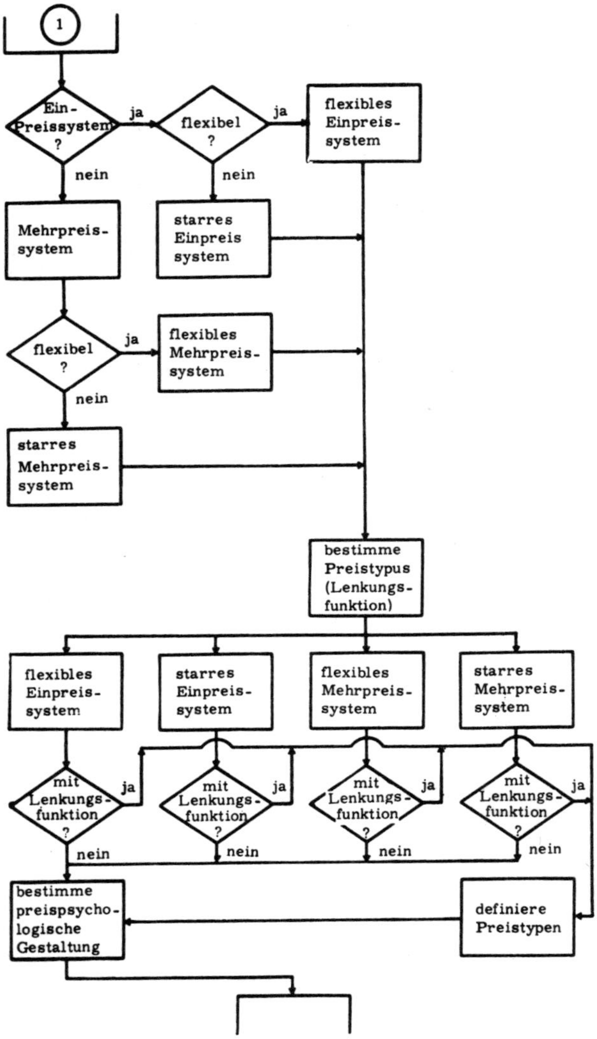
1
Ein-
Preissystem
?
ja
nein
flexibel
?
ja
nein
flexibles
Einpreis-
system
Mehrpreis-
system
starres
Einpreis
system
flexibel
?
ja
nein
flexibles
Mehrpreis-
system
starres
Mehrpreis-
system
bestimme
Preistypus
(Lenkungs-
funktion)
flexibles
Einpreis-
system
starres
Einpreis-
system
flexibles
Mehrpreis-
system
starres
Mehrpreis-
system
mit
Lenkungs-
funktion
?
ja
nein
bestimme
preispsycho-
logische
Gestaltung
definiere
Preistypen

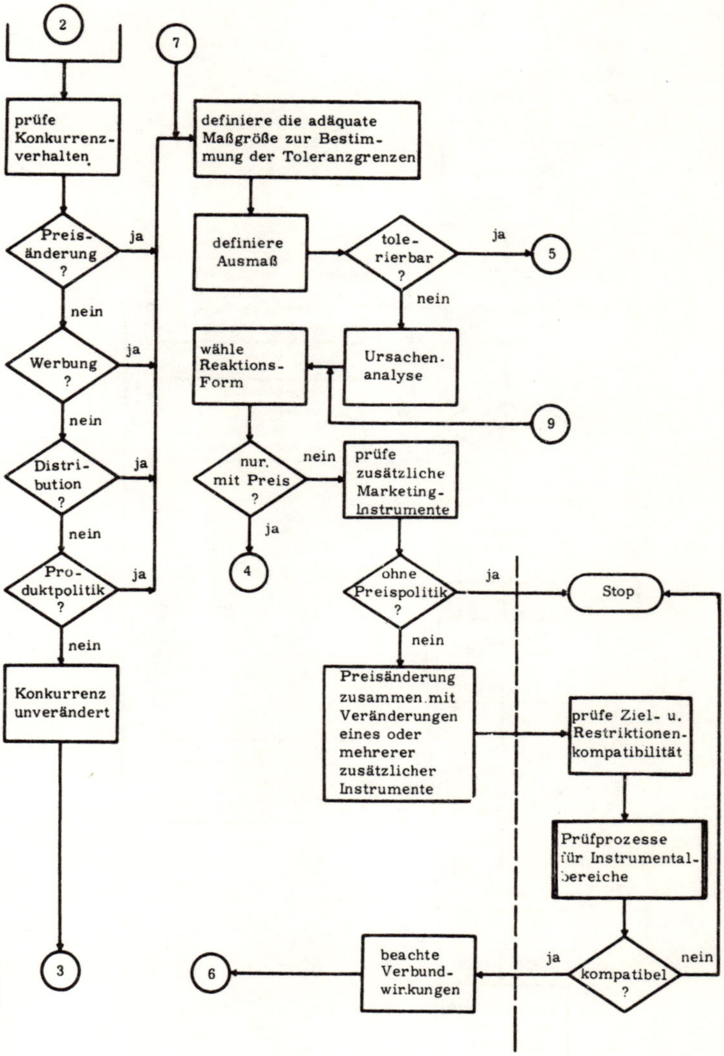
2
7
prüfe Konkurrenzverhalten
Preisänderung ?
ja
nein
Werbung ?
ja
nein
Distribution ?
ja
nein
Produktpolitik ?
ja
nein
Konkurrenz unverändert
3
definiere die adäquate Maßgröße zur Bestimmung der Toleranzgrenzen
definiere Ausmaß
tolerierbar ?
ja
5
nein
Ursachenanalyse
wähle Reaktions-Form
9
nur mit Preis ?
nein
ja
4
prüfe zusätzliche Marketing-Instrumente
ohne Preispolitik ?
ja
Stop
nein
Preisänderung zusammen mit Veränderungen eines oder mehrerer zusätzlicher Instrumente
prüfe Ziel- u. Restriktionenkompatibilität
Prüfprozesse für Instrumentalbereiche
kompatibel ?
ja
nein
beachte Verbundwirkungen
6

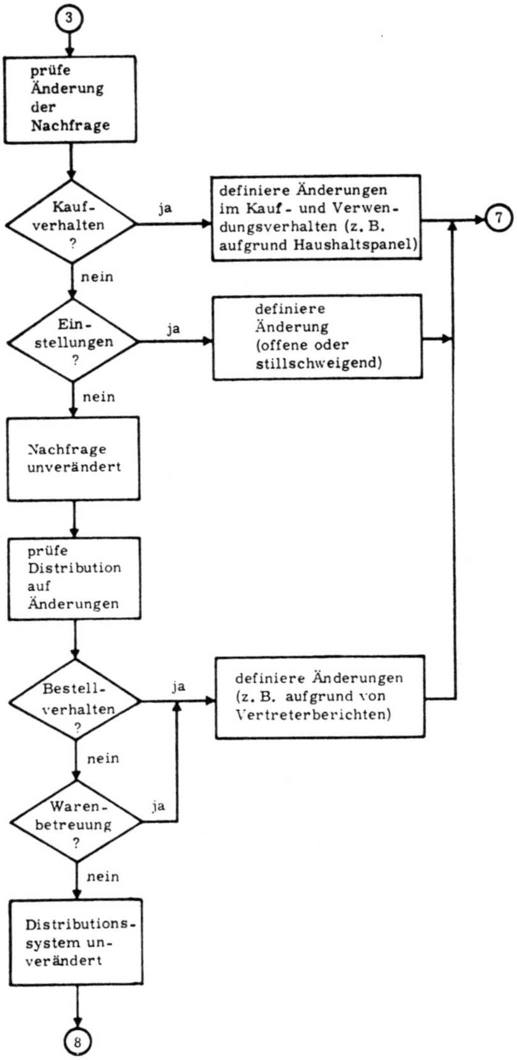
3
prüfe Änderung der Nachfrage
Kauf-verhalten ?
ja
definiere Änderungen im Kauf- und Verwendungsverhalten (z. B. aufgrund Haushaltspanel)
7
nein
Ein-stellungen ?
ja
definiere Änderung (offene oder stillschweigend)
nein
Nachfrage unverändert
prüfe Distribution auf Änderungen
Bestell-verhalten ?
ja
definiere Änderungen (z. B. aufgrund von Vertreterberichten)
nein
Waren-betreuung ?
ja
nein
Distributions-system un-verändert
8

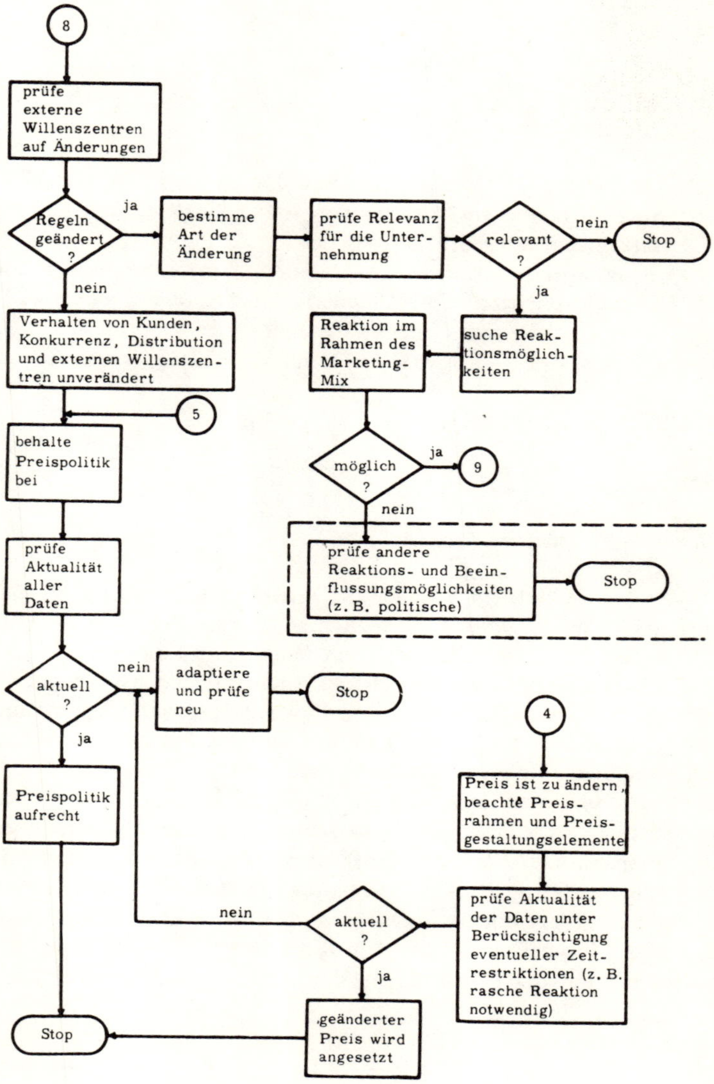

8
prüfe externe Willenszentren auf Änderungen
Regeln geändert ?
ja
bestimme Art der Änderung
prüfe Relevanz für die Unternehmung
relevant ?
nein
Stop
ja
suche Reaktionsmöglichkeiten
Reaktion im Rahmen des Marketing-Mix
möglich ?
ja
9
nein
prüfe andere Reaktions- und Beeinflussungsmöglichkeiten (z. B. politische)
Stop
nein
Verhalten von Kunden, Konkurrenz, Distribution und externen Willenszentren unverändert
5
behalte Preispolitik bei
prüfe Aktualität aller Daten
aktuell ?
nein
adaptiere und prüfe neu
Stop
ja
Preispolitik aufrecht
Stop
4
Preis ist zu ändern, beachte Preisrahmen und Preisgestaltungselemente
prüfe Aktualität der Daten unter Berücksichtigung eventueller Zeitrestriktionen (z. B. rasche Reaktion notwendig)
aktuell ?
nein
ja
geänderter Preis wird angesetzt

C. Entscheidungen im Investitionsgütermarketing

C 1. Fallstudie: NCR / Gazelle

Die Fallstudie NCR / GAZELLE behandelt die Vermarktung von elektronischen Datenerfassungssystemen. Im vorliegenden Fall handelt es sich um den Beschaffungs- / Absatzentscheidungsprozeß zwischen

- NCR als Produzent und Anbieter des Datenerfassungssystems NCR 280
- GAZELLE als Abnehmer eines Datenerfassungssystems, wobei GAZELLE eine spezifische Betriebsform des Handels darstellt.

Die Fallstudie berücksichtigt sowohl den Kauf- als auch den Verkaufsstandpunkt.

A) GAZELLE: *Beschaffungsproblem und -entscheidung*

1. Ist-Zustand

1.1. Generelle Unternehmensdaten

Die GAZELLE AG ist ein Filialhandelsbetrieb des Textileinzelhandels mit dem Sortimentschwerpunkt Wäsche – Wirk- und Strickwaren. Die GAZELLE ist mit 70 Filialen und 81 „Verkaufsstellen" am Markt vertreten. Bei den „Verkaufsstellen" handelt es sich um selbständige Kaufleute, die jedoch vertraglich verpflichtet sind, sowohl die Geschäftsgestaltung im Filialstil durchzuführen, als auch ihr Sortiment ausschließlich von der GAZELLE zu beziehen. Die Verkaufsstellen sind daher von den eigentlichen Filialen nicht zu unterscheiden.
Die Unternehmung beschäftigt insgesamt 600 Mitarbeiter, wovon etwa 60 % dem Verkaufspersonal angehören. Der Jahreseinzelhandelsumsatz beträgt ca. 250 Mill. GE. Die Gesamtverkaufsfläche der 70 Filialen der GAZELLE beträgt 4.300 m^2. Der Lagerbestand beträgt zu Verkaufswerten ca. 65 Mill. GE, der Lagerumschlag liegt bei ca. 3,8 p.a. Mengenmäßig liegen ca. 1 Mill. stock-keeping-units auf Lager. Bei etwa 1.600 m^2 Lagerfläche stehen dem Zentrallager 40 Beschäftigte zur organisatorischen und manipulativen Bewältigung der Lagerbewegung zur Verfügung.

1.2. Das Belegsystem bei GAZELLE

Die folgenden Ausführungen beschränken sich auf das warenprozeßabhängige Belegsystem.

1.2.1. Bereiche des Belegsystems

1.2.1.1. Beschaffungsbereich

Grundsätzlich sind bei der Beschaffung zwei Varianten zu unterscheiden: direkte und indirekte Beschaffung. Die Unterscheidung orientiert sich an der Tatsache, ob

die Ware durch das Zentrallager geschleust wird (indirekte Beschaffung) oder direkt vom Lieferanten zum Expedit des Zentrallagers kommt (direkte Beschaffung).
Die *Phasenfolge der Beschaffung* hat generell folgenden Verlauf:
Nach einer Ausschreibung des Auftrages wird dieser vom zentralen Einkauf an den Lieferanten weitergegeben. Eine Kopie des Auftragsformulares geht in die Buchhaltung, eine weitere zur Warenübernahme. Nachdem vom Lieferanten die Auftragsbestätigung eingetroffen und die Ware angeliefert worden ist, erfolgt die Wareneingangskontrolle durch Musterziehung und Kontrolle der Anlieferungsmenge.
Nach positivem Kontrollergebnis wird die Ware zur mengenmäßigen Übernahme freigegeben, und es erfolgt die Etikettierung der Ware. Die etikettierte Ware wird in das Zentrallager transferiert. Zugleich mit der Ware kommt der Lieferschein, welcher zur Wareneingangsberechnung in der betriebswirtschaftlichen Abteilung und Eingangsfakturenkontrolle, welche im Lager erfolgt, verwendet werden kann. Die Ware wird laut Lieferscheininformation ins Warenübernahmebuch eingetragen.
Der *Informationsfluß der Eingangsfaktura* weist folgende Phasenstruktur auf:
Die Faktura kommt von der Post in das Sekretariat der Zentrale, von wo aus sie in die Buchhaltung weitertransportiert wird. In der Einkaufsabteilung erfolgt anschließend die Preisüberprüfung, im Zentrallager die Mengenüberprüfung der Eingangsfaktura. Nach erfolgter Überprüfung wird die Faktura wieder an die Buchhaltung zurückgegeben.
Im Falle des sogenannten direkten Wareneinganges schreibt die Filiale die Bestellung aus. Der Bestellauftrag wird in der Zentrale gesammelt, wobei eine mögliche mengenmäßige Adaption der Filialwünsche erfolgen kann. Die Waren werden vom Lieferanten direkt in den Expedit des Zentrallagers gesandt. Der Expedit sortiert die Ware nach Filialen und wandelt die Einzellieferscheine in Sammellieferscheine um. Die Wareneingangsermittlung erfolgt in der betriebswirtschaftlichen Abteilung analog zum indirekten Wareneingang.

1.2.1.2. Warenausgang: Zentrale an Filialen und Verkaufsstellen

Das Gesamtsortiment der GAZELLE ist in ein „Standardsortiment" und ein „modisches Sortiment" zu untergliedern. In beiden Bereichen werden saisonabhängige Kollektionen (Winter / Sommer) geführt.
Grundsätzlich sind zwei Arten von Warenauslieferungen zu unterscheiden: Sonderbestellungen (durch Verkaufsstellen), die außerhalb des definierten Standard- und Modesortimentes liegen. Solche Sonderbestellungen werden zu 100 % an die Verkaufsstellen ausgeliefert.
Die zweite Variante besteht im Warenausgang von bereits im Sortiment befindlichen Artikeln. Hier erfolgt nach einer Ausschreibung der Bestellung durch die Filialen bzw. Verkaufsstellen die Sammlung dieser Bestellungen im zentralen Sekretariat. Anschließend wird eine Aufteilung in Artikelhauptgruppen vorgenommen, da das Lager in Artikelhauptgruppen organisiert ist.
Der Lieferschein wird pro Artikelhauptgruppe und Filiale vierfach ausgestellt. Eine Festkopie (L 1) verbleibt im Wareneingangsbuch. Die Ware und die drei Lieferscheinkopien kommen zur Warenkontrolle. Nach erfolgter positiver Kontrolle geht eine Kopie (L 2) mit der Ware in den Versand.
Die Lieferscheinkopien L_3 und L_4 gehen zusammen mit dem Sammellieterschein in die Einkaufsabteilung zur zentralen Filialabrechnung mittels L_3 und wertmäßigen Ausrechnung der Warenlieferung mittels L_4. Diese Kopie L_4 wird an die

Filiale weitergegeben, damit sie dieser als eine Vergleichsmöglichkeit zwischen den ermittelten Wertansätzen der Zentrale und jenen der Filiale dient. In der Filiale werden die beiden Lieferscheinkopien L_2 (welche mit der Ware direkt mitging) und L_4 verglichen. Sind keine Abweichungen vorhanden, so wird die Ware laut Lieferschein in das Wareneingangsbuch eingetragen. Die von der Zentrale an die Filiale gesandte Lieferscheinkopie L_4 geht zurück an die zentrale betriebswirtschaftliche Abteilung.
Erfolgt eine Auslieferung an eine Verkaufsstelle, so hat eine Ausgangsfaktura erstellt zu werden. An Filialen wird nicht fakturiert. Die Lieferscheinkopie L_3 dient als Fakturenvorlage. Die Fakturierung erfolgt über einen Fakturierautomaten. Nach erfolgter Fakturenkontrolle wird die Ausgangsfaktura an die Verkaufsstelle gesandt. Die Fakturenkopie bleibt in Evidenz bis zur erfolgten Bezahlung und wird dann abgelegt.

1.2.1.3. Verkaufsbereich

Nach erfolgtem Wahlakt und Entnahme der Ware durch den Kunden wird vom Verkäufer der Verkaufsbeleg ausgeschrieben. Darüber hinaus wird die Rechnungssumme in die Betragsliste eingetragen. Die Ware wird verpackt und der am Rechnungsformular aufscheinende Betrag wird kassiert.
Die Firma GAZELLE teilt ihren Umsatz in einen warengebundenen und in den allgemeinen Leistungsumsatz ein. Der Unterschied zwischen Leistungsumsatz und Warenumsatz ist jener Anteil am Umsatzgeschehen, der durch Gutscheine bzw. Geschenkmünzen repräsentiert wird. Umsätze von Geschenkmünzen werden erst dann für die Verkaufsstatistik relevant, wenn dafür Waren abgelöst werden.
Der Kunde erhält die Kopie des Verkaufsbeleges, das Original wird für die Kassenabrechnung, welche täglich erfolgt, verwendet. Verkaufsbelege und Kassenabrechnung werden an das Sekretariat der Zentrale per Post oder innerbetrieblichem Kurier gesandt. Das Sekretariat verteilt die Belege wie folgt:
Die Kassenabrechnung geht an die Verkaufsabteilung, welche die Umsatzstatistik (Umsatz pro Verkäufer und Filiale) betreut, dann in die Kassenkontrolle und anschließend in die betriebswirtschaftliche Abteilung. Die Verkaufsbelege werden mit der Kassenabrechnung in der Kassenkontrolle verglichen und dann in der Buchhaltung kontiert.

1.2.2. Bestellung und Warenweg

(siehe Abb. 26, S. 167)

1.3. Das Mengengerüst des Belegsystems

Die Information über die Menge einer bestimmten Belegart und ihre Frequenz (Menge pro Zeiteinheit) ist eine wesentliche Information für die Investitionsentscheidung über ein Datenerfassungssystem.

1.3.1. Die Belegmengen im Warenausgang

Im Jahre 1970 wurden 100.000 Lieferscheine mit einer durchschnittlichen Positionszahl von 2 – 3 Lieferscheinzeilen manuell geschrieben. Die Unternehmung beabsichtigt eine verbesserte Artikelnummer einzuführen, wodurch die einzelnen

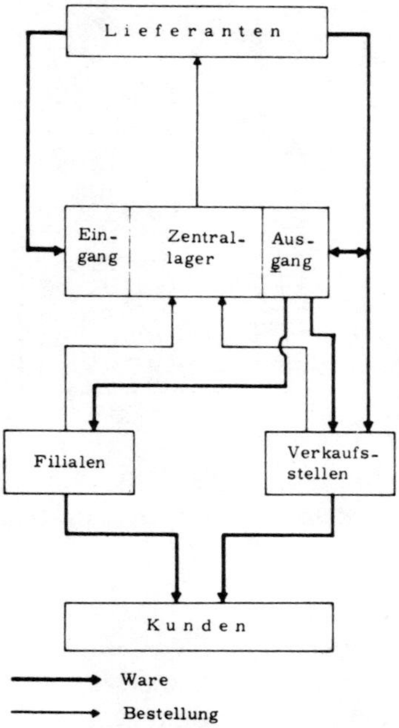

Abb. 26: Bestellung und Warenweg bei GAZELLE

Artikelpositionen nach Farbe und Größe weiter aufgeschlüsselt werden. Daraus ergibt sich nach dem neuen Datenerfassungssystem eine durchschnittliche Positionszahl von 16 – 24 Zeilen pro Lieferschein. 1972 werden ca. 120.000 Lieferscheine anfallen.
Zur Ermittlung der notwendigen Soll-Leistung der Datenerfassung sind 180 Arbeitstage im Jahr anzunehmen.

1.3.2. Die Belegmenge im Verkauf

Die Firma GAZELLE arbeitet mit Doppeletiketten in der Form, daß eine Etikette an den Kunden als Bestandteil der Ware weitergeht und der zweite Teil der Etikette auf die Kopie des Kassenbeleges geklebt wird.
1971 wurden 1,8 Mio. Verkaufsakte („Kunden") mit durchschnittlich 1,75 Positionen pro Auftrag getätigt. Das sind ca. 3,150.000 Verkaufseinheiten (Positionen) p.a. Nach Entscheidung für das Etikettensystem ist mit 4,5 Mio. Doppeletiketten, also mit 9 Mio. Etiketten, bei einer gegenüber 1971 um 7 Prozent gesunkenen Zahl der Verkaufsakte zu rechnen. Die Anzahl der Verkaufspositionen pro Kassazettel ist demnach auf 2,75 gestiegen. Einer Etikettendruckleistung (Normalleistung) von 6100 Etiketten, einem 75 %igen Auslastungsgrad (also 4600 Etiketten) und einem Stundensatz von 180 Stunden pro Monat entspricht eine Monatsleistung von 828.000 Etiketten. Der Drucker müßte daher im Jahr 10,87 Monate laufen. Es ist zu prüfen, ob die Kapazitätsreserve für Spitzenbelastungen unter Berücksichtigung der Reparaturanfälligkeit (Unterbrechungsrisiko) ausreicht.

Abb. 27: Etikette für das System NCR 280

Bei Retourwaren ist jener Belegfluß zu berücksichtigen, der von der Filiale an die Zentrale läuft. Die Menge der Retourwaren beträgt im Jahr ca. 250.000 Stück.

1.3.3. Preisänderungen

Es gibt zwei Formen der Durchführung von Preisreduktionen:
- Preisänderungsanweisung mittels Rundschreiben: Die Ware wird von der Filiale an die Zentrale gesandt und zentral umgepreist.
- Rundschreiben von der Zentrale an die Filiale, daß der Artikel X umzupreisen ist. Die Filiale meldet daraufhin wie viele Stück des Artikels X umgepreist wurden, damit die Zentrale die Anpassung des wertmäßigen Lagerbestandes pro Filiale durchführen kann.

In der Praxis überwiegt die Variante 1, also das Einziehen von Artikeln. Derzeit erfolgen Umpreisungen einmal wöchentlich.

2. Ziele und Restriktionen

2.1. Organisatorische Mängel

Als organisatorische Mängel wurden diagnostiziert:
- geringer Lagerumschlag
- ein hohes Ausmaß an Preisherabzeichnungen durch veralterte Lagerbestände
- kein rascher Informationszugriff zur Lagerkontrolle;

Daraus ersah man in der Unternehmung drei Problemkategorien:
- die Lagerbewirtschaftung
- die qualitative und quantitative Kapazität des Verkaufspersonals und deren Verwendung
- mangelnde Unternehmensführung nach betriebswirtschaftlichen Grundsätzen

Als generelle Zielvorstellung sollte die Führung und Kontrolle der Unternehmung nach Rentabilitätsgesichtspunkten ermöglicht werden.

2.2. Anforderungskatalog an ein Datenerfassungssystem

1. Die Daten müssen auf dem Etikett sowohl von menschlichem Auge als auch maschinenlesbar sein.

2. Das Etikett muß folgende Daten beinhalten können: In der Firma GAZELLE bestehen zwei Artikelnummern: eine alte und eine neue Version der Artikelnummer. Die neue Artikelnummer muß codiert und in Klarschrift gedruckt sein. Die neue Nummer ist achtstellig. Die jetzt gültige Artikelnummer (alte Version) ist nur im Klartext zu schreiben und wird nicht codiert. Diese Artikelnummer ist sechsstellig.

   Die Artikelnummern beinhalten grundsätzlich folgende Informationen:
   - die Artikelhauptgruppennummer (1-stellig)
   - die Artikeluntergruppennummer (2-stellig)
   - die fortlaufende Nummer (2-stellig)
   - die Zielgruppennummer – Kundenzielgruppe, segmentiert nach dem Kriterium „Lebensalter der Kunden" – (1-stellig)
   - die Umpreisungsziffer (1-stellig)
   - die Prüfziffer (1-stellig)

   Darüber hinaus ist zur Beschreibung der Artikel deren Größenbezeichnung, sowohl vercodet wie in Klarschrift, ausgerichtet an der internationalen Strumpfgrößenbezeichnung und eine Farbbezeichnung, ebenfalls codiert und in Klarschrift vorzusehen.

   Weiters muß auf dem Etikett der Verkaufspreis sowohl in Klarschrift wie codiert mit sechsstelliger Kapazität vorgesehen werden.

Etiketteninhalt	Klarschrift Stellenzahl	codiert Stellenzahl
a) neue Artikelnummer	8	8
b) gültige Artikelnummer	6	–
c) Größenbezeichnung	2–4	2
d) Farbnummer	2	6
e) Verkaufspreis	6	6
Summe der Stellen	24–26	18

3. Das Etikett muß zwar auf der Ware verläßlich haften bleiben, jedoch im Manipulationsfalle problemos von der Ware abgelöst und auf den Kassenbeleg geklebt werden können.
4. Zur innerbetrieblichen Kontrolle und Auswertung muß das Etikett zweifach vorhanden sein.
5. Die Kassenkontrolle muß durch das Datenerfassungssystem gewährleistet sein.
6. Die auf dem Etikett beinhalteten Informationen (Verkaufsdaten) sind für eine weitere Verarbeitung auf einem systemkompatiblen Magnetband zu speichern.
7. Unter Berücksichtigung eines integrierten Datenerfassungssystems ergibt sich die Anforderung, daß das System sowohl zur Erfassung der Wareneingänge wie auch der Erfassung der Warenausgänge aus dem Zentrallager ausbaufähig sein muß. Die qualitative und quantitative Druckkapazität für die bezüglichen Belege (Lieferschein, Fakturen) muß vorgesehen werden.
8. Die Auswertung der gespeicherten Verkaufsdaten in einem Rechenzentrum ist vorzusehen.
9. Die für eine spezifische Auswertung der Daten anfallenden Datenverarbeitungskosten dürfen einen Betrag von 0,3 % Umsatz p.a. nicht übersteigen.

   Das Gesamtinvestitionsvolumen darf einen Betrag von 5 % des Jahresumsatzes nicht überschreiten.

3. *Beschaffungsalternativen*

Aufgrund einer allgemeinen Informationssammlung kristallisierten sich aus dem Angebot an Datenerfassungssystemen drei Systemproduzenten für die engere Entscheidungssituation heraus. In der folgenden Angebotsanalyse werden diese drei Systeme unter Berücksichtigung der Anforderungen der Firma GAZELLE analysiert.

3.1. Kostenvergleich der angebotenen Datenerfassungssysteme

Mietpreiszusammenstellung der angebotenen Systeme auf 4 Jahre

	Kosten / Monat *System I* *NCR*	*System II*	*System III*
1. Kaufmiete des Systems Nach 4 Jahren Eigentum der Fa. GAZELLE	28.000, –	23.000, –	32.000, –
2. Jahrespauschalservicepreis	4.000, –	3.500, –	6.000, –
3. Monatskosten des Systems	32.000, –	26.500, –	38.000, –
4. Etikettenkosten; ca. 5 Mill. Stck. p.a. Einzelkosten	0,10/Etik.	0,13/Etik.	0,07/Etik.
(inklusive Farbbandkosten)	40.000, –	55.000, –	30.000, –
5. System- und Etikettenkosten	72.000, –	81.500, –	68.000, –
6. Tägliche Verarbeitung der Daten im Rechenzentrum ca. 1.500, –/Tag x 25 Arbeitstage	37.500, –	37.500, –	37.500, –
7. Monatsauswertung Dieser Betrag kann entsprechend gesenkt werden, wenn nur gewisse Ausdrücke geschrieben werden.	15.000, –	15.000, –	15.000, –
8. Gesamt-Monatskosten Erfassung und Verarbeitung	124.500, –	134.000, –	120.500, –
9. Programmänderungskosten ca. S 150.000, – (Angebot des Rechenzentrums)			

Angebot des Rechenzentrums:
Die Programmänderungskosten ergeben einen Schätzwert von ca. S 150.000,–.
Die Verarbeitungskosten / Monat mit täglichem Ausdruck ergeben (ca. S.1.500,–/ Tag x 25 Arbeitstage) ca. S 37.500,–
Monatsauswertung aller Artikel pro Filiale ergeben Verarbeitungskosten von ca. S 15.000,–
Leistung des geänderten Versuchsprogrammes:

1. Täglicher Ausdruck des Umsatzes pro Artikelgruppe, pro Filiale und Gesamtunternehmen.
2. Täglicher Ausdruck des Fehlerprotokolls
3. Monatsabrechnung:
   a) Gesamtumsatz pro Artikel und Filiale
   b) Gesamtumsatz pro Artikel für das Gesamtunternehmen
4. Das System sieht die Möglichkeiten täglichen Abrufes der gespeicherten und geordneten Werte vor. Darüber hinaus kann eine Auswertung nach Artikel für das Gesamtunternehmen bei einem Kostensatz von ca. S 500,– erfolgen.

3.2. Sonstige Merkmale der Systemalternativen

Der technische Vergleich ergibt, daß alle drei Systeme in der Lage sind, die technischen Anforderungen von der Firma GAZELLE zu erfüllen. Es ergeben sich jedoch Unterschiede in
- Kosten- und Investitionshöhe,
- Lieferzeiten,
- Erprobungszeit in der Praxis,
- Abhängigkeit von Drittlieferanten.

Das System II kann am schnellsten geliefert werden, ist aber bei den monatlich anfallenden Kosten das teuerste System. Außerdem wird der Etikettendrucker von einem anderen Erzeuger hergestellt und geliefert.
Das Datenerfassungssystem I ist ebenfalls rasch und sicher lieferbar. Eine Verbilligung der Etiketten für das System I wird in absehbarer Zeit durch Inlandsproduktion gegeben sein.
Das angebotene System III hat die längste Lieferzeit (14 – 16 Monate). Um mit der Systemumstellung nicht mit dem Weihnachtsgeschäft 1973 zu kollidieren, wurde in Aussicht gestellt, daß zumindest der Etikettendrucker schon im April 1973 geliefert werden könnte. Das System III ist das preisgünstigste, es liegen jedoch keine umfassenden Erfahrungen über den Systemeinsatz in der Praxis vor. Der Erzeuger des Systems III bietet jedoch darüber hinaus eine kostenlose Erfassung der Verkaufsdaten auf Lochstreifen an.

B) NCR: Marketing-Mix und Absatzstrategie

1. Ist-Zustand

1.1. Generelle Unternehmensdaten

NCR-National Cash Register ist ein multinationaler Konzern mit einem Konzernumsatz von annähernd 2 Milliarden US $ und einem Konzernbeschäftigtenstand von etwa 100.000 Beschäftigten. Das Produktionsprogramm von NCR ist durch die historische Entwicklung geprägt:
In den ersten Jahrzehnten nach der Firmengründung wurden ausschließlich Registrierkassen erzeugt. (Gründungsjahr des Unternehmens 1884). Um 1920 – 1930 wurden Buchungsmaschinen und auch Additionsmaschinen in das Produktions- und Verkaufsprogramm aufgenommen.
Durch systematische Forschungs- und Entwicklungsarbeiten konnten immer leistungsfähigere Produkte hervorgebracht werden, die NCR zu einer der führenden Unternehmungen auf dem Gebiete der Geldkontrolle im Handel machten.
Die Aufnahme des Computer-Geschäftes erfolgte nach systematischer Arbeit mit der Zielrichtung der kommerziellen Verwendung von bestehenden Gesamtsystemen. Dadurch ist es NCR heute möglich, sämtliche Maschinen, welche der Datenerfassung, Datenverarbeitung und Datenauswertung dienlich sind, zu erzeugen und zu verkaufen.
Die Multinationalität der NCR zeigt sich in der Tatsache, daß die Unternehmung derzeit mit 16 Fabriken und etwa 1100 Vertriebsniederlassungen (Direktabsatz) in 120 Ländern der Welt vertreten ist.

Im betrachteten regionalen Absatzmarkt ist NCR mit einer Vertriebsgesellschaft vertreten, die derzeit 380 Beschäftigte aufweist. Ein wesentlicher Anteil des Beschäftigtenstandes ist im Servicebereich tätig.
Die Umsatzentwicklung zeigt folgenden Verlauf:

1968	100	(Basisumsatz)
1969	119	
1970	130	
1971	147	
1972	176	

Das Leistungsprogramm der Vertriebsgesellschaft weist drei Produkt- und zwei Dienstleistungsgruppen auf:

Produktgruppen
- Registrierkassen und Datenerfassungsgeräte (PG 1)
- Elektronische Datenverarbeitungsanlagen: Mittlere Datentechnik und Großrechenanlagen (PG 2)
- Zubehör für Registrierkassen, EDV-Anlagen und Bürobedarf: NCR-Papier, diverse Büroorganisationsmittel etc. (PG 3)

Dienstleistungsgruppen:
- technischer Kundendienst (DL 1)
- Service-Rechenzentrum (DL 2)

Tabelle der Umsatzentwicklung der einzelnen Programmbereiche:

Jahr	PG 1 Registrierkassen und DE	PG 2 EDV	PG 2 MDT	PG 3 Zubehör	DL 1/2 technischer Dienst (ab 1972 inklusive Rechenzentrum)
1968	100	100	100	100	100
1969	130	150	124	106	111
1970	136	100	147	128	117
1971	158	175	147	131	150
1972	185	375	212	138	161

1972 verteilen sich die Umsätze der Leistungsbereiche wie folgt:

Registrierkassen	40 %
EDV-Anlagen	9 %
Mittlere Datentechnik	11 %
Zubehör	25 %
Technischer Dienst und Rechenzentrum	15 %

Für den Anteil des Dienstleistungsbereiches „Technischer Kundendienst" ist zu vermerken, daß im betrachteten Markt Ende des Jahres 1972 30.000 Maschinen für Service-Tätigkeiten vorhanden waren.
Die Marktanteile der Produktbereiche weisen im regionalen Absatzgebiet folgende Werte auf:

Registrierkassen	40 – 50 %
EDV-Anlagen	1 – 2 %
Mittlere Datentechnik	5 – 7 %

Die Marktanteile für den Produktbereich des Maschinenzubehörs und des Büroorganisationszubehörs sind aufgrund der Vielfalt dieses Produktbereiches nicht feststellbar.

1.2. Die Marketing-Organisation

Die im Punkt 1.1 beschriebenen Programmbereiche sind als *Profit-Centers* aufzufassen. Die Aufbauorganisation der regionalen Verkaufsgesellschaft ist zweidimensional konzipiert:
- die Ebene der Programmbereiche
- die Verkaufsregionen

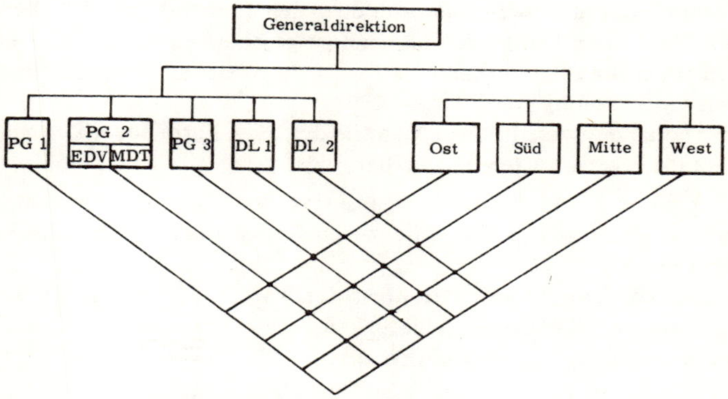

Abb. 28: Die Verkaufsorganisation der NCR

Im Rahmen des Verkaufsgeschehens kommen als Kontaktpersonen zum Kunden in Frage:
- Fachberater (Verkaufspersonal, organisatorisch der Ebene der regionalen Gliederung zugeordnet)
- Systemspezialisten (organisatorisch der Ebene der Leistungsbereiche zugehörig)
- Kundenspezialisten (Angehörige der Organisation, die unabhängig von ihrer sachlichen oder hierarchischen Stellung spezielle Branchen- und Kundenkenntnisse aufweisen und daher für potentielle oder bereits bestehende Großkunden eingesetzt werden)

Im Verkaufsgeschehen tritt daher stets eine charakteristische Aufgabenteilung ein:
- die kaufmännische Geschäftsabwicklung (Offertstellung, Abschluß)
- die Systemberatung (Offertkontrolle, Beratung vor Kaufabschluß, Betreuung während der Einführungsphase)

1.3. Marketing-Mix für NCR 280 Datenerfassungssystem

1.3.1. Produktprogramm

Die folgende technische Produktbeschreibung umfaßt nur jene Systemkomponenten, welche unbedingt für das Verständnis der Fallstudie und für die Wahl der für GAZELLE geeigneten Systemkonfiguration notwendig sind.

Die Produktidee des Systems NCR 280

Integrierender Bestandteil des NCR 280-Datenerfassungssystems ist das sogenannte Farbcode-Etikettensystem. Die Produktidee des NCR-Datenerfassungssystems besteht in dem automatischen Lesen von Etiketten mittels eines Lesestiftes. Alle für eine spätere EDV-Auswertung erforderlichen Informationen (z. B. Abteilungs-, Warengruppen-, Artikelnummer, Größe und Preis des Artikels) sind nicht nur in Klarschrift, sondern auch in optisch lesbaren Farbstrichkombinationen gedruckt. Der bleistiftförmige Lesestift wird händisch über den Farbcode geführt. Lesefehler sind durch eine Reihe von Kontrollen faktisch ausgeschlossen. Wird vom Leser eine Information nicht einwandfrei erkannt, so wird automatisch über ein akustisches Signal eine Lesewiederholung gefordert.

Die für den Einzelhandel wesentlichen Vorteile des NCR-Farbcodeetikettensystems sind durch folgende Eigenschaften definierbar:

- Das Etikett kann während des Lesevorganges an der Ware verbleiben. Manipulationen, um das Etikett von der Ware zu entfernen oder wieder anzubringen, werden damit erspart.
- Die Form und körperliche Beschaffenheit der Ware hat keinen Einfluß auf die Lesequalität bzw. auf die Lesegeschwindigkeit.
- Preisänderungen sind einfach zu handhaben.
- Die Etiketten sind auf kundenspezifische Wünsche in ihrer Größe und mit dem Informationsinhalt anpaßbar.
- Der Farbcode enthält alle für die Datenverarbeitung benötigten Informationen.
- Die Anzahl der Klarschriftstellen kann von der Anzahl der im Farbcode enthaltenen Stellen abweichen.

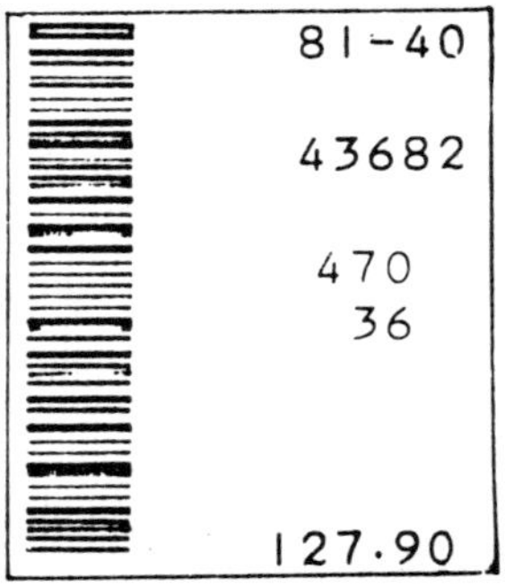

Das NCR-Farbcode-Etikettensystem und dazugehörige Leseverfahren ist nicht nur im Zusammenhang mit dem Kassiervorgang und mit der Warenregistration, sondern als ein allgemeines Verfahren der sicheren und raschen Datenerfassung zu sehen. So ist auch das Lesen innerbetrieblicher Belege (Personalkarten, Kundenkarten, Arbeitsscheine, sonstige Belege), aber auch die Verwendung in Bibliotheken, Tankstellen, Restaurants, Ca n and Carry-Betrieben usw. denkbar.

Das Datenerfassungssystem NCR 280 setzt sich aus folgenden Bestandteilen zusammen:

NCR 280 Elektronisches Datenerfassungsgerät

Das NCR 280 Datenerfassungsgerät arbeitet als freistehende Einheit, unabhängig von einem zentralen Steuer- und Kontrollrechner.

Die Standardausrüstung des NCR 280-Datenerfassungsgerätes ist aus der folgenden Abbildung ersichtlich:

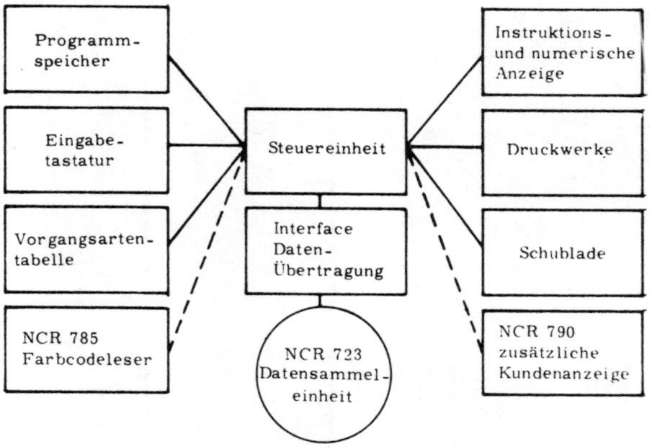

Abb. 29: Struktur des Systems NCR 280

Die durch die unterbrochenen Linien mit der Steuereinheit verbundenen Einheiten gehören nicht zur Standardausrüstung und sind wahlweise anschließbar. Das in der Steuereinheit enthaltene Betriebsprogramm wird durch die im Programmspeicher enthaltenen Programmdaten auf das individuelle Kundensystem angepaßt. Variabel können z. B. gestaltet werden:

- Bedienungsabläufe
- Konstanten (Daten, Kassenstellen- und Filialnummer usw.)
- Moduli und Gewichte für Prüfziffernrechnung
- Rabattsätze
- Eingabekontrollen

Durch die verschiedensten programmgesteuerten Tastensperren und sonstigen Kontrollen ist eine weitestgehende Sicherheit in der Bedienung und damit eine geringe Fehlerwahrscheinlichkeit bei der Eingabe gegeben.
Neben dem internationalen 10-Tastenfeld sind noch 9 Funktionstasten gegeben. Wesentlich in diesem Zusammenhang erscheint die Preisänderungstaste, durch welche der nachfolgende Verkaufsposten als Umsatz mit Preisänderung gekennzeichnet wird. Beim Lesen eines Etikettes werden außer dem Preis alle anderen Wareninformationen (Artikelnummer, Abteilungsnummer usw.) als gültig erkannt; die Kassa erzwingt jedoch die Eingabe des neuen Preises über das Tastenfeld.
Die Druckwerke des Datenerfassungssystems NCR 280 bestehen aus einem Bon-, Quittungs- und Journalstreifendruck. Es können jeweils abhängig vom Druckvorgang:

- Bon- und Journalstreifen
- Quittung- und Journalstreifen
- nur Journalstreifen
- nur Bonstreifen (bei der Programmeingabe)

gedruckt werden.
Die Anzahl der Verkaufspositionen ist pro Kassazettel mit 26 Zeilen nach oben begrenzt.

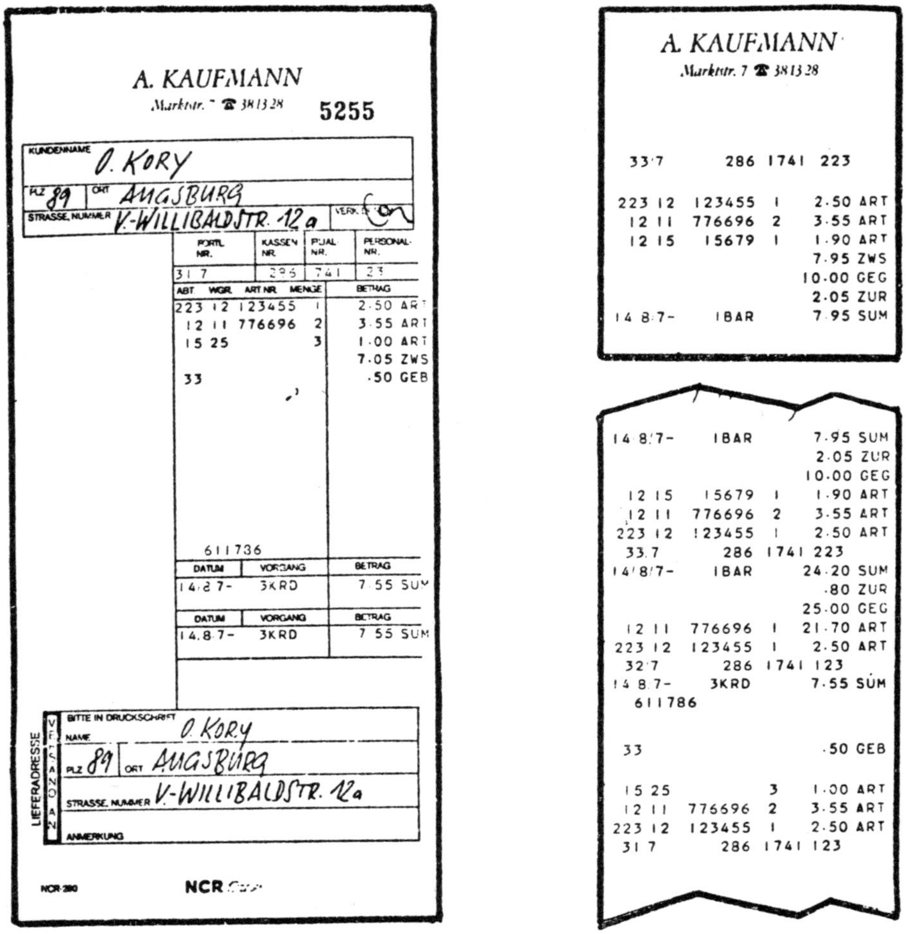

Abb. 30: Verkaufsbelege im System NCR 280

Die Leselogik erkennt aufgrund besonderer Anfangs- und Endsymbole, ob das Etikett vorwärts oder rückwärts gelesen wurde und nimmt wenn nötig die Umkehrung vor. Der Artikel muß also vor dem Lesen nicht in eine bestimmte Lage gebracht oder ausgerichtet werden. Weiters kann der Beleg beim Lesevorgang an der Ware verbleiben. Die Lesbarkeit wird durch eine gekrümmte oder weiche Oberfläche nicht gemindert. Damit ist eine konstante Lesequalität bei variabler Konsistenz der Ware garantiert.

Die Lesegeschwindigkeit beträgt minimal 1,25 cm / sec und maximal 150 cm / sec. Damit ist die Dateneingabe so schnell, daß sie trotz zusätzlicher Erfassung umfangreicher statistischer Werte jeder manuellen Eingabe überlegen ist.

Zur NCR 280 ist auf Wunsch eine zusätzliche Kundenanzeige anschließbar. Mittels dieser Kundenanzeige werden alle die durch die Bedienungskraft eingegebenen Informationen einschließlich jener, welche mit dem Farbcodeleser erfaßt wurden, angezeigt. Die Anzeigekapazität beträgt maximal 6 Stellen. Als Erläuterung des dargestellten Betrages scheinen die folgenden Textfelder auf:

Betrag
Gebühren
Anzahlung
Summe total
gegeben
Rückgeld
Gutschrift

NCR 747 Etikettendrucker

Der NCR 747 Etikettendrucker bedruckt herkömmliches Etikettenpapier in verschiedenen Formaten mit normalen Klarschriftzeichen und dem Farbcode. Die Druckgeschwindigkeit des NCR 747 Etikettendruckers steht in direktem Zusammenhang mit der Länge der herzustellenden Etiketten. Sie beträgt beispielsweise bei einem 2,7 cm langen Klebeetikett, das 8 Zeichen aufnehmen kann (3 Stellen für die Warengruppe und 5 Stellen für den Preis), 12.900 Etiketten pro Stunde, bei einer Länge von 3,97 cm mit maximal 16 Zeichen 8.760 Etiketten pro Stunde.

NCR 785 Farbcodeleser

Der NCR 785 Farbcodeleser besteht im wesentlichen aus dem Lesestift und der Leselogik. Beide werden durch ein flexibles Lichtkabel von 1,5 m Länge verbunden. Beim Lesevorgang wird der Lesestift in beliebiger Längsrichtung über den Farbcode eines Etikettes geführt. Die Leselogik überprüft die gelesenen Informationen und überträgt nur fehlerfreie Daten, bei gleichzeitiger Abgabe eines Kontrolltons in das Datenerfassungsgerät NCR 280. Falls Informationen nicht einwandfrei oder nur unvollständig gelesen werden, ertönt ein Warnton. In diesem Fall ist der Lesevorgang zu wiederholen. Bei stark beschädigten Belegen sind die Daten manuell über das Eingabetastenfeld zu erfassen. Der Farbcodeleser NCR 785 erfaßt in Farbcode gedruckte numerische Informationen.

NCR 761 Kassettenaufzeichnungsgerät

An jedes NCR 280-Datenerfassungsgerät kann ein NCR 761 Kassettenaufzeichnungsgerät angeschlossen werden, das alle über das Tastenfeld oder den Farbcodeleser erfaßten Informationen auf einer Magnetband-Kassette aufzeichnet.

NCR 723 Datensammeleinheit

Die in 4 Varianten erhältliche Datensammeleinheit NCR 723 übernimmt die Daten von mehreren 280-Datenerfassungsgeräten und zeichnet sie auf Magnetband auf. Die Verwendung einer Datensammeleinheit NCR 723 schließt den alternativen Einsatz des Kassettenaufzeichnungsgerätes NCR 761 aus.

NCR 734 Kassettenkonverter

Der Kassettenkonverter transformiert Daten von Magnetbandkassetten auf konventionelle Magnetbänder und umgekehrt. Er bildet damit ein Verbindungsglied zwischen dem System NCR 280 und der möglichen Auswertung im Rechenzentrum.

1.3.2. Systemkonfigurationen

Aus diesen grundlegend angeführten Hard-ware-Komponenten lassen sich verschiedene Systemkonfigurationen ableiten, die, gekoppelt mit verschiedenen Dienstleistungen, einen verschiedenen Komplexitätsgrad und ebenso verschiedene Leistungsfähigkeit der Datenerfassung bzw. Datenverarbeitung aufweisen. Grundsätzlich ist zu unterscheiden, ob eine Unternehmung gewisse Bereiche eines integrierten Datenerfassungssystems durch externe Instanzen (Rechenzentren) durchführen läßt oder ob sie den gesamten Aufgabenkomplex einer integrierten Datenerfassung selbständig betreut.
Die folgenden Systemkonfigurationen stellen die wichtigsten Ausbaustufen innerhalb der Menge möglicher dar. Einen systematischen Überblick der möglichen und sinnvollen Systemkonfigurationen bietet die Tabelle (Abb. 31):

Tabelle der Systemkonfigurationen NCR 280

	Systemkonfiguration																
Systemeinheit	A	B	C	D	E	F	G	H	I	J	K	L	M	N	O	P	Q
NCR 280	x	x	x	x	x	x	x	x	x	x	x	x	x	x	x	x	x
NCR 785				x	x	x	x		x	x					x	x	x
NCR 747						x	x		x	x					x	x	x
NCR 761		x		x		x		x			x	x	x				
NCR 723			x		x		x		x	x				x	x	x	x
NCR 734											x	x	x				
NCR 725															x	x	x
NCR 399										x							
NCR-Rechenzentrum		x	x	x	x	x	x				x					x	x
eigenes Rechenzentrum								x	x			x		x	x		
Datenkonverter in Lohnarbeit													x				
teleprocessing																	x
Etikettendruck in Lohnarbeit				x	x												

Abb. 31: Systemkonfigurationen

System A: Eine oder mehrere NCR 280 werden als Kassa in Form einer autonomen Datenerfassungseinheit verwendet. Eine Weiterverarbeitung der erfaßten Daten und eine Auswertung in einem Rechenzentrum ist nicht vorgesehen. System A stellt somit die einfachste Konfiguration eines Datenerfassungssystems dar.

System B: In dieser Ausbaustufe wird das Datenerfassungsgerät NCR 280 mit dem Kassettenaufzeichnungsgerät NCR 761 gekoppelt. Es ist zu beachten, daß als Minimalkonfiguration jeweils eine Datenerfassungsstation auch ein Kassettenaufzeichnungsgerät erfordert. Der Einsatz eines Kassettenaufzeichnungsgerätes ermöglicht weitere Datenauswertung, entweder im eigenen Rechenzentrum oder im Servicebetrieb in einem fremden Rechenzentrum. Sind in einem Betrieb mehrere Kassen-Terminals geplant, und überschreitet die Leitungsentfernung zwischen dem Kassen-Terminal und einer zentralen Datensammeleinheit nicht 1200 m, so ist eine zentrale Datensammeleinheit NCR 723 einsetzbar. Die Anschlußkapazität der zentralen Datensammeleinheit geht bis zu maximal 48 NCR 280 Datenerfassungsgeräten. Dies würde einer lokalen Konfiguration von 48 Kassen-Terminals in einem Betrieb entsprechen.

System D: Als nächste Ausbaustufe ergibt sich die Möglichkeit des Einsatzes eines Farbcodelesegerätes (NCR 785). Der Einsatz eines Farbcodelesegerätes setzt voraus, daß der Datenträger in Etiketteform vorhanden ist. Diese Ausbaustufe ist entweder mit dezentraler oder mit zentraler Datenaufzeichnung kombinierbar. Solange das Unternehmen die Etiketten nicht selbst druckt, müssen diese in Lohn hergestellt werden.

Als nächste Ausbaustufe ergibt sich daher System F: In der Systemkonfiguration F wird neben der maximal möglichen Anzahl von Kassen-Terminals und der dazugehörigen Aufzeichnungsgeräte und Lesegeräte auch die Erstellung der Etiketten mittels des Farbcodeetikettendruckers NCR 747 durchgeführt. Auch hier kann die Datenauswertung im eigenen Rechenzentrum oder in Lohnarbeit erfolgen.
Steht dem Unternehmen, welches zur Organisierung der Datenerfassung eine NCR 280 einsetzen möchte eine eigene EDV-Anlage zur Verfügung, so werden die Resultate des Systems F auf die eigene EDV-Anlage übertragen.
Als Einsatzmöglichkeiten der mittleren Datentechnik ergibt sich die Systemkonfiguration J: Diese besteht aus der Systemkonfiguration F und der mittleren Datenverarbeitungsanlage NCR 399.
Eine Sonderform der Systemkonfiguration bei geplanter Auswertung in einem Rechenzentrum ergibt sich beim Einsatz von Aufzeichnungsgeräten (NCR 761) statt Magnetbandstationen als Datensammeleinheiten. Diese Besonderheit besteht im Einsatz eines Konverters, welcher die durch die NCR 280 gelesenen und durch die NCR 761 aufgezeichneten Werte auf ein für Großrechenanlagen system-kompatibles Magnetband transformiert.
Es ist jedoch auch möglich, die Konvertierung der Daten vom Datenaufzeichnungsgerät in Magnetbänder und umgekehrt in Lohnarbeit in einem NCR-Rechenzentrum vornehmen zu lassen.
Als nächste Ausbaustufe, welche insbesondere für sogenannte „Selbstauswerter" in Frage kommt, bietet sich folgende Version an: Mehrere Kassen-Terminals mit einer zentralen Band-Station (NCR 723) und Auswertung über das eigene Rechenzentrum.
Als eine integrierte Ausbaustufe dieser Konfiguration ist das System NCR 725 zu nennen (Store Level Control System), welches in mehreren Versionen realisierbar ist. Es werden mehrere Kassen-Terminals über dezentrale Datensammeleinheiten mit der zentralen Einheit NCR 725 verbunden, die einen direkten Zugriff und eine direke Beeinflussung des Warenprozeßgeschehens ermöglicht. Darüber hinaus ist von der NCR 725 in online-Version die Auswertung über ein Rechenzentrum möglich. Die Systemkonfiguration mit der NCR 725 ist auch ohne Rechenzentrumsauswertung als ein Lager- und Verkaufsüberwachungsinstrument denkbar. Weitere Ausbaustufen integrierter Datenerfassungs- und Warenprozeßkontrollsysteme sind durch Datenfernverarbeitung (teleprocessing) insbesondere in Form des Dialogverkehrs (z. B. Kreditprüfsysteme) möglich.

1.3.3. Distribution

Zur Organisation des Distributionssystems gelten analog die Ausführungen zum Punkt 1.2. Institutionell gesehen ist die NCR im betrachteten regionalen Markt in 7 Städten mit firmeneigenen Niederlassungen vertreten. Als zentrale Einrichtungen für Reparatur und Wartungsarbeiten stehen 9 Servicewerkstätten zur Verfügung.

1.3.4. Kommunikation

Auch für das System NCR 280 gelten die grundlegenden Kommunikationsalternativen im Rahmen des allgemeinen Marketing-Mix.

Medienwerbung:
- Prospektmaterial
- Systembeschreibungen
- Anzeigen in Fachzeitschriften
- Artikel mit PR-Charakter in Tageszeitungen
- Nutzung von Personalwerbeannoncen für Imagewerbung
- PR-Mappen für generelle Informationen
- Jahresberichte

Veranstaltungen:
- Messen
- Seminarveranstaltungen mit Kunden oder Beratern
- Pressekonferenzen
- Marketing-Tagungen
- Individuelle Präsentationen von Systemen
- Referenzbesuche

Innerbetriebliche Aktionen:
- Regionale und überregionale Veranstaltungen für Mitarbeiter, die besondere Verkaufsleistungen erreichen.

1.3.5. Preis und Konditionen

Exakte Preisangaben sind aufgrund der unterschiedlichen Konfigurationen und der Flexibilität innerhalb des Provisionsrahmens kaum möglich. Die genannten Preise stellen daher nur grobe Orientierungswerte dar.

NCR 280	150.000,– GE
NCR 785	50.000,– GE
NCR 761	50.000,– GE
NCR 747	400.000,– GE
NCR 732	350.000,– GE

Zahlungsbedingungen:
Grundsätzlich stehen die Möglichkeiten der sofortigen Bezahlung, des Ratenkaufes, der Miete (nur im Rahmen von Gesamtsystemen) und der Kaufmiete zur Verfügung.

2. Ziele und Restriktionen

2.1. Ziele

2.1.1. Allgemeine Unternehmensziele

Der Gesamtumsatz im regionalen Markt betrug 1971 160 Mio. GE. Im Rahmen der Umsatzplanung rechnet man mit jährlichen Zuwachsraten von 20 – 30 %. Die Zuwachsraten sind differenziert zu betrachten, da durch die Einflüsse von verzögerten Produktfreigaben und den Einflüssen der Budgetplanung im Rahmen des Gesamtkonzernes Verschiebungen eintreten können.

2.1.2. Absatzziel für NCR 280 Datenerfassungssystemen

1973 werden voraussichtlich etwa 20 Datenerfassungseinheiten (in unterschiedlichen Konfigurationen) zur Auslieferung gelangen. Diese Installationen werden in 6 – 7 Aufstellungsplätzen bei insgesamt 4 – 5 Kunden erfolgen.
1974 will man eine hundertprozentige Steigerung der Absatzmenge erreichen.

2.2. Restriktionen

2.2.1. Produktrestriktionen

NCR 747: Im normalen Betrieb ist der Etikettendrucker in der Lage, ca. 4600 Etiketten pro Stunde (bei 24 Zeichen / Etikette) zu drucken. Bei optimaler Bedienung kann ein Maximum von ca. 6000 Etiketten erreicht werden. Aus der Sicht der technischen Produktabnützung ist der Etikettendrucker für ca. 8 Stunden täglichen Betrieb ausgelegt. Lesekapazität: Im Warenausgang rechnet man mit einer Lesekapazität von ca. 15.000 Etiketten bei einer durchschnittlichen Arbeitszeit von 8,5 Stunden.

2.2.2. Marktsegmentierung

Aus der Sicht der universellen Einsetzbarkeit der Problemlösung des optischen Farbcodelesers als universelles Datenerfassungsgerät ist eine Beschränkung des Marktes aus der Sicht des Anwendungsbereiches nicht möglich. (Groß- und Einzelhandel; Cash and Carry-Betriebe, Warenhäuser, Filialbetriebe, Restaurants, Bibliotheken etc.).

C) Aufgabenstellung

1. Definition des Beschaffungsproblems
   1.1. Erfassung der organisatorischen Engpässe des Belegsystems unter Berücksichtigung des Informationsbedarfes und der organisatorischen Zielsetzung
   1.2. Konkretisierung des Investitionszieles: Erstellung alternativer Systemkonfigurationen des Datenerfassungssystems
2. Marketing-Mix für NCR 280 Datenerfassungssystem
   2.1. Erstellung eines Segmentierungsmodells für das Datenerfassungssystem
   2.2. Planung der Kommunikationspolitik unter Berücksichtigung der Zielgruppen und der Kaufentscheidungsphasen

XI. Kaufentscheidungsprozeß und Investitionsgütermarketing

1. Arbeitsdefinitionen

Ausgehend vom allgemeinen Begriff „Wirtschaftsgut“ ergibt sich je nach Wahl der verwendeten differencia specifica ein enger oder weiter Begriff für Investitionsgüter (Produktionsgüter). Als differencia specifica können verwendet werden:

- die Wirtschaftsstufe des Verwenders
- die Kategorie innerhalb der Produktionsfaktoren

	Investitions- (Produktions-)güter	Konsumgüter
Wirtschaftsstufe des Kunden	Verwendung oder Verbrauch in Unternehmungen	Verwendung oder Verbrauch in privaten Haushaltswirtschaften
Produktions- faktorkategorie	P o t e n t i a l f a k t o r	
	R e p e t i e r f a k t o r	

Als ***Investitionsgüter*** im ***engen*** Sinn werden nur solche Güter verstanden, die Potentialfaktoren (z. B. Anlagen, Maschinen) im Rahmen gewerblicher Verwendung darstellen. In der Folge soll jedoch ein *weiter* Investitionsgüterbegriff verwendet werden: sowohl Potential- als auch Repetierfaktoren gelten als Investitionsgüter. Nicht die technologische Eigenschaft oder der Charakter als Produktionsfaktor, sondern die Wirtschaftsstufe des Verwenders entscheidet über die Zuordnung.
Aus dem Charakter der Entscheidungssituation des potentiellen Kunden in unterschiedlichen Wirtschaftsstufen ergibt sich ein zusätzliches Merkmal:
Es kann angenommen werden, daß in den Einflußkategorien und Phasen des Kaufentscheidungsprozesses für Investitionsgüter charakteristische Unterschiede zur privaten Kaufentscheidung auftreten, die einen unterschiedlich strukturierten Einsatz absatzpolitischer Instrumente zur Folge haben.
Aus der Sicht der absatzpolitischen Entscheidung werden als Investitionsgüter die der gewerblichen Verwendung dienenden Absatzobjekte verstanden, deren zugehöriger Beschaffungsentscheidungsprozeß in Organisationen abläuft. Generell können als Organisationen formal gegründete, zielorientierte Personenmehrheiten bezeichnet werden.

2. Strukturmodelle des Kaufverhaltens

Theoretische Ansätze zur Analyse des individuellen Kaufverhaltens lassen sich in Partial- und Totalmodelle unterscheiden:
Partialmodelle haben die Wirkungen von einzelnen externen Variablen (z. B. Familieneinfluß, Bezugsgruppeneinfluß, opinion-leader-Einfluß, Einkommens- und Zeitrestriktionen, absatzpolitische Instrumentalausprägungen wie Preisvariationen, Werbegestaltungen etc.) und individuelle psychische Eigenschaften (z. B. Persönlichkeitsmerkmale, Einstellungen, Risikobereitschaft, Adoptionsbereitschaft) des Kaufentscheiders auf das Kauf- und Informationsverhalten zum Gegenstand (dissonanztheoretische Modelle, lernpsychologische Modelle, risikotheoretische Modelle, Bezugsgruppenmodelle etc.).

Dabei handelt es sich um Applikationen sozialwissenschaftlicher Hypothesen auf den Bereich des Kaufverhaltens. Für die Verwendung als Entscheidungshilfe im Marketing ist zu berücksichtigen, daß es sich bei diesen Ansätzen um isolierte Betrachtungen handelt und darüber hinaus der schrittweise Ablauf von gesamten Entscheidungsprozessen nicht zum Ausdruck kommt. Insbesondere, wenn primär nicht das aggregierte Verhalten des gesamten Marktes, sondern Entscheidungsabläufe beim individuellen Entscheidungssubjekt beeinflußt werden sollen, benötigt man eine Modellvorstellung über die Ablaufstruktur des Kaufentscheidungsprozesses.
Diese Struktur berücksichtigen die *Totalmodelle* des Kaufverhaltens. Totalmodelle weisen die folgenden Merkmale auf:
Es handelt sich um Strukturmodelle kognitiver Prozesse. Sie sind als offene Systeme konzipiert, die alle Kategorien von Umwelteinflüssen berücksichtigen und lernfähig sind. Für die Erklärungen der Abläufe und Abhängigkeiten im System selbst werden allgemeine verhaltenswissenschaftliche Theorien herangezogen.
Sie sind an der allgemeinen Ablaufstruktur des Problemlösungsprozesses orientiert.

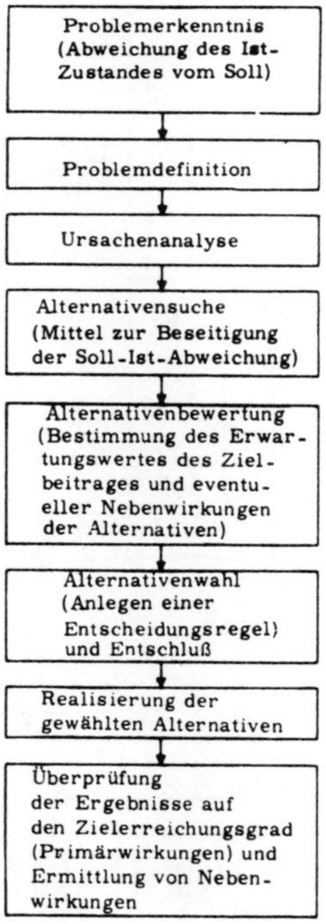

Abb. 32: Der allgemeine Problemlösungsprozeß

Die Strukturmodelle unterscheiden sich, abgesehen von unterschiedlichen theoretischen Annahmen über die psychische Struktur des Entscheidungssubjektes, vor allem durch den unterschiedlichen Detaillierungsgrad in der Ausführung der Entscheidungsprozeßstufen. Das Schwergewicht kann z. B. in jenen Einflußkategorien liegen, die auf die individuelle Prädisposition wirken:

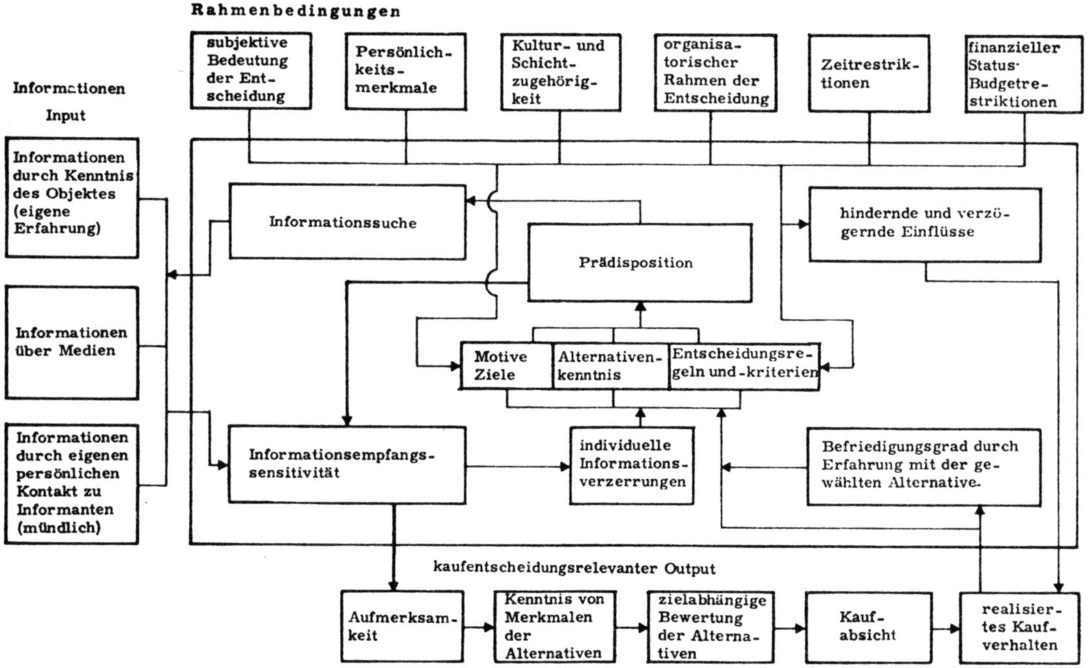

Abb. 33: **Strukturmodell des Kaufverhaltens in Anlehnung an Howard/Sheth**

Im Falle eines derartigen Strukturmodelles wird die interaktive Wirkung psychischer und sozialer Einflußkategorien, produktbezogener Informationen und Kauferfahrungen dargestellt. Das Schwergewicht liegt auf der psychischen Prädisposition, nicht jedoch auf dem ablaufenden Entscheidungsprozeß. Daher ist bei einem solchen *prädispositionsorientierten Totalmodell* kein Ansatzpunkt für die Möglichkeit eines zum Kaufentscheidungsprozeß synchronen Einsatzes absatzpolitischer Maßnahmen gegeben.

Dieser pragmatischen Forderung entsprechen *prozeßorientierte* Strukturmodelle. Der Einsatz von phasenabhängigen Marketingaktivitäten wird insbesondere für Kaufentscheidungsprozesse möglich sein, die

- nicht habituell (gewohnheitsmäßig) oder
- spontan (Impulsverhalten) erfolgen und
- deren Phasen erkennbar sind.

3. Die Phasen des allgemeinen Kaufentscheidungsprozesses

3.1. Entscheidungsprozeß

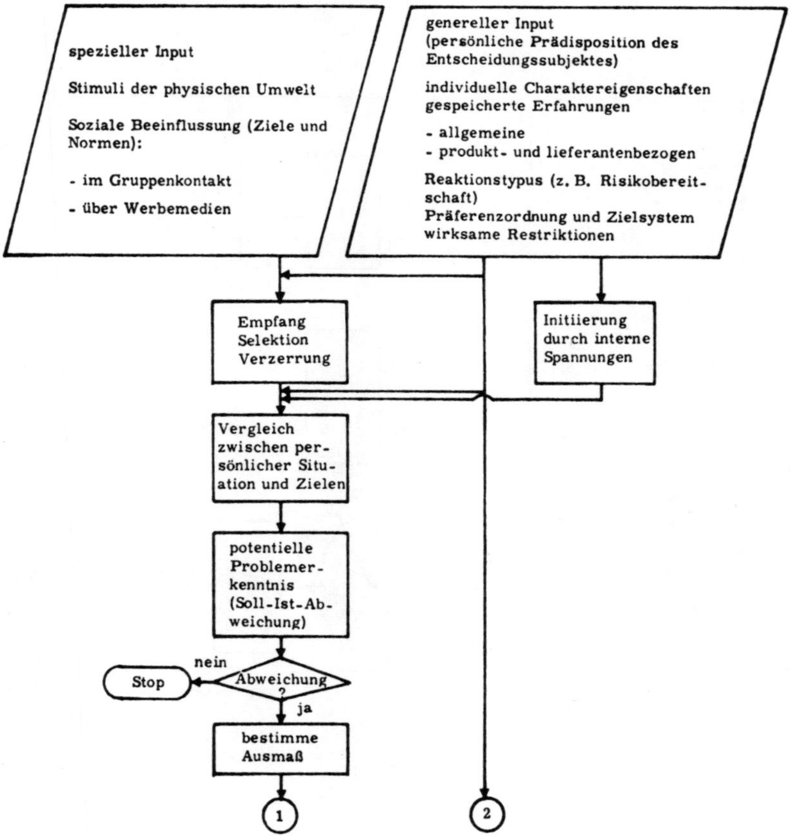

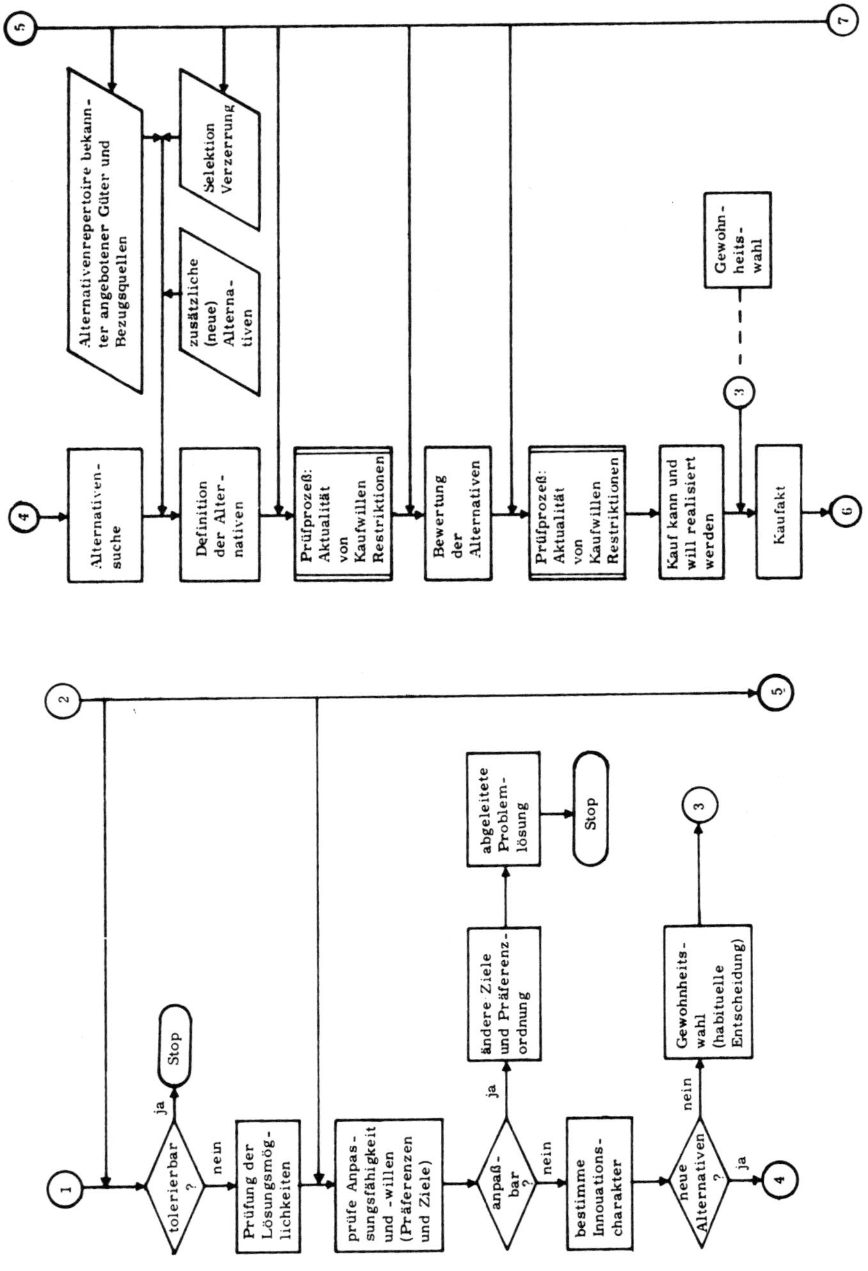
1
tolerierbar ?
ja
Stop
nein
Prüfung der Lösungsmöglichkeiten
2
prüfe Anpassungsfähigkeit und -willen (Präferenzen und Ziele)
anpaßbar ?
ja
ändere Ziele und Präferenzordnung
abgeleitete Problemlösung
Stop
nein
bestimme Innovationscharakter
neue Alternativen ?
nein
Gewohnheitswahl (habituelle Entscheidung)
3
ja
4
5
4
Alternativensuche
Definition der Alternativen
Prüfprozeß: Aktualität von Kaufwillen Restriktionen
Bewertung der Alternativen
Prüfprozeß: Aktualität von Kaufwillen Restriktionen
Kauf kann und will realisiert werden
Kaufakt
6
5
Alternativenrepertoire bekannter angebotener Güter und Bezugsquellen
zusätzliche (neue) Alternativen
Selektion Verzerrung
3
Gewohnheitswahl
7

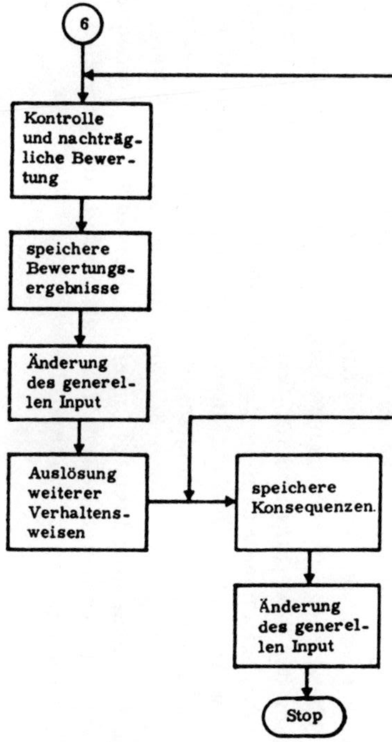
6
7
Kontrolle und nachträgliche Bewertung
speichere Bewertungsergebnisse
Änderung des generellen Input
Auslösung weiterer Verhaltensweisen
speichere Konsequenzen.
Änderung des generellen Input
Stop

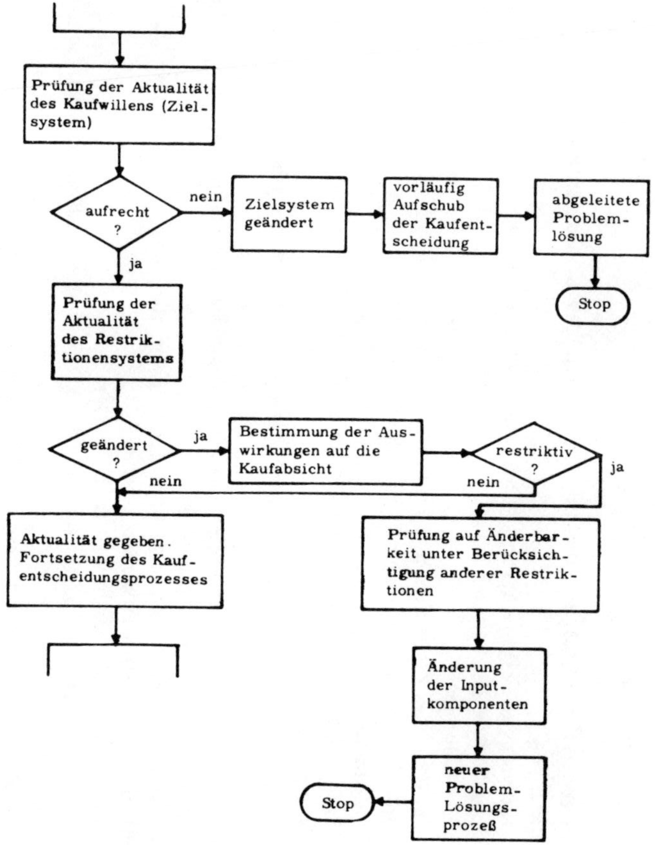
Prüfung der Aktualität des Kaufwillens (Zielsystem)
aufrecht ?
nein
Zielsystem geändert
vorläufig Aufschub der Kaufentscheidung
abgeleitete Problemlösung
Stop
ja
Prüfung der Aktualität des Restriktionensystems
geändert ?
ja
Bestimmung der Auswirkungen auf die Kaufabsicht
restriktiv ?
ja
nein
nein
Aktualität gegeben. Fortsetzung des Kaufentscheidungsprozesses
Prüfung auf Änderbarkeit unter Berücksichtigung anderer Restriktionen
Änderung der Inputkomponenten
neuer Problem-Lösungsprozeß
Stop

3.2. Kommentar

Als *genereller* Input auf die Entscheidungen des Konsumenten als Individuum wirken

- individuelle Eigenschaften (Charaktermerkmale, Reaktions- und Verhaltensmuster wie Risikobereitschaft, Entschlußfreudigkeit etc.), allgemeine Werte und Einstellungen
- individuelles Zielsystem und Präferenzordnungen
- Information über allgemeine, gespeicherte Erfahrungen
- Information über produktspezifische Erfahrungen
- Information über generell wirksame Restriktionen (Zeit, finanzielle Mittel, soziale Normensysteme etc.)
- Individuelle Beurteilungen des subjektiven Zielerreichungsgrades (Befriedigungsniveau).

Inkongruenzen innerhalb dieser generellen Input-Kategorien können bereits Anstoß für den Kaufentscheidungsprozeß sein.

Der *spezielle* Input umfaßt Stimuli der Umwelt, die direkt auf die Auslösung eines Entscheidungsprozesses wirken können:

- konkrete physische Umwelt (z. B. Wetter)
- aktuell wirksame soziale Normen, die kaufverhaltensbestimmend wirksam werden
- Informationen über Bezugsgruppenverhalten
- opinion-leader-Einfluß
- Primärgruppeneinflüsse (z. B. Familie)
- ökonomische Stimuli (z. B. Werbekommunikation).

Bei der Aufnahme dieser Umweltstimuli wirken bereits Selektionsfilter und Informationsverzerrungen, die ihre Ursache im aktuellen Zustand des generellen Input haben. Der Vergleich zwischen Zielsystem des Individuums und aktuellem Zustand klärt die prinzipielle Existenz einer Abweichung (Problem). Nach Bestimmung des Ausmaßes wird die individuell tolerierbare Grenze zur Beurteilung des Problems herangezogen. Bei nicht tolerierbaren Abweichungen setzt entweder die Suche nach Lösungsalternativen ein oder das Problem wird aufgrund der individuellen Anpassungsfähigkeit des Zielsystems des Entscheidungssubjektes psychisch eliminiert und der Prozeß abgebrochen.

Im Falle der potentiellen Alternativensuche ist zwischen *habitueller* und *innovativer Kaufentscheidung* zu trennen. Die habituelle (gewohnheitsmäßige) Entscheidung benötigt keinen externen Alternativensuchprozeß und hat auch das Ergebnis der Alternativenbewertung aus vergangenen Entscheidungsprozessen gespeichert. Auch in den Phasen der Bewertung und vor dem endgültigen Kaufentschluß ist die prinzipielle Möglichkeit einer Adaption des Zielsystems und der Präferenzordnungen und damit der Abbruch des Entscheidungsprozesses gegeben. Bei erfolgter Kaufentscheidung und Marktentnahme sind sowohl das Ergebnis der nachträglichen Bewertungsphase, welches wie der spezielle Input der subjektiven Filterung und Verzerrung (z. B. Dissonanzreduktion) unterliegt, als auch die Konsequenzen ausgelöster weiterer Verhaltensweisen des Entscheiders im generellen Input als Erfahrung zu speichern und das Prädispositionssystem zu adaptieren.

4. *Determinanten des organisierten Kaufentscheidungsprozesses*

Der Kaufentscheidungsprozeß für Investitionsgüter wird entsprechend der gewählten Abgrenzung als ein Entscheidungsvorgang im Rahmen von Betriebswirtschaften („organizational buying“) verstanden. Dieser Entscheidungsprozeß ist durch die folgenden Merkmale gekennzeichnet:
- Mehrpersonenentscheidung
- aufbau- und ablauforganisatorisch strukturierte Beziehungen zwischen den beteiligten Personen (definierte Entscheidungs- und Verantwortungsbereiche)
- strukturierte Informationssysteme (formal und informal)

Diese Merkmale bestimmen die Strategie im Investitionsgütermarketing in bezug auf
- Bestimmung des *Adressatenkreises* für die Absatzpolitik
- Berücksichtigung individueller und gruppenspezifischer Reaktionsformen der Adressaten aufgrund der Entscheidungssituation in der nachfragenden Unternehmung.

4.1. *Die arbeitsteilige Struktur organisierter Entscheidungsprozesse*

In Betriebswirtschaften ist der Entscheidungsprozeß nicht als kognitiver Prozeß eines Individuums zu verstehen. Die Phasen des Entscheidungsprozesses stellen Teilaufgaben dar, die bei temporärer Überschneidungsmöglichkeit arbeitsteilig getrennt an selbständige Organisationsmitglieder (Aufgabenträger) delegiert werden können. Die arbeitsteilig betreuten Aufgabenbereiche werden mit Teil- oder Vorentscheidungen abgeschlossen, die in den gesamten Problemlösungsprozeß integriert werden. Der organisatorische Entscheidungsprozeß kulminiert daher nicht in einer einzigen finalen Entschlußphase. Die Problemlösung durch einen abschließenden Entscheidungsschritt wird vielmehr durch Vor- und Zwischenentschlüsse (Zielentscheidung, Problemdefinition, Auswahl der Alternativen aus der Menge der möglichen, Bestimmung der Entscheidungskriterien etc.) weitgehend vorbereitet und die Entscheidungsmöglichkeiten eingeengt.

4.2. *Bestimmungsmerkmale der Struktur des organisierten Kaufentscheidungsprozesses*

4.2.1. Die organisatorische Gestaltung als Bestimmungsmerkmal des Entscheidungsprozesses

4.2.1.1. Die Organisation des Entscheidungsanlasses

Individuelle Veranlassung:
Die Initiierung wird dem einzelnen Organisationsmitglied überlassen und ist damit von der Problemerkenntnisfähigkeit und dem Lösungswillen des einzelnen abhängig. Die Organisation tritt erst dann in die weiteren Entscheidungsphasen ein, wenn der Anstoß durch die individuelle Initiative gegeben wird.
Organisatorische Veranlassung:
In diesem Falle wird durch eine formale Regelung die Initiierungsnotwendigkeit für einen Entscheidungsprozeß beim Vorliegen einer definierten Datenkonstellation gesichert.

Im Falle individueller Veranlassung bestehen keine formalen Anhaltspunkte zur Lösung des *Identifikationsproblemes* (Adressatenbestimmung). Im Falle der Kenntnis von potentiellen Entscheidungsinitiatoren sind deren Beeinflußbarkeit und individuelle Eigenschaften nach Möglichkeit zu bestimmen. Bei organisatorischer Veranlassung besteht das Identifikationsproblem in der Auffindung organisatorisch definierter, potentieller Initiatoren. Darüber hinaus sind Informationen über den Eintritt der definierten und initiierend wirkenden Daten-Konstellationen zu beschaffen.

Situative und konstitutive Entscheidungsanlässe:

Situative Entscheidungsanlässe bedingen kurzfristig zu realisierende Entscheidungen (ad hoc-Entscheidungen) aufgrund nicht prognostizierter Problemsituationen. Demgegenüber gehören *konstitutive Entscheidungsanlässe* der Planung an und bedingen Planentscheidungen. Der Plancharakter läßt tendenziell einen langfristigen Planungshorizont für die einzelnen Entscheidungsprozesse zu. Für Beschaffungsentscheidungen im Investitionsgüterbereich können beide Varianten zutreffen, daher ist für beide Fälle die zugehörige organisatorische Strukturierung des Entscheidungsprozesses als Rahmen der Identifikationsentscheidung zu bestimmen.

4.2.1.2. Die Erkennbarkeit der Phasenstruktur und die Gestaltung des Kommunikationssystems

Die Erkennbarkeit der einzelnen Teilaufgaben im Rahmen des gesamten organisierten Entscheidungsprozesses wird geprägt durch

- den Grad der arbeitsteiligen Erledigung von Teilaufgaben;
- den Dokumentierungsgrad durch Belege;
- die Gestaltung des Kommunikationssystems (gebundenes oder freies Kommunikationssystem: abhängig davon, ob die Aufgabenträger durch organisatorische Regeln verpflichtet oder frei in der Aufnahme von Kommunikationsbeziehungen sind).

<table>
<tr><td rowspan="2"></td><td colspan="2">Dokumentierungsgrad</td></tr>
<tr><td>gering</td><td>hoch</td></tr>
<tr><td>Einzelentscheidung (Vorbereitung und Entschluß im Teilentscheidungsprozeß bei einer Person)</td><td>Die Identifikation ist nur für die generelle Zuständigkeit möglich; Phasenzustand schwer erkennbar</td><td>Phasenzustand rekonstruierbar in Abhängigkeit vom Belegsystem und von der Zutrittsmöglichkeit anderer Personen</td></tr>
<tr><td rowspan="2">Arbeitsteilung (Verteilung von Vorbereitungsaufgaben; Entschluß aber bei einer Person)</td><td>Informationsstand der Aufgabenträger im Rahmen der Entscheidungsvorbereitung schwer erkennbar; Zuständigkeit und hierarchische Beziehung bestimmbar</td><td>Der Informationsstand der Aufgabenträger ist in Abhängigkeit vom Belegsystem in der Entscheidungsvorbereitung rekonstruierbar</td></tr>
<tr><td colspan="2">Beeinflussung des Entscheiders ist abhängig von den Freiheitsgraden für den Einsatz seiner individuellen Präferenzordnungen.</td></tr>
<tr><td>Arbeitsteilung (Vorbereitung und Entschlußphase arbeitsteilig: gremiale Willensbildung)</td><td>Die Zuständigkeit des Gremiums ist bekannt; der Phasenzustand ist schwer erkennbar; die Beeinflussung der Entschlußfassung ist abhängig vom Freiheitsgrad der Alternativenwahl und bei schwer vergleichbaren Alternativen insbesondere von der Gruppenstruktur</td><td>Der Informationsstand der Aufgabenträger ist belegsystemabhängig rekonstruierbar.</td></tr>
</table>

4.2.1.3. Die Identifikation der Aufgabenträger in Abhängigkeit von Organisationsgrad, Verteilungsstruktur und Kooperationsbeziehung

In Abhängigkeit von der Organisation des Entscheidungsanlasses und dem innovatorischen Charakter der Beschaffungsentscheidung ist der Organisationsgrad der nachfragenden Unternehmung durch den Anbieter generell zu bestimmen. In der Folge wird die Strukturierung des potentiellen Adressatenkreises unter Berücksichtigung der Phasen des Entscheidungsprozesses erarbeitet. Dabei ist zuerst der Zentralisations-(bzw. Dezentralisations-)grad in den einzelnen Entscheidungsphasen zu ermitteln. Nach der Zuordnung auf einzelne Organisationseinheiten ist für die Teilaufgaben dieser Bereiche der Kooperationsgrad in der Aufgabenerfüllung zu bestimmen. Schließlich ist sowohl für den Kreis der beteiligten Personen innerhalb einer Aufgabenträgergruppe als auch für eine gesamte Gruppe innerhalb des übergeordneten Gesamtentscheidungsprozesses die *Rollenstruktur* zu erfassen. Darüber hinaus sind unternehmensexterne Willenszentren zu definieren. Auch für diese ist die organisatorische Zuordnung zum Beschaffungsentscheidungsprozeß und dessen Rollenstruktur zu bestimmen (z. B. Einfluß externer Beratung, restriktive Wirkung von externen Finanzierungsquellen etc.)

	Problem-stellung	Alternativen-suche	Alternativen-bewertung	Entschluß	Realisation
zentral					
dezentral					

	Problem-stellung	Alternativen-suche	Alternativen-bewertung	Entschluß	Realisation
betroffene Organisationsbereiche: z. B. Verkauf Einkauf Finanz-bereich etc.					
betroffene externe Bereiche					

	im betroffenen Bereich - in den betroffenen Phasen				
	Problem-stellung	Alternativen-suche	Alternativen-bewertung	Entschluß	Realisation
organisationsintern: individuell					
kooperativ					
organisationsextern: individuell					
kooperativ					

	Decider	Buyer	Influencer	User
betroffene Personen und				
Personengruppen				

Abb. 34: **Die Identifikation der Aufgabenträger**

4.2.2. Persönliche und gruppenspezifische Merkmale der Aufgabenträger

Entscheidungen in Organisationen sind aufgabenorientierte soziale Prozesse. Daher unterliegen auch Kaufentscheidungen den Wirkungen von formaler Organisationsstruktur und informalen Erscheinungen. Der einzelne Aufgabenträger agiert sowohl seiner Stellendefinition als auch seiner informalen Rolle entsprechend.

Formale Organisationsstruktur und Stellendefinitionen regeln aufgabenspezifisch oder in der Rahmenzuständigkeit für typische Aufgabenkategorien hierarchische Beziehungen (Anordnungs- und Entscheidungsbefugnisse), Kooperationsbeziehungen und vorgesehene Kommunikationswege und -formen. Die formale Struktur hat dauerhaften Charakter und ist auch für Organisationsfremde identifizierbar.

Informale Beziehungen hingegen sind einerseits schwieriger identifizierbar und anderseits ist auch das Ausmaß ihrer entscheidungsbeeinflussenden Wirkung nicht eindeutig erfaßbar. Sollte aufgrund von Beobachtungen die Annahme berechtigt sein, daß der informale Einfluß wirksam ist, insbesondere wenn er deutliche Abweichungen von formalen Beziehungen zur Folge hat, ist für die anbietende Unternehmung die Notwendigkeit gegeben, die Entscheidungsstruktur aus der Sicht der informalen Beziehungen und die informale Rollenstruktur im Entscheidungsprozeß zu erfassen.

4.2.2.1. Informale Strukturelemente

Formale Strukturelemente	Mögliche informale Abweichungen
Normensystem	
Aufgabenbezogene Normen (z.B. Leistungsnorm)	Leistungsbremsende oder überhitzende Normen
Ablauforganisatorische Normen (z.B. Arbeitszeitbeginn)	Informale Änderungen und Umgehung
Normen des persönlichen Verhaltens (z.B. Kleidungsnormen, Höflichkeit)	Informale Gruppenansprüche (Rollenerwartungen)
Führungsstruktur	
Formale Autorität (Kompetenz)	Meinungs- und verhaltensbeeinflußende informale Führer; Verhalten von informalem Status abhängig
Gruppenstruktur	
Formale Struktur (Arbeitsgruppe, Entscheidungsgremien) aufgabenorientiert und hierarchisch festgelegt	Informale Gruppen (aufgabenunabhängig und ohne hierarchisch zwingende Grenzen)

Kommunikationsstruktur

Abweichungen im Informationsverhalten von der formalen Form sind abhängig von der hierarchischen Richtung des Kommunikationsweges und vom Sachcharakter zu sehen. (Vgl. Analyse betrieblicher Belegsysteme).

Vollständigkeit	Selektionswirkungen
Inhalt	Verfälschungen
Form (generalisierend) spezifizierend identifizierend)	Selektionsverhalten in der Form der Informationsweitergabe abweichend von formalen Regeln
Kommunikationsweg (Instanzenzug, laterale Kommunikation) und -mittel	Instanzensprünge: nicht vorgesehene oder verbotene Kommunikationswege und -mittel

4.2.2.2. Die Rollenstruktur im Kaufentscheidungsprozeß

		Decider	Buyer	Influencer	
organisationsintern	formal				
	informal				
organisationsextern	formal				
	informal				

Im Rahmen des organisierten Entscheidungsprozesses unterliegen vorwiegend die Rollen des „*decider*" und „*influencer*" informalen Modifikationen. Die Rollen des „*buyer*" und „*user*", als (kauf- bzw. verwendungs-) ausführende Organe, sind überwiegend formal geregelt. Diese Trennung kann als Identifikationshilfe nur aufrechterhalten werden, wenn diese Rollen auch getrennten Personen zuordenbar sind. Wenn zwei oder mehrere Rollen in einer Person vereint sind (z. B. decider-buyer, user-influencer, decider-buyer-influencer etc.), ist eine Auflösung über die rein formale Zuständigkeit hinaus nur über das individuelle Verhaltensmuster (individuelle Präferenzordnungen, Bezugsgruppenorientierungen, Informationsverhalten etc.) möglich. Die Identifikationsmöglichkeit für den Anbieter ist von der persönlichen Kontakt- und Analysechance abhängig.

Diese Rollenstruktur ist darüber hinaus noch um das informale Informationsverhalten zu erweitern. Jeder Aufgabenträger, der als eine Teilaufgabe die Informationssuche, -sammlung und -weitergabe in veränderter oder unveränderter Form übertragen hat, kann eine Selektionswirkung ausüben *(gate-keeper)*. Die Identifizierung der gate-keeper-Rolle ist generell durch die Kontaktperson möglich. Die Erfassung des Selektionsverhaltens erfordert einen Lernprozeß in der Kontaktpflege mit der Organisation. (siehe Abb. 35 auf Seite 199)

4.2.3. Kaufentscheidungsrelevante Umweltfaktoren

Die Kenntnis der spezifischen Umweltsituation der nachfragenden Unternehmung ist im Zusammenhang mit der Kaufentscheidung dann für den Anbieter wesentlich, wenn die Umweltfaktoren eine generell fördernde oder restriktive Wirkung auf die Kaufentscheidungen haben.

Physische Umweltstruktur
z. B. klimaabhängig prognostizierbarer Bedarf

Technische Bedingungen (Entwicklungsstand)
z. B. Kenntnis vom Auslaufen einer geschützten Produktionstechnik gibt Hinweise auf potentiellen Investitionsbedarf

Wirtschaftliche Bedingungen
insbesondere Konkurrenzstruktur
z. B. Bedarfsschätzung aufgrund erkannter Marktlücken, abgeleitet aus dem Leistungsprogramm der mit potentiellen Kunden konkurrenzierenden Unternehmungen

Anbieterstruktur
die Anbieterstruktur und die Informationen darüber fallen mit der Konkurrenzsituation der anbietenden Unternehmung zusammen

Demographische Bedingungen (insbesondere potentielle Zielgruppen)
generelle Entwicklungen der Bedarfsstruktur (z. B. internationale Trends) lassen potentielle Marktlücken und Investitionsbedarf des Kunden erkennen.

Politische Bedingungen und öffentliche Verwaltung
z. B. Marktlücken für förderungswürdige Projekte (Umweltschutz, soziale Einrichtungen etc.)

Rechtliche Bedingungen
z. B. erhöhte Investitionstätigkeit aufgrund steuerlicher Änderungen

4.2.4. Organisationsspezifische Beziehung zum Beschaffungsobjekt

Die für den Anbieter notwendige Information über die relative Bedeutung einer Beschaffungsentscheidung wird bestimmt durch:
- das Zielsystem
- den Tätigkeitsbereich des Nachfragers (z. B. Papier als Büromaterial oder als Werkstoff für eine Druckerei oder als Wareneinsatz im Papierhandel)
- die Produktionstechnik (z. B. substituierbare Hilfsstoffe oder nicht substituierbarer Rohstoff mit zwingender Beschaffungssicherung wie beispielsweise in Kunststoffproduktionsstraßen, Zuckerfabrikation etc.)
- die Größe der beschaffenden Unternehmung
- deren relative Auftragsgröße (z. B. Zentraleinkauf von Büromaterial für eine Unternehmensgruppe)
- die Mindestabnahmeeinheiten (z. B. einmalige und nicht teilbare Beschaffungseinheiten wie zweckabhängige Mindestkonfigurationen einer Datenerfassungsanlage, Ersatzbeschaffung eines Großaggregates etc.)

Unabhängig vom Gesamtprofil der Ausprägungen dieser organisationsspezifischen Merkmale bedingt allein die Änderung eines Merkmales eine neue Positionierung in der Gewichtung der Beschaffungsentscheidung. Damit kann eine Modifikation der Organisation des Beschaffungsentscheidungsprozesses und auch eine geänderte subjektive Einstellung der am Entscheidungsprozeß beteiligten Instanzen bewirkt werden.

Das *Identifizierungsproblem* ist für diese Strukturdeterminante zweistufig:

- entweder hat die betrachtete Beschaffungsentscheidung keinen innovatorischen Charakter; in diesem Fall gilt der generelle Identifizierungsprozeß zur Bestimmung der Adressatengruppe;
- oder die Beschaffungsentscheidung bedeutet eine Verschiebung gegenüber den bisher bekannten organisierten Entscheidungsprozessen; dann ist zu ermitteln, ob dafür generelle Regelungen zutreffen oder ob eine Änderung des am Beschaffungsentscheidungsprozeß beteiligten Personenkreises vorgenommen wird.

Die Identifizierung des Adressatenkreises, der über den ursprünglichen Veranlasser des Beschaffungsentscheidungsprozesses hinausgeht, hängt von der Beobachtungsmöglichkeit dieser organisatorischen Veränderung durch den Anbieter ab.

5. Die Phasenstruktur des organisierten Kaufentscheidungsprozesses

5.1. Entscheidungsprozeß

(siehe Schaubilder auf S. 196 und S. 197)

5.2. Kommentar

Der organisierte Beschaffungsentscheidungsprozeß ist ein Kaufentscheidungsprozeß unter Berücksichtigung der organisatorischen Struktur als Subproblem der Prozeßgestaltung.

Der generelle Input umfaßt die formale und informale Unternehmensstruktur, das generelle Zielsystem der Unternehmung, die Präferenzordnungen der Aufgaben- und Rollenträger im Beschaffungsentscheidungsprozeß, das Restriktionensystem der Unternehmung und die gespeicherten Erfahrungen mit der Organisation von Beschaffungsentscheidungsprozessen, dem Beschaffungsobjekt und den Beschaffungsquellen.

Der spezielle Input umfaßt organisatorisch nicht geplante, wirksame Stimuli für die Initiierung eines Beschaffungsentscheidungsprozesses (Umweltsituation, Anbieteraktivität, individuelle Veranlassung durch ein Organisationsmitglied).

Der Beschaffungsentscheidungsprozeß kann durch diesen spezifischen Input und durch den generellen Input (bei organisatorischer Veranlassung) in Gang gesetzt werden. Ein wesentlicher Unterschied zum individuellen Kaufentscheidungsprozeß ist in der Überprüfung, Schaffung oder Modifikation der beschaffungsorganisatorischen Strukturierung gegeben; diese sind abhängig von Beschaffungsobjekt, innovatorischem Charakter und Gewicht der Entscheidung.

Die Wirkungen des speziellen Inputs konzentrieren sich auf die Phasen des primären Empfanges (Anregungsphase), der Erfassung bekannter Alternativen und der Einholung zusätzlicher Angebote (Suchphase).

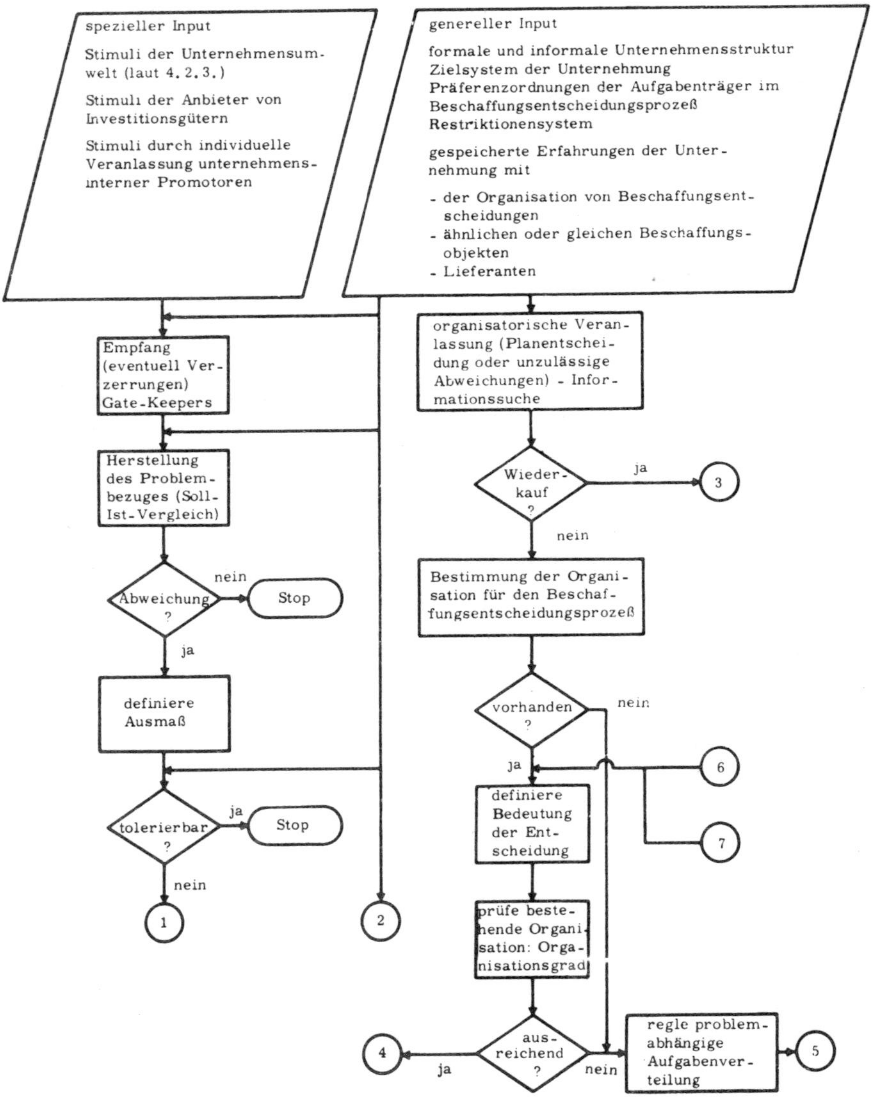
spezieller Input
Stimuli der Unternehmensumwelt (laut 4.2.3.)
Stimuli der Anbieter von Investitionsgütern
Stimuli durch individuelle Veranlassung unternehmensinterner Promotoren
genereller Input
formale und informale Unternehmensstruktur
Zielsystem der Unternehmung
Präferenzordnungen der Aufgabenträger im Beschaffungsentscheidungsprozeß
Restriktionensystem
gespeicherte Erfahrungen der Unternehmung mit
- der Organisation von Beschaffungsentscheidungen
- ähnlichen oder gleichen Beschaffungsobjekten
- Lieferanten
Empfang (eventuell Verzerrungen) Gate-Keepers
Herstellung des Problembezuges (Soll-Ist-Vergleich)
Abweichung ?
nein
Stop
ja
definiere Ausmaß
tolerierbar ?
ja
Stop
nein
1
2
organisatorische Veranlassung (Planentscheidung oder unzulässige Abweichungen) - Informationssuche
Wiederkauf ?
ja
3
nein
Bestimmung der Organisation für den Beschaffungsentscheidungsprozeß
vorhanden ?
nein
ja
6
definiere Bedeutung der Entscheidung
7
prüfe bestehende Organisation: Organisationsgrad
ausreichend ?
ja
4
nein
regle problemabhängige Aufgabenverteilung
5

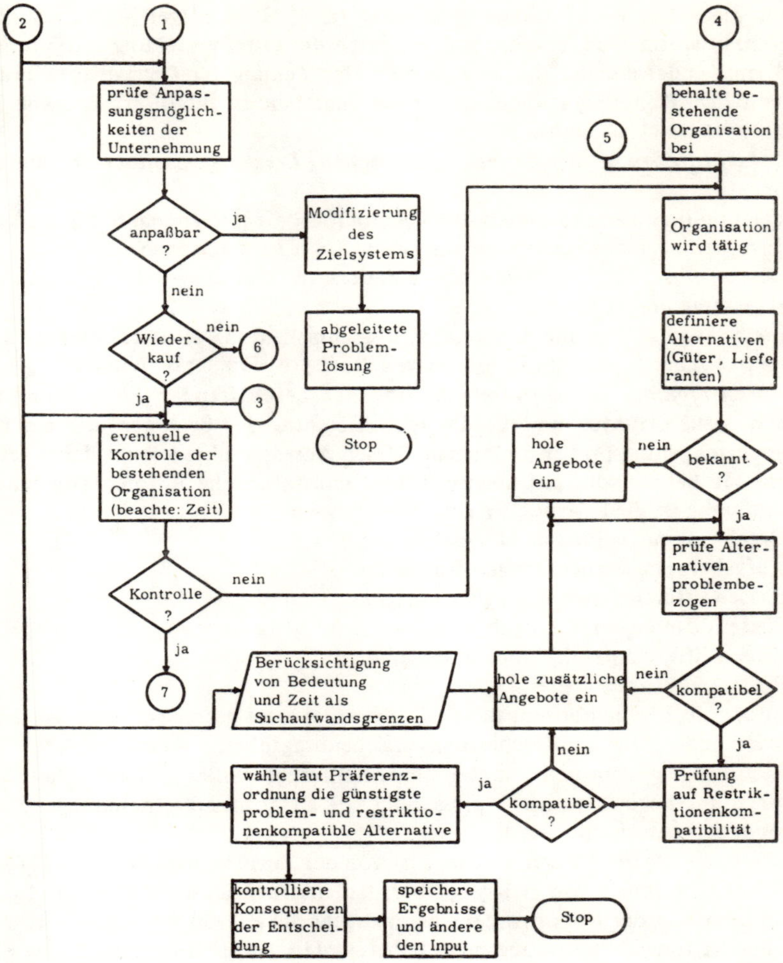

6. *Investitionsgütermarketing: Kontaktstrategien und Entscheidungsprozeß*

Die Kontaktstrategien für das Investitionsgütermarketing umfassen 6 Fragenkreise:
- Grundsätzliche Zielgruppenentscheidung
- Identifizierung der kundenspezifischen Beschaffungsentscheidungssituation
- Identifizierung des Adressatenkreises in der beschaffenden Organisation
- Identifizierung eventueller unternehmensexterner, beeinflussender Adressaten
- Identifizierung des Phasenzustandes des Beschaffungsentscheidungsprozesses
- Bestimmung der Beeinflussungsmöglichkeiten und -mittel.

Die Zielgruppenentscheidung entspricht der Entscheidungsstruktur der Marktsegmentierung. In der Folge ist die Planung der Bearbeitungsprioritäten für einzelne potentielle Kunden durchzuführen. Diese Prioritätensetzung gewinnt insbesondere unter Berücksichtigung aktueller Konkurrenzsituationen und unternehmensspezifischer Ziele und Restriktionen Bedeutung (z. B. Großanlagen-Marketing: die Konkurrenzsituation wird bereits in den Phasen der Offerterstellung zeitlich restriktiv wirksam, anderseits ist die detaillierte Offertstellung für Großanlagen mit einem erheblichen Planungsaufwand verbunden, der bereits auf offertbezogene Budgetrestriktionen treffen kann).

Die *Identifizierung der kundenspezifischen Beschaffungssituation* umfaßt die Kenntnis

- der unternehmensrelevanten Umweltsituation als Determinante für Marktlücken, Investitionsmöglichkeiten und umweltbedingte Restriktionen,
- des zu lösenden Problems des Kunden als Grundlage der Beschaffungsentscheidung und
- die relative Bedeutung der Beschaffungsentscheidung als Determinante der organisatorischen Struktur und subjektiven Prädisposition der Beteiligten.

Die *Bestimmung des Adressatenkreises* der beschaffenden Unternehmung und dessen Rollenstruktur umfaßt die Identifizierung der Personen, die am Beschaffungsentscheidungsprozeß teilhaben. Dieser Adressatenkreis kann dabei generellen Charakter haben oder aufgabenspezifisch innovatorische Formen annehmen. Zur Bestimmung ist die folgende Fragenkette zu lösen:

- Organisation des Entscheidungsanlasses
- Aufgabenspezifischer Organisationsgrad
- Phasendifferenzierter Zentralisationsgrad
- Phasendifferenzierte Aufgabenverteilung auf Aufgabenträger
- Phasendifferenzierter Kooperationsgrad
- Rollenstruktur der beteiligten Personen
- Informale Erscheinungen, die den Adressatenkreis gegenüber der formalen Organisationsstruktur der Beschaffungsentscheidungsphasen verändern
- Bestimmung eventueller unternehmensexterner Willenszentren oder kaufentscheidungsbeeinflussender Adressaten (z. B. Beratungsunternehmungen, finanzierende Körperschaften etc.)

Die *Bestimmung des Phasenzustandes* ist von der Zutrittsmöglichkeit zu Informationen über den Inhalt von Belegen, über den internen Zustand der beteiligten Personen oder von der Kenntnis der Phasenzugehörigkeit von typischen Aktionen der am Beschaffungsentscheidungsprozeß beteiligten Aufgabenträger abhängig. Dabei ist zu berücksichtigen, daß in arbeitsteilig organisierten Entscheidungsprozessen die Phasenstruktur keine zwingende zeitliche Abfolge impliziert. Bei der Identifizierung des Phasenzustandes ist daher auf Parallelaktionen und temporäre Überlagerungen von Teillösungsprozessen im gesamten Entscheidungsprozeß zu achten.

Im Bereich der Beeinflussungsmöglichkeiten umfaßt beispielsweise das *Kommunikations-Mix* die phasen-, adressaten- und entscheidungssituationsabhängige Auswahl von Kommunikationsformen.

Sachbezügliche Kommunikation:

- Allgemeine Streumedien
- Public Relation – Information
- Objektspezifisches Informationsmaterial
- Informativer Beratungskontakt
- Messen und Ausstellungen
- Kongresse und Tagungen
- Seminarveranstaltungen
- Vorträge

- Individuelle Präsentations- oder Probevereinbarungen
- Referenzen und Referenzbesuche

Ziel- und präferenzabhängige Kommunikation:
- Individuell abgestimmter persönlicher Kontakt
- Angebotselastizitäten (Produktvarianten, Sonderanfertigungen, Servicevereinbarungen, preispolitische Aktionen etc.)
- Beeinflussung der Präferenzordnungen der beteiligten Personen durch Zusatzleistungen (Provisionen, Geschenke etc.)

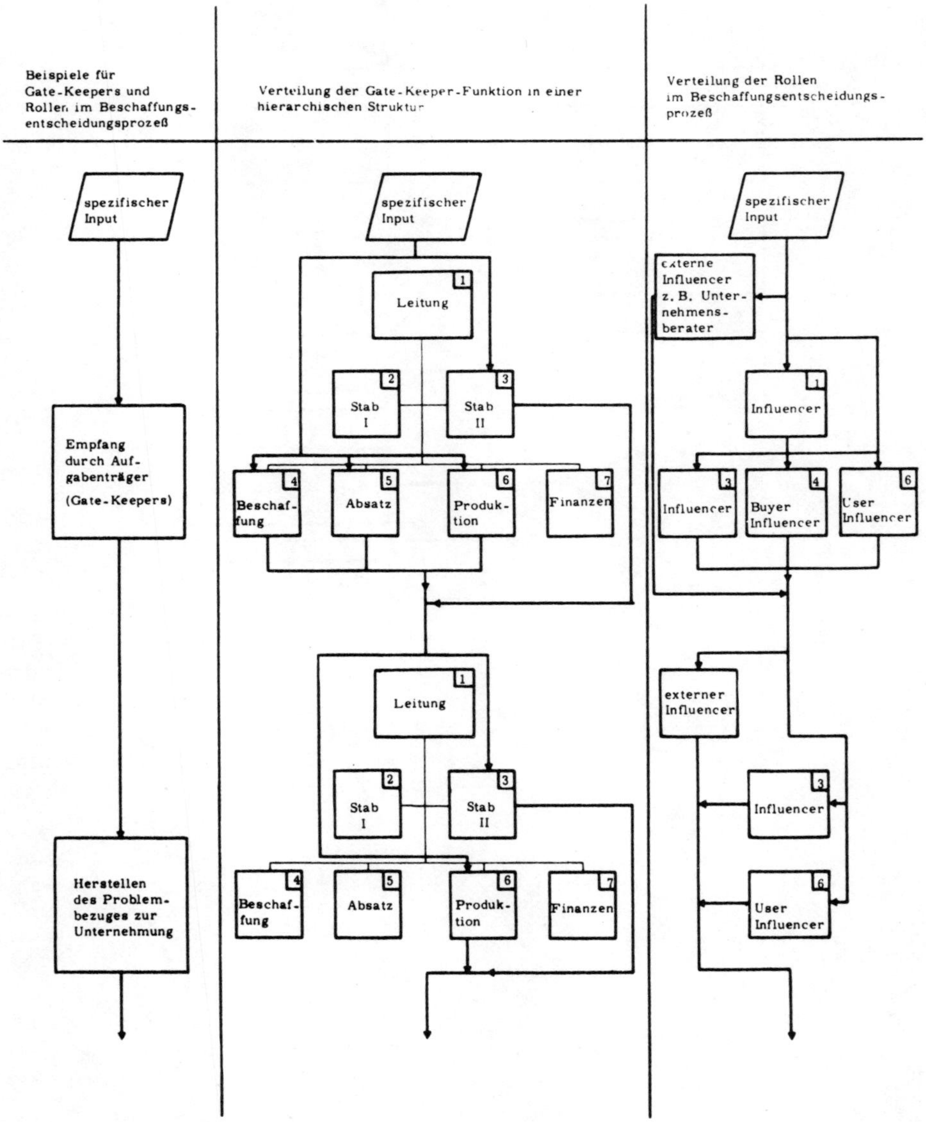

Abb. 35: **Gate-Keepers und Rollen im Beschaffungsentscheidungsprozeß**

7. Der marketingpolitische Prüf- und Entscheidungsprozeß

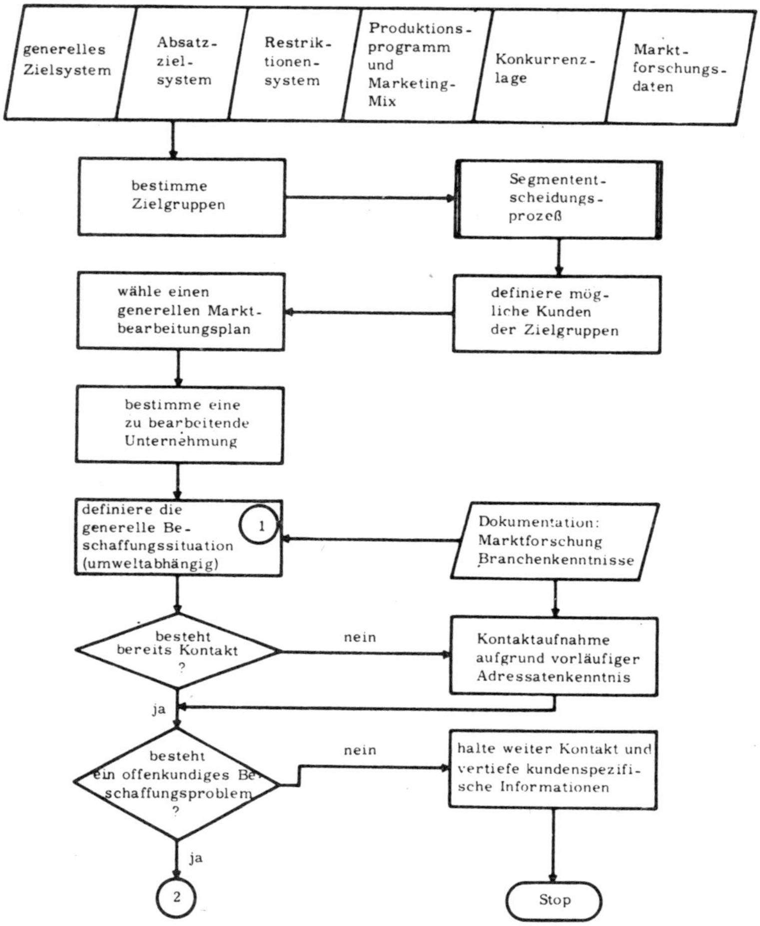

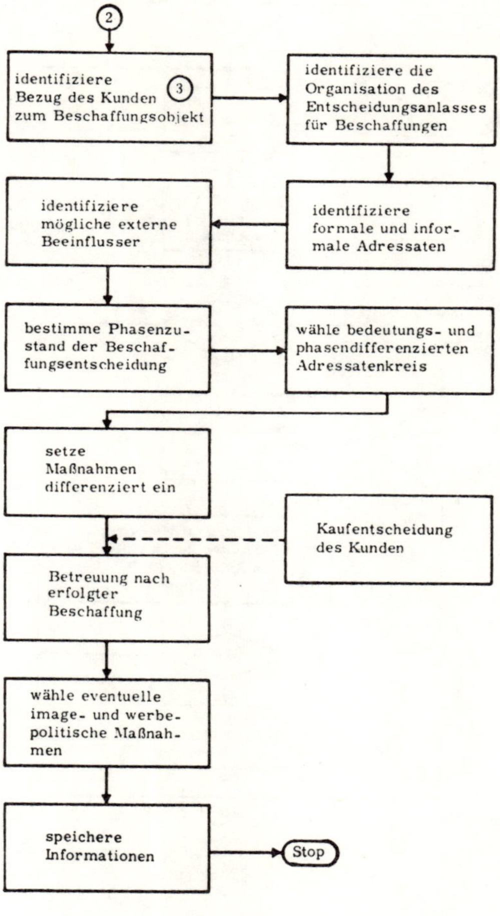
2
identifiziere Bezug des Kunden zum Beschaffungsobjekt
3
identifiziere die Organisation des Entscheidungsanlasses für Beschaffungen
identifiziere formale und informale Adressaten
identifiziere mögliche externe Beeinflusser
bestimme Phasenzustand der Beschaffungsentscheidung
wähle bedeutungs- und phasendifferenzierten Adressatenkreis
setze Maßnahmen differenziert ein
Kaufentscheidung des Kunden
Betreuung nach erfolgter Beschaffung
wähle eventuelle image- und werbepolitische Maßnahmen
speichere Informationen
Stop

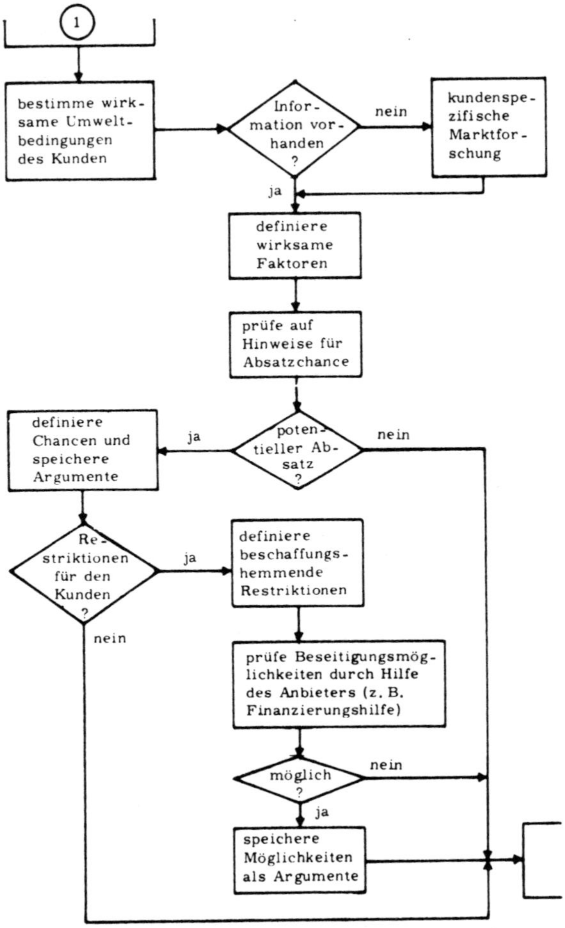
1
bestimme wirksame Umweltbedingungen des Kunden
Information vorhanden ?
nein
kundenspezifische Marktforschung
ja
definiere wirksame Faktoren
prüfe auf Hinweise für Absatzchance
potentieller Absatz ?
ja
nein
definiere Chancen und speichere Argumente
Restriktionen für den Kunden ?
ja
nein
definiere beschaffungshemmende Restriktionen
prüfe Beseitigungsmöglichkeiten durch Hilfe des Anbieters (z. B. Finanzierungshilfe)
möglich ?
nein
ja
speichere Möglichkeiten als Argumente

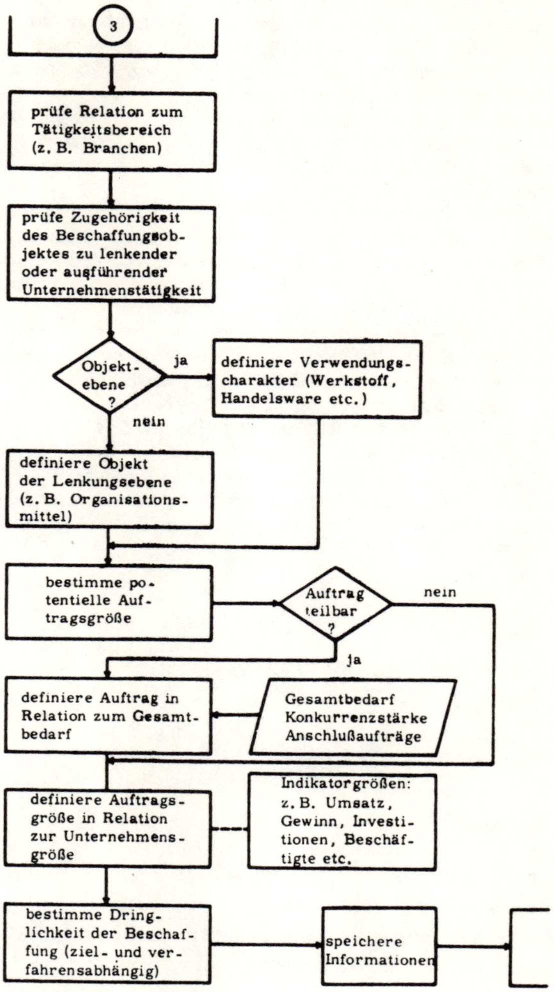

8. Literatur

Bettman, James R., A Graph Theory Approach to Comparing Consumer Information Processing Models, MS, Nr. 4, Dezember 1971, Band 18, S. 114 ff.

Bleicher, Knut, Zur Organisation von Entscheidungsprozessen, in: Zielprogramm und Entscheidungsprozeß in der Unternehmung, hrsg. von *H. Jacob*, Schriften zur Unternehmensführung, Band 11, Wiesbaden, S. 55 ff; *Organisationsgrad von Entscheidungsaufgaben – Zentralisationsgrad – Kooperationsgrad – Organisation des Entscheidungsanlasses – Phasen des Entscheidungsprozesses – Entscheidungsprozeß und Führungsstil.*

Brandes, Ove, Management Processes in Industrial Marketing: Current Empirical Studies, in: Management International Review, Wiesbaden, Nr. 4 / 5, 1972, S. 49 ff.

Grün, Oskar, Informale Erscheinungen in der Betriebsorganisation, Berlin 1966, S. 21 ff.
Hartner, Günther, Die Determinanten der Investitionsentscheidung und ihre Wertigkeit im Entscheidungsprozeß, Diss., Wien 1968; *Investitionsgüter – quantitative und qualitative Determinanten der Investitionsentscheidung – Beschaffungsrestriktionen – Das Ungewißheitsproblem bei Investitionsentscheidungen*
Litterer, Joseph A., Hrsg., Organizations: Band I – Structure and Behavior, Band II – Systems, Control and Adaption, New York etc. 1969: *Autorität – Dezentralisation – informale Organisation – Rollendifferenzierung in der Organisation – organisationstheoretische Grundlagen.*
Kassarjian, Harold H., Robertson, Thomas S., Hrsg., Perspectives in Consumer Behavior, Glenview, Ill. 1968, 439 ff; *Überblick über Strukturmodelle des Käuferverhaltens.*
Scheuch, Fritz, Betriebswirtschaft und Käuferverhalten – Ein kritischer Ordnungsversuch, Der Markt Nr. 41 und 42, Heft 1972 / 1 und 2; *verhaltenswissenschaftliche und einzelwirtschaftliche Ansätze – Totalmodelle des Käuferverhaltens.*
Six, F. A., Marketing in der Investitionsgüterindustrie – Durchleuchtung, Planung, Erschließung, Bad Harzburg 1968; *Vertriebsorganisation – Absatzinstrumente – Marktpotentialschätzung – Fallstudie zum Investitionsgütermarketing*
Türk, Klaus, Gruppenentscheidungen – Sozialpsychologische Aspekte der Organisation kollektiver Entscheidungsprozesse, ZfB, Heft 4, 1973, S. 295 ff.
Webster, jr., Frederick E., Wind, Yoram, Organizational Buying Behavior, Englewood Cliffs, N. J. 1972; *der Kaufentscheidungsprozeß in Organisationen – Verhaltenshypothesen für das Kaufverhalten in Organisationen – Einflußkategorien auf das Entscheidungsverhalten.*
Wilson, David T., Industrial buyer's decision – making styles, Journal of Marketing Research, Vol. VIII, November 1971, S. 433 ff.

XII. Analyse betrieblicher Belegsysteme

1. Arbeitsdefinitionen

1.1. Beleg und Belegsystem

Versteht man unter einem System die Menge der Elemente und die Menge der Relationen zwischen diesen Elementen, so kann ein Belegsystem definiert werden als die Menge der Belege und die Menge der informationellen und kommunikativen Beziehungen zwischen den Belegen.
Belege als Elemente eines Belegsystems sind Nachrichten (vgl. Der Entscheidungsprozeß der Informationsbeschaffung) über den betrieblichen Dispositionsbereich betreffende Zustände oder Prozesse. Ein Beleg kann informationstheoretisch definiert werden als ein bedeutungstragendes Superzeichen, welches einen betrieblichen Zustand oder Prozeß abbildet. Ordnet eine Entscheidungsinstanz einem Beleg *Zielfunktionalität* zu und verringert der Beleg die Entscheidungsunsicherheit bzw. -ungewißheit, so hat der Beleg pragmatischen Informationswert. In diesem Falle sprechen wir von Beleginformation.

Das Belegsystem ist ein Teil des betrieblichen Informationssystems. Der arteigene Unterschied des Belegsystems gegenüber seinem Oberbegriff besteht in folgenden Eigenschaftskonfigurationen:

1. Die Aktionsphasen der Belegprozesse werden durch Organisationsanweisungen und hierarchisch definierte Kompetenzenpläne intersubjektiv nachprüfbar geregelt. Das Belegsystem kann als formal organisiertes Informationssystem bezeichnet werden.

2. Die Belege haben dokumentären Charakter, d.h. sie beschreiben entweder faktisch eingetroffene Tatbestände bzw. Prozesse oder real mögliche (z. B. geplante) Tatbestände oder Prozesse des Betriebes. Der dokumentäre Charakter der Belege bedingt die intersubjektive Kontrollierbarkeit der Beleginhalte.
3. Das Belegsystem als Teil der Lenkungsebene steht in einem engen, über die Aktions- und Entscheidungsphasen definierten Zusammenhang zur Objektebene der betrieblichen Leistungserstellung.

1.2. Der Belegfluß

Der Belegfluß stellt die raum-zeitliche Bewegung von Belegen dar. Er wird durch den Belegtransport bewirkt. Er ist durch Organisationsanweisungen und Kompetenzenpläne als eine besondere Art des Nachrichtenflusses intersubjektiv geregelt. Die Organisationsstellen erfüllen im Rahmen des Belegsystems die Rolle von Belegbearbeitungsstationen.
Der Belegfluß ist durch die Parameter „Menge", „Zeitverhalten", „Belegart" und „Flußrichtung" bestimmt. Die Menge der Belegflüsse definiert die kommunikative Struktur des Belegsystems.

1.3. Der Belegprozeß

Versteht man unter einem Prozeß eine Input-Output-Transformation, so kann der Belegprozeß als eine informationelle Input-Output-Transformation von Nachrichten über betriebliche Zustände oder Prozesse verstanden werden, die durch eine vom Kompetenzenplan vorgesehene Organisationsstelle ausgeführt wird. Die Belegbearbeitungsstationen realisieren die Belegprozesse in jener Form, wie sie durch die Organisationsanweisungen vorgesehen sind. Jede Belegbearbeitungsstation kann als Transformationselement bezeichnet werden, das sowohl (outputseitig) Sender wie auch (inputseitig) Empfänger sein kann. Zwei besondere Arten von Belegbearbeitungsstellen sind zu beachten:
– Eine Belegbearbeitungsstelle, durch deren organisierte Aktivität ein Beleg entsteht, sei als *Belegquelle* bezeichnet. In Hinblick auf einen spezifischen Beleg hat diese Stelle nur Sendecharakter. Die gleiche Stelle kann jedoch auch andere Belege empfangen und senden.
– Eine Belegbearbeitungsstelle, durch deren organisierte Aktivität ein Beleg vernichtet wird bzw. aus dem betrieblichen Dispositionsbereich austritt, sei als *Belegaustritt* bezeichnet.

Ein Belegprozeß kann entweder ein Transformationsprozeß, durch den sowohl Inhalt wie auch Form des Beleges geändert werden (wobei gilt, daß jede Inhaltsänderung auch die Form ändert aber nicht umgekehrt) oder ein Translationsprozeß sein, durch den nur die Form geändert wird, jedoch der Inhalt gleich bleibt. Eine Belegtransformation liegt beispielsweise dann vor, wenn auf einer Faktura ein „Bezahlt"-Vermerk angebracht wird. Eine Belegtranslation liegt dann vor, wenn z. B. eir Brief von Stenogramm in Klarschrift codiert wird. Translationsprozesse sind Prozesse der En- oder Decodierung.

Phänomen und (Methode) / organisatorischer Struktureinfluß	Struktur des Belegsystems	
	kommunikative Struktur	operative Struktur
aufbauorganisatorischer Struktureinfluß	horizontales und vertikales Kommunikationsverhalten in Abhängigkeit von Hierarchiestellung (kommunikativer Kompetenzenplan)	hierarchisch differenzierte Belegprozesse abhängig vom Informationsbedarf der betrachteten Instanz (operativer Kompetenzenplan)
ablauforganisatorischer Struktureinfluß	kollektierendes und distribuierendes Flußverhalten, raum-zeitl. Ablaufordnung (kommunikatives Ablaufdiagramm)	Reihenfolge der Aktionsphasen des Belegtransfers (operatives Ablaufdiagramm)

Der Einfluß der Aufbau- und Ablauforganisation auf die Struktur des Belegsystems

2. *Planung und Kontrolle eines Belegsystems*

Planung und Kontrolle eines Belegsystems beziehen sich auf die Belege und auf die kommunikative und operative Struktur. Planung und Kontrolle des Belegsystems sind auf die Kompatibilität zu den bestehenden betrieblichen Informationszielen abzustimmen. Sowohl für die Belegplanung wie auch für die Strukturplanung gelten folgende Bestimmungsgrößen:

- Betriebliches Informationssystem: Informationsziele (operational formuliert in Inhalt, Genauigkeit und Terminisierung), Informationsökonomische Restriktionen (Budgetrestriktionen)
- Aufbau- bzw. Ablauforganisation der betrieblichen Instanzen bzw. Prozesse: Entscheidungsprozeßorganisation (Lenkungsebene), Objektprozeßorganisation (Objektebene).

2.1. *Belegplanung und -kontrolle*

Die Belegplanung und -kontrolle umfaßt die folgenden Bereiche:

- Beleginhalt
- Belegmenge
- Belegkosten

2.1.1. Planung und Kontrolle des Beleginhaltes

Der Beleginhalt ist nach dem aufbauorganisatorisch differenzierten Informationsbedarf des Empfängers zu planen. Durchläuft ein Beleg mehrere Empfangsstationen, so ist im Belegaufbau der empfängerspezifische Beleginhalt prinzipiell vorzusehen. Der Beleginhalt ist in Inhalt, Genauigkeitsgrad und Terminisierung auf den Informationsbedarf abzustimmen.

Der Informationsbedarf einer Stelle ist durch die Organisationsanweisungen und den Kompetenzenplan für den jeweilig zu realisierenden Belegprozeß definiert. Nicht tolerierbare Abweichungen zwischen Soll-Beleginhalt (laut Soll-Informationsbedarf des Empfängers) und Ist-Beleginhalt führen zu Störungen im kommunikativen und operativen Geschehen des Belegsystems. Ein Beleg kann empfängerbezogen in Inhalt, Genauigkeit und Termin Abweichungen aufweisen. Sind diese

Abweichungen nicht tolerierbar, so erfolgen zusätzliche Kommunikationsakte. Entscheidungen, die auf abweichenden Beleginhalten aufbauen, sind dem Risiko sinkender Entscheidungsqualität ausgesetzt.
Die Berücksichtigung der Empfängerbezogenheit bei der Planung des Beleginhaltes (und damit der Genauigkeit und der Terminisierung) stellt die pragmatische Dimension der Belegplanung dar. Damit wird auch der variable Informationscharakter ein und desselben Beleges bei verschiedenen Empfängern offensichtlich.
Durchläuft ein Beleg verschiedene Empfangsstellen und entspricht der Beleginhalt den verschiedenen Soll-Informationsbedarfen, so weist dieser Beleg ein aus mehreren Informationen bestehendes Informationspotential auf (*Mehrzweckbeleg*). Es ist wesentlich zu beachten, daß der vom Empfänger eines Beleges tatsächlich artikulierte (Ist-) Informationsbedarf von dem (durch Organisationsanweisung und Kompetenzenplan definierten) Soll-Informationsbedarf abweichen kann. (Beispiel: „Nicht alle für die Fakturenkontrolle notwendigen Informationen werden eingeholt.“)
Unter der Voraussetzung einer störungsfrei arbeitenden Übermittlung lassen sich daher folgende Abweichungskategorien zwischen vom Sender definierten Beleginhalt und vom Empfänger definierten Informationsbedarf feststellen:

Abweichungskategorien		Informationsbedarf des Empfängers	
		Soll	Ist
Informationsangebot des Senders	Soll	keine unzulässige Abweichung	empfängerverursachte bzw. empfängerzuordenbare Abweichung
	Ist	senderverursachte bzw. senderzuordenbare Abweichung	sender- und empfängerverursachte, nicht direkt zurechenbare Abweichung

Berücksichtigt man zusätzlich, daß sowohl bei repetitiven wie auch bei singulären Belegerstellungen und Belegprozessen zur Operationalisierung der Planung und Kontrolle der Informationsinhalt, die Informationsgenauigkeit und der Informationstermin zu planen und zu prüfen sind, so ergibt sich:

Abweichungsarten			Informationsnachfrage								
			Inhalt			Genauigkeit			Termin		
			Soll	Ist	Abweichung	Soll	Ist	Abweichung	Soll	Ist	Abweichung
Informationsangebot	Inhalt	Soll									
		Ist									
		Abweichung									
	Genauigkeit	Soll									
		Ist									
		Abweichung									
	Termin	Soll									
		Ist									
		Abweichung									

Abb. 36: **Abweichungsarten**

Es kann einerseits ein Beleg zwar in Inhalt und Genauigkeit dem Soll entsprechen, jedoch die Terminisierung (geplanter Empfangstermin) abweichen. Damit könnte beispielsweise eine völlige informationelle Entwertung der Belege verbunden sein. (Veralterungsrisiko der Information).
Andererseits kann der Informationsbedarf des Empfängers in Inhalt und Genauigkeit dem Soll entsprechen, jedoch der Ist-Termin des Informationsbedarfes vom Soll-Termin abweichen und damit progressive Vermittlungs- und Speicherkosten (bei zu frühem Termin) oder progressive Risikokosten der Fehlentscheidung oder zu späten Entscheidung (bei zu spätem Termin) verursachen.
Durch die Abweichungsspalten und -zeilen in der Tabelle der Abweichungsarten soll diese Abweichungsanalyse ermöglicht werden:

So ist im Falle eines Ist-Beleges und eines Ist-Informationsbedarfes die Abweichung aufzuteilen auf einen empfänger- und einen senderverursachten Teil. Nicht eindeutig zuordenbare Abweichungsarten werden dann in das zugehörige Feldelement an der Kreuzung zwischen Abweichungszeile und Abweichungsspalte eingetragen.

2.1.2. Planung und Kontrolle der Belegmengen

Planung und Kontrolle von Belegmengen hängen neben den bereits angeführten Determinanten auch von der Tatsache ab, ob ein Beleg singulären oder repetitiven Charakter hat. Singuläre Belege sind mengenmäßig projektindividuell und damit schwierig zu planen. Einen möglichen Ansatz zur Schätzung von singulären Belegmengen bieten die Prinzipnetzpläne.
Repetitive Belegmengen sind mengenmäßig eher planbar, je nachdem ob ihnen deterministische oder stochastische Entstehungsursachen zugrunde liegen. Im Falle der Planung stochastischer Belegmengen ist das Verhalten der Belegentstehungsursache zu beobachten. So kann das Volumen automatisch geschriebener Mahnbriefe vom Liquidationsspektrum des Zahlungsverhaltens der Kunden abgeleitet werden. Ebenso kann das zeitvariable Mengenverhältnis der Ausgangsfakturen in Abhängigkeit von der jeweiligen Auftragsgrößenklasse und dem zeitabhängigen Absatzmengen- bzw. Absatzwertverhalten gesehen werden. Unter Ausklammerung deterministischer Belegmengen kann die Abweichungsanalyse wie folgt vorgenommen werden.

Periode T		stochastische Belegmengen							
		repetitive Belegmengen				singuläre Belegmengen			
		Soll	Ist	Abweichung		Soll	Ist	Abweichung	
Nr.	Belegart			absolut	in %			absolut	in %

Abb. 37: Abweichungsanalyse bei stochastischen Belegmengen

Anhand dieser Liste kann bei definiertem Belegnummernsystem das Mengengerüst der Belege für stochastische Belegmengen kontrolliert werden.

2.1.3. Planung und Kontrolle der Belegkosten

Für die Planung und Kontrolle der Belegkosten gelten die Grundsätze der Grenzplankostenrechnung. Zentrale Bedeutung kommt daher der Planung der Grenzkostensätze der Belege zu. Die Grenzkostensätze der Belege setzen sich aus den Grenzkosten des Belegmaterials und den Grenzkosten der Belegerstellung zusammen. Letztere weisen insbesondere bei singulären Belegen einen hohen Anteil auf. Abgesehen von durch Belegmengenabweichungen verursachten Gesamtkostenabweichungen können sich Differenzen auch durch Änderung der Faktorpreise und damit der Grenzkostensätze ergeben. Da die Struktur der Belegprozesse wesentlichen Einfluß auf die Kosten hat, ergeben sich folgende Kategorien der wertmäßigen Kostenabweichungen:

wertmäßige Abweichungen		Belegerstellung							
		repetitive Belegerstellung				singuläre Belegerstellung			
				Abweichung				Abweichung	
Nr.	Kostenarten	Soll	Ist	absolut	in %	Soll	Ist	absolut	in %

Abb. 38: **Wertmäßige Abweichungen unter Berücksichtigung singulärer und repetitiver Belegerstellung**

Eine besondere Stellung nehmen die Grenzkosten der Korrektur bei Belegabweichungen ein. Entsprechend der Tabelle der Abweichungsarten können Abweichungen in Inhalt, Genauigkeit und Terminisierung des Beleges gegeben sein. Nicht tolerierbare Abweichungen verursachen Korrekturprozesse der Belegerstellung, welche den jeweiligen Sendestationen bzw., sofern es sich um empfängerverursachte Abweichungen handelt, den einzelnen Empfangsstationen verrechnet werden. Damit ist eine kompetenzabhängige Kostenkontrolle der Belege prinzipiell möglich.

2.2. Planung und Kontrolle der kommunikativen Struktur des Belegsystems

Die Planung und Kontrolle der kommunikativen Struktur des Belegsystems umfaßt die Bereiche:
- Belegbearbeitungsstationen
- Belegflüsse und deren Flußverhalten

2.2.1. Hierarchiedifferenzierte Kommunikationsprofile in betrieblichen Belegsystemen

Um eine Qualifizierung der *kommunikativen Struktur* betrieblicher Belegsysteme vornehmen zu können, muß das Sende- und Empfangsverhalten von Belegbearbeitungsstationen berücksichtigt werden. Die im folgenden dargestellten Überlegungen sind allgemeiner kommunikationsorganisatorischer Art und gehen in ihrer Aussagegültigkeit über die kommunikative Strukturierung von betrieblichen Belegsystemen hinaus.

Eine Belegbearbeitungsstation (kurz genannt Station oder Stelle) empfängt, transformiert und sendet Nachrichten bzw. Informationen (Belege bzw. Beleginformationen). Die einzelnen Stellen können sich nun durch verschiedenes Sende- und / oder Empfangsverhalten unterscheiden. Es wird prinzipiell zwischen Soll- und Ist-Empfangs- bzw. Sendeverhalten unterschieden. Das *Soll-Sendeverhalten* ist jenes zielgerichtete, durch Organisationsanweisungen geregelte Encodierungsverhalten, das die planmäßig vorgesehenen Belege zum Planzeitpunkt an den Planempfänger über den planmäßig vorgesehenen Kanal sendet. Das *Ist-Sendeverhalten* kann nun vom Soll-Sendeverhalten abweichen, wobei sich die folgenden möglichen Abweichungen anführen lassen:

Abweichungen in
- Encodierung: z. B. Verwendung nichtgeplanter Sprache, Zeichen, Ausdrücke oder Abkürzungen.
- Empfänger: z. B. Überspringen von Hierarchiestufen oder Wahl eines Empfängers, welcher vom Planempfänger auf der geplanten Hierarchiestufe abweicht.
- Zeitpunkt: z. B. zu frühes oder zu spätes Informieren
- Kanal: z. B. Verwendung nicht geplanter Übertragungskanäle auch bei abweichender Dringlichkeitsstufe.
- Belegart: z. B. Verwendung von in der Organisationsanweisung nicht vorgesehenen Belegen.

Das *Soll-Empfangsverhalten* ist jenes zielgerichtete, durch Organisationsanweisungen geregelte Decodierungsverhalten, das die planmäßig vorgesehenen Belege zum Planzeitpunkt vom Plansender über den planmäßig vorgegebenen Kanal empfängt. Auch bei Soll-Empfangsverhalten können Abweichungen im Bereiche der Decodierung, des Senders, des Zeitpunktes, des gewählten Kanales und der Belegart auftreten.
Das kommunikative Geschehen kann nun mittels Abweichungsanalysen kontrolliert werden. Berücksichtigt man die aufbauorganisatorische Stellung einer Sende- bzw.

Komponenten des Belegprozesses	Soll	Ist	Abweichungen	
			zulässige	nicht zulässige
Belegart	B_1	B_2	nein	ja
Empfänger	X	X	-	-
Kanal	$Y_{1,2,3}$	Y_3	-	-
Termin.	$T\pm t$	T	ja	-
Encodierung	Code A	Code A	-	-

Abb. 39: **Aufgabenorientiertes Sendeprofil**
Die in der Tabelle eingetragenen Werte stellen als Beispiel die Planung, Realisation und Kontrolle eines Belegprozesses anhand des aufgabenorientierten Sendeprofiles dar: Der Belegprozeß wurde mit einem organisatorisch nicht vorgesehenem Beleg bei tolerierbarer Terminabweichung durchgeführt.

Empfangsstation im Rahmen ihres kommunikativen Verhaltens, so erhebt sich die Frage nach ihrem Sende- bzw. Empfangsprofil.
Das Sende- bzw. Empfangsprofil kann entweder pro Station und pro Belegart oder für alle von einer Stelle empfangenen bzw. gesendeten Belegarten ermittelt werden. Bei routinisierten Kommunikationsprozessen (Belegroutinen) kommt dem Plansende- bzw. Planempfangsprofil hohe Bedeutung zu. Die Kommunikationsqualität von Stationen wird durch die Ermittlung von Abweichungen zwischen Soll- und Ist-Sende- bzw. Empfangsprofil ermittelt.
Eine aggregierte Darstellung der Abweichungen im Sende- oder Empfangsprofil kann durch die Ermittlung der relativen Häufigkeit von Abweichungsarten angegeben werden:

- Relative Häufigkeit von unzulässigen Sendeprofilabweichungen bei einer definierten Belegart B im Betrachtungszeitraum T.

1 (Belegart)	5 %
2 (Empfänger)	8 %
3 (Kanal)	40 %
4 (Zeitpunkt)	35 %
5 (Encodierung)	12 %
Summe	100 %

- Analyse der relativen Häufigkeit unzulässiger Sendeprofilabweichungen unter dem Gesichtspunkt der zu bewältigenden Hierarchiedistanz zwischen Plansender und Planempfänger bei gegebener Belegart B im Betrachtungszeitraum T.

Distanz / Abweichungen in %	D=1	2	3	4	... ...	100 %
Abweichung in Belegart	0	0	3	2		5
Abweichung in Sender	0	8	0	0		8
Abweichung in Kanal	0	0	10	30		40
Abweichung in Termin	0	25	10	0		35
Abweichung in Decodierung	0	0	0	12		12

Abb. 40: **Relative Häufigkeiten unzulässiger Abweichungen des Sendeprofiles**

Diese Darstellungen ergeben einen Einblick in mögliche Schwächen der kommunikativen Struktur des Belegsystems. So zeigt sich beispielsweise, daß 40 % der unzulässigen Abweichungen auf unzulässige Kanalbenützung entfallen, wobei insbesondere bei Kommunikationsprozessen mit einer Hierarchiedistanz von 4 Stufen diese Abweichung schwerpunktartig auftritt. Eine gezielte Untersuchung solcher Prozesse zur Verringerung dieser Abweichungen und der Rationalisierung des Belegflusses für 4-stufige, hierarchiedistante Prozesse wäre sinnvoll.
Neben dieser nach Belegarten desaggregierten Darstellung der Kommunikationsqualität kann die kommunikative Struktur auch aggregiert unter Berücksichtigung der Hierarchiestruktur für Belegflüsse dargestellt werden:

Empfänger / Sender		Hierarchiestufe 1				.....			Hierarchiestufe N		
		1	2	3	4	1	2	... ...	... ...	m-1	m
Hierarchie-stufe 1	1										
	2										
	3										
	4										
....	5										
....	....										
Hierarchie-stufe N	1										
	2										
	....										
	....										
	r-1										
	r										

Abb. 41: Kommunikationsmatrix des hierarchiedifferenzierten Belegflusses

Diese Kommunikationsmatrix K besteht aus n Untermatrizen $\bar{K}$, wobei jede dieser Untermatrizen die Kommunikationsstruktur innerhalb einer Hierarchiestufe darstellt. Grundsätzlich ist es möglich, jedem Feldelement einen Plan- und einen Ist-Wert der Sende- bzw. Empfangsakte zuzuordnen. In diesem Fall ist es jedoch sinnvoll, nach grundsätzlichen Belegbereichen wie etwa Auftragsdurchführung, Fakturierung, Buchhaltung, Kostenrechnung usw. zu unterscheiden.

2.2.2. Planung und Kontrolle des Belegflusses

Belegflüsse sind in ihrer Art, Richtung, Menge, Dringlichkeit und Geschwindigkeit zu planen und zu kontrollieren. Die Art des Beleges bestimmt die Art des Belegflusses. Die Richtung der Belegflüsse hat sich nach den aufbau- und ablauforganisatorischen Regelungen zu richten, um damit die empfängergezielte Beleginformation organisationsadäquat weiterzuleiten. Die Flußmenge ergibt sich aus der Belegplanmenge, differenziert nach der Flußrichtung und Flußart. Es ist die Durchsatzkapazität des Kommunikationskanals nach der erwarteten Planflußmenge zu dimensionieren. Flußgeschwindigkeit und Flußdringlichkeit stehen in engem Zusammenhang mit dem Soll-Informationsbedarf des Empfängers bzw. der Empfängerkette. So können mit variablen Dringlichkeitsstufen der Belegkommunikation eventuell erfolgte Verzögerungen in früheren Flußabschnitten durch Beschleunigung der Belegübermittlung ausgeglichen werden. Die Dringlichkeitsstufe ist als Planwert vom Informationsziel abhängig. Ebenso ist die Flußgeschwindigkeit als Planwert von der Terminisierung der Informationsnachfrage durch den Empfänger abhängig, wobei die Geschwindigkeitsrestriktionen der Übermittlungskapazität zu beachten sind.
Für die Festlegung der Plandringlichkeit eines Beleges und damit der Flußhierarchie sind die Einflüsse vom Zielsystem der Unternehmung zu beachten:
Konfliktäre, neutrale und komplementäre Zielbeziehungsfunktionen zwischen einzelnen Zielen und deren zugehörigen Realisierungsinstanzen können auf die Planung der Flußdringlichkeit Einfluß nehmen. Diese Tatsache ist insbesondere bei der Kon-

trolle der Soll-Dringlichkeit und der Soll-Geschwindigkeit von Belegflüssen zu beachten.

Belegfluß	Belegflußgeschwindigkeit			
	Soll	Ist	Abweichung	
			absolut	in %
bei konfliktärer Verwendung (Zielkonflikt)				
bei komplementärer Verwendung (Zielkomplementarität)				
bei neutraler Verwendung (Zielindifferenz)				

Abb. 42: Zusammenhang zwischen Zielbeziehungsfunktion und Flußgeschwindigkeit

Bestehen Kapazitätsengpässe in der kommunikativen Struktur, insbesondere bei der Kanalkapazität, so ist eine engpaßbezogene Planung der Flußdringlichkeit sinnvoll. Bei verschiedenen möglichen Kanalkapazitäten und verschiedenen Belegflüssen stellt sich die engpaßbezogene Planung der Flußhierarchie als ein Problem der optimalen Zuteilung dar, mit der Zielfunktion der zeitabhängigen Minimierung der Gesamttransportkosten bei gegebenen Transportkapazitäten.

3. Literatur

Brönimann, Charles, Aufbau und Beurteilung des Kommunikationssystems von Unternehmungen, Bern 1969, Dissertation; *Kommunikationsstruktur – Informationssystem – Planung und Kontrolle der Kommunikationsstruktur.*

Drumm, Hans-Jürgen, Elemente und Strukturdeterminanten des informatorischen Kommunikationssystems industrieller Unternehmungen, Berlin 1969; *Kommunikationsstruktur – Informationsfluß – hierarchiedifferenzierte Kommunikation.*

Fuchs, Reimar, Stellenplan und Planstellen, ZfbF 1972, Heft 3, S. 158 ff; *Stellenplan – Personalkapazität – Arbeitskapazität pro Stelle – Eignungsprofil pro Stelle.*

Chapple, Eliot und *Sayles, Leonard,* Workflow as the Basis for Organization in Design, in: Organizations, Structure and Behavior, hrsg. von *Litterer, Josef A.*, 2. Auflage, 1. Band, S. 303ff; *operative Struktur des Belegsystems – Organisationsgestaltung und Arbeitsfluß.*

Hasenauer, R., Immerheiser, W., Analytische Betrachtungen zum Belegfluß in Großhandelsbetrieben, Cash & Carry 1970, 1, S. 14 ff; *Belegfluß – Belegflußplanung – Belegflußkontrolle.*

Hettlage R., Konzept der innerbetrieblichen Informationspolitik, Die Unternehmung, 1972, Heft 3, S. 133 ff; *innerbetriebliches Informationssystem – Informationslücke – Kommunikationsstruktur – Kommunikationsproblem – Kommunikationsmanagement – Kommunikationskontrolle.*

Kraus, Herbert, Grundriß einer Theorie der Verwaltung, Wien 1969.

Krug, Henning, Zur Anwendung mathematischer Programmierungsverfahren auf die Bestimmung wirtschaftlich optimaler Informationsvorgänge, Berlin 1970; *Kommunikationsstruktur – mehrstufige Kommunikationsprozesse – dynamische Optimierung mehrstufiger Kommunikationsprozesse.*

Mag, Wolfgang, Die quantitative Erfassung der Kommunikationsstruktur und ihre Bedeutung für die Gestaltung der Unternehmensorganisation, ZfbF 1970, Heft 1, S. 22 ff; *Kommunikationsstruktur – Kommunikationsweg – Kommunikationsmatrix – Strukturierungsalgebra –*

Kommunikationsentfernung – Zentralität – Kommunikationsredundanz – Kommunikationsgeschwindigkeit – Sende- und Empfangsverhalten – qualitative Eigenschaften der Kommunikationsstruktur – informelle Kommunikationsstruktur.

Miller, James G., Adjusting to Overload of Information, in: Organizations, Band 2, hrsg. v. *Joseph A. Litterer*, New York 1969, S.. 313 ff; *Kommunikationsverhalten in der Unternehmung – Informationsverarbeitung in der Organisation – Verarbeitungsengpässe – Kommunikationsengpässe.*

Schnelle, Eberhard, Entscheidung im Management, Quickborn; *Organisationskybernetik – Topographie von Belegflüssen – Kommunikationsstruktur im Betrieb.*

Simpson, Richard, Vertical and Horizontal Communication in Formal Organizations, in: Organizations, Band 1, Structure and Behavior, hrsg. von *Litterer, Joseph A.*, New York 1969; S. 319 ff.

Wacker, Wilhelm H., Betriebswirtschaftliche Informationstheorie, Opladen 1971; *Kommunikationsverhalten – Informationsbedarf – Informationssuche – Informationsbeschaffung – Informationsbedarfsdeckung.*

Zipse, Hans W., Gewährleistung richtiger Information durch geeignete Personalpolitik und gezielte Redundanz, ZfbF 1973, Heft 3, S. 176 ff; *Informationstransmission – Kommunikationsverhalten – Matrixorganisation und Kontrollredundanz – Informationsfluß.*

C2. Fallstudie: UNIVAR-Forschungsmikroskop

Die folgende Fallstudie behandelt die internationale Einführung eines hochspezialisierten Investitionsgutes. Das Produkt „UNIVAR“ ist ein Lichtmikroskop für den Forschungsbetrieb. Das einzuführende Gerät gehört der obersten Preisklasse an und genügt hinsichtlich optischer und mechanischer Qualität höchsten Anforderungen. Die herstellende Unternehmung „C. Reichert AG“ kann als ein international eingeführtes Unternehmen in oligopoloider Konkurrenzsituation bezeichnet werden. Durch den hohen Spezialisierungsgrad des Produktes, der arteigenen Kundenstruktur und der übernationalen Absatztätigkeit werden an das Marketing-Mix der Unternehmung spezifische Anforderungen gerichtet.
Unter Berücksichtigung des gegebenen Ist-Zustandes und der Restriktionen ergibt sich für die vorliegende Fallstudie als Kernproblem die Planung eines zielgruppen- und produktspezifischen Kommunikations-Mix für die Einführung des Produktes UNIVAR.

A) Ist-Zustand des Marktes

1. Angebot

1.1. C. Reichert AG

Die Firma C. Reichert AG wurde im Jahre 1876 durch Carl Reichert gegründet. Die Mikroskope wurden damals in handwerklicher Herstellung gefertigt; die Qualitätsprodukte des Unternehmens erlangten Weltruf. Gegenwärtig beschäftigt die Unternehmung ca. 800 Mitarbeiter. In den 60er Jahren wurde die Mehrheit der Anteile der C. Reichert AG von der American Optical Corporation übernommen. Im Rahmen dieser Konzernstruktur kooperiert die C. Reichert AG auch mit der zur American Optical Corporation gehörenden R. Jung AG.
Die Unternehmensstruktur wird durch die folgenden Daten gekennzeichnet:

Umsatz: 500 Mill. GE
Exportquote: ca. 90 %
Weltumsatzverteilung:

Inland	12 %
Ostblock	12 %
USA und Canada	12 %
Westeuropa	46 %
Südamerika	4 %
Afrika	4
Australien und Neuseeland	3 %

Der Anteil der Hauptproduktgruppen am Umsatz beträgt:

Mikroskope und Laborgeräte	75 %
Laborgeräte für die Elektronenmikroskopie (z. B. Ultramikrotome)	25%

1.1.1. Das Produktionsprogramm

Das Produktionsprogramm der C. Reichert AG kann nach verschiedenen Kriterien gegliedert werden.
Nach den technischen Grundfunktionen kann man das Produktionsprogramm in die Gruppen Mikroskope, Mikrotome (Mikroschneidegeräte) und Ultra-Mikrotome (für die Elektronenmikroskopie) unterteilen.
Nach den grundsätzlichen technischen oder wissenschaftlichen Anwendungsbereichen läßt sich das Produktionsprogramm in die Gebiete

– Biologie und Medizin
– Metallurgie und metallverarbeitende Industrie
– Mineralogie und sonstige Industriezweige (Textil-, Kunststoffindustrie etc.)

untergliedern.
Abhängig von möglichen technischen Zusatzeinrichtungen lassen sich die Instrumente gliedern in:

– Auflichtmikroskopie
– Durchlichtmikroskopie
– Thermomikroskopie
– Mikrophotographie
– Mikroprojektion und -demonstration
– Mikrotomtechnik
– Ultramikrotomtechnik
– Stereomikroskopie
– Mikro-Meßtechnik

Entsprechend der Aufgabenstellung der Fallstudie werden die folgenden Ausführungen auf den Produktbereich Mikroskope eingeschränkt. Die Produktklasse Mikroskope weist folgende Verwendungskategorien und Preisstruktur auf:

– Kursmikroskope und einfache Laborgeräte in der Preisklasse von ca. 4.000, – bis 12.000, – GE
– hochwertige Laborgeräte von ca. 12.000, – bis 25.000, – GE
– Forschungsmikroskope von ca. 25.000, – bis 100.000, – GE
– Superforschungsmikroskope über 100.000, – GE.

Das Superforschungsmikroskop UNIVAR

Das Lichtmikroskop UNIVAR stellt eine Entwicklung der C. Reichert AG dar, dessen Hauptmerkmal in der Bedienungserleichterung bei gleichzeitig hoher optischer und mechanischer Qualität besteht. Es gibt zur Zeit ca. 15 Methoden der mikroskopischen Untersuchung. Das neu entwickelte Gerät eröffnet keine Möglichkeiten für eine neue Mikroskopiemethode, aber es stellt das erste Mikroskop dar, auf dem alle diese Mikroskopiemethoden ohne nennenswerte und komplizierte Umbauten durchgeführt werden können. Das nach dem Baukastensystem konstruierte, in 5 Ausbaustufen angebotene Produkt UNIVAR ist durch einen hohen Bedienungskomfort beim Wechsel von Mikroskopiemethoden gekennzeichnet. Es entstehen bei Variation des Mikroskopieverfahrens keine nennenswerten Umrüstzeiten bzw. Umrüstkosten. Alle Ausbaustufen des Gerätes sind in der internen Konstruktion vorgesehen. Die grundsätzliche Einsatzmöglichkeit des Mikroskopes wird daher durch die gewählte Ausbaustufe limitiert, der Wechsel innerhalb der dadurch ermöglichten unterschiedlichsten Untersuchungsmethoden ist hingegen im Vergleich zu anderen Mikroskopen durch einfachste Umschaltvorgänge durchführbar. Es entfällt der arbeitsintensive Umrüstprozeß, der bei bisherigen Mikroskopen beim Wechsel der Untersuchungsmethode notwendig war und der darüber hinaus eine manipulationsfeindliche und designstörende Wirkung durch den Aufbau von Zusatzgeräten zur Folge hatte.
Vom Standpunkt der Produktdifferenzierung ist zu vermerken, daß das Produkt UNIVAR entsprechend den problemspezifischen Anforderungen des Abnehmers in verschiedenen Konfigurationen angeboten werden kann. Die sich durch die Produktdifferenzierung ergebenden Preisklassen umfassen:

– Grundgerät (1. Ausbaustufe)	GE	200.000,–
– 2. Ausbaustufe	GE	250.000,–
– 3. Ausbaustufe	GE	300.000,–
– 4. Ausbaustufe	GE	400.000,–
– 5. Ausbaustufe	GE	500.000,–

Die produktspezifischen Ausbaustufen umfassen unter anderem:
- variable Beleuchtungssysteme
- variable Kameraausstattung mit bedienungsfreundlicher Lichtwegsteuerung in Abhängigkeit der eingesetzten Kamera
- Projektionsschirm
- automatisches Beleuchtungssystem (Zoom-System)
- Auflichtausrüstung
- variable Filtersysteme in Abhängigkeit von der angewandten Mikroskopiemethode.

Die flexible Gestaltung der Ausbaustufen zeigt sich in einer durchgängigen Aufwärtskompatibilität der Zusatzgeräte.
Aufgrund der technisch aufwendigen Basisausrüstung verbessert sich die Preis-Leistungs-Relation ab der Ausbaustufe II wesentlich. Produktpolitisch wird ein Nachfrageschwerpunkt in dieser Ausbaustufe erwartet.

1.1.2. Marketing-Mix

1.1.2.1. Distributionssystem

Der Vertrieb von Reichert-Produkten erfolgt entweder über Reisende, Generalvertretungen oder Filialen:

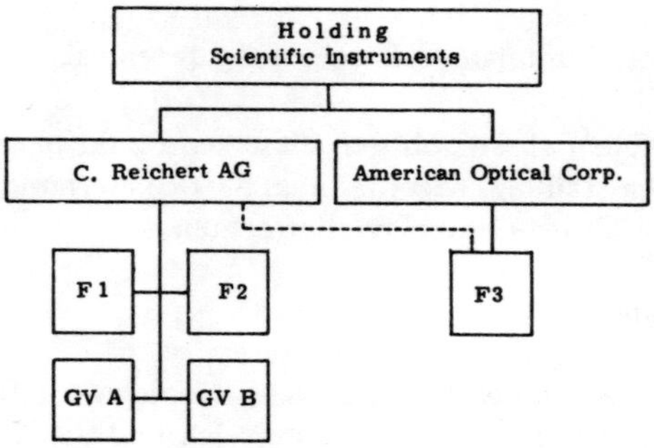

Abb. 43: Das Distributionssystem der C. Reichert AG

Generalvertretungen

Die bestehenden Generalvertretungsverträge der C. Reichert AG unterscheiden sich in der Gestaltung
- regionaler Exklusivitätsklauseln
- produktbezogener Exklusivitätsklauseln
- unterschiedlicher, zusätzlich übernommener Leistungen (Service etc.).

Schwerpunktmäßig lassen sich 2 Vertretungstypen unterscheiden:
Generalvertretung A:
- Selbständige Unternehmungen (Verkauf auf eigene Rechnung)
- Gebietsschutz seitens Reichert
- Exklusivitätsbedingung für Reichert-Produkte
- Serviceverpflichtung
- Lager- und Ausstellungshaltung

Generalvertretung B:
- Selbständige Unternehmungen auf Vermittlungsbasis (zumeist Kommissionäre)
- Gebietsschutz seitens Reichert
- keine Exklusivitätsbedingungen (Konkurrenzprodukte können geführt werden)
- zumeist keine Serviceverpflichtung
- kein Lager

Filialen

Die Filialunternehmungen im Vertriebssystem der C. Reichert AG sind historisch gesehen zum Teil ursprüngliche Reichert-Gründungen, zum Teil Gesellschaften, die aus der Verbindung mit den amerikanischen Schwester- und Holding-Gesellschaften resultieren. Sie unterscheiden sich durch ihre unternehmenspolitische Unterordnung und durch die Beschaffungspolitik im Rahmen des Konzerns.

Filialtyp 1:

Filialen diesen Typs sind Gesellschaften, die der C. Reichert AG unterstellt sind; die Beschaffung erfolgt für alle Konzernprodukte ausschließlich über die C. Reichert AG.

Filialtyp 2:

Der C. Reichert AG unterstellt; Beschaffung überwiegend zentral über die C. Reichert AG; einzelne Produktbereiche werden jedoch dezentral beschafft.

Filialtyp 3:

Der American Optical unterstellt; Beschaffung dezentral.

Die Filialbetriebe erfüllen absatzpolitisch dieselben Funktionen wie der Generalvertreter vom Typ A (Ausstellung, Lagerhaltung, Service etc.) und sind als selbständige Abrechnungsbereiche (Profit-Centers) zu betrachten.

Vertrieb über Reisende

Der Vertrieb durch angestellte Reisende oder Gebietsvertreter (jedoch ohne Gebietsschutz) beschränkt sich derzeit auf Österreich und die Ostblockstaaten. Diese Absatzorgane werden durch einen zentralen Service-Stab unterstützt.

Die relative Bedeutung der Vertriebswege	Umsatzanteile
Filialen	20 %
Generalvertretungen	55 %
Direktvertrieb	
Inland	12 %
Ostblock	13 %

1.1.2.2. Preispolitik

Als Preisinformation für das Produkt UNIVAR gelten die Ausführungen im Abschnitt 1.1.1. Als generelle Preis- und Konditionenpolitik wird auf die Preisgestaltung der selbständigen Absatzorgane (Generalvertretungen und Filialen) kein Einfluß genommen. Die Vertriebsorgane sind daher im Rahmen ihrer Spannen preispolitisch autonom. Damit wird die Absicht einer kundenindividuellen und absatzfördernden Preispolitik zum Ausdruck gebracht.

1.1.2.3. Werbung

Medienwerbung:

4-sprachige Kataloge und Prospektmaterialien; Annoncen und PR-Artikel in Fachzeitschriften in unregelmäßigen Zeitabständen.

Persönlicher Verkauf:

Der persönliche Kundenkontakt liegt in der autonomen Entscheidung der Vertriebsorgane. Bei der Identifikation von Kontaktpersonen ist insbesondere auf die mögliche Trennung zwischen Verwendern und einflußnehmenden externen Willenszentren (z. B. bei Investitionsbudgets) zu achten.

Messen und Ausstellungen:

Weltweit: Teilnahme an ausgewählten, international bekannten Fachmessen (z. B. ACHEMA, im 3-Jahres-Rhythmus)

Ostblock: Jährliche Teilnahme an den nationalen Fachmessen

Die Beschickung der nationalen und internationalen Fachmessen erfolgt durch die Generalvertreter. Auf deren Initiative stellt die C. Reichert AG fallweise Demonstrationsmaterial und geschultes Personal zur Verfügung.

1.1.2.4. Service- und Ersatzteilpolitik

Aufgrund der hohen Lebensdauer der Produkte, der langjährigen Kundenkontakte und der spezifischen Anforderungen durch die Verwender wird getrachtet, Kundenwünschen nach Ersatzteilen und Serviceleistungen möglichst gerecht zu werden und oft sogar Sonderwünsche zu berücksichtigen. Absatzpolitisch gesehen ist damit eine wesentliche Imagekomponente gegeben.

1.2. Konkurrenz

Insgesamt gibt es weltweit etwa 60 Mikroskoperzeuger, von diesen stehen nur 20 Unternehmungen in unmittelbarer Konkurrenz. Vom Produktionsprogramm her weisen diese Unternehmungen Sortimentsschwerpunkte innerhalb der Verwendungskategorien auf.

1.2.1. Konkurrenzfirmen, Sortimentsschwerpunkte und Marktpräsenz

Erzeugerland:	Erzeugerfirma	Verwendungskategorien				Marktpräsenz
		Forschung	Labor	Ausbildung	Privatverwendung (z.B. Schüler)	
Deutschland	Zeiss u. Leitz	x	x	x		weltweit
	Will u. sonstige Kleinfirmen			x	x	lokal
Ostdeutschland	Zeis Jena	x	x	x		Ostblock einzel. westl. Märkte
Frankreich	Nachet		x	x		lokal
Polen	Varimex			x	x	lokal
CSSR	Meopta		x	x	x	lokal
UdSSR	einige kleinere Firmen		x	x	x	lokal
Schweiz	Wild	x	x	x		weltweit
England	Vickers	x	x	x		weltweit
USA	American Optical		x	x	x	weltweit
	Bausch & Lomb	x	x	x		weltweit
Japan	Olympus	x	x	x		weltweit
	Nikkon		x	x	x	weltweit
	Tyoda		x	x	x	weltweit

1.2.2. Die Exportintensität der Erzeuger

Der Weltexport an Mikroskopen (ohne Inlandsabsatz des Herstellers im jeweiligen Herstellungsland) beträgt rund 1,6 Milliarden GE.

Deutschland:	Zeiss, Leitz u. sonst Erzeuger	35 %
Schweiz:	Wild	8 %
USA:	American Optical Corporation, Bausch & Lomb. sonst.	6 %
Japan:	alle Firmen zusammen	30 %
Österreich:	C. Reichert AG	5 %
	sonstige Firmen	15 %

Der Anteil der C. Reichert AG an den Importen der wichtigsten Abnehmerländer:

USA	3 %
Ostblock	25–30 %
Europa inkl. BRD	6 %
Bundesrepublik Deutschland	8 %
Südamerika	3 %
Japan	5 %
Restmärkte (Asien, Afrika, Australien)	ca. 6 %

1.2.3. Anmerkungen zum Marketing-Mix der Konkurrenz

Im Gegensatz zur C. Reichert AG weisen einige Konkurrenzunternehmungen ein stark diversifiziertes Erzeugungsprogramm auf (Photo, Film, Tontechnik etc.). Die damit verbundene, unterschiedlich strukturierte Werbepolitik bedingt hohe Partizipationseffekte des Mikroskopiebereiches am generellen Marken- und Firmenimage.

2. *Nachfrage*

Der Mikroskopmarkt kann der Verwendung nach im wesentlichen in 2 Gruppen geteilt werden:
- die biologisch-medizinische Gruppe, in der hauptsächlich Durchlichtgeräte verwendet werden;
- die technisch-industrielle Gruppe, in der hauptsächlich Auflichtgeräte verwendet werden.

Verwendungssegmente und Zielgruppen:

Grundlagen und Anwendungsforschung

Hochschulen, Universitäten, Industrieforschung, sonstige Forschungsinstitutionen

Lehre

Hochschulen, Universitäten, berufskundliche Schulen, zum Teil allgemeinbildende Ausbildungsstätten

Anwendung

Industrielle-, gewerbliche-, und soziale Anwendung in privatwirtschaftlichen und öffentlichen Bereichen (z. B. pharmazeutische Industrie, Spitäler, elektronische Industrie, metallurgische Industrie etc.)

Für den Mikroskopmarkt ist die Divergenz zwischen technischen und ökonomischen Willenszentren in der Kaufentscheidung latent. In vielen Fällen ist die Instanz die über die Finanzierung der Beschaffung zu entscheiden hat, nicht mit dem Mikro-

skopverwender ident (z. B. staatliche Budgetpolitik kontra Forschungsmittelbedarf). Darüber hinaus können auch Forschungsinstanzen und Verwendungsperson in engerem Sinn (als ausführender Aufgabenträger: Laborhilfskraft) verschieden sein. Die durch die enge Budgetbindung konjunkturempfindliche Forschungsintensität (relative Forschungsbudgetanteile) ist für die Beurteilung der Ökonomität möglicher Marktsegmente (vgl. Segmententscheidungsprozeß) von grundlegender Bedeutung. Generelles Bestimmungsmerkmal der Verwender am Mikroskopmarkt ist eine hohe Markentreue, die unter anderem auch die intensive Ersatzteilhaltung und Serviceleistung verursacht.
Das Weltmarktpotential für Forschungsmikroskope der UNIVAR-Klasse wird auf 2500 Einheiten pro Jahr geschätzt.

B) Ziele und Restriktionen

1. Ziele

Das Zielsystem der Reichert AG wird durch folgende Komponenten charakterisiert:

– Return on Investment	8 % p.a.
– Umsatzwachstum (unter der Annahme einer Weltmarktausweitung von 5 % p.a.)	10 % p.a.

Absatzpolitische Ziele:

- Ausweitung der Kundenzahl
- Intensivierung der konzerneigenen Vertriebsorganisationen (Filialen) bei schrittweisem Abbau der Generalvertretungen
- Marktanteilsausweitung in Abstimmung auf Weltmarktentwicklung und Umsatzziel
- Absatzmengenziel für das Produkt UNIVAR:
  Im 1. Jahr wird mit einer Absatzmenge von 500 Einheiten gerechnet.

2. Restriktionen

- Marktpotential: 2 500 Einheiten p.a.
- Saisonale Umsatzrhythmen: Umsatzspitzen im 2. und 4. Jahresquartal (der absolute Umsatzhöhepunkt in den Monaten November / Dezember ist auf die Ausnützung freier Jahresbudgetanteile der potentiellen Kunden zurückzuführen)
- Budgetabhängigkeit der Verwender (die Budgetplanung verursacht u. a. eine zeitliche Verzögerung in der Wirkung absatzpolitischer Maßnahmen bis zu einem Jahr)
- Selektive Beschickung von Messen und Ausstellungen (vgl. 1.1.2.)
- Werbebudgetrahmen: 2,5 % vom Jahresumsatz

C) Aufgabenstellung

1. Marktsegmentierung
   1.1. Erstellung eines Segmentierungsmodells für den Mikroskopmarkt
   1.2. Entwurf eines Fragenkatalogs zur Konkretisierung der segmentdifferenzierten Potentialschätzung
2. Kommunikations-Mix
   2.1. Erstellung eines Maßnahmenkatalogs für Public-Relation-Aktionen
   2.2. Entwurf eines Kontakt- und Betreuungsplanes für die Investitionsentscheidung des Nachfragers
   2.3. Überprüfung der Akquisitionsqualität des Distributionssystems für die Einführung des Forschungsmikroskopes UNIVAR

C3. Fallstudie: MEYNADIER-Bauchemie

Die folgende Fallstudie hat die Entscheidung über Art und Organisation eines Distributionssystems im Investitionsgüterbereich zum Gegenstand. Die Wahl des Distributionssystems erfolgt unter besonderer Berücksichtigung eines vorgegebenen Produktprogrammes und der bestehenden Nachfrage- und Konkurrenzstruktur. Das betrachtete Unternehmen Meynadier ist Teil einer weltweit am Markt vertretenen Unternehmensgruppe auf dem Gebiete der Bauchemie. Für die nationale Marktbearbeitung sind die akquisitorischen und logistischen Alternativen im Rahmen des Distributionssystems zu erarbeiten.

A) Ist-Zustand

1. Angebot

1.1. Meynadier-Bauchemie

1.1.1. Generelle Unternehmensdaten

Die Meynadier-Gruppe mit der Zentrale in Zürich, zählt zu den bedeutendsten Unternehmen auf dem Gebiete der Bauchemie. In den Anfängen der Unternehmenstätigkeit (1886) konzentrierte man sich auf die Erzeugung und den Vertrieb von Dachpappe. In den damaligen Pioniertagen des Flachdaches war es notwendig, Dachpappe nicht nur zu verkaufen, sondern auch in der praktischen Bewährung selbst zu erproben. Aus diesem Grunde wurde eine Bauabteilung eingerichtet, die bis heute als Spezialunternehmen für Flachdächer, Grundwasserisolierungen und Tunnelabdichtungen tätig ist. Das Produktionsprogramm wurde in den 20er und 30er Jahren auf Bautenschutzmittel, Kitte und Zementzusätze ausgeweitet. Nach 1945 wurden eigene Laboratorien errichtet. Damit trat die Unternehmung in eine ausgeprägte Forschungs- und Entwicklungsphase, die es ihr ermöglichte, immer verbesserte Baustoffe und Bauchemikalien zu entwickeln. Aufgrund der Forschung und der differenzierten bautechnischen Probleme wurde das Programm an Beton- und Mörtelzusätzen erweitert, Kunststoffe, Kitte, Fugenbänder und Rohrdichtungen als Ergänzung aufgenommen. Der jüngste Sortimentsbereich umfaßt die Herstellung und den Vertrieb von Baugeräten und Spezialmaschinen.

Die Meynadier Gruppe ist gegenwärtig in ca. 20 Ländern der Erde mit Marktorganisationen vertreten. Der generell hohe Anteil an beratungsintensiven Produkten erfordert eine weltweite, sorgfältige und verantwortungsvolle Beratungsorganisation und hohe Servicequalität. Die Meynadier-Gruppe wird dieser Forderung mit einer Vielzahl von Zweigniederlassungen und Auslieferungslagern gerecht.
Die weltweite Unternehmensgruppe setzt sich aus den folgenden Komponenten zusammen:

- Die schweizerische Meynadier-Zentrale,
- Meynadier-eigene Marktorganisationen (Tochterunternehmungen),
- rechtlich selbständige Generalvertretungen, die in eigenem Namen auftreten und fallweise auch fremde Produkte führen und
- zahlreiche Lizenznehmer für Meynadier-eigene Produktionsverfahren.

1.1.2. Marketing-Mix

1.1.2.1. Produktprogramm

Meynadier bietet schwerpunktmäßig Lösungen für betontechnologische Probleme an. Allgemeines produktpolitisches Ziel ist es, rationelle Problemlösungen in der Betontechnologie, in der Isoliertechnik und die zugehörigen Maschinen und Spezialgeräte zu entwickeln und zu verkaufen. Die technische Entwicklung wird durch das Forschungslabor der Meynadier-Zentrale gestaltet. Die grundsätzlichen Anforderungen an bauchemische Problemlösungen ergeben sich aus einer zunehmenden Diskrepanz zwischen den differenzierten bautechnischen Zielsetzungen und den dadurch erwünschten Spezialeigenschaften der Baustoffe (z. B. Wasserundurchlässigkeit, Plastizität, Abbindegeschwindigkeit etc.) einerseits und den Realisationsmöglichkeiten durch Baustoffe in der handelsüblichen Form, welche die gewünschten Eigenschaften gar nicht oder nicht in ausreichendem Maße erfüllen, anderseits.
Aus dem umfangreichen Problembereich der Bauchemie und Isoliertechnik werden folgende Hauptprogrammbereiche angeboten:

- Mörtelzusätze (z. B. Schnellbinder, Trocknungsbeschleuniger, Dichtungszusätze, haftungsverstärkende Zusätze)
- Betonzusätze (z. B. Plastifizierungsmittel, luftporenbildende Zusätze, Abbindeverzögerer, Frostschutzmittel, wasserdichte Sperrzusätze)
- Schalungsmittel (Schalungsabdichtungen, Trennmittel etc.)
- Bautenschutzmittel (z. B. Fassadenschutzanstriche, bituminöse Isolieranstriche, Bodenversiegelung, Korrosionsanstriche, holzkonservierende Anstriche, Kunstharzanstriche, Kunstharzbeschichtungen)
- Baukleber (z. B. Universalkleber, Klebemörtel, Styropor-, Korkplattenkleber)
- Fugenkitte und Vergußmassen (z. B. elastische Strangkitte, bituminöse Heißvergußmassen, Kunststoff-Vergußmassen, Spachtelmassen)
- Fugenbänder (z. B. PVC-Bänder für Betonierfugen)
- Reinigungsmittel für Baugeräte
- Isolierplatten (insbesondere für Flachdachisolierungen; Wärmedämmplatten); diese werden nur im nationalen Markt vertrieben.
- Maschinen und Geräte (z. B. Spritzbetonmaschinen, Bitumenspritzmaschinen, Bitumenkocher und Pumpgeräte, Dosieranlagen, Meß- und Prüfgeräte z. B. für die Messung von Fugenbewegungen)

Insgesamt werden im Sortiment ca. 1500 Artikel geführt.

Die Vielfalt des Produktprogrammes und die differenzierten bautechnischen und -chemischen Probleme stellen hohe Anforderungen an das technische Wissen des Verkaufspersonales.
Bei beratungsintensiven Artikeln ist der unmittelbare Kontakt zum Anwendungsort notwendig.
Der Beratungsvorgang gliedert sich in folgende Phasen:

- Erfassung des bautechnischen Problems durch Analyse der beteiligten Materialkomponenten und der bautechnischen Zielsetzung;
- Beachtung technischer und ökonomischer Restriktionen bei der geplanten bauchemischen Problemlösung;
- Wahl der ökonomisch-technisch optimalen bauchemischen Materialkombination;
- Durchführung der bauchemischen Problemlösung durch den Verwender.

Im Produktbereich der Isoliertechnik steht als Dienstekomponente der Meynadier-eigene Ausführungsdienst zur Verfügung.
Bei technisch wenig beratungsintensiven Artikeln tritt als Marketing-Instrument die Beratung über das Preis- / Leistungsverhältnis unterschiedlicher Problemlösungsvarianten in den Vordergrund (z. B. Isolierplatten im Vergleich zu anderen Isoliermaterialien).

1.1.2.2. Die Allgemeine Kommunikationspolitik von Meynadier International

Als kommunikationspolitisches Grundkonzept von Meynadier International wird eine weltweit vereinheitlichte Werbe- und Public Relation-Politik betrieben. Zur Image-Positionierung der Marke „BARRA“ wurde ein weltweit einheitlicher Namenszug entworfen. Zur Imagebildung wird nach Möglichkeit stets die den Unternehmensgegenstand beschreibende Formulierung „BARRA“ (von ‚Barriere‘-wasserdichter Sperrzusatz) mit „MEYNADIER“ verbunden. In gleicher Weise wird für alle Meynadier-Geräte, Informationsmaterialien etc. eine einheitliche Grundfarbe in einem satten Blau gewählt. Diese generelle Festlegung einer Firmenfarbe und eines einheitlichen Namenszuges ermöglicht die durchgängige Gestaltung von potentiellen Informationsträgern wie Maschinen, Geräte, Fuhrpark, Werbematerial, Verpackungen etc.
In unregelmäßigen Abständen werden auch Public-Relation-Artikel in Fachzeitschriften publiziert. Darüber hinaus beteiligt sich Meynadier aktiv an Fachmessen.

B) Der Ist-Zustand im betrachteten Markt

1. Meynadier National

1.1. Generelle Unternehmensdaten

Meynadier National als Tochtergesellschaft steht bei gegebenem Produktionsprogramm und einer dem Konzept von Meynadier-International angepaßten Kommunikationspolitik vor der Entscheidung der Neuorganisation des Distributionssystems. Die Personalkapazität beträgt derzeit 60 Angestellte und 60 / 80 Arbeiter. Im Berichtsjahr ist ein Umsatz von 60 Mio. GE. geplant.

1.2. Marketing-Mix

Abgesehen vom international bestehenden Produktionsprogramm und der generellen kommunikationspolitischen Konzeption von Meynadier International können nationale Gesellschaften individuelle Preispolitik und produktspezifische Kommunikationspolitik betreiben. Darüber hinaus besteht eine grundsätzlich freie Gestaltungsmöglichkeit für die Wahl des Distributionssystems im akquisitorischen und logistischen Bereich.
Im Rahmen der produktspezifischen Kommunikationspolitik werden von Meynadier abgesehen vom allgemeinen Produktkatalog bei der Einführung neuer Produkte Einführungsprospekte gezielt an den Kunden verteilt.
Weiters umfaßt die Kommunikationspolitik regelmäßige Rundschreiben, Artikel in Fachzeitschriften und Schulungsveranstaltungen (Vorträge und Demonstrationen) für Kunden.

Die Preispolitik ist durch eine nach Produktgruppen differenzierte Mengenrabattstaffel gekennzeichnet.
Bezüglich der wertmäßigen Auftragsgrößen ist festzuhalten, daß diese in einem breiten Spektrum zwischen 100.– GE und 200.000 GE schwanken, wodurch die Heterogenität des Sortimentes und die mengenmäßig stark differenzierten Aufträge veranschaulicht werden können.

2. Konkurrenz

Das weitgespannte Produktprogramm von Meynadier bedingt eine unterschiedlich starke Konkurrenzintensität in einzelnen Programmbereichen: Der Sortimentsbereich der Geräte und Maschinen (Spritzbetonmaschinen) ist weniger der Konkurrenz ausgesetzt als die übrigen Artikelgruppen, die unter starkem Konkurrenzdruck abgesetzt werden müssen. Die Konkurrenz vertreibt sowohl über den Baustoffhandel als auch direkt.
Der Marktanteil von Meynadier in den Hauptprogrammbereichen:

Maschinen und Ersatzteile	70 %
Bauchemie	10 – 15 %
Isolierplatten	8 – 10 %

3. Nachfrage

3.1. Marktsegmentierung

Als Leitvorstellung einer segmentierten Absatzpolitik gilt der Grundsatz, die Phasen des Entscheidungsprozesses zur Wahl einer bauchemischen Problemlösung
– Planung (z. B. Architekten, Planungsstellen der Behörden)
– Ausführung (z. B. Bauunternehmungen)
differenziert nach Branchen zu erfassen. Darüber hinaus ist bei der Konzeption eines Segmentierungsmodells die grundsätzliche Trennung in die kaufentscheidungsbeeinflussenden Rollen zu beachten:

- buyer,
- decider,
- user,
- influencer.

Abhängig vom Gesamtinvestitionsvorhaben und den damit verbundenen bautechnischen Problemen können diese Rollen von den unterschiedlichsten Unternehmungen, Personen oder Branchen eingenommen werden: Baugroßunternehmer, Baumeister, Architekturbüros, Konstruktionsbüros, Industrial Engineering-Teams, baugewerbliche Unternehmungen (Installateure etc.)

Abhängig vom jeweiligen Baustadium eines Investitionsvorhabens ergeben sich Bauhauptgewerbe (Rohbau) und Baunebengewerbe (Ausbau). Darüber hinaus kann zwischen Hochbau und Tiefbau (Straßen, Brücken, Tunnelbauten, Kraftwerksbauten etc.) unterschieden werden.

3.2. Quantitative Strukturmerkmale der Nachfrage

Aufgrund bisheriger Marktforschungsergebnisse gliedert sich die Mengenstruktur möglicher Kontaktstellen wie folgt:

In Bauhauptgewerbe, Baunebengewerbe und Baustoffhandel ist mit ca. 3000 Zieladressen zu rechnen.

Als für den Beschaffungsentscheidungsprozeß wesentlich zu beurteilende Willenszentren sind ca. 500 Planungsstellen zu nennen, die sich aus kommunalen Planungsabteilungen (für öffentliche Aufträge), Planungsbüros (für gewerbliche Aufträge) und Architekten zusammensetzen.

Bei kommunalen Planungsabteilungen als Zieladressen sind mehrere zu kontaktierende Einflußpersonen zu berücksichtigen.

Die wertmäßigen Umsatzanteile zeigen folgendes Bild:

	Jahr	
	–1	Berichtsjahr
Maschinen und Geräte	17,9%	15,2%
Bauchemie	46,3%	44,0%
Isoliertechnik	17,6%	34,4%
Sonstiges (u. a. Verkäufe an Schwesterfirmen)	18,2%	6,4%

4. Ziele und Restriktionen

Die jährliche Umsatzexpansion ist mit 30 % Nominalwachstum geplant.

Im Bereich der Bauchemie soll der Marktanteil verdoppelt werden, in der Isoliertechnik plant man einen Marktanteilszuwachs von ca. 5 %. Im Gegensatz dazu wird der Markt für Maschinen (insbesondere Spritzbetontechnik) als gesättigt beurteilt.

Das Produktprogramm, die stilbildenden Komponenten der Imagepolitik und die Qualitätsnormen sind weltweit vorgegeben (die „Meynadier-Qualitätsnorm“ ist ein Meynadier-spezifisches Anforderungsniveau an chemo-technische Produkteigenschaften und Verpackungsdesign).

C) Das Distributionsproblem

Die für die vorliegende Fallstudie charakteristische Entscheidungssituation ist durch die Wahl eines Distributionssystems im nationalen Markt definiert. Der Unternehmung stehen folgende alternative Distributionssysteme unter Berücksichtigung des Ziel- und Restriktionenraumes und bei gegebenem Marketing-Mix zur Verfügung.

Alternative A_1: Engineering-System

Meynadier tritt als ausschließlich know-how produzierende Unternehmung auf. Der Tätigkeitsbereich liegt einerseits in der reinen Systemberatung und anderseits in der Vergabe von Lizenzen an Erzeugerfirmen.

Alternative A_2: Durchgängig indirekter Absatz

$A_{2.1.}$ Meynadier produziert, tritt aber nicht akquisitorisch am Markt auf. Beratungs- bzw. Serviceaufgaben und Ersatzteillagerhaltung sind ausgegliedert.

$A_{2.2.}$ Durchgängig indirekter Absatz mit akquisitorischer Funktionserfüllung. Meynadier übernimmt zusätzlich zur Alternative $A_{2.1.}$ Kommunikations-, Systemberatungs-, Service- und Schulungsaufgaben. Der Bezug von Meynadier-Produkten erfolgt jedoch ausschließlich über Vertragshändler.

Sowohl für die Alternative $A_{2.1.}$ als auch $A_{2.2.}$ gilt die Möglichkeit unterschiedlicher Distributionsvarianten (eventuell abhängig von Programmbereichen: z. B. beratungsintensive Produkte über den Fachgroß- und Einzelhandel; beratungsextensive über Selbstbedienungsgroß- und -einzelhandel bzw. Absatz über Kooperationsformen des Handels).

Alternative A_3: Nicht durchgängig indirekter Absatz

$A_{3.1.}$ Beratungsextensive Güter werden über den Handel (wie A_2), beratungsintensive Güter direkt (Auslieferungslager, Selbstabholungsmöglichkeit ab Werk, Reisende, Filialunternehmungen etc.) abgesetzt. In diesem Fall ist prinzipiell die Konfliktmöglichkeit zu beachten, daß einerseits der Handel ungern auf die wertintensiven Programmbereiche verzichten will, ohne aber anderseits die tendenziell höhere Beratungsintensität auf sich zu nehmen. Abhängig von der Marktposition ist die Möglichkeit von Exklusivitätsbedingungen zu prüfen.

$A_{3.2.}$: Nicht durchgängig indirekter Absatz, jedoch ohne sortimentsabhängige Differenzierung des Distributionssystems. Das gesamte Sortiment wird sowohl direkt als auch indirekt abgesetzt. In diesem Fall sind regionale und / oder wirtschaftsstufenabhängige Exklusivitäts- oder Kompensationsregelungen zu prüfen.

Alternative A_4: Durchgängiger Direktabsatz

In diesem Fall wird das gesamte Verkaufsprogramm durch betriebseigene Organe (vgl. $A_{3.1.}$) abgesetzt.

D) Aufgabenstellung

1. Entwicklung eines Anforderungskataloges an das Distributionssystem
1.1. Ausarbeitung des Segmentierungsmodelles unter Berücksichtigung der Phasen des Kauf- und Verwendungsprozesses.
1.2. Konzipierung einer Kontaktorganisation zur Sicherstellung einer problemorientierten Marktkommunikation
2. Wahl des Distributionssystems: Alternativen bzw. Alternativenkombination unter isolierter Betrachtung der Marktsegmentierung und des Produktprogrammes.

XIII. Die Wahl des Distributionssystems

1. Arbeitsdefinitionen

1.1. Absatz

Unter Berücksichtigung der Aktionsphasen des betrieblichen Leistungsgeschehens kann der Absatz als Outputphase des betrieblichen Transferprozesses verstanden werden. Extensional kann der Absatz als jener Teilprozeß der betrieblichen Transformation von Wirtschaftsgütern bezeichnet werden, der ihre Vermarktung zum Gegenstand hat. Unter Zugrundelegung der Stellung des Nachfragenden in der Absatzkette kann zwischen
– Konsumgüterabsatz und
– Investitionsgüterabsatz
unterschieden werden.

1.2. Das Distributionssystem

Das Distributionssystem dient der Überbrückung der ökonomischen Distanz zwischen Erzeuger und Letztverwender. Es ist ein soziales System, welches durch die Existenz verschiedener Willens- und Entscheidungszentren mit verschiedenen Präferenzordnungen gekennzeichnet ist.

Das Distributionssystem ist mehrstufig, wobei unter einer Stufe eine relativ autonome Entscheidungsinstanz (Distributionsorgan) zu verstehen ist, welcher die rechtliche Verfügungsgewalt über das abzusetzende Wirtschaftsgut zukommt und die absatzpolitisch tätig ist.

Das Distributionssystem ist durch zwei aufgabendifferenzierte Subsysteme zu kennzeichnen:
– Das Akquisitionssystem stellt die Summe der akquisitorisch tätigen Stellen der Absatzkette dar.
– Das Logistiksystem setzt sich aus der Menge physisch distribuierender Stellen der Absatzkette zusammen.

1.2.1. Das Akquisitionssystem

Das Akquisitionssystem hat die Aufgabe, den Kommunikationsprozeß zwischen Anbieter und Nachfrager zu bewirken. Das Kommunikationsgeschehen ist durch einen zweiseitigen Informationsfluß gekennzeichnet:

- Einerseits werden Informationen über das Angebot an die anzusprechenden Zielgruppen kommuniziert,
- anderseits werden Informationen über die Nachfrageeigenschaften durch die Akquisitionsorgane an den Anbieter rückgekoppelt.

1.2.2. Das Logistiksystem

Das logistische Subsystem übernimmt die raum-zeitliche und physische Überbrückung zwischen Angebot und Nachfrage. Der entscheidungsprozessuale Charakter der physischen Distribution zeigt sich in der zielkonfliktären Beziehung zwischen Kostenminimierung und Servicegradmaximierung, wobei unter Servicegrad im marketing-logistischen Zusammenhang generell die Lieferbereitschaft verstanden werden kann. Wegen des konfliktären Charakters zwischen Kostenminimierung und Servicegradmaximierung stellt sich das Entscheidungsproblem der physischen Distribution als Optimierungsaufgabe dar.

1.2.3. Der Zusammenhang zwischen logistischem und akquisitorischem Subsystem

Das logistische und akquisitorische Subsystem stehen in interdependenten Beziehungen.

Information von	Input	akquisitorisches Subsystem Transferverhalten Speicher, Transport, Transformation	Output	Information an
Anbieter	allgemeine u. segmentspezifische sales promotion information	spezifisches, von den akquisitorischen Instanzen (insbes. v. deren Präferenzordnung und Marktstellung) abhängiges Transferverhalten.	durch akquisitorisches Organ verstärkte oder geschwächte Marketinginformation..	Nachfrager
Nachfrager	Nachfrageinformation, Käuferverhalten, Verwendung-/Verbrauchsinformation	"	Marktforschungsinformation	Anbieter

Entscheidung in der Logistik		Aktionsphasen der Logistik		
Entscheidungsrang	Entscheidungsphasen	Input	Transfer	Output
Lenkungsebene	Planung	Planalternativen	Alternativenwahl	Maßnahmenplan/Sollwert
	Kontrolle	Maßnahmenergebnis	Soll-Ist-Vergleich	Revisionsvorschlag
Objektebene	Realisation	Maßnahmen-Plan/Sollwert	Maßnahmendurchführung	Maßnahmenergebnis

1.3. Das Distributionssystem im Rahmen der Absatzpolitik

Versteht man unter Absatzpolitik Entscheidungsprozesse über die Verwertung betrieblicher Produkte am Markt, so sind Entscheidungen sowohl auf Absatzziel- wie auch auf der Absatzmaßnahmenebene zu treffen.
Sowohl das akquisitorische wie auch das logistische Subsystem werden von Inhalt, Ausmaß und Zeitbezug des absatzpolitischen Zielsystems bestimmt. Darüber hinaus wird der Bereich der zulässigen Maßnahmen durch die Existenz akquisitorischer und logistischer Restriktionen begrenzt. Es zeigt sich damit, daß sowohl die Gestaltung des akquisitorischen Kommunikationssystems wie auch des logistischen Distributionssystems Optimierungsaufgaben darstellen, welche in der Realisierung operationaler Absatzziele unter expliziter Beachtung definierter Nebenbedingungen bestehen. Die Interdependenz zwischen dem Distributionssystem und den übrigen absatzpolitischen Entscheidungsbereichen besteht auf Ziel- und Maßnahmeebene. (Die Wechselwirkungen im Maßnahmenbereich werden im Abschnitt 3.2.2. dargestellt.)
Die Interdependenzen auf Zielebene sind entsprechend der Typologie der horizontalen und vertikalen Zielbeziehungsfunktionen nach strukturellen Eigenschaften und Wechselbeziehungen zwischen den Zielen der einzelnen absatzpolitischen Entscheidungsbereiche zu erfassen.
Die Struktur dieses Systems der Absatzziele ist durch die Zielbeziehungsfunktionen grundsätzlich beschreibbar.

Zielinhalt Zielausmaß Zieltermin	Zielbeziehungsfunktionen im Absatzzielsystem								
	konfliktär			komplementär			neutral		
	Inhalt	Ausmaß	Termin	Inhalt	Ausmaß	Termin	Inhalt	Ausmaß	Termin
Distributionssystem/ Marketingkommunikation									
Distributionssystem/ Produktprogramm									
Distributionssystem/ Preis und Konditionen									
Produktprogramm/ Marketingkommunikation									
Produktprogramm/ Preis und Konditionen									
Marketingkommunikation/ Preis und Konditionen									

Abb. 44: Absatzzielsystem und Zielbeziehungsfunktionen

2. Elemente und Struktur des Distributionssystems

Die Menge der Relationen eines Systems wurde als Struktur bezeichnet. Das Distributionssystem besteht aus der Menge akquisitorisch und / oder logistisch tätiger Organe, deren Aufgabe die Vermarktung der betrieblichen Absatzobjekte ist.

2.1. Das akquisitorische System

2.1.1. Die Elemente des akquisitorischen Systems

Die Elemente des akquisitorischen Systems sind jene Entscheidungsträger, die zur Überbrückung der ökonomischen Distanz zwischen Erzeuger und Letztverwender

durch ihre akquisitorischen Maßnahmen beitragen. Diese Entscheidungsträger können als *Akquisitionsorgane* bezeichnet werden. Es gibt verschiedene Kriterien, die Erscheinungsform der Akquisitionsorgane zu systematisieren.
Nach der Zugehörigkeit der Absatzorgane zum anbietenden Erzeuger können unterschieden werden:

Betriebseigene Akquisitionsorgane:
Diese können nach ihrer jeweiligen hierarchischen Stellung und dem Grad der Institutionalisierung weiter differenziert werden.

hierarchische Stellung	Grad der Institutionalisierung		
	Stelle	Abteilung	Filiale
hoch	Leiter des Reisendenstabes	Leiter aller Akquisitions-abteilungen	überregionale Muttergesellschaft aller Vertriebsgesellschaften
mittel	Gruppenleiter	Leiter einer funktionalen Abteilungsgruppe	Leiter einer regionalen Filialgruppe
niedrig	Reisender	Abteilungsleiter	Filialleiter

Betriebsfremde Akquisitionsorgane:
Diese können als rechtlich und / oder ökonomisch selbständige Organe bezeichnet werden. Üblicherweise unterscheidet man in
- Handelsbetriebe und
- Absatzmittler.

Die spezifische Ausprägungsform dieser Absatzorgane ist abhängig von ihrer Stellung in der Absatzkette, ihrem Erfüllungsgrad bezüglich der vom Erzeuger ausgegliederten Funktionen, bezüglich der Art von Gütern und der Vertriebsmethode.

2.1.1.1. Handelsbetriebe

Die Handelsbetriebe lassen sich nach folgenden Kriterien klassifizieren:
- nach der Wirtschaftsstufe
- nach der Art des grenzüberschreitenden Verkehrs
- nach der Sortimentsstruktur
- nach der Vertriebsmethode.

Der *Handelsprozeß* als Vorgang der handelsbetrieblichen Leistungserstellung unterscheidet sich vom Erzeugungsprozeß unter dem Blickwinkel der Aktionsphasen der betrieblichen Produktion insoweit, als die technologische Transformation von Einsatzgütern (Produktoren) in Ausstoßgüter (Produkte) nicht gegeben ist. Dessen ungeachtet vollzieht sich im Handelsprozeß ebenso wie im Erzeugungsprozeß eine ökonomische Transformation, welche sich anschaulich durch „Vernichtung ökonomischer Distanz bei konstanter technologischer Distanz“ umschreiben läßt.
Die in den Handelsprozeß eingesetzten Produktoren bewirken eine Änderung des Nutzenpotentials des Handelsgutes, die sich in einer Steigerung der Verwendungsreife bzw. Konsumreife manifestiert. Unter Beachtung des zugrunde gelegten Wirtschaftsgutsbegriffes ist bei technologischer Identität eine ökonomische Diversität des Handelsgutes gegeben. (siehe S. 270)

Das Aktionsphasenschema des Handelsprozesses umfaßt:

Input	*Speicherung*	*Transport*	*Transformation*	*Output*
Beschaffung	Lager	Transport	Sortimentbildung	Absatz

2.1.1.2. Absatzmittler

Neben Kommissionär und Makler können Handelsvertreter als selbständige Absatzmittler in das akquisitorische System eingeschaltet werden. Der *Handelsvertreter* als eine akquisitionspolitische Variante der Absatzorgane kann entweder ausschließlich für eine Firma oder für mehrere Firmen Geschäfte vermitteln (Vermittlungsvertreter) oder realisieren (Abschlußvertreter). Darüber hinaus können weitere Exklusivitätsklauseln, etwa regionaler Art, die Ausprägungsform des Handelsvertreters bestimmen.
Bei einem durchzuführenden Variantenvergleich zwischen angestellten Reisenden und selbständigem Handelsvertreter zeigen sich die jeweiligen Vor- und Nachteile dieser beiden Akquisitionsorgane. Kostenmäßig implizieren die hohen Fixkostenanteile des angestellten Reisenden eine relativ geringere kostenwirtschaftliche Flexibilität und darüber hinaus eine relativ höhere Liquiditätsbelastung (ausgabenwirksame Fixkosten). Der selbständige Handelsvertreter verursacht umsatzvariable Kosten, welche eine höhere Flexibilität in den genannten Aspekten bedingen.
Aus dem Aspekt der Beeinflußbarkeit der Absatzorgane weist der selbständige Handelsvertreter eine geringere Lenkbarkeit auf. Diese kann jedoch mit individuellen Vertragsbestimmungen erhöht werden. Der angestellte Reisende ist direkt lenkbar, was insbesondere für unternehmensspezifische Aufgaben vorteilhaft sein kann (Umsatzbeobachtung, Rationalisierungsvorschläge bezüglich des Distributionssystems, produktpolitische Information über die Nutzenstiftung der Produkte bei den Kunden etc.)
Ein bestehendes Sortiment eines Vertreters kann zum einen dem Absatz des eigenen Produktes förderlich sein, fallweise jedoch auch Substitutionseffekte mit sich bringen. Das Know-how und die bestehenden Marktbeziehungen des Vertreters können die Entscheidung über das einzusetzende Absatzorgan insbesondere im Exportmarketing bei Investitionsgütern wesentlich beeinflussen.

2.1.2. Die Struktur des akquisitorischen Systems

Die Struktur des Akquisitionssystems ist durch die Menge der Marktbeziehungen zwischen Anbieter und Nachfrager bestimmbar. Grundsätzlich kann nach der Art der beteiligten Akquisitionsorgane zwischen direktem Absatz und indirektem Absatz unterschieden werden.
Direkter Absatz liegt vor, wenn zumindest die akquisitorischen, fallweise auch die logistischen Aufgaben durch betriebseigene Akquisitionsorgane (bzw. Logistikorgane) durchgeführt werden. Eine Ausweitung des Begriffsumfanges stellt die Einbeziehung rechtlich selbständiger, aber wirtschaftlich dem Anbieter zugehöriger Akquisitionsorgane (z. B. Tochterfirma als Vertriebsgesellschaft) dar.
Die Ausprägungsformen des Direktabsatzes können in Abhängigkeit der verschiedenen Kriterien, wie organisatorische Differenzierung, Grad der rechtlich-wirtschaftlichen Selbständigkeit etc. beschrieben werden.

Indirekter Absatz liegt vor, wenn der Anbieter die Akquisitions- und Logistikaufgaben an rechtlich und wirtschaftlich selbständige Absatzorgane überträgt. Um die Ausprägungsformen des indirekten Absatzes zu beschreiben, sind mehrere Kriterien möglich. Der indirekte Absatz ist in seinen Strukturvarianten bestimmt:

- nach der Art der selbständigen Akquisitionsorgane;
- nach den Prinzipien der selektiven Absatzpolitik, wobei eine Wahl der für die Akquisition zulässigen Akquisitionsorgane aus der Menge der möglichen erfolgt (*selektive Akquisition*); im Gegensatz dazu liegt *universale Akquisition* dann vor, wenn alle selbständigen Akquisitionselemente der Absatzkette für akquisitorische Aufgaben verwendet werden;
- nach dem Grad der Differenzierung des Akquisitionssystems, nämlich ob für die Vermarktung eines Wirtschaftsgutes eine oder mehrere Strukturvarianten (Art und Selektivität) gleichzeitig zulässig sind;
- unter Beachtung des Kooperationsgrades der Akquisitionselemente ist zwischen kooperativen und kompetitiven Verhaltensweisen innerhalb der Strukturvarianten zu unterscheiden.

2.2. Elemente und Struktur des Logistiksystems

Das Logistiksystem hat die Aufgabe, das abzusetzende Wirtschaftsgut zur richtigen Zeit an den richtigen Ort zu transportieren, um die physische Marktentnahme nach getroffener Kaufentscheidung durch den Nachfrager zu ermöglichen. Die physische Distribution setzt die erfolgte Akquisition voraus. Im Gegensatz zur Akquisition, welche die Herbeiführung von Kaufentscheidungen zum Ziele hat, besteht also die Zielsetzung der Logistik (physische Distribution) in der relativ kostenminimalen Ermöglichung der physischen Marktentnahme.

2.2.1. Die Logistikelemente

Die Elemente des Logistiksystems können als Organisationseinheiten bezeichnet werden, die logistische Aufgaben im Rahmen der physischen Distribution übernehmen. Diese Organe können mit den Akquisitionsorganen in ihrer Stellung in der Absatzkette und / oder in ihrer rechtlich-wirtschaftlichen Ausprägung kongruent sein. Es sind darüber hinaus aber auch jene logistischen Organisationseinheiten zu beachten, die aufgrund ihres Spezialisierungsgrades (Dienstespezialisten) zur Erfüllung logistischer Aufgaben zusätzlich eingesetzt werden (Spediteure, Frachtführer, Versicherer, Lageristen). Diese selbständigen Organe übernehmen arbeitsteilig die Realisierung von logistischen Teilaufgaben.

2.2.2. Die logistische Struktur

Die Struktur der physischen Distribution kann durch das Aktionsphasenschema erläutert werden. Wesentlich sind Transport- und Lagerprozesse, welche der Überbrückung der räumlichen und zeitlichen Distanz zwischen Anbieter und Nachfrager dienen. Das logistische System ist durch nicht beliebig vermehrbare Kapazitäten zur Realisierung der logistischen Prozesse, durch limitationale Prozeßstrukturen und durch stochastisches Input- / Outputverhalten gekennzeichnet. Die möglichen logistischen Zielfunktionen können in Inhalt, Ausmaß und Terminisierung am absatzpolitischen Zielsystem ausgerichtet werden.

So wäre unter anderem zwischen geschwindigkeits-, kosten-, distributionsquoten- (physische Marktpräsenz) und kapazitätsoptimaler Logistik zu unterscheiden. Bei diesen logistischen Zielfunktionen handelt es sich jeweils um die Erreichung eines Zielinhaltes unter expliziter Berücksichtigung von Nebenbedingungen: z. B. maximale Distributionsgeschwindigkeit bei gegebenen physischen Distributionskapazitäten der beteiligten Logistikorgane für die jeweiligen logistischen Prozesse und bei gegebenen Distributionskosten etc.; oder minimale Gesamtkosten der physischen Distribution bei gegebenem Zeitrahmen, bei gegebener physischer Marktpräsenz und gegebenen Kapazitätsniveaus des Logistiksystems.

3. Die Wahl des Distributionssystems als absatzpolitische Entscheidung

3.1. Die absatzpolitische Entscheidung

Versteht man unter Absatz die Vermarktung von Wirtschaftsgütern, so kann der Begriff des *Absatzzieles* als ein zukünftiger Zustand der Vermarktung von Wirtschaftsgütern, der unter Zugrundelegung der aktuellen Präferenzordnung des Unternehmens als erstrebenswert angesehen wird, festgelegt werden. Eine Konkretisierung des zukünftigen Zustandes der Vermarktung von Wirtschaftsgütern ist durch die Definition der zu bearbeitenden Marktsegmente, der anzustrebenden Marktanteile, des anzustrebenden mengen- bzw. wertmäßigen Absatzes, der Höhe der Distributionsquote, der Anzahl der zu bearbeitenden Kunden etc. möglich.
Im folgenden werden Absatzzielentscheidungen von der Betrachtung ausgeklammert und die Prämisse gesetzt, daß das Zielsystem des Absatzbereiches operational formuliert ist. Darüber hinaus ist für die vorliegende Fragestellung nur ein Teilbereich absatzpolitischer Verhaltensweisen zu untersuchen, nämlich der Bereich des Distributionssystems.

3.2. Die Struktur der Entscheidung über das Distributionssystem

Der Sachcharakter der Entscheidung besteht in der Wahl des Distributionssystems. Um die ranglogische Struktur der Entscheidung veranschaulichen zu können, ist eine Differenzierung zwischen Zielebene und Maßnahmenebene sinnvoll.
Der Anlaß für Entscheidungen über das Distributionssystem ist prinzipiell in einer Zielabweichung gegeben. Um die möglichen Problemkategorien für absatzpolitische Entscheidungen darstellen zu können, ist es notwendig, die Komponenten des Ist-Zustandes eines Distributionssystems anzuführen.

3.2.1. Die Rangstruktur von Distributionssystementscheidungen

3.2.1.1. Zielebene

Das absatzpolitische Zielkombinat weist gegenüber dem allgemeinen Zielsystem der Unternehmung relativen Mittel-Charakter auf. Aus dem absatzpolitischen Zielsystem können Instrumentalbereichsziele für die einzelnen Marketing-Sub-Mixes abgeleitet werden. Die produkt-, preis-, kommunikations- und distributionspolitischen Zielsetzungen stellen die Subziele dar. Aus der Zielfunktion des Distributionssystems ist ein akquisitorisches und ein logistisches Ziel ableitbar.

Neben der Abstimmung der Komponenten Zielausmaß und Zieltermin kommt der Entsprechung der Zielinhalte grundlegende Bedeutung zu. Die folgende Tabelle zeigt prinzipiell kompatible Zielinhalte der Subsysteme Akquisition und Logistik in Beziehung zu den Zielen des Distributionssystemes und der allgemeinen Absatzpolitik. Es wird von drei grundsätzlichen strategischen Zielsetzungen ausgegangen: Periodendeckungsbeitrag, Wachstumsdenken (in Marktanteilen) und selektives Wachstum im Sinne einer rentabilitätsorientierten Wachstumspolitik.

Die gegenüber dem Distributionssystem und seinen Subsystemen übergeordneten Zielinhalte haben für dessen Wahl Prämissencharakter. Sie stellen insofern auch Restriktionen im Rahmen der Entscheidungen über Ziele des Distributionssystems und damit über Ziele der Akquisition und der Logistik dar. Diesen Zielrestriktionen kommt immer dann grundlegende Bedeutung zu, wenn sich Zielkonflikte zwischen Akquisition und Logistik ergeben. Darüber hinaus gilt die generelle Entscheidungsprämisse der aktuellen Präferenzordnung des Anbieters. Die Präferenzordnungen und Zielsysteme der Akquisitions- und Logistikorgane stellen exogene Restriktionen im Rahmen der Entscheidung über das Distributionssystem dar.

absatzpolitische Zielsetzung in der Periode T	Kontaktform	Akquisitionssystem	Logistiksystem
Maximierung des Deckungsbeitrages in der Periode unter Beachtung der Restriktionen betreffend Kapazität und Marktpotential	konzentrierte Distribution auf deckungsbeitragsintensive Marktsegmente	hohe Deckungsbeiträge pro Auftrag (pro Kaufentscheidungsakt) pro bearbeitetes Segment	kostenminimale Logistik bei Beachtung des Deckungsbeitrages pro Auftrag
Maximierung des Periodenumsatzes unter Beachtung der Restriktionen betreffend Kapazität und Marktpotential	konzentrierte Distribution in expansiven und expansionsverdächtigen Marktsegmenten, Steigerung der Kundenzahl	hoher Umsatzwert pro Auftrag und pro bearbeitetes Segment, hohe Marktpräsenz, hohe Distributionsquote	maximale Absatzmengen pro Logistikakt und Segment, hohe Lieferbereitschaft und hoher Servicegrad, hoher mengenmäßiger Lagerumschlag
selektives, rentabilitätsorientiertes Wachstum	Konzentration auf expansive und deckungsbeitragsintensive Marktsegmente	hohe Bruttonutzungsziffer pro Marktsegment (Lagerumschlag x Deckungsbeitrag in % oder absolut), deckungsbeitragsgezielte Marktpräsenz, hohe Losgrößen	hohe Losgrößen bei kostenminimaler Logistik unter Beachtung des Deckungsbeitrages pro Auftrag. Exakte Fixkostenkontrolle und Beachtung relativer Preisuntergrenzen für Marktsegmente (= Grenzkosten + Mindestdeckungsbeitrag zur ökonomischen Kapazitätsbereitschaft)

3.2.1.2. Maßnahmenebene

Der Ist-Zustand des Distributionssystems definiert die Ausgangslage für den Entscheidungsprozeß. Der Ist-Zustand der übrigen Instrumentalbereiche bestimmt das Alternativenrepertoire.

Der Ist-Zustand des Distributionssystems ist geprägt durch die Situation des Akquisitions- und des Logistiksystems. Der Ist-Zustand des Akquisitionssystems läßt sich durch folgenden Fragenkatalog für spezifische Produkte und Marktsegmente erfassen:

Ad Akquisitionssystem:

1. Akquisitionsstruktur:
   - Anzahl der zwischengeschalteten Wirtschaftsstufen zwischen Erzeuger und Letztverwender (Konsumgüter- oder Investitionsgüterabsatz)
   - Art der zwischengeschalteten Wirtschaftsstufen
   - Periodenumsatz pro Strukturvariante und pro Absatzsegment
   - Periodendeckungsbeitrag pro Strukturvariante und pro Absatzsegment
   - Direkt zurechenbare Marketinginvestitionen pro Strukturvariante und pro Absatzsegment
   - Distributionsquote pro Strukturvariante und Absatzsegment
   - Durchschnittliche mengen- und wertmäßige Auftragsgröße pro Strukturvariante und Absatzsegment
   - Anzahl der betreuten Kunden pro Strukturvariante und Absatzsegment

2. Akquisitionsorgane:
   - Anzahl und Art der Akquisitionsorgane pro Wirtschaftsstufe und Strukturvariante
   - Kostenstruktur und Prämiensystem der Akquisitionsorgane
   - Exklusivitätsklauseln und Umsatzverhalten der Akquisitionsorgane
   - Umsatz und Deckungsbeitrag pro Akquisitionsorgan pro Absatzsegment
   - Durchschnittliche Auftragsgrößen pro Akquisitionsorgan und Absatzsegment
   - Kommunikations- und Kooperationsverhalten
   - Kundenfluktuation und Besuchsfrequenz pro Akquisitionsorgan und Absatzsegment

Ad Logistiksystem:

1. Logistikstruktur
   - Art und Umfang der Logistikprozesse pro Wirtschaftsstufe
   - Transport-, Lager- und Manipulationskapazität pro Absatzsegment
   - Servicegrad und Kostenstruktur pro Strukturvariante der Logistik
   - Grad der Arbeitsteilung bzw. Grad der Zentralisation
   - Grad der Logistikdifferenzierung pro Absatzsegment (Kostenprogression)

2. Logistikorgane
   - Art und Zahl der Organe pro Strukturvariante in der Logistik, differenziert nach Absatzsegmenten
   - Entsprechungsgrad zu Akquisitionsorganen in aufbau- und ablauforganisatorischer Sicht
   - Qualitative Eigenschaften der Logistikorgane bzgl. Termin-, Quantitäts- und Qualitätserfüllung bei den logistischen Vorgängen.

Nachdem der Ist-Zustand für das Akquisitions- und Distributionssystem definiert ist, sind die möglichen Restriktionen auf Maßnahmenebene festzustellen.
Neben dem allgemeinen Restriktionensystem für die Unternehmung ist in diesem Zusammenhang insbesondere auf das bestehende System der Marktsegmentierung, auf das Produktprogramm, auf die bestehenden segmentspezifischen Kommunikationsinhalte in Werbung und Public Relations und auf die Preisstrategie Rücksicht zu nehmen.

3.2.2. Das zulässige Alternativenrepertoire für die Wahl des Distributionssystems

Je nach den angelegten Segmentierungskriterien und den sich daraus ergebenden ökonomischen Restriktionen der Marktsegmentierung ist eine mehr oder weniger ausgeprägte Differenzierung des Distributionssystems bzw. seiner Struktur nach den einzelnen Absatzsegmenten möglich. Das Kriterium, inwieweit das Distributionssystem segmentspezifisch differenziert werden kann, ist durch die folgende Produktivitätsrelation gekennzeichnet:
Die Grenzkosten der Differenzierung des Distributionssystems dürfen nicht größer sein als die durch die Differenzierung verursachten Zuwachsraten der Deckungsbeiträge des betrachteten Absatzsegmentes. Eine selektive Strukturierung des Distributionssystems durch Konzentration der akquisitorischen und logistischen Aktivitäten in Abstimmung auf die segmentspezifischen Eigenheiten ist nur dann sinnvoll, wenn die produktpolitischen, preispolitischen und kommunikationspolitischen Instrumentalkombinationen ebenfalls ein segmentiertes Marketing implizieren. Im Rahmen einer segmentierten Konzeption des Distributionssystems kommt der *kommunikativen Dimension* des Akquisitionssystems grundlegende Bedeutung zu. Die Kommunikationsinhalte vom Erzeuger über die beteiligten Wirtschaftsstufen (in Abhängigkeit der gewählten Akquisitionsstruktur) an das empfangende Absatzsegment sind nach den jeweiligen Kommunikationserfordernissen der Empfänger auszurichten.
Neben dem bestehenden Marktsegmentierungsmodell sind die Interdependenzen mit dem Marketing-Mix bzw. zu den einzelnen Instrumentalbereichen zu beachten. Einen wesentlichen Einfluß auf die Durchführung akquisitorischer und logistischer Prozesse hat das Produkt. Neben den physischen Produkteigenschaften wie Gewicht, Sperrigkeit, technologische Eigenschaften usw. sind die zu kommunizierenden Nutzenkomponenten innerhalb der kommunikativen Dimension des akquisitorischen Systems wesentlich. Mit zunehmender Erklärungsbedürftigkeit und Wertintensität steigt die Notwendigkeit einer segmentspezifischen Kommunikation im akquisitorischen System. Dies gilt insbesondere für das Investitionsgüter-Marketing, wobei die Akquisitionsorgane auf die einzelnen Phasen des Kaufentscheidungsprozesses segment- und produktspezifisch einwirken. Die Interdependenz zwischen dem Produkt und dem Distributionssystem in seinen beiden Ausprägungen sind durch folgende Tabelle gekennzeichnet:

Produkteigenschaften	Distributionssystem	
	Akquisition	Logistik
technologische Eigenschaften	technische Information, Gebrauchsanweisung, Schulung der Organe und Abnehmerzielgruppen	Transport-, Lager- und Manipulationsfähigkeit techn.u.rechtliche Restriktionen
ökonomische Eigenschaften	Nutzenstiftung, Qualität, Preis/Leistungsverhältnis	Versicherungsfähigkeit, Wertintensität pro benützter Kapazitätseinheit

Die Felder dieser Tabelle zeigen, wie die technologischen bzw. ökonomischen Eigenschaften eines Produktes im akquisitorischen und logistischen System berücksichtigt werden können. Mit zunehmender Beratungsintensität steigt die Notwendigkeit der zweiseitigen Kommunikation im akquisitorischen System. Die Kommunikationsqualität der akquisitorischen Organe hat einen großen Einfluß auf die akquisitorische Qualität des Distributionssystems. Mit zunehmender Wertintensität des Gutes gewinnt die Kommunikation über das Preis-Leistungs-Verhältnis bzw. die Nutzenstiftung und relative Vorzüglichkeit des Produktes als möglicher segmentspezifischer Kommunikationsinhalt im Rahmen der Akquisition an Bedeutung. In der Logistik haben insbesondere die Eigenschaften der Transport-, Lager- und Manipulationsfähigkeit, darüber hinaus die ökonomischen Eigenschaften der Wertintensität und der Versicherungsfähigkeit des Gutes wesentlichen Einfluß.
Zusätzlich ergeben sich Fragen bei der Neueinführung eines Produktes bzw. bei der Neukonzeption der Akquisition und der Logistik für ein bestehendes Produkt bzw. bei der Neukonzeption eines Distributionssystems in neu anzusprechenden Absatzsegmenten. In diesen Fällen kommt der kommunikativen Dimension insbesondere bei der Ausbildung der Akquisitionsorgane und bei der Konzeption der Verkaufstaktik grundlegende Bedeutung zu.
Die Frage der vertikalen Preis- und Konditionengestaltung ist grundsätzlich vom Absatzziel her zu beurteilen. Ein selektives und rentabilitätsorientiertes Umsatz- und Marktanteilswachstum impliziert eine sowohl segmentdifferenzierte wie auch vom Distributionssystem her differenzierte Preispolitik. Wesentliche Kennzahl ist der Deckungsbeitrag pro Variante der Akquisitionsstruktur bzw. der Deckungsbeitrag pro Akquisitionsorgan.
Unter Berücksichtigung knapper Akquisitions- und / oder Logistikkapazitäten kommt dem spezifischen Deckungsbeitrag pro knapper Kapazitätseinheit grundlegende Bedeutung zu.
Die Interdependenz zwischen Distributionssystem und Kommunikation (Werbung und Public Relations) ist grundsätzlich gegeben, da eine inhaltliche Abstimmung der zu streuenden Botschaften distributionssystem- und segmentspezifisch notwendig ist. Eine durchgängige Kompatibilität der Argumentationsinhalte in Akquisition, Produktgestaltung und Werbung unter Berücksichtigung des Segmentierungsgedankens ermöglicht die konzentrierte Kommunikation mit den Nachfragern. Mit zunehmender Erklärungs- bzw. Beratungsbedürftigkeit verlagert sich das werbliche Geschehen auf die Akquisitionsebene. Dies gilt insbesondere für den Investitionsgüterabsatz. (Vgl. „Kaufentscheidungsprozeß und Investitionsgütermarketing" und „Direktkontakt im Marketing").
Neben den Marketing-Mix-Gegebenheiten und der Segmentierungsvorstellung sind auch die Konkurrenzaktivitäten als Nebenbedingungen zu beachten. Hier ist eine grundsätzliche Bedeutung der kommunikativen Dimension des eigenen Akquisitionssystems zu sehen. Durch die Erfassung und Weitergabe von Informationen über das akquisitorische und logistische Verhalten der Konkurrenz in umkämpften Marktsegmenten ist es dem Unternehmen möglich, konkurrenzorientiert und segmentspezifisch auf die einzelnen Konkurrenzaktivitäten zu reagieren. Eine grundsätzliche Stärke-Schwächen-Analyse ist durch folgende Tabelle möglich (siehe S. 239).
So kommen beispielsweise in der Logistik den Fragen der Transportverzögerung, der Häufigkeit von durch die Anlieferung beschädigten bzw. falsch gelieferten Waren etc. grundlegende Bedeutung zu. Hier sind mögliche Ansatzpunkte für eine gezielte segmentspezifische Argumentation gegen die Konkurrenz. Bei der Erfassung

der akquisitorischen Maßnahmen der Konkurrenz ergeben sich die analogen Fragen, wie sie bei der Erfassung des Ist-Zustandes des akquisitorischen Systems zu stellen sind. Durch Dokumentation der akquisitorischen und logistischen Fakten über das Konkurrenzverhalten ist es möglich, das eigene Kommunikationsverhalten im Rahmen der Akquisition und darauf abgestimmt die kommunikative Gestaltung des sonstigen Marketing-Mix zu steuern.

untersuchtes Marktsegment (segmentspezifischer Fragenkatalog)	Konkurrenzdistribution				Stärke/Schwäche
	Akquisition		Logistik		
	Organe	Struktur	Organe	Struktur	

Abb. 45: Analyse der Konkurrenzdistribution

3.3. Die Phasen der Distributionssystementscheidung

Grundsätzlich sind drei Klassen von Distributionssystementscheidungen möglich:
- Der Entscheidungsprozeß bei der Gründung eines Distributionssystems,
- der Entscheidungsprozeß bei gegebenem Distributionssystem aufgrund eines bestehenden Marketing-Problems,
- der Entscheidungsprozeß zum Auflösen eines Distributionssystems.

(siehe die Schaubilder auf S. 240–242.)

4. Literatur

Amstutz, Arnold E., Computersimulation of Competitive Market Response, MIT-Press, Oktober 1970; *Marketingentscheidungen – Quantifizierung von Marketingprozessen – Struktur eines Marktsimulationsmodells – Distributionsmodell.*

Bidlingmaier, J. Jacobi, H., Uherek, E., Absatzpolitik und Distribution, Festschrift für Karl Christian Behrens zum 60. Geburtstag, Wiesbaden 1967; *Betriebsformen im Einzelhandel – Entwicklungstendenzen im Großhandel – Kooperationsformen im Handel.*

Böcker, Franz, Der Distributionsweg einer Unternehmung – eine Marketingentscheidung, Berlin 1972; *Distribution – Distributionsweg – Absatzwegentscheidung – Optimierung des Absatzweges – Optimierung des Akquisitionssystems – Optimierung der Marketing-Logistik.*

Bowersox, Donald J., Smykay, Edward W., La Londe, Bernard J., Physical Distribution Management – Logistic Problems of the Firm. New York 1968; *Marketinglogistik und Management – Marketing und die Wechselwirkungen zur Marketinglogistik – Absatzweg – standorttheoretische Überlegungen – Transportprozesse – Transportkosten – Lagerprozesse – Informationsfluß und physische Distribution – die Konstruktion von Distributionsmodellen – Modell eines Distributionssystems – Distributionsverwaltung.*

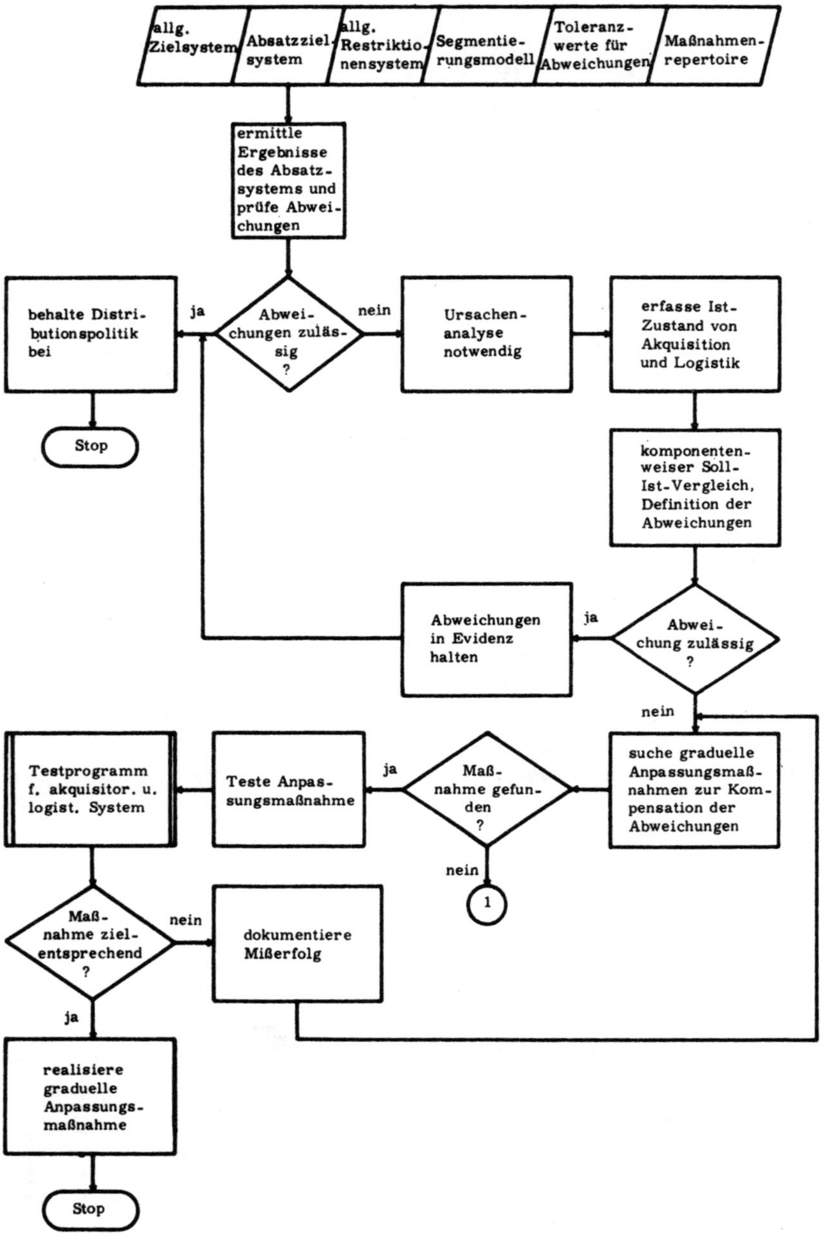
allg. Zielsystem
Absatzziel-system
allg. Restriktio-nensystem
Segmentie-rungsmodell
Toleranz-werte für Abweichungen
Maßnahmen-repertoire
ermittle Ergebnisse des Absatz-systems und prüfe Abwei-chungen
Abwei-chungen zuläs-sig ?
ja
nein
behalte Distri-butionspolitik bei
Stop
Ursachen-analyse notwendig
erfasse Ist-Zustand von Akquisition und Logistik
komponenten-weiser Soll-Ist-Vergleich, Definition der Abweichungen
Abwei-chung zulässig ?
ja
Abweichungen in Evidenz halten
nein
suche graduelle Anpassungsmaß-nahmen zur Kom-pensation der Abweichungen
Maß-nahme gefun-den ?
ja
nein
1
Teste Anpas-sungsmaßnahme
Testprogramm f. akquisitor. u. logist. System
Maß-nahme ziel-entsprechend ?
nein
dokumentiere Mißerfolg
ja
realisiere graduelle Anpassungs-maßnahme
Stop

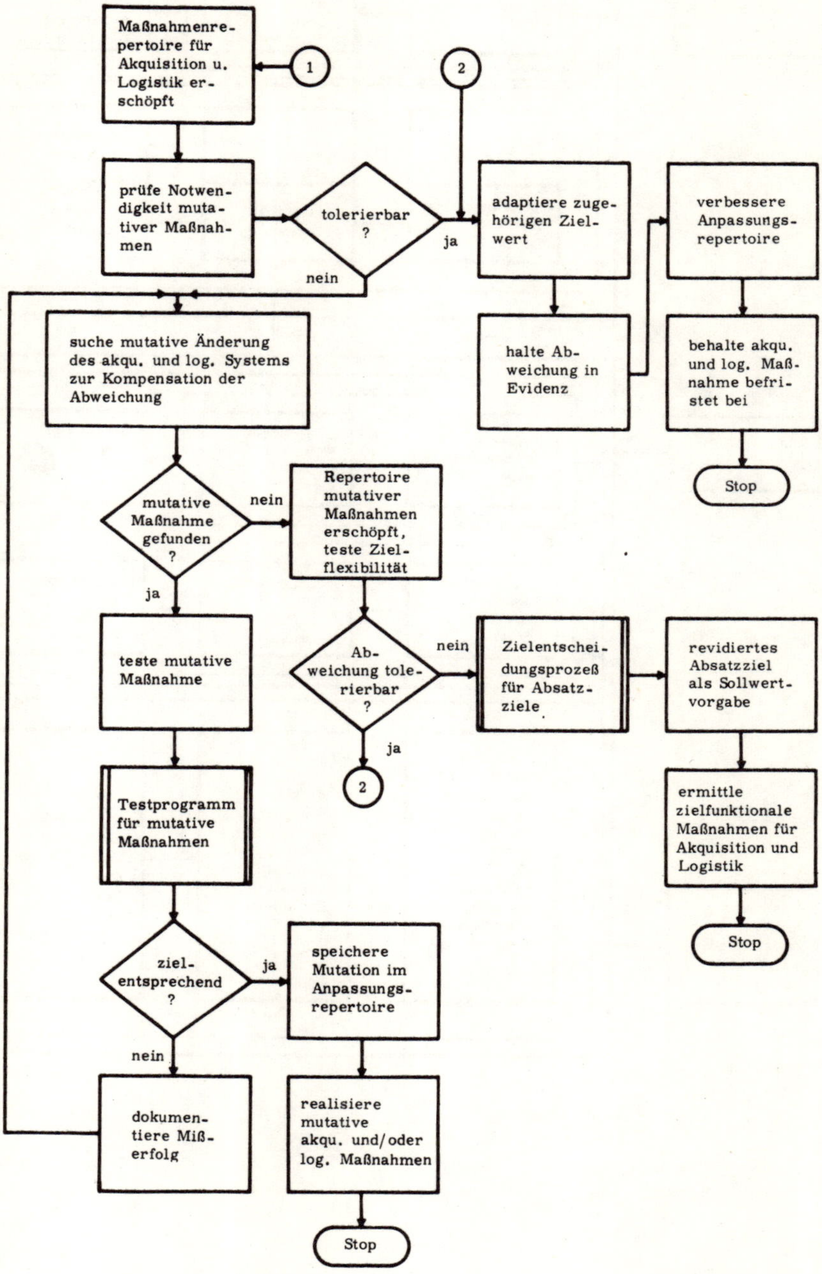
Maßnahmenrepertoire für Akquisition u. Logistik erschöpft
1
2
prüfe Notwendigkeit mutativer Maßnahmen
tolerierbar ?
ja
nein
adaptiere zugehörigen Zielwert
verbessere Anpassungsrepertoire
halte Abweichung in Evidenz
behalte akqu. und log. Maßnahme befristet bei
Stop
suche mutative Änderung des akqu. und log. Systems zur Kompensation der Abweichung
mutative Maßnahme gefunden ?
nein
ja
Repertoire mutativer Maßnahmen erschöpft, teste Zielflexibilität
Abweichung tolerierbar ?
nein
ja
2
Zielentscheidungsprozeß für Absatzziele
revidiertes Absatzziel als Sollwertvorgabe
ermittle zielfunktionale Maßnahmen für Akquisition und Logistik
Stop
teste mutative Maßnahme
Testprogramm für mutative Maßnahmen
zielentsprechend ?
ja
nein
speichere Mutation im Anpassungsrepertoire
dokumentiere Mißerfolg
realisiere mutative akqu. und/oder log. Maßnahmen
Stop

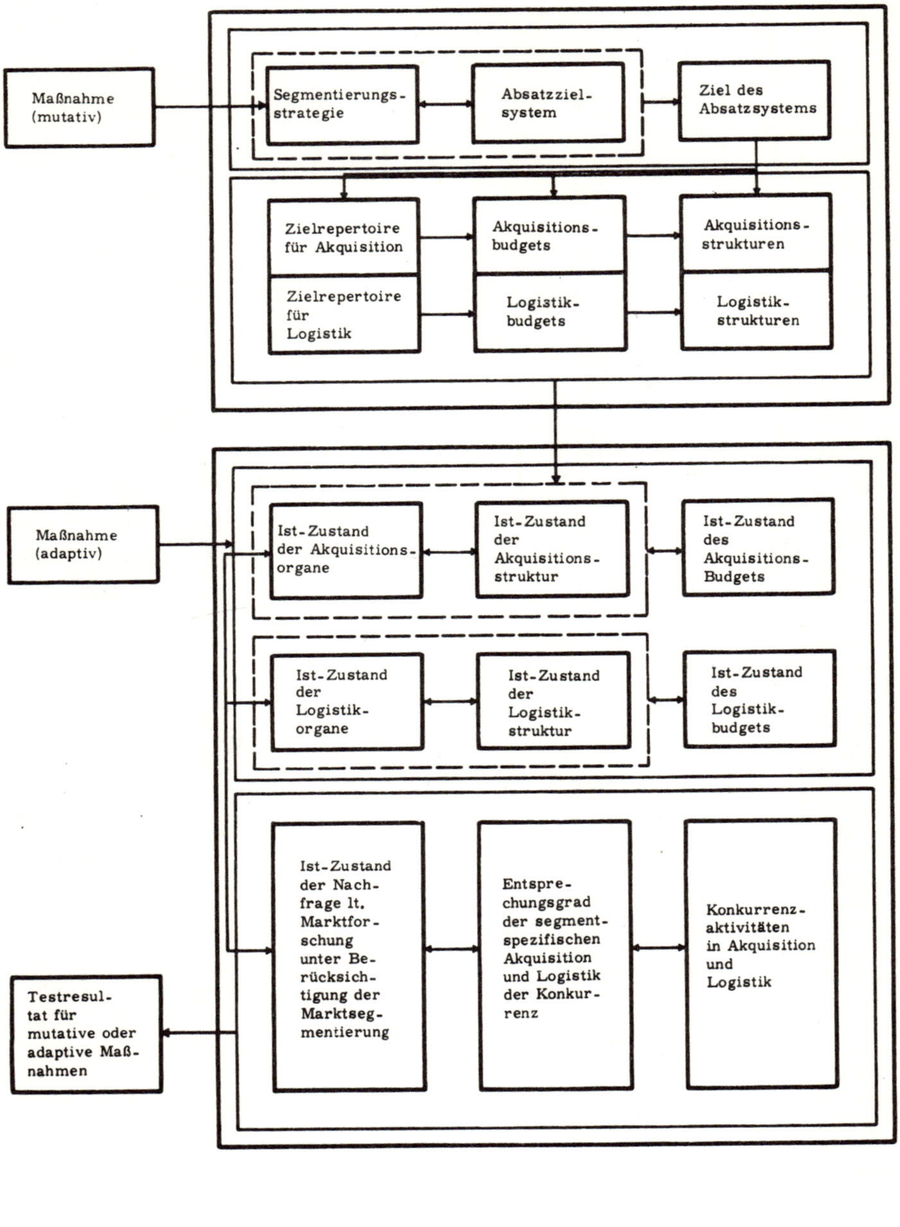
Maßnahme (mutativ)
Segmentierungs-strategie
Absatzziel-system
Ziel des Absatzsystems
Zielrepertoire für Akquisition
Akquisitions-budgets
Akquisitions-strukturen
Zielrepertoire für Logistik
Logistik-budgets
Logistik-strukturen
Maßnahme (adaptiv)
Ist-Zustand der Akquisitions-organe
Ist-Zustand der Akquisitions-struktur
Ist-Zustand des Akquisitions-Budgets
Ist-Zustand der Logistik-organe
Ist-Zustand der Logistik-struktur
Ist-Zustand des Logistik-budgets
Ist-Zustand der Nach-frage lt. Marktfor-schung unter Be-rücksich-tigung der Marktseg-mentierung
Entspre-chungsgrad der segment-spezifischen Akquisition und Logistik der Konkur-renz
Konkurrenz-aktivitäten in Akquisition und Logistik
Testresul-tat für mutative oder adaptive Maß-nahmen

Bowersox, Donald J., Physical Distribution Development, Current Status and Potential, Journal of Marketing, Januar 1969, S. 63 ff.

Bowersox, Donald J., Planning Physical Distribution Operations with Dynamic Simulation, Journal of Marketing, Jänner 1972, S. 17 ff; *Marketinglogistik – Logistiksimulation – Logistikrestriktionen – Logistikkosten – Auftragsgrößen – Losgrößen in der Logistik.*

Bucklin, Louis, A Theory of Channel Control, Journal of Marketing, Jänner 1973, S. 39 ff; *Absatzkanal – Absatzkanalkontrolle – Distributionskontrolle – Distributionssteuerung – Absatzmittler.*

Connors, Michael M., The Distribution System Simulator, MS, Band 18, Nr. 8, April 1972, S. 425 ff; *Marketing-Logistik – Logistiksimulation – Distributionskapazität – Distributionsnetzwerk.*

Davis, Otto, Farley, Jones, Allocating Sales Force Effort with Commissions and Quotas, MS, Band 18, Nr. 4, 2. Teil, Dezember 1971, S. 55 ff.

Engel, J., Wales, H., Warshaw, M., Promotional Strategy, Homewood, Ill. 1967; *Absatzmittler – Anreizsysteme in der Distribution – selektiver Vertrieb – Distribution und Verkaufsförderung.*

El-Ansary, Adel I., Stern, L., Power Measurement in the Distribution Channel, Journal of Marketing Research, Februar 1972, S. 47 ff.

Glover, Fred, Klingman, Darwin, Higher Order Tree Dual Approximation Methods for the Distribution Problem, MS, Band 18, Nr. 9, Mai 1972, S. 547 ff; *Marketinglogistik – begrenzte Logistikkapazität.*

Guirdham, Maureen, Marketing: The Management of Distribution Channels, Oxford 1972; *Distributionsmanagement – Distributionsauswahl – Vertriebskostenrechnung – Gewinnträchtigkeit der Absatzwege.*

Gümbel, Rudolf, Probleme einer Optimierung der Auftragspolitik im Absatzbereich der Unternehmung, ZfbF 1966, S. 118 ff; *Auftragsgröße – optimale Auftragsgröße – minimale Auftragsgröße – maximale Auftragsgröße – die Struktur des Auftragsbestandes – lineare Optimierung der Auftragsgröße.*

Gutenberg, Erich, Grundlagen der Betriebswirtschaftslehre, Band 2, Der Absatz, 13. Auflage 1971.

Heckert, J.B., Miner, R.B., Distribution Costs, New York, 2. Auflage 1953.

Hess, Sydney W., und *Samuels, Stuart A.*, Experiences with a Sales Districting Model: Criteria and Implementation, MS, Band 18, Nr. 4, 2. Teil, Dezember 1971, S. 41 ff; *Modell zur Allokation von Marketing-Bemühungen in Verkaufsbezirken, Messung des Marktpotentials für einen Verkaufsbezirk – Messung der Produktivität der Marketing-Institutionen.*

Kotler, Philip, Marketing Management, analysis, planning, and control, Englewood Cliffs, N. J., 2. Auflage, 1972; *Distributionssystem – Marketing-Logistik – Akquisitionssysteme – Kommunikationsentscheidungen und Akquisition.*

Kroeber-Riel, W., Weinberg, P., Konflikte in Absatzwegen als Folge inkonsistenter Präferenzen von Herstellern und Händlern, ZfB 1972/Heft 8, S. 525 ff; *Absatzweg – Konflikt im Absatzweg – vertikaler Konflikt – komplexer Konflikt – Präferenzsysteme im Distributionssystem.*

Krulis-Randa, Jan, Marketing-Logistik – betriebliche Warenverteilung oder physische Distribution, Die Unternehmung, Heft 4/1971, S. 289 ff; *Struktur der Marketing-Logistik – Logistikorganisation – Logistikziele.*

Lodish, Leonard M., Call plan: An interactive Salesman's Call Planning System, MS, Band 18, Nr. 4, 2. Teil, Dezember 1971, S. 25 ff; *interaktives Modell zur optimalen Allokation von Vertretereinsätzen (mit Musterbeispiel für Telephonverkauf).*

Mallen, Bob, Conflict and Cooperation in Marketing Channels, in: Readings in Marketing Management, hrsg. von *Philip Kotler* und *Keith K. Cox*, Englewood Cliffs, N.J., 1972, S. 300 ff; *Definition des Marktkanals – Distributionskonflikt – Kooperationsformen – freiwillige Kooperation – Kooperationsmethoden.*

Mc Carthy, E. Jerome, Basic Marketing – A Managerial Approach, Homewood, III., 3. Auflage 1968; *Distributionsziele – Distributionspolitik – Einzelhandel – Großhandel – Absatzmittler – physische Distribution – Management physischer Distribution – Vertriebsmethoden.*

Meyer, Carl W., Grundzüge moderner Vertriebspolitik – Marketingmaßnahmen, Berlin 1967; *Vertriebspolitik – Vertriebsziele – Vertriebsentscheidungen.*

Meyer, C.W., Hansen, H.R., Vertriebsinformatik, Berlin 1973.
Montgomery, David D., u. a., A Multiple-Product Sales Force Allocation Model, MS, Band 18, Nr. 4, 2. Teil, Dezember 1971, S. 3 ff; *heuristisches Modell für Allokation von Verkaufsbemühungen in der Mehrproduktunternehmung.*
Nieschlag, R., Dichtl, E., Hörschgen, H., Marketing – Ein entscheidungstheoretischer Ansatz, Berlin 1971, 4. Auflage; *Absatzweg – Absatzform – Distributionssysteme.*
Rosenberg, Larry J., Stern, Louis W., Conflict Measurement in the Distribution Channel, Journal of Marketing Research, November 1971, S. 437 ff; *Distributionskonflikt – Konfliktursachen – Konfliktkomponenten.*
Rütschi, Klaus, Marketing Modelle – Systemanalyse, Formalisierung und Aufbau, Winterthur 1972; *Distributionsentscheidung – Wahl des Absatzmittlers – Absatzmittlerverhalten – Einkaufsstrategie des Absatzmittlers.*
Saval, Günter, Der Vertriebsweg für Konsumgüter, 1. Band, Analyse seiner Merkmale und Entwicklung einer neuen Konzeption aus der Sicht des Industrieunternehmens, Berlin 1972; *funktionale Begründung des Vertriebsweges – Merkmale des Vertriebsweges – Diskussion des Begriffes Vertriebsweg.*
Schenk, Hans O., Wölk, A., Vertriebssysteme zwischen Industrie und Handel – Die Entwicklung neuer vertraglicher Vertriebssysteme zwischen Industrie und Handel in der BRD, Berlin 1971; *Absatzmittler – Vertragshändler – Handelsvertreter – Handelsmakler – Kommissionär – selektiver Vertrieb – Vertriebsbindung – Mietsystem – Mitsprachesystem – Streckengeschäft – Franchisesystem – industrielle Verkaufsfahrer – vertikale Preisbindung – Markenvertriebssysteme – Herstellermarken – Handelsmarken – Verbundmarken – Werbeverbund – Verbund in der Verkaufsförderung – factoring – leasing.*
Sevin, Charles H., Marketing Productivity Analysis, New York 1965; *Vertriebskostenrechnung und Distribution – gewinnorientierter, selektiver Vertrieb – Distributionsproduktivität.*
Theuer, Gottfried, Scheuch, Fritz, Die Vertriebsmethoden des Einzelhandels im typologischen Ansatz, ZfB 1969, Heft 10, S. 641 ff; *Vertriebsmethode – Vertriebsmethodenmerkmale.*

D. Entscheidung im Dienstemarketing

D1. Fallstudie: STADTSPARKASSE

Die vorliegende Fallstudie hat die Grundlagen und die Konzeption eines Kommunikations-Mix für ein Geldinstitut zum Gegenstand. Die betrachtete Sparkassenunternehmung ist mit einem Filialnetz in einem regionalem Zentrum mit Großstadtcharakter (Einwohnerzahl 2 Mill.) vertreten. Die generelle Marktsituation läßt eine verschärfte Wettbewerbsentwicklung mit den im gleichen Raum vertretenen Geld- und Kreditinstituten erwarten. Traditionell liegt der Kern des Tätigkeitsbereiches auf dem Sparsektor, gegenwärtig jedoch bietet die Unternehmung das volle Sortiment des Bankwesens an.
Die grundlegende Problematik dieser Fallstudie liegt in der Anwendung marketingmethodischer Grundsätze auf die Vermarktung von Leistungsprogrammen eines Geldinstitutes. Die zentrale Entscheidungssituation besteht in der Lösung der Marketing-Probleme im direkten Kundenkontakt und der Konstruktion eines Kommunikations-Mix im Dienst der generellen Image-Politik.

A) Der Ist-Zustand des Marktes

1. Angebot

1.1. Stadtsparkasse

Die STADTSPARKASSE ist im regionalen Bereich mit einer Hauptanstalt und 70 Filialen vertreten. Im Gegensatz zu Konkurrenzunternehmungen verfügt die STADTSPARKASSE außerhalb der betrachteten Region über keine Filialen. Die Standortkategorie kann generell als städtisch beurteilt werden. Innerhalb der Filialstandorte ist eine Teilung in City-Standorte, Hauptverkehrslagen und periphere Standorte möglich; auf die einzelnen Standortkategorien entfällt je ein Drittel der Filialen.

1.1.1. Generelle Geschäftsdaten

Die gegenwärtige geschäftspolitische Situation wird durch eine überaus starke Expansionspolitik gekennzeichnet:
Die Geschäftsentwicklung der STADTSPARKASSE:

Beträge in Mio. GE	Jahr – 1	Berichtsjahr	Zuwachs in Mio. GE	in %
Bilanzvolumen	18.710	20.614	1.904	10,2
Gesamtumsatz	895.000	1,016.000	121.000	13,5
Gesamteinlagen	17.588	19.215	1.627	9,3
Gesamtveranlagung	12.959	14.716	1.757	13,5

1.1.2. Personalstruktur

In der Betrachtungsperiode erhöhte sich im Vergleich zum Vorjahr der Personalbestand um 208 Mitarbeiter auf nunmehr 1710 Angestellte. Der Personalaufbau zeigt folgendes Bild:

Lebensalter	männliche	Angestellte weibliche	zusammen	Altersgruppen in %
16–20	33	124	157	9,2
21–25	247	225	472	27,6
26–30	333	171	504	29,5
31–35	193	33	226	13,2
36–40	80	3	83	4,9
41–45	59	34	93	5,4
46–50	45	48	93	5,4
51–55	15	16	31	1,8
56–60	31	6	37	2,2
61–65	6	1	7	0,4
über 65	7	–	7	0,4
	1.049	661	1.710	100

Als markante personalpolitische Entwicklung ist die Tendenz zur Einführung eines partizipativen Führungsstils zu vermerken. Im Dienste einer emanzipativen Personalpolitik wird einer gezielten Ausbildung mit dem Schwerpunktprogramm des Verhaltens im Kundenkontakt grundsätzlicher Vorrang eingeräumt. Als Ziel wird nicht nur die fachliche Kompetenz, sondern auch die Persönlichkeitsbildung der Mitarbeiter angestrebt.

1.1.3. Das Leistungsprogramm

Die grundsätzlichen Leistungskategorien lassen sich nach der Mittelherkunft (Einlagen) und der Mittelverwendung (Veranlagung) unterteilen:

Einlagengeschäft:
- Giroeinlagen
- Spareinlagen
- sonstige Einlagen (Wertpapierdepots, kommerzielle Einlagen, Einlagen anderer Geldinstitute etc.)

Gesamteinlagen nach Einlagenkategorien

Beträge in Mio. GE	– 16	– 2	– 1	Berichtsjahr	in % der Gesamteinlagen
Giroeinlagen	236	1.748	2.348	3.243	16,9
Depositeneinlagen	399	1.791	1.915	1.759	9,1
Einlagen von Kreditunternehmungen	7	1.992	2.065	1.880	9,8
(hiervon Festgelder)	(–)	(1.820)	(1.912)	(1.711)	(8,9)

(Fortsetzung der Tabelle auf der nächsten Seite)

Verpflichtungen in Fremdwährung	–	658	403	21	0,1
(hiervon Festgelder)	(–)	(565)	(394)	(7)	(0,0)
Sonstige Einlagen	642	6.189	6.731	6.903	35,9
Spareinlagen	396	9.731	10.858	12.312	64,1
Gesamteinlagen					
absolut	1.038	15.920	17.589	19.215	100
Index	100	1.533	1.695	1.851	

Anzahl der Konten nach Einlagenkategorien:

	Jahr – 2	– 1	Berichtsjahr
Giroeinlagen	37.067	38.685	39.904
Privatgirokonten	149.055	178.653	211.995
Depositeneinlagen	203	220	180
Sonstige Einlagen	186.325	217.558	252.079
Spareinlagen	889.593	948.266	1,016.467
Gesamteinlagen	1,075.918	1,165.824	1,268.546

Entwicklung der Spareinlagen:

Beträge in Mio. GE	Jahr – 2	– 1	Berichtsjahr
Stand am Jahresbegin	8.828	9.731	10.858
Einzahlungen	5.327	5.966	6.714
Rückzahlungen	4.745	5.193	5.665
Zuwachs	582	773	1.049
Kapitalisierte Zinsen	321	354	405
Gesamtzuwachs	903	1.127	1.454
Stand am Jahresende	9.731	10.858	12.312

Spareinlagen nach Kündigungsfrist:

	Jahr – 2		– 1		Berichtsjahr	
	in Mio. GE	in % der Spareinlagen	in Mio. GE	in % der Spareinlagen	in Mio. GE	in % der Spareinlagen
mit gesetzlicher Kündigungsfrist	8.153	83,8	8.990	82,8	10.037	81,5
mit vereinbarter Kündigungsfrist	1.578	16,2	1.868	17,2	2.275	18,5
	9.731	100	10.858	100	12.312	100

Spareinlagen nach Größenklassen:

in GE			Anzahl	in Mio. GE
	bis	10.000	731.532	1.097
10.001	bis	100.000	270.159	8.042
100.001	bis	1,000.000	14.571	2.500
	über	1,000.000	205	649
Lebende Konten			1,016.467	12.288
Sammelkonten			382.888	24
Insgesamt			1,399.355	12.312

Veranlagungsgeschäft:

- öffentliche Hand
- Wohnbaufinanzierung
- gewerbliche Kredite
- Kreditinstitute
- Kredite an ausländischer Kreditnehmer
- Kredite an Unselbständige
- sonstige Veranlagung

Veranlagungsanalyse:

Beträge in Mio. GE	Wechsel und Ausleihungen	Wertpapiere	Insgesamt	in % der Gesamtveranlagung
Öffentliche Hand	1.410	869	2.279	15,5
Wohnbau	4.483	556	5.039	34,3
Gewerbliche Wirtschaft	3.409	177	3.586	24,4
Kreditinstitute	634	1.179	1.813	12,3
Kredite an ausl. Kreditnehmer	710	–	710	4,8
Kredite an Unselbständige	860	–	860	5,8
Sonstige Veranlagung	418	11	429	2,9
	11.924	2.792	14.716	100

Beratungs-, Vermittlungs- und Verwaltungsdienste:

- Auslandsgeschäft (Auslandszahlungstransaktionen, Devisentermingeschäfte, Außenhandelsberatung, Informationsservice etc.)
- Effektenkommissionsgeschäft
- Wertpapierdepotverwaltung
- Giroverkehr (Daueraufträge etc.)
- Finanzierungsberatung für die Ausbildung
- Wohnungsfinanzierungsberatung
- Girokontenberatung (Verwendungsmöglichkeiten)
- Sparberatung (Geldanlage- und Vermögensberatung)
- sonstige Kundendienste (Tresore, Autoschalter, Schließfächer, Kundengarage etc.)

1.2. Konkurrenz

Abgesehen von einigen marktanteilsmäßig unbedeutenden Kredit- und Sparkassenunternehmungen setzt sich die Konkurrenz der STADTSPARKASSE aus den folgenden Geldinstituten zusammen:

Kreditinstitute
- Creditbank
- Kommerzbank
- Industriebank
- Genossenschaftsbank
- Zentralbank

Sparkassen
- Kreissparkasse
- Postvereinskasse
- Agro-Spar

1.2.1. Die Marktanteile

Spareinlagen – Marktanteil:

	Jahr			
Beträge in Mio. GE	– 16	– 2	– 1	Berichtsjahr
Kreditinstitute				
absolut	5.008	87.637	98.150	113.341
Index	100	1.750	1.960	2.263
S-Anteil %*	7,9	11,1	11,1	10,9
Sparkassen				
absolut	2.217	35.779	39.438	44.659
Index	100	1.614	1.779	2.014
S-Anteil %*	17,9	27,2	27,5	27,6
Stadtsparkasse				
absolut	396	9.731	10.858	12.312
Index	100	2.457	2.742	3.109

Sonstige Einlagen – Marktanteil:

	Jahr			
Beträge in Mio. GE	– 16	– 2	– 1	Berichtsjahr
Kreditinstitute				
absolut	12.100	97.720	106.879	120.802
Index	100	808	883	998
S-Anteil %*	5,3	6,3	6,3	5,7
Sparkassen				
absolut	2.018	12.434	13.897	14.891
Index	100	616	689	738
S-Anteil %*	31,8	49,8	48,4	46,4
Stadtsparkasse				
absolut	642	6.189	6.731	6.902
Index	100	964	1.048	1.075

* Stadtsparkasse

Veranlagung – Marktanteil:

Beträge in Mio. GE	Jahr – 16	– 2	– 1	Berichtsjahr
Kreditinstitute				
absolut	16.574	160.573	178.545	208.557
Index	100	969	1.077	1.258
S-Anteil %*	3,5	7,5	7,3	7,1
Sparkassen				
absolut	2.175	37.555	41.178	46.641
Index	100	1.727	1.893	2.144
S-Anteil %*	26,4	32,0	31,5	31,6
Stadtsparkasse				
absolut	575	12.014	12.959	14.716
Index	100	2.089	2.254	2.559

* Stadtsparkasse

Marktanteil – Spareinlagen (differenziert nach Geldinstituten)

Beträge in Mio. GE

Geldinstitute	Einlagen im Berichtsjahr
Stadtsparkasse	12.312
Kreissparkasse	9.415
Creditbank	5.763
Industriebank	5.870

1.2.2. Das Marketing-Mix

Leistungsprogrammpolitik:

Im für die Fallstudie relevanten Segment ‚Privatkunden' lassen sich zwischen den am Markt vertretenen Geldinstituten keine wesentlichen Unterschiede erkennen.

Preispolitik:

Aufgrund legistischer Restriktionen ist zwischen den genannten Instituten ein Preis- und Konditionenwettbewerb nur in unbedeutendem Ausmaß möglich.

Distributionspolitik:

Die betrachteten Konkurrenzunternehmungen weisen eine unterschiedliche Dichte in der regionalen Marktpräsenz auf. Die STADTSPARKASSE ist ausschließlich im betrachteten regionalen Ballungszentrum durch ihr Filialnetz marktpräsent. Die KREISSPARKASSE hat neben einer etwa gleich starken Filialisierung im Ballungszentrum auch überregionale Bedeutung im Bundesgebiet, wobei die Standortkategorien klein- und mittelstädtischen Charakter haben. Einen Sonderfall stellt die POSTVEREINSKASSE dar, deren Marktpräsenz durch die regionale Verteilung der Postämter definiert ist. Die AGRO-SPAR ist schwerpunktmäßig in ländlichen Siedlungsgebieten und mittelgroßen Gemeinden vertreten; darüber hinaus sind für spezifische Sparformen (Bausparen) regionale Betreuungszentren in städtischen Gebieten vorhanden.

Im Gegensatz zu den Sparkassen weisen die Banken generell eine geringere Dichte der Marktverbreitung auf. Die KREDITBANK und die KOMMERZBANK sind nur in mittel- und großstädtischen Standorten filialmäßig vertreten. Im betrachteten regionalen Zentrum verfügen beide Unternehmungen über je ca. 45 Zweigstellen.
Die GENOSSENSCHAFTSBANK ist schwerpunktmäßig in ländlichen Gebieten tätig. Im betrachteten Ballungszentrum unterhält sie etwa 30 Filialunternehmungen.
Die INDUSTRIEBANK ist nur im betrachteten Zentrum mit 10 Zweigstellen marktpräsent.
Die ZENTRALBANK ist als Notenbank nur mit der Zentrale als einziger Niederlassung vertreten.

Kommunikationspolitik:

Gegenwärtig kann in der Werbepolitik der Unternehmungen kein signifikanter Unterschied festgestellt werden. Zwar bestehen seitens der Kunden Image-Unterschiede (vgl. 2.2.) zwischen den Instituten, jedoch ist gegenwärtig noch die Werbepolitik aller betrachteten Unternehmungen durch einen zurückhaltenden und konservativen Stil geprägt.

2. Nachfrage

Die im regionalen Markt auftretende Nachfrage kann durch quantitative und qualitative Strukturmerkmale beschrieben werden.
Im für die Fallstudie relevanten privaten Nachfragebereich liegt der Transaktionsschwerpunkt auf den Bereichen Sparwesen, Giroverkehr und Privatkredit. Abgesehen von sparpsychologischen Grenzfällen (Heimaufbewahrung) ist eine überaus breite Zielgruppe gegeben. Konkurrenzspezifische Unterschiede in der Kundenstruktur sind daher nicht primär auf das Geldleistungsprogramm, sondern auf Dienstevarianten und Einstellungsunterschiede gegenüber den konkurrierenden Unternehmungen zurückzuführen.

2.1. Quantitative Strukturmerkmale der regionalen Nachfrage

2.1.1. Allgemeine Strukturmerkmale
(siehe Tabellen S. 252 und 253)

Verwendung des verfügbaren persönlichen Einkommens:
(Beträge in Milliarden GE)

Jahr	Verfügb. persönl. Einkommen	Nahrungsmittel und Getränke		Tabakwaren		Wohnung		Bekleidung		Zivilis. u. kult. Bedarf		Privates Sparen	
		Betr.	Index	Betr.	Index	Betr.	Index	Betr.	Index	Betr.	Index	Betr.	Index
– 16	55,1	26,4	100	1,9	100	9,4	100	8,3	100	8,7	100	0,4	–
– 3	170,2	57,5	218	4,7	247	31,5	335	21,1	254	40,3	463	15,1	–
– 2	183,9	60,0	227	4,9	258	33,3	354	22,0	265	45,1	518	18,6	–
– 1	194,0	61,3	232	5,1	268	35,7	380	23,0	277	50,1	576	18,8	–

Das Sparvolumen:

Jahr	Verfügb. persönl. Einkommen in Milliarden GE	Privates Sparen			Geldsparen	
		in Mrd. GE	in % des verfügbaren persönl. Einkommens (Sparrate)	in Mrd. GE	in % des verfügbaren persönl. Einkommens	in % des privaten Sparens
– 16	55,1	0,4	0,7	1,7	3,1	–
– 3	170,2	15,1	8,9	10,0	5,9	66,2
– 2	183,9	18,6	10,1	9,1	4,9	48,9
– 1	194,0	18,8	9,7	10,4	5,4	55,3

Die demographische Struktur der Nachfrage im betrachteten Ballungszentrum:

Männer	47 %
Frauen	53 %

Altersgruppen

unter 25 Jahre	9 %
25 bis unter 30 Jahre	12 %
30 bis unter 40 Jahre	15 %
40 bis unter 50 Jahre	19 %
50 bis unter 65 Jahre	29 %
ab 65	16 %

Berufstätigkeit

unselbständig erwerbstätig	48 %
selbständig erwerbstätig	7 %
nicht berufstätig	22 %
in Berufs(Schul)ausbildung	2 %
in Pension	21 %

Berufsgruppen

Freischaffende, Großunternehmer	1 %
Selbständige im Handel, Gewerbe etc.	7 %
Angestellte (leitende)	6 %
Angestellte (kleine und mittlere)	25 %
öffentlich Bedienstete (leitende)	2 %
öffentlich Bedienstete (kleine und mittlere)	16 %
Facharbeiter	20 %
angelernte Arbeiter oder Hilfsarbeiter	17 %
sonstige	6 %

Schulbildung

Pflichtschule ohne Lehre	30 %
Pflichtschule mit Lehre oder Fachschule	50 %
Mittelschule ohne Abitur	4 %
Mittelschule mit Abitur (auch höhere technisch-gewerbliche Lehranstalt)	11 %
abgeschlossene Hochschulausbildung	4 %
keine Antwort	1 %

Stand

ledig	14 %
verheiratet	72 %
verwitwet/geschieden	14 %

Familiengröße

1 Person	11 %
2 Personen	33 %
3 Personen	28 %
4 Personen	20 %
5 Personen	5 %
6 Personen	2 %
darüber	1 %

Familien mit Kindern unter 14 Jahren

1 Kind	54 %
2 Kinder	35 %
3 Kinder	9 %
4 Kinder	1 %
5 Kinder und mehr	1 %

Haushaltsbesitz

Auto	38 %
Lebensversicherung	34 %
Bausparvertrag	12 %

Netto-Monatseinkommen

bis 1000 GE	2 %
1000–1999 GE	13 %
2000–2999 GE	30 %
3000–3999 GE	23 %
4000–4999 GE	14 %
5000–5999 GE	4 %
6000–6999 GE	3 %
7000–7999 GE	2 %
8000–8999 GE	2 %
9000–9999 GE	2 %
keine Antwort	5 %
Sparer	63 %
Stadtsparkasse – Sparer	33 %

2.1.2. Quantitative Merkmale des Sparverhaltens

Einkommen und Spareranteil

Netto-Haushaltseinkommen in GE	Anteil der Sparer
bis 2000	36 %
2000–3999	65 %
4000–5999	75 %
6000–7999	78 %
8000 und mehr	92 %

Erstkunden (Sparbeginn) differenziert nach Unternehmungen

bei

Stadtsparkasse	17 %
Kreissparkasse	8 %
anderen Geldinstituten	18 %
zu Hause	35 %
andere Angaben	22 %

Sparziele

Sparziele differenziert nach Gesamtbevölkerung und betrachtetem Regionalzentrum:

	Bundesbevölkerung	Regional
Kraftfahrzeug	6 %	4 %
Wohnung	16 %	20 %
Wohnungseinrichtung	14 %	15 %
Garten-Weekendhaus	–	4 %
Urlaub	9 %	19 %
Bekleidung und Schmuck	3 %	4 %
Freizeitausrüstung (Filmkamera, Sportartikel)	1 %	1 %
Krankheit	11 %	6 %
Alter	10 %	12 %
Ausbildung und Zukunftssicherung der Kinder	15 %	12 %
Geschäftsgründung	1 %	1 %
Kapitalbildung	4 %	4 %
ohne bestimmten Zweck	10 %	17 %
sonstiges	–	12 %

Sparziele differenziert nach Altersklassen:

	Kraftfahrzeug	Wohnung	Wohnungseinrichtung	Urlaub
unter 25 Jahre	3 %	44 %	24 %	21 %
25 bis unter 30 Jahre	4 %	35 %	22 %	23 %
30 bis unter 40 Jahre	9 %	28 %	26 %	11 %
40 bis unter 50 Jahre	4 %	14 %	23 %	23 %
50 bis unter 65 Jahre	2 %	15 %	4 %	20 %
ab 65 Jahre	–	2 %	1 %	15 %

Sparziele differenziert nach monatlichem Sparvolumen in GE:

	bis 100	101–200	201–300	301–400	401–500	501–600
Kraftfahrzeug	1 %	5 %	2 %	5 %	3 %	12 %
Wohnung	11 %	13 %	18 %	9 %	20 %	34 %
Wohnungseinrichtung	7 %	12 %	17 %	19 %	13 %	18 %
Garten, Weekendhaus	–	2 %	2 %	2 %	5 %	4 %
Urlaub	14 %	12 %	31 %	26 %	20 %	29 %
Bekleidung und Schmuck	1 %	3 %	15 %	5 %	1 %	7 %
Freizeitausrüstung	–	–	2 %	–	1 %	–
Krankheit	7 %	7 %	7 %	9 %	5 %	4 %
Alter	15 %	18 %	15 %	5 %	13 %	7 %
Ausbildung, Kinder (Schule etc.)	9 %	7 %	22 %	9 %	17 %	14 %
Geschäftsgründung	–	–	1 %	2 %	1 %	–
Kapitalbildung	–	4 %	5 %	–	5 %	7 %
ohne bestimmten Zweck	33 %	20 %	22 %	23 %	9 %	18 %
sonstiges	18 %	14 %	2 %	5 %	13 %	4 %

2.1.3. Die Wahl des Geldinstitutes in Abhängigkeit von demographischen Merkmalen

Berufsabhängigkeit der Institutswahl (in % aller Sparer unter Einbeziehung von Mehrfachnennungen):

	alle Befragte	Selbständige	leitende Angestellte	kleine und mittlere Angestellte	Facharbeiter
Stadtsparkasse	49 %	40 %	27 %	48 %	66 %
Kreisspar-	71 %	63 %	39 %	74 %	86 %
kasse	22 %	23 %	12 %	26 %	20 %
Creditbank	9 %	15 %	29 %	10 %	1 %
Kommerz-	6 %	4 %	17 %	4 %	4 %
bank	18 %	23 %	54 %	18 %	6 %
Industriebank	1 %	–	8 %	–	–
Genossen-					
schaftsbank	2 %	4 %	–	4 %	1 %
Postvereins-	12 %	10 %	4 %	7 %	9 %
kasse	13 %	10 %	4 %	9 %	9 %
Agro-Spar	1 %	–	–	2 %	–

Sparer bei der Stadtsparkasse nach Berufsgruppen differenziert:

	Anteil der Stadtsparkasse – Sparer unter allen Sparern
Facharbeiter	66 %
leitende öffentlich Bedienstete	53 %
kleine und mittlere öffentlich Bedienstete	50 %
Hilfsarbeiter	49 %
kleine und mittlere Angestellte	48 %
Selbständige im Handel, Gewerbe	40 %
leitende Angestellte	27 %
Freischaffende, Großunternehmer	14 %

Ausbildungsabhängigkeit der Institutswahl (in % aller Sparer):

	Stadtsparkasse	Kreissparkasse	Kreditbank
Institutsanteile gesamt	49 %	22 %	9 %
Pflichtschule ohne Lehre	57 %	15 %	1 %
Pflichtschule mit Lehre oder Fachschule	51 %	22 %	9 %
Mittelschule ohne Abitur	29 %	39 %	7 %
Mittelschule mit Abitur	47 %	26 %	18 %
Hochschule	13 %	26 %	18 %

Die demographische Struktur der Kundenanteile der Geldinstitute:

A = Stadtsparkasse, B = Kreissparkasse, C = Kreditbank, D = Kommerzbank, E = Postvereinskasse, F = Industriebank, G = Agro-Spar, H = Genossenschaftsbank, I = Zentralbank

Merkmale	Geldinstitute								
	A	B	C	D	E	F	G	H	I
gesamt	49 %	22 %	9 %	6 %	12 %	1 %	1 %	2 %	–
Geschlecht									
Männer	54 %	19 %	8 %	7 %	12 %	3 %	–	1 %	1 %
Frauen	45 %	25 %	9 %	6 %	12 %	–	2 %	3 %	–
Altersgruppen									
unter 25 Jahre	51 %	28 %	13 %	3 %	3 %	5 %	–	–	–
25 bis unter 30 Jahre	40 %	30 %	6 %	10 %	11 %	2 %	–	2 %	–
30 bis unter 40 Jahre	39 %	22 %	16 %	7 %	17 %	2 %	3 %	2 %	–
40 bis unter 50 Jahre	48 %	19 %	10 %	10 %	10 %	1 %	1 %	1 %	–
50 bis unter 65 Jahre	56 %	20 %	5 %	5 %	16 %	–	1 %	1 %	–
ab 65 Jahre	55 %	21 %	6 %	4 %	5 %	–	–	4 %	2 %
Berufstätigkeit									
unselbständig erwerbstätig	47 %	24 %	8 %	8 %	14 %	3 %	–	2 %	–
selbständig erwerbstätig	49 %	20 %	15 %	2 %	7 %	–	5 %	2 %	–
nicht berufstätig	49 %	20 %	13 %	3 %	13 %	–	1 %	1 %	–
in Pension	57 %	20 %	4 %	7 %	7 %	–	1 %	3 %	1 %
Berufsgruppen									
Freischaffende Großunternehmer	14 %	29 %	43 %	–	14 %	–	–	–	–
Selbständige im Handel, Gewerbe	40 %	23 %	15 %	4 %	10 %	–	–	4 %	–
Angestellte (leitende)	27 %	12 %	29 %	17 %	4 %	8 %	–	–	–
Angestellte (kleine und mittlere)	48 %	26 %	10 %	4 %	7 %	–	2 %	4 %	1 %
öffentlich Bedienstete (leitende)	53 %	47 %	24 %	6 %	12 %	–	–	–	–
öffentlich Bedienstete (kleine und mittlere)	50 %	22 %	6 %	6 %	22 %	4 %	1 %	1 %	–
Facharbeiter	66 %	20 %	1 %	4 %	9 %	–	–	1 %	–
angelernte Arbeiter	49 %	15 %	–	12 %	15 %	–	12 %	19 %	–
Schulbildung									
Pflichtschule ohne Lehre	57 %	15 %	1 %	7 %	12 %	–	1 %	3 %	–
Pflichtschule mit Lehre oder Fachschule	51 %	22 %	9 %	7 %	13 %	1 %	1 %	2 %	–
Mittelschule ohne Abitur	29 %	39 %	7 %	–	11 %	7 %	–	4 %	–
Mittelschule mit Abitur	47 %	26 %	18 %	5 %	9 %	–	2 %	–	2 %
Hochschule	18 %	26 %	18 %	11 %	5 %	5 %	–	5 %	–
Stand									
ledig	40 %	32 %	13 %	8 %	9 %	–	–	–	–
verheiratet	51 %	20 %	8 %	6 %	13 %	2 %	1 %	2 %	–
verwitwet/geschieden	47 %	22 %	6 %	8 %	10 %	–	1 %	4 %	–
Familiengröße									
1 Person	46 %	24 %	8 %	10 %	10 %	–	–	2 %	–
2 Personen	56 %	16 %	4 %	6 %	13 %	–	1 %	1 %	1 %
3 Personen	46 %	27 %	10 %	4 %	14 %	1 %	–	3 %	–

	A	B	C	D	E	F	G	H	I
4 Personen	50 %	21 %	12 %	9 %	7 %	5 %	–	1 %	–
5 Personen	37 %	29 %	9 %	11 %	11 %	–	9 %	–	–
6 und mehr Personen	26 %	32 %	32 %	–	10 %	–	–	–	–
davon Kinder unter 14 Jahre									
1 Kind	43 %	23 %	6 %	11 %	10 %	5 %	–	4 %	–
2 Kinder	57 %	12 %	17 %	6 %	7 %	2 %	1 %	2 %	–
3 und mehr Kinder	35 %	35 %	6 %	12 %	12 %	–	12 %	6 %	–
regelmäßige Sparer	43 %	25 %	9 %	7 %	13 %	1 %	2 %	3 %	1 %
Geld bei einem Geldinstitut	49 %	22 %	9 %	6 %	12 %	1 %	1 %	2 %	–
Geld bei der Stadtsparkasse	100 %	4 %	1 %	1 %	2 %	1 %	–	–	1 %
Ratenzahler	60 %	22 %	9 %	2 %	6 %	6 %	2 %	–	–
Haushaltsbesitz									
Fernsehapparat	49 %	21 %	9 %	6 %	14 %	2 %	1 %	2 %	–
Telefon	40 %	28 %	13 %	7 %	10 %	2 %	1 %	3 %	1 %
PKW	46 %	25 %	10 %	5 %	14 %	2 %	2 %	2 %	–
Lebensversicherung	52 %	22 %	11 %	4 %	10 %	2 %	1 %	1 %	1 %
Bausparvertrag	28 %	30 %	10 %	9 %	17 %	–	4 %	5 %	–
Einkommen des Haupt-verdieners in GE									
unter 1000	100 %	–	–	–	–	–	–	–	–
1000–1999	45 %	26 %	2 %	10 %	6 %	–	–	5 %	–
2000–2999	56 %	16 %	4 %	9 %	12 %	1 %	–	1 %	1 %
3000–3999	52 %	21 %	7 %	2 %	17 %	1 %	2 %	–	–
4000–4999	45 %	23 %	14 %	4 %	7 %	2 %	–	5 %	–
5000–5999	52 %	39 %	9 %	–	15 %	–	–	3 %	–
6000–6999	48 %	24 %	21 %	–	18 %	–	–	–	–
7000–7999	15 %	15 %	8 %	15 %	23 %	–	–	15 %	–
8000–8999	12 %	24 %	29 %	29 %	6 %	–	–	–	–
9000–9999	32 %	36 %	27 %	14 %	–	9 %	9 %	–	–
Netto-Haushaltseinkommen in GE									
unter 2000	40 %	31 %	2 %	4 %	9 %	–	–	7 %	–
2000–3999	57 %	16 %	6 %	10 %	13 %	1 %	–	–	1 %
4000–5999	50 %	21 %	10 %	2 %	10 %	1 %	2 %	3 %	–
6000–7999	48 %	27 %	6 %	1 %	15 %	2 %	1 %	2 %	–
8000 oder mehr	32 %	31 %	20 %	13 %	12 %	2 %	2 %	1 %	–
Rest für den Haushalt in GE									
bis 1000	60 %	19 %	4 %	2 %	13 %	–	–	2 %	–
1001–1500	55 %	16 %	3 %	15 %	12 %	–	1 %	–	–
1501–2000	57 %	16 %	10 %	4 %	13 %	–	–	4 %	–
2001–2500	45 %	18 %	13 %	6 %	10 %	–	3 %	–	3 %
2501–3000	47 %	26 %	10 %	2 %	15 %	3 %	–	2 %	–
3001–3500	43 %	26 %	14 %	6 %	14 %	–	3 %	–	–
3501–4000	43 %	23 %	8 %	8 %	10 %	3 %	–	3 %	–
4001–4500	41 %	31 %	15 %	–	23 %	–	–	–	–
4501–5000	41 %	21 %	14 %	–	21 %	7 %	–	7 %	–
5001–6000	37 %	37 %	12 %	–	4 %	–	8 %	–	–
6001 oder mehr	46 %	39 %	5 %	22 %	7 %	5 %	–	2 %	–

2.2. Qualitative Daten

2.2.1. Der Bekanntheitsgrad der Geldinstitute

Eine Erhebung der Spontanreaktion, bekannte Geld- und Kreditinstitute aufzuzählen (Mehrfachnennungen) zeigt folgende Verteilung an Nennungen:

Stadtsparkasse	80 %
Kreissparkasse	50 %
Kreditbank	45 %
Kommerzbank	30 %
Agro-Spar	15 %
Postvereinskasse	10 %
Industriebank	5 %
Genossenschaftsbank	5 %
Zentralbank	4 %

Der Bekanntheitsgrad differenziert nach demographischen Merkmalen:

Bekanntheitsgrad	Stadtsparkasse	Kreissparkasse	Kreditbank
Berufsgruppen			
Freischaffende und Großunternehmer	79 %	29 %	100 %
Selbständige in Handel und Gewerbe	87 %	52 %	45 %
leitende Angestellte	73 %	40 %	93 %
Angestellte (kleine und mittlere)	79 %	55 %	56 %
leitende öffentlich Bedienstete	79 %	68 %	84 %
öffentlich Bedienstete	84 %	55 %	46 %
Facharbeiter	86 %	54 %	36 %
Angelernte Arbeiter	83 %	33 %	30 %
Netto-Haushaltseinkommen in GE			
unter 2000	80 %	35 %	23 %
2000–3999	82 %	42 %	40 %
4000–5999	88 %	62 %	51 %
6000–7999	76 %	58 %	64 %
8000 oder mehr	80 %	54 %	69 %
Altersgruppen			
unter 25 Jahre	83 %	68 %	43 %
25 bis unter 30 Jahre	84 %	54 %	43 %
30 bis unter 40 Jahre	85 %	57 %	56 %
40 bis unter 50 Jahre	80 %	45 %	53 %
50 bis unter 65 Jahre	85 %	46 %	45 %
ab 65 Jahre	74 %	38 %	40 %

2.2.2. Unternehmensimage

Die generellen Unternehmensimages der Hauptkonkurrenten STADTSPARKASSE und KREISSPARKASSE zeigen im Polaritätsprofil charakteristische Unterschiede. Zusätzliche Abweichungen ergeben sich im Vergleich der Images aus der Sicht von Sparern gegenüber Nicht-Sparern und Kunden der STADTSPARKASSE gegenüber Kunden anderer Geldinstitute:

Images der STADTSPARKASSE und der KREISSPARKASSE aus der Sicht von Nicht-Sparern:

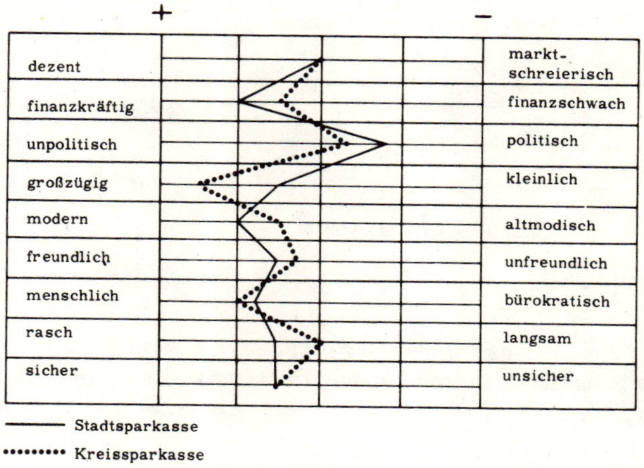

Abb. 46: Imageanalyse 1

Images der STADTSPARKASSE und der KREISSPARKASSE aus der Sicht der Kunden der STADTSPARKASSE:

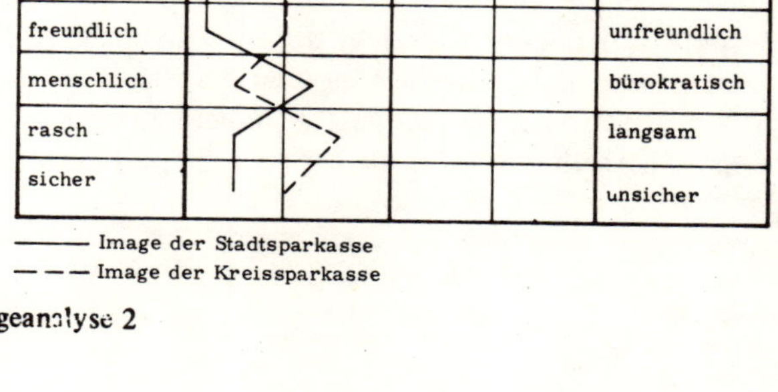

Abb. 47: Imageanalyse 2

Image der STADTSPARKASSE aus der Sicht eigener Kunden und Sparern bei anderen Geldinstituten:

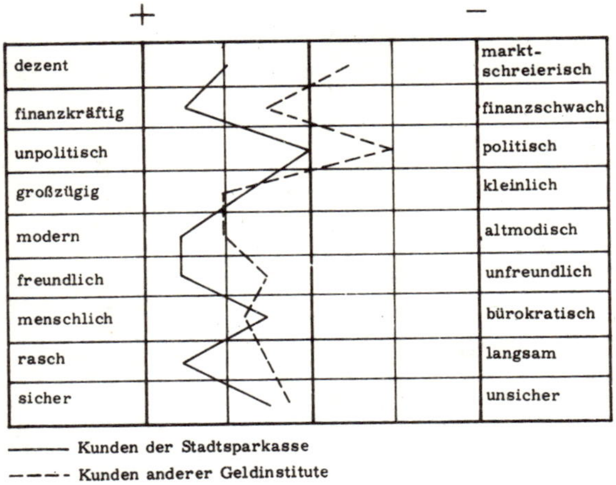

Abb. 48: Imageanalyse 3

Bei einer detaillierten Analyse des Begriffspaares „menschlich-bürokratisch" ergeben sich Komponenten, die insbesondere die rasche Abfertigung am Schalter und die Gestaltung der Filialen (Portale, Vorhänge, Bodenbelag etc.) zum Gegenstand haben.

2.2.3. Anforderungsprofile (Soll-Image)

Die Erwartungen (Anforderungsprofile) der Nachfrager bezüglich der Beratungs- und Förderungsaufgaben eines Geldinstitutes umfassen als wichtigste Bereiche:

A = Kulturförderung
B = Errichtung von Bauwerken
C = Sportförderung
D = Beratung für private Finanzierungsplanung
E = günstige Wohnbaukredite
F = Sparerziehung
G = Ausbildungsstipendien

Den generell höchsten Erwartungswert erreicht der Aufgabenbereich der Wohnbaukredite. Darüber hinaus wird der Sparerziehung und der Stipendienvergabe gegenüber den anderen Aufgabenbereichen eine relativ höhere Bedeutung zugemessen. Diese Rangfolge weist innerhalb unterschiedlicher demographischer Segmente keine starken Unterschiede auf.
Eine Differenzierung dieser Aussagen für die betrachteten Konkurrenzunternehmungen aufgrund der Norm-Erwartungswerte (institutsdifferenzierte Soll-Images) gegenüber dem jeweiligen Ist-Image der Unternehmung zeigt folgende Profile:

Anforderungs- und Imageprofile der STADTSPARKASSE aus der Sicht eigener Kunden:

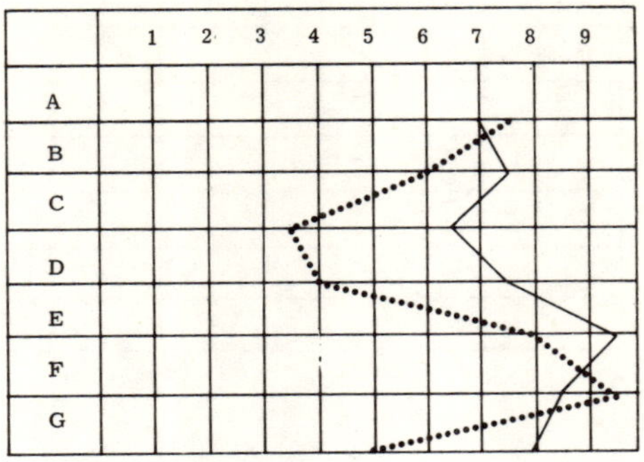

——— Anforderungsprofil
••••••••• (Image) Erfüllungsgrad aus der Sicht der Kunden

Abb. 49: **Imageanalyse 4**

Kreissparkasse

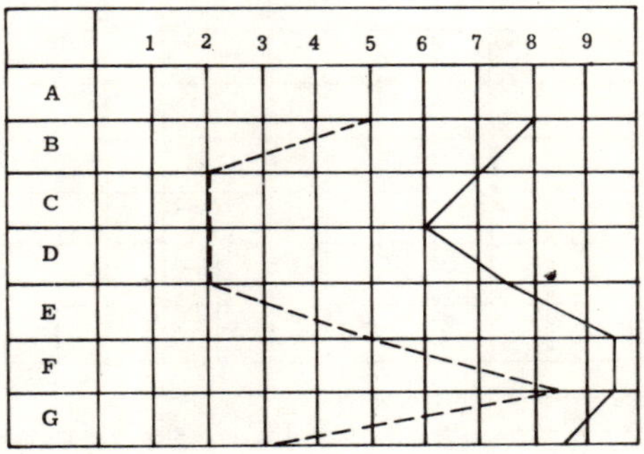

Abb. 50: **Imageanalyse 5**

Creditbank

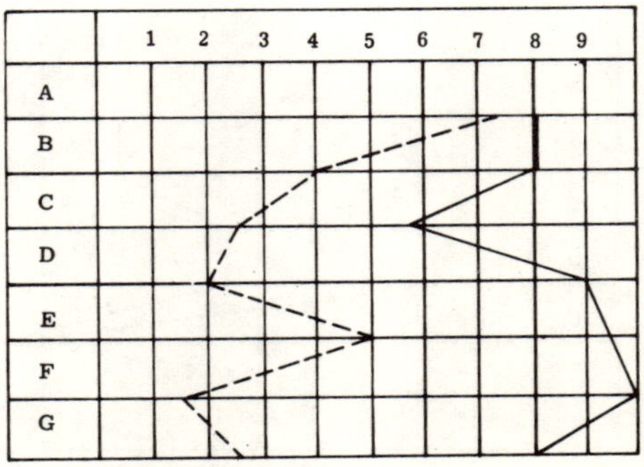

——— Anforderungsprofil
- - - - (Image) Erfüllungsgrad aus der Sicht der Kunden

Abb. 51: **Imageanalyse 6**

Kommerzbank

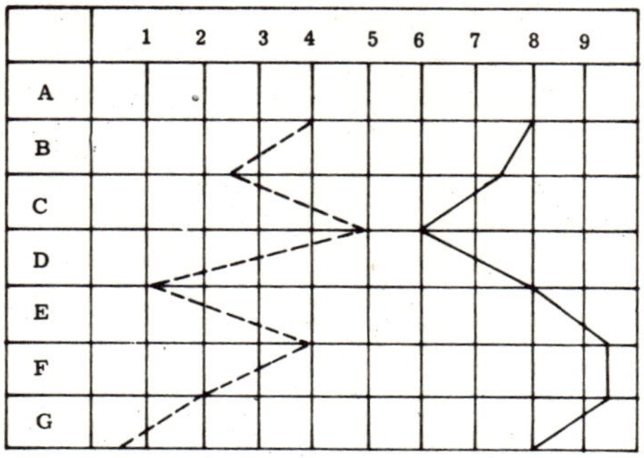

Abb. 52: Imageanalyse 7

Agro-Spar

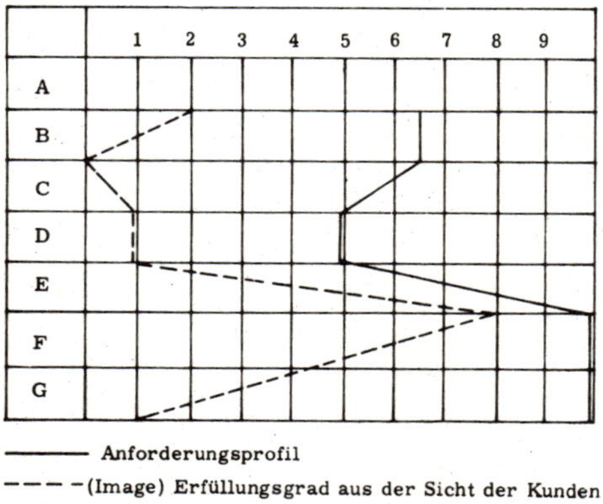

Abb. 53: Imageanalyse 8

Industriebank

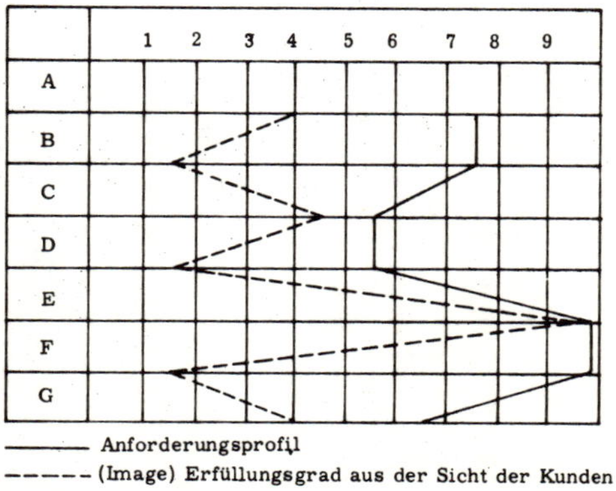

Abb. 54: Imageanalyse 9

2.3. Mediagewohnheiten der Zielgruppen

Die Daten über die Informationsverhaltensweisen sind als Ausgangslage für die Planung des Kommunkations-Mix zu betrachten.

2.3.1. Das allgemeine Informationsverhalten bezüglich Geld- und Währungsfragen

Die Gewichtung der Informationsquellen bei Geld- und Währungsfragen zeigt folgende Durchschnittswerte:

Tageszeitung	48 %
Fernsehen	14 %
Rundfunk	12 %
Gespräche mit Ehepartner und Verwandten	10 %
Gespräche mit Kollegen oder Bekannten	7 %
Versammlungsbesuch	1 %
sonstige Informationen	7 %

Die Aufsplitterung dieser Gewichtung nach Berufsgruppen einerseits und Kundenzugehörigkeit zu Sparkassen und Banken andererseits für ausgewählte Informationsquellen ergibt segmentspezifische Unterschiede:

Berufsgruppe:	Rundfunk und TV	Gespräche
Selbständige	21 %	24 %
Angestellte	22 %	22 %
öffentlich Bedienstete	26 %	16 %
Arbeiter	34 %	12 %
Sparer bei:		
Stadtsparkasse	27 %	15 %
Kreissparkasse	23 %	23 %
Banken	16 %	24 %

2.3.2. Die Stellung des Fernsehens im Kommunikations-Mix

Generelle Erinnerungswirkung für Fernsehwerbung von Geldinstituten:

Die folgende Aufstellung zeigte eine segmentdifferenzierte Analyse der Fernseheranteile und der Erinnerungswirkung (bezogen auf die letzten beiden Tage von dem Erhebungszeitpunkt):

	Fernseheranteil	Erinnerungswirkung
Gesamtanteil	60 %	87 %
Männer	62 %	92 %
Frauen	59 %	80 %
Altersgruppen		
unter 30 Jahre	55 %	97 %
30 bis unter 50 Jahre	67 %	88 %
ab 50 Jahre	57 %	81 %
Berufsgruppen		
Selbständige und Freischaffende	67 %	86 %
Angestellte	53 %	100 %

öffentlich Bedienstete	69 %	84 %
Arbeiter	56 %	82 %
Sparer bei:		
Stadtsparkasse	61 %	92 %
Kreissparkasse	54 %	100 %
Banken	60 %	93 %

Institutsspezifische Erinnerungswirkung der Fernsehwerbung:

Als werbende Geldinstitute werden spontan bezeichnet

Stadtsparkasse	37 %	andere Institute	3 %
Kreissparkasse	28 %	Gemeinschaftswerbung	19 %
Agro-Spar	4 %	sonstige Angaben	5 %
Kreditbank	4 %		

Segmentspezifisch wird die Fernsehwerbung den folgenden Geldinstituten *primär* zugeordnet:

	Stadtsparkasse	Kreissparkasse	Gemeinschaftswerbung
Gesamtanteil	37 %	28 %	19 %
Männer	33 %	30 %	21 %
Frauen	41 %	25 %	17 %
Altersgruppen			
unter 30 Jahre	40 %	23 %	19 %
30 bis unter 50 Jahre	32 %	28 %	19 %
ab 50 Jahre	39 %	29 %	19 %
Berufsgruppen			
Selbständige	30 %	36 %	16 %
Angestellte	32 %	27 %	25 %
öffentlich Bedienstete	38 %	31 %	15 %
Arbeiter	40 %	24 %	17 %
Sparer bei:			
Stadtsparkasse	40 %	29 %	15 %
Kreissparkasse	26 %	33 %	23 %
Banken	40 %	19 %	29 %

B) Ziele und Restriktionen

Als generelles Unternehmensziel wird eine kontinuierliche Expansionspolitik im regionalen Markt angestrebt. Als Restriktion für die Marktabdeckung gilt, daß die STADTSPARKASSE keine Filialgründungen über den regionalen Ballungsraum hinaus tätigen wird.

C) Aufgabenstellung

1. Bestimmung der Ausgangssituation
   1.1. Stärke-Schwäche-Analyse der STADTSPARKASSE, differenziert nach Leistungsprogramm und Nachfragesegmenten
   1.2. Definition des Ist-Images

2. Festlegung der Marketing-Ziele
   2.1. Beurteilung der Entwicklung des Leistungsprogrammes von Geldinstituten
   2.2. Bestimmung der Zielgruppen aus der Sicht der Expansionspolitik
   2.3. Entscheidung über das Image-Ziel
3. Planung des Kommunikations-Mix
   3.1. Bestimmung der Kommunikationsinhalte unter Berücksichtigung des Images-Zieles
   3.2. Planung eines Media-Mix
   3.3. Entwicklung eines Maßnahmenplanes zur Gestaltung des Direktkontaktes mit dem Kunden unter Berücksichtigung von Zielgruppen und Image-Ziel

XIV. Direktkontakt im Marketing

1. Marketing und Kundenkontakt

1.1. Arbeitsdefinitionen

Die Unternehmung tritt im Rahmen der Aktionsphase des Absatzes von Gütern mit der Zielgruppe und den einzelnen Kunden entweder über Massenmedien (als Vorinformation vor der Kaufentscheidung oder als eine nachträgliche Information) oder direkt im Rahmen von individuellen Beratungskontakten und bei der Übergabe des Gutes in Kontakt.
Unter *individuellem Kontakt* soll jene Erscheinungsform des Kundenkontaktes verstanden werden, in der ein Kunde physisch in Kontakt mit den Einrichtungen und / oder physischen Personen der anbietenden Unternehmung tritt. Ausgeklammert werden daher schriftliche (briefliche) Auftragsabwicklung (Katalog-Auftrag-Zustellung mit der Post) und Werbekommunikation über Medien, es sei denn, sie wären untrennbar mit der Angebotsorganisation verbunden (point of purchase).

1.2. Individueller Kontakt und Kontaktziele

Der individuelle Kontakt als eine Kommunikationsform kann grundsätzlich in allen Phasen des Beschaffungs- oder Kaufentscheidungsprozesses stattfinden.
- Vor der Kaufentscheidung:
  Problemstellung (z. B. Anregung, Impuls)
  Alternativensuche (z. B. shopping)
  Alternativenbewertung (z. B. mit Beratungspersonal)
- Beim Kaufentschluß (unmittelbarer Kundenkontakt bei der Marktentnahme)
- Nach erfolgtem Kauf:
  Dissonanzabbau
  Verwendungserklärung
  Verwendungshilfe
  Service-Kontakte
  Weiterführende Kontakte bei potentiellen Anschlußgeschäften

Das Verhalten der Anbieter im Rahmen der Kontaktziele kann sowohl *aktiv* als auch *reaktiv* sein; im Falle reaktiven Verhaltens wird erst abgewartet, welche Anforderungen der Kunde im Rahmen des Kontaktes stellt:

- Informationssammlung:
  Informationen im Rahmen des Kundenkontaktes über kundenspezifische Merkmale und Kundengruppenmerkmale.
- Kontakt im Rahmen des Vorverkaufes und der Anbahnung:
  Allgemeine Unternehmenspräsentation (generelles Leistungsprogramm, Kontaktorganisation, Kontaktherstellung mit anderen Personen (z. B. Einführung neuer Kontaktpersonen, Zuziehung zusätzlicher Kontaktpersonen)
  Behebung von Einwänden aufgrund eines gegebenen Images oder aufgrund bereits gemachter Erfahrungen
- Gutsbezogene Informationen:
  Klärung der kundenindividuellen Problemsituation
  Herstellen der Beziehung zwischen dem Angebot der Unternehmung und den definierten Kundenproblemen
  Klärung von kundenindividuellen Engpässen (z. B. finanzielle Restriktionen) und Information über deren mögliche Beseitigungsalternativen
  Entscheidungshilfe bei Alternativenbewertung
- Herbeiführung des Finalentschlusses
- Nachkaufkontakt
  Vermeidung von Dissonanzerscheinungen, die nicht zwingend auftreten (z. B. richtige Verwendungsanleitung)
  Servicekontakte
  Festigung der Beziehungen
  Erneuerung von Beziehungen

In gleicher Weise wie die möglichen Verhaltensweisen im Rahmen der Erfüllung von Kontaktzielen der Anbieter kann auch der Kunde aktives oder reaktives Kontaktverhalten zeigen. Im Falle aktiven Verhaltens wird er die Initiative zur Kontaktaufnahme und der Verwirklichung seiner Kontaktziele ergreifen, bei reaktivem Kontaktverhalten werden die Aktionen durch aktives Kontaktverhalten der Anbieter ausgelöst:

- Informationssuche:
  Vertiefung oder erste Kenntnis allgemeiner Unternehmensdaten
  Produktspezifische Daten
  Bewertung der Kontaktorganisation, Kontaktpersonen und angebotenen Leistungen
- Informationsangabe:
  Definition des eigenen Problemes
  Definition wirksamer Restriktionen
- Abschlußwunsch
- Nachkauf-Kontaktwunsch
  Erklärung, Betreuung, Aufrechterhaltung des Kontaktes etc.

1.3. Organisatorische Erscheinungsformen des individuellen Kontaktes

Aus der Sicht der *Kontaktelemente* kann der individuelle Kontakt entweder mit dem Personal des Anbieters und / oder mit Objekten des Anbieters erfolgen (Laden, Automat etc.). Die Kontaktnahme mit Personen der anbietenden Unternehmung kann sowohl mit zentral für die Beratung zuständigem Personal als auch mit Hilfspersonal im Rahmen einzelner Abwicklungsphasen (z. B. Kassenpersonal, Verpackungspersonal, Zustellpersonal) erfolgen.

Aus der Sicht der räumlichen Aktivitäten der Kontaktsuche kann zwischen *Feldverkauf* und *Platzverkauf* unterschieden werden. Im Rahmen eines Feldverkaufes erfolgt eine aktive Kontaktsuche durch Organe der anbietenden Unternehmung beim Käufer. Der Platzverkauf ist regional gebunden, der Kunde muß die räumliche Distanz aus eigenem Antrieb überwinden. Es ist eine Differenzierung des Platzverkaufes in die Vertriebsmethoden *Selbstbedienung* und *Bedienung* möglich.

	Kontakt mit	
	Personen	Objekten
Platzverkauf	Ausprägungen der Kontaktorganisation und -gestaltung	
Feldverkauf		

Bei diesen Absatzorganisationsmöglichkeiten treten zumeist Mischformen auf: Im Platzverkauf sind Mischformen zwischen Selbstbedienung und Bedienung (unterschiedliche Kombinationen von Personal und objektbezogener Kontaktorganisation) denkbar, in der Kombination zwischen Feldverkauf und Platzverkauf sind Mischformen wie z. B. ambulante Betriebsformen (z. B. Verkaufswagen) möglich.

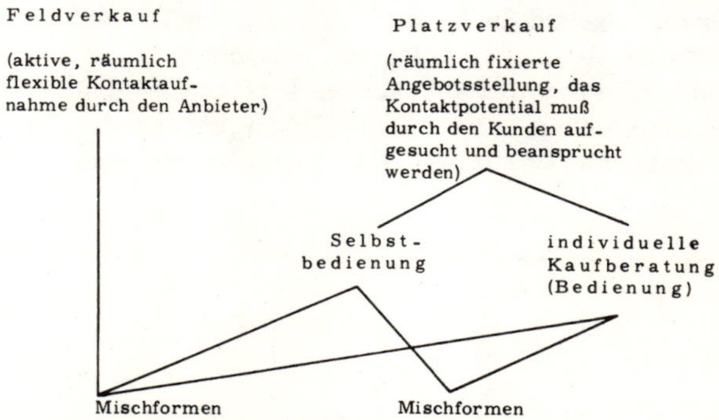

Die Kontaktorganisation im Rahmen der Vertriebsmethoden

Phasen des Kaufprozesses	Ohne Personal	Beratungspersonal	Hilfspersonal
Selbstbedienung			
Offertvorbereitung	selbstbedienungsreife Güter		
Offertstellung	Sichtoffert	nur in Ausnahmefällen	
Offertvergleich	Sichtoffert	nur in Ausnahmefällen	
Entschluß	selbständige Entnahme		
Empfang der Ware und Gegenleistung			Kassenpersonal, eventuell Verpackungspersonal und Transportpersonal
Individuelle Kaufberatung			
Offertvorbereitung		eventuell erst kaufaktsynchron	

Offertstellung **Offertvergleich** **Entschluß**	**mit Beratung, individuelles Verbaloffert (bei Routinekaufentscheidungen verkümmert)**
Empfang und Gegenleistung	**mit Beratungs- und Hilfspersonal**

Bei gegebenem persönlichen Kontakt kommt der Gestaltung des *Kontaktumfeldes* (Kontaktobjekte) unterstützende, bei geringem oder fehlendem Kontakt zentrale Bedeutung zu. Die Kontakt- oder Bereitschaftsorganisation ist über die Komponenten Form, Raum, Termin und Dauer der Kontaktnahme bestimmbar.
Die *Kontaktform* wird durch das Vorhandensein von Kontaktpersonen und Kontaktobjekten seitens des Anbieters und deren zielgruppenbezogene Qualität bestimmt. Die Ausprägung der *räumlichen Komponente* kann frei variierbar oder eng definiert sein: In diesem Falle ist zwischen punktueller und Rahmenbestimmung zu unterscheiden. Punktuelle räumliche Ausprägungsformen sind zusätzlich nach ihrer Anzahl zu unterscheiden (z. B. ein Laden oder Filialbetriebe).
Analoge Ausprägungen gelten auch für die *terminliche Komponente* der Kontaktnahme. Bei freier Variierbarkeit ist jederzeit die Kontaktaufnahme des Kunden mit der Anbieterorganisation und den anbietenden Personen möglich. Die zeitliche Erstreckung der Kontaktnahme wird durch die Ausprägung der *Dauer* bestimmt. Rahmenbestimmungen für Termin und Dauer sind beispielsweise durch Öffnungszeiten gegeben.

Kontaktform			Raum			Termin			Dauer		
Kategorie		qualitative Merkmale	definiert		ungebunden	definiert		variabel	definiert		variabel
Menschen (Personal)	Objekte		absolut ortsgebunden	regionale Rahmenbestimmung		absolut fix	terminliche Rahmenbestimmung		absolut fix	Rahmenbestimmung	

Abb. 55: Kontaktorganisation

1.4. Die Gestaltung der Kontaktelemente

Die Ausprägung der *Kontaktqualität* betrifft im Falle von Kontaktpersonen der anbietenden Unternehmung die Abstimmung des Verhaltens und allgemeiner äußerer Merkmale auf die Präferenzordnung der Zielgruppe. Der nicht personenbezogene Kontakt ist zu unterteilen in unmittelbare Kontaktobjekte und die Objekte der Kontaktumwelt. Die unmittelbaren Kontaktobjekte seitens der anbietenden Unternehmung sind in ihrer Gestaltung entnahmekonform (manipulationsfreundlich) und zielgruppenkonform zu planen. Das gilt auch für die Gestaltung der Kontaktumwelt (Filialgestaltung, Verkaufsraum, Empfangsraum, Besprechungsraum etc.). Als integrierender Bestandteil des Vollzuges der Marktentnahme kommt der Gestaltung des Umfeldes neben dem unmittelbaren Nutzen beim Kauferlebnis auch die Eigenschaft der sozialen Kommunikationswirkung zu. Die Entnahmestelle für Güter ist nicht nur auf das individuelle Wohlbefinden hin abgestimmt, sondern auch auf den demonstrativen Charakter (Image, Prestigewirkung, rollenkonformes Verhalten). Mit diesen Wirkungskomponenten wird die Entnahme- und Kontaktstelle integrierendes, imagebildendes Element des Güterangebotes einerseits und der anbietenden Unternehmung andererseits.

Gestaltungskomponenten der Kontaktobjekte und des Umfeldes:

Entsprechend der menschlichen Fähigkeit zur sinnlichen Wahrnehmung verfügt die Unternehmung über die folgenden grundsätzlichen Gestaltungskomponenten.

Diese grundlegenden optischen Komponenten konkretisieren sich in Raumausstattung und Display:

> Raumgliederung, Lay out, Symbolwirkungen durch Material- und Farbwahl, Beschilderung, Bebilderung z. B. zum Zeigen des potentiellen Produkterlebnisses als Zielvorstellung, Point-of-Purchase-Werbung etc.

Darüber hinaus wirken akustische, olfaktorische und taktile Gestaltungskomponenten auf die Wahrnehmung. (Musik, Geräusche, Gerüche, Temperatur etc.)

In gleicher Weise wirkt auch das Kontaktpersonal (direktes Kontaktpersonal wie z. B. Berater, Behandelnder, Pfleger, Bearbeiter und Hilfskontaktpersonal) als eine Wahrnehmungsganzheit, die einer individuellen Beurteilung unterliegt (grundlegende Gestaltungskomponenten: Kleidung, Physiognomie, Mimik, Gestik, Rhetorik, Stimme etc.).

Unternehmenspolitisch ist daher zu beachten, daß das Angebot an Kontaktpersonal ein sowohl in der Quantität knapper als auch in der Qualität nur in Grenzen flexibler Einsatzfaktor ist. Die grundsätzliche Forderung der raschen kundenindividuellen Einstellung ist daher nur durch ein unterschiedlich strukturiertes und leicht austauschbares Kontaktpersonal oder durch sehr hohe individuelle Anpassungsfähigkeit der Kontaktpersonen realisierbar. Dies ist deshalb von grundlegender unternehmenspolitischer Bedeutung, da die einseitige Einstellungsmöglichkeit auf den Kunden im voraus nur grob möglich ist (z. B. nach grundsätzlichen Zielgruppen). Das Geschehen in der individuellen Kontaktsituation und damit der Verkaufs- und Treueerfolg ist hingegen nur aus der spezifischen Gruppensituation und den Interaktionsentwicklungen des Kontaktpersonals mit dem einzelnen Kunden oder der Gruppe der nachfragenden Personen (z. B. Familienmitglieder) bestimmbar.

1.5. Kontaktgestaltung und werbliche Kommunikation

Bei relativ sinkender Bedeutung des isoliert betrachteten Produktes (entweder durch das Fehlen von starken Herstellermarken oder durch eine hohe Beratungsbedürftigkeit) wird die organisatorische Kontaktgestaltung zum wesentlichen Bestandteil des Angebotes; die damit verbundene Imagewirkung verursacht auch die steigende Wahrscheinlichkeit, daß die Gestaltungselemente der Angebots- und Bereitschaftsorganisation beworben werden. Unabhängig oder verbunden mit der Werbung für die angebotenen Güter ist die relative Alleinstellung über den Distributionsbereich möglich:

z. B.

- die spezifische Ausprägung der räumlichen Dimension durch zahlreiche Filialen
- besondere Qualität eines einzigen Standortes (z. B. Sanatorium, Verkehrslage)
- variable Termindimension (z. B. Tag-und-Nacht-Service)
- spezielle Rahmenterminregelungen (z. B. Abendöffnungszeiten)
- besondere Flexibilität in der Dauer der Kontaktmöglichkeit bei intensiver problemadäquater Beratung
- besondere Qualität des Kontaktpersonals (z. B. Freundlichkeit, Hilfsbereitschaft)
- besondere Hervorhebung von Zusatzeinrichtungen im Rahmen der Umfeldgestaltung (z. B. Spielmöglichkeiten für Kinder, Tierbeaufsichtigung)

In diesem Zusammenhang stellt sich auch das Subproblem der Abrechnungsgestaltung von derartigen Leistungen: Die Inanspruchnahme der angebotenen Kontaktkapazitäten wird im Falle von Dienstangeboten isoliert abgerechnet oder stellen Vor- oder Hilfsleistungen im Rahmen des Absatzes des Gutes dar, die indirekt in den Preis eingehen. Bei Inanspruchnahme dieser Hilfs- oder Zusatzleistungen ohne zwingend verbundenen Güterabsatz sind diese zumeist nicht zu bezahlen (Leerberatung). Imageprobleme aus der Sicht der Bewerbung der Kontakt- und Bereitschaftsorganisation und Vor- oder Hilfsleistungen ergeben sich bei Zusatzleistungen, die einerseits in einem zwingenden Zusammenhang zur Nutzungsmöglichkeit des Gutes stehen, jedoch zusätzlich abgerechnet werden (z. B. Änderungsschneiderei).

2. Dienst als Wirtschaftsgut

2.1. Arbeitsdefinition

2.1.1. Wirtschaftsgut

Der Forschungsgegenstand der Betriebwirtschaftstheorie kann in der einzelwirtschaftlichen Entscheidung über die Widmung von Wirtschaftsgütern gesehen werden. Den folgenden Gedanken zur begrifflichen Abgrenzung des „Dienstes" als Wirtschaftsgut liegt eine weitere Fassung des Wirtschaftsgutsbegriffes zugrunde:
Ein Wirtschaftsgut liegt dann vor, wenn das Wirtschaftssubjekt (der „Entscheider") Informationen über die aussagenlogische Konjunktion der folgenden Merkmale besitzt:

Merkmal 1:

Es gibt bei einer Anzahl von Wirtschaftssubjekten bedarfsauslösende Zwecke. Den Wirtschaftssubjekten ist es möglich, aufgrund ihrer aktuellen Präferenzordnung einen Bedarf zu formulieren.

Merkmal 2:

Das Gut weist eine Zweckeignung (Eignung zur Abdeckung des Bedarfes) auf. Das Wirtschaftssubjekt beherrscht die Verfahrenstechnik zur Zweckerreichung. Durch die Zweckerreichung wird der durch die Präferenzordnung angestrebte zukünftige Zustand (Ziel) des Wirtschaftssubjektes erreicht.

Merkmal 3:

Das Gut muß faktisch und rechtlich verfügbar sein. Sowohl faktische wie rechtliche Verfügbarkeit werden durch raum-zeitlich variierende physische, legistische und soziale Restriktionensysteme begrenzt.

Merkmal 4:

Das Gut muß zwischen Wirtschaftssubjekten übertragbar sein. Dieses Merkmal entspricht der Grundauffassung der Wirtschaft als soziales, interpersonales Phänomen. Güter, die nicht übertragbar sind (adjunktive Güter) können nicht Gegenstand des interpersonalen Wirtschaftsverkehrs sein und sind daher nicht marktfähig.

Merkmal 5:

Das Gut muß relativ knapp sein, wobei die Relativität der Knappheit in Abhängigkeit zum definierten Bedarfszweck zu sehen ist. Relative Knappheit ist eine ziel- und damit bedarfsabhängige, vom Wirtschaftssubjekt definierte Eigenschaft der Güter, welche pragmatischen Charakter aufweist.

Die geforderte Eigenschaft, daß der Entscheider Information über die Existenz von Gütern hat, auf die diese Merkmale konjunktiv zutreffen, ist in grundlegendem Zusammenhang zu der entscheidungstheoretischen Auffassung der Wirtschaft zu sehen. Die ökonomisch-rationale Widmung von Wirtschaftsgütern für Bedarfszwecke erfordert Entscheidungsprozesse der widmenden Wirtschaftssubjekte. Gegenstand dieser Entscheidungen sind Wirtschaftsgüter und damit Informationen über die Merkmalskonfiguration der beschriebenen Art.

Die Güterarten lassen sich durch Tabelle S. 272 veranschaulichen.

1.2. Dienste als Wirtschaftsgüter

Stellt man die Frage, ob Dienste Wirtschaftsgutcharakter haben, so hängt die Beantwortung von Begriffsumfang und -inhalt des allgemeinen Gutsbegriffes ab. Aus der Abbildung zeigt sich, daß Dienste eine spezifische Güterart mit folgenden extensionalen Eigenschaften sind:

- Dienste sind nach den Kriterien der substantiellen Existenz nicht stoffliche (immaterielle) Güter.
- Dienste sind immer produzierte Güter, also bereits das Ergebnis von Faktoreinsätzen im Rahmen einer organisierten Faktorkombination.
- Dienste sind ursprüngliche Güter, sie können selbst als Gegenstand eines Anspruches auftreten und damit notwendige Bedingung für die Existenzmöglichkeit abgeleiteter Güter sein. Im Gegensatz dazu setzen abgeleitete Güter die Existenz ursprünglicher Güter voraus.
- Dienste sind Realgüter und damit Gegenstand von Bewertungen. Diese Bewertung wird durch Nominalgüter ausgedrückt.

Dienste stellen sich damit als ursprüngliche, produzierte und immaterielle Realgüter dar. Damit ist der Dienstbegriff in seiner Extension definiert.

Intensional ist der Dienstebegriff auf die spezifischen Ausprägungsformen der Merkmalskategorien des allgemeinen Gutsbegriffes zu untersuchen. Darüber hinaus sind

Güterarten			I. Realgüter		II. Nominalgüter (stets immateriell und meist an materielle Trägersubstanz gebunden)	
			Materiell	Immateriell	Ausland	Inland
			1	2	3	4
A) Ursprüngliche Güter	naturgegeben *oder* produziert = Elementargüter	1	11 Naturgegebene Sachgüter a) Boden b) Wasser c) Luft d) Tiere e) Pflanzen	12 Naturgegebene immaterielle Güter a) menschl. Arbeit b) tier. Arbeit c) Informationen *d) adjunktive Güter* *e) Vorrätigkeit (Kapital)*	13 Naturgegebenes Auslandsgeld	14 Naturgegebenes Inlandsgeld
			(A I) Ursprüngliche Realgüter = **absolute Güter**		(A II) Ursprüngliche Nominalgüter = **Bargeld**	
	immer produziert (*nie* naturgegeben)	2	21 Produzierte Sachgüter a) mobil oder immobil b) für Gebrauch (abnutzbar o. nicht) oder Verbrauch	22 Produzierte immaterielle Güter a) Abnutzung produzierter Gebrauchsgüter b) Dienste c) Rechte	23 Produziertes Auslandsgeld	24 Produziertes Inlandsgeld
B) Abgeleitete Güter (= Ansprüche auf ursprüngliche Güter; stets immateriell und meist an materielle Trägersubstanz gebunden)	Ansprüche gegen Ausland	3	31	32 Ansprüche gegen Ausland auf Realgüter	33 Ansprüche gegen Ausland auf Auslandsgeld	34 Ansprüche gegen Ausland auf Inlandsgeld
			(B I) Abgeleitete Realgüter = Ansprüche auf materielle oder immaterielle Realgüter **(Realforderungen oder -schulden)**		(B II) Abgeleitete Nominalgüter = Ansprüche auf Nominalgüter **(Nominalforderungen oder -schulden)**	
	Ansprüche im Inland	4	41	42 Ansprüche im Inland auf Realgüter	43 Ansprüche im Inland auf Auslandsgeld	44 Ansprüche im Inland auf Inlandsgeld

Abb. 56: **Güterarten (nach *K. Chmielewicz,* Wirtschaftsgut und Rechnungswesen, ZfbF 1969, 2/3, S. 85 ff.)**

weitere Spezifikationen zu machen, welche eine schärfere intensionale und extensionale Klärung des Dienstebegriffes ermöglichen.
Die intensionale Bestimmung des Dienstebegriffes ist in der betriebswirtschaftlichen Literatur keineswegs einheitlich. Für eine verschärfte Begriffsfassung und zur Vermeidung von unklaren Abgrenzungen wird eine relativ enge Begriffsauffassung angenommen.
Dienste sind Wirtschaftsgüter im definierten Sinn. Da sie produzierte ursprüngliche Realgüter sind, stellen sie immer den Output einer Faktorkombination dar. Die diensterstellende Faktorkombination kann als *Dienstepotential* bezeichnet werden; ihr Output ist der Dienst.
Die *Fähigkeit* einer Faktorkombination, Dienste zu erstellen, ist ein adjunktives Gut, der Output der Faktorkombination ist übertragbar und demgemäß ein Gut des Wirtschaftsverkehrs.
Unter kosten- und ertragsrechnerischem Gesichtspunkt erfolgt eine weitere intensionale Bestimmung des Dienstebegriffes:
Da Dienste Output einer Faktorkombination sind und als Wirtschaftsgüter am Markt angeboten werden, kommt ihnen Kosten- und Leistungscharakter zu. Unter einem *Kostenträger* wird ein selbständiger Abrechnungsbezirk verstanden, dem die Kostenwerte der nicht selbständigen Abrechnungsbezirke (wie Kostenarten und Kostenstellen) zugerechnet werden können. Dienste sind zugleich *Leistungsträger*, also Produkte, denen am Markt ein Preis zukommt und die mittels ihrer Periodenerträge die Periodenkosten abdecken. Daher sind Dienste auch als *Erfolgsträger* zu bezeichnen, da sie deckungsbeitragserzielend sein können.
Diese betriebsrechnerische Abgrenzung des Dienstebegriffes ist für die Unterscheidung zum Begriff Arbeitsleistung wesentlich, da letzterer als nicht selbständiger Abrechnungsbezirk in der Kostenrechnung verrechnet wird. Arbeitsleistung, die produktionstheoretisch als Produktor (Faktor) bezeichnet wird, verursacht Kosten, die dem Ergebnis (Produkt) der Faktorkombination, also dem Dienst verrechnet wird. Die mit den Faktorpreisen bewerteten Produktoren stellen daher nicht selbständige Abrechnungsbezirke dar. Sie sind nicht selbst Gegenstand des Absatzes.
Der *Dienst* als Gegenstand unternehmerischer Leistungserstellung und -verwertung wird als selbständiges Wirtschaftsgut am Markt angeboten. Er wird für den potentiellen Abnehmer als selbständiges Wirtschaftsgut durch die Kommunikationsaktivitäten des Anbieters unterscheidbar. Unter Berücksichtigung des bisher Dargelegten ergibt sich die Notwendigkeit der Anwendung der intensionalen Merkmale des allgemeinen Gutsbegriffes auf den Dienstebegriff.

Merkmal 1:

Es gibt bedarfsauslösende Zwecke bei Wirtschaftssubjekten, die dienstespezifisch einen Bedarf an bestimmten Tätigkeiten bzw. Verrichtungen bedeuten. Der Bedarf kann zum einen in der qualitativen und / oder quantitativen, kapazitiven Unzulänglichkeit des Nachfragers oder zum anderen in ökonomisch rational begründeten Entscheidungen zur Hereinnahme von Diensten gegeben sein. (z. B.: einerseits der Dienst des Personentransportes durch Taxiunternehmen mangels qualitativer Kapazität – kein Führerschein – oder quantitativer Kapazität – kein Parkplatz – oder zum anderen in der Wertschätzung des Taxis als relativ billigere – Kalkulation der Alternativverwendung der freigesetzten Arbeitszeit des Fahrgastes – erkannte Alternative.)

Versteht man unter einer *Tätigkeit* ganz allgemein die Überführung eines Tätigkeitsobjektes von einem bisherigen Zustand in einen anderen Zustand, und versteht man unter Zustand eine raum-zeitlich definierte Merkmalskonfiguration eines Tätigkeitsobjektes, dann kann der Bedarf an Diensten als der Bedarf nach der Überführung in einen gewünschten (Soll-) Zustand des Tätigkeitsobjektes definiert werden. Ob ein zukünftiger Zustand des Tätigkeitsobjektes als erstrebenswert beurteilt wird, hängt von der aktuellen Präferenzordnung des (potentiellen) Diensteabnehmers ab.

Merkmal 2:

Die Verrichtung (Tätigkeit) muß bei definierter Präferenzordnung und operational festgelegtem Bedarf (Bedarfsinhalt, -ausmaß und -termin) bedarfsdeckend und nutzenstiftend sein. Diese Eignung des Dienstes bestimmt seinen ökonomischen Wert.

Da Verrichtungen nur vollziebar sind, wenn während der Vollzugszeit das Objekt, an dem die Verrichtung zu vollziehen ist, raum-zeitlich präsent ist, kommt dem Verrichtungsobjekt (*Diensteobjekt*) grundlegende Bedeutung zu. Die Bereitschaft des Diensteobjektes (bei persönlichen Diensten der Mensch, bei sachbezogenen Diensten der Gegenstand) für den Dienstevollzug ist Voraussetzung für die Zweckerreichung des Dienstes. Die Bereitschaft kann sich sowohl auf qualitative Kategorien (z. B. Aufmerksamkeit, Entspannung, Konzentration bei persönlichen Diensten oder qualitative Adaption des Objektes bei sachbezogenen Diensten) als auch auf die quantitative Kategorie (z. B. Aufnahmemenge, Aufnahmeintensität usw.) beziehen.

Ist die Bereitschaft des Diensteobjektes für den Vollzug des Dienstes durch das Tätigwerden des Dienstepotentials nicht gegeben, so fehlt ein konstitutives Merkmal des Gutsbegriffes, und die Zweckeignung der in Frage stehenden Tätigkeit ist damit nicht gegeben.

Desgleichen geht die Zweckeignung verloren, wenn das Verrichtungsobjekt, an dem der Dienst vollzogen werden soll, raum-zeitlich nicht synchron mit der Tätigkeit präsent ist.

Merkmal 3:

Das Vorhandensein von faktisch und rechtlich verfügbaren Diensten als nächstes konstitutives Merkmal spricht mehrere Komponenten des Dienstebegriffes an.

Zum einen ist die (relativ knappe) *Verfügbarkeit* der Dienste in dem restriktiven Vorhandensein des Dienstepotentiales zu sehen. Die Erzeugungs- und Absatzbereitschaft des Dienstepotentiales der anbietenden Unternehmung ist raum-zeitlich, legistisch und ökonomisch begrenzt. Es sind nur solche Verrichtungen verfügbar, die innerhalb des restriktiven Wirkungsraumes des Dienstepotentials erzeugt und abgesetzt werden.

Zum anderen ist die Verfügbarkeit von Diensten von der Reproduzierbarkeit des Dienstepotentials abhängig.

Merkmal 4:

Um die *Marktfähigkeit* der Dienste zu gewährleisten, müssen sie übertragbar sein. *Adjunktive Güter* sind zwar von ihrem Träger einsetzbar, aber nicht übertragbar. So ist die Fähigkeit eines Dienstepotentials, nämlich Dienste zu erstellen, nicht übertragbar und damit kein marktfähiges Gut, aber der Dienst als Ergebnis der Faktorkombination selbst ist durch Tätigkeitsvollzug auf das Diensteobjekt übertragbar und daher marktfähig. Die Übertragung einer Tätigkeit von dem Dispositionsbereich des Anbieters in den Dispositionsbereich des Nachfragers kann nur dann erfolgen, wenn das für den Tätigkeitsvollzug notwendige Verrichtungsobjekt raum-zeitlich während des Tätigkeitsvollzuges präsent ist. Somit erfolgen *Diensteerstellung* (Diensteerzeugung) durch Wirksamwerden des Dienstepotentials und *Diensteabsatz* (Weitergabe an den Dispositionsbereich des Diensteempfängers) raum-zeitlich simultan.

Die Übertragung der Tätigkeit in den Dispositionsbereich des Diensteabnehmers manifestiert sich in der bewirkten Zustandsänderung des Diensteobjektes. Die oft als spezifisches Kennzeichen des Dienstes bzw. der „Dienstleistung“ angesehene Eigenschaft der *Nichtspeicherbarkeit* besteht nun darin, daß ein durch das Aktivieren des Dienstepotentials produzierter Dienst nur dann übertragbar ist – und damit eines der konstitutiven Merkmale des Wirtschaftsgutbegriffes erfüllt –, wenn das Diensteobjekt raum-zeitlich simultan vorhanden und aufnahmebereit ist.

Der Dienst als Wirtschaftsgut setzt in diesem Zusammenhang sowohl die Existenz des (abgabebereiten) Dienstepotentials als auch die Existenz des (aufnahmebereiten) Diensteobjektes raum-zeitlich simultan voraus.

Merkmal 5:

Als letzte, den Dienst als Wirtschaftsgut in seinem Wesen bestimmende, arteigene Unterschiedlichkeit ist die *relative Knappheit* zu nennen. Unter relativer Knappheit ist in diesem Zusammenhang die abnehmerspezifische Relation

$$\text{Bedarfsmenge} > \text{einsetzbare Menge}$$

allgemein zu verstehen. Dienstspezifisch ist die relative Knappheit aufbauend auf die anderen Merkmale zu konkretisieren:

Der Dienstebedarf besteht in der ökonomisch fundierten Forderung nach einem Dienst (Tätigkeit), welcher die Überführung eines aktuellen Zustandes des Diensteobjektes in einen gewünschten Zustand bewirkt. Der gewünschte Zustand ist in seinen Eigenschaften operational zu definieren und die Terminisierung des Soll-Zustandes anzugeben. Die relative Knappheit kann sich, über eine rein mengenmäßige Betrachtung hinaus, auch auf den Diensteinhalt und den Vollzugstermin beziehen, wobei Inhalt, Ausmaß und Termin des Dienstes aus dem angestrebten Soll-Zustand des Diensteobjektes abgeleitet werden können.

2.2. Zusammenfassender Merkmalskatalog zum Dienstebegriff

Dienste sind die Elemente jener Klasse von Wirtschaftsgütern, die folgende extensionale Merkmale (EM) aufweisen:

- EM_1 ursprüngliche Güter
- EM_2 produzierte Güter
- EM_3 immaterielle Güter (in Form von Tätigkeiten)
- EM_4 reale Güter

und die folgende intensionale Merkmale (IM) aufweisen:

– IM_1: Es besteht wirtschaftssubjektspezifischer Bedarf an Tätigkeiten (Verrichtung)
– IM_2: Das Tätigkeitsobjekt ist aufnahmebereit, die Tätigkeit ist bedarfskompatibel und potentiell nutzenstiftend
– IM_3: Die Tätigkeiten sind innerhalb der Restriktionen des Tätigkeitspotentials faktisch und rechtlich verfügbar
– IM_4: Die Tätigkeiten sind bei raum-zeitlicher Simultaneität von Tätigkeitspotential und Tätigkeitsobjekt übertragbar
– IM_5: Die Tätigkeiten sind in Inhalt und / oder Ausmaß und / oder Termin abnehmerspezifisch relativ knapp.

Der Begriff Dienst kann daher zusammenfassend definiert werden als das den Wirtschaftssubjekten zukommende Wissen über die aussagenlogische Konjunktion der extensionalen Merkmale EM_1 – EM_4 und der aussagenlogischen Konjunktion der intensionalen Merkmale IM_1 – IM_5.

System	Anbieter	Nachfrager
Marktkommunikation	Diensteangebot	Dienstenachfrage
Leistungsträger	Dienstepotential	Diensteobjekt
Transformation	Diensterstellung und Dienstabgabe	Dienstaufnahme und Bedarfsabdeckung

Tabelle der polaren Begriffe zwischen Diensteangebot und Dienstenachfrage

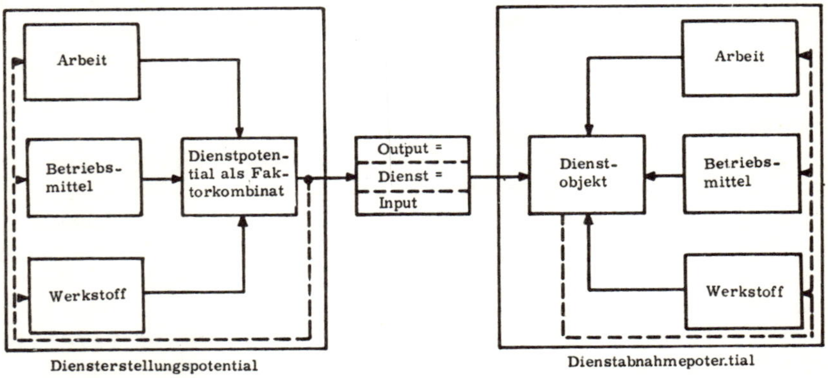

Abb. 57: Die Diensteerstellung in Abhängigkeit von Diensteerstellungspotential und Diensteabnahmepotential

2.3. Systematik der Dienstearten

Nach der Zugehörigkeit der Abnehmer zu einer Wirtschaftsstufe können folgende Dienstearten unterschieden werden:

Betriebswirtschaft als Abnehmer: „Investitionsdienste“
Haushaltswirtschaft als Abnehmer: „Konsumdienste“

Die Bedarfskategorien des Diensteabnehmers können unter Berücksichtigung der Aktionsphasen der betrieblichen Leistungserstellung als Unterscheidungskriterium für die Dienstearten verwendet werden:

	Beschaffung	Lager	Transport	Transformation	Absatz
Lenkungs-ebene (dispositiv)	dispositive Beschaffungsdienste (z. B. Beschaffungs- marktforschung)	dispositive Lagerdienste (z. B. Lagerrationalisierung)	dispositive Transportdienste (z. B. Tourenplanung)	dispositive Transformationsdienste (z. B. Fertigungsplanung)	dispositive Absatzdienste (z. B. Marketingberatung)
Objekt-ebene (exekutiv)	exekutive Beschaffungsdienste (z. B. Registrieren der Anlieferung)	exekutive Lagerdienste (z. B. Gütermanipulation)	exekutive Transportdienste (z. B. Verladen)	exekutive Transformationsdienste (z. B. Reinigen)	exekutive Absatzdienste (z. B. Verpacken)

Nach der aufgabenmäßigen Stellung der Dienste im Rahmen des organisierten Entscheidungsprozesses beim Diensteabnehmer kann eine Erweiterung der obigen Tabelle vorgenommen werden:

	Beschaffung	Lager	Transport	Transformation	Absatz
Planung (dispositiv)					
Kontrolle (dispositiv)					
Realisation (exekutiv)					

2.4. Die Phasen der Diensteerstellung

2.4.1. Die Erstellung des Dienstepotentials

Das Dienstepotential ist die Kombination der Produktionsfaktoren, deren Output Dienste sind. Dienstepotentiale können in ihrer Erstellung alle Aktionsphasen des betrieblichen Leistungsgeschehens durchlaufen:

Dienstpotential	Beschaffung	Lager	Transport	Transformation	Absatz
Planung					
Realisation					
Kontrolle					

Darüber hinaus muß zwischen Erzeugung, Handel und Konsum von Dienstepotentialen unterschieden werden. Unter institutionalisierter Betrachtungsweise ergeben sich daher:

- Dienstepotential-Erzeugungsbetriebe
- Dienstepotential-Handelsbetriebe
- Dienstepotential-Konsumtionsbetriebe (betriebliche Letztverwender bzw. Letztverbraucher)
- Dienstepotential-Konsumtionshaushalte.

2.4.2. Die Erstellung von Diensten

Die Erstellung von Diensten setzt die Existenz eines Dienstepotentials und die Existenz eines Diensteobjektes, an dem der Dienst zu vollziehen ist, voraus: Die Phasenstruktur der Diensteerstellung kann daher wie folgt beschrieben werden.

– Bereitstellung des Dienstepotentials: Bestimmung der Restriktionen betreffend die raum-zeitliche Betriebsbereitschaft und die qualitative und quantitative Abgabebereitschaft zur Diensteerstellung.
– Bereitstellung des Diensteobjektes: Bestimmung der raum-zeitlichen Restriktionen und der qualitativen und quantitativen Aufnahmebereitschaft für Dienste.
– Bestimmung des gemeinsamen zulässigen Bedingungsraumes für Dienstepotential und Diensteobjekt: Erfassung der Gemeinsamkeiten bezüglich raum-zeitlicher Präsenz und qualitativer und quantitativer Abgabe- bzw. Aufnahmebereitschaft von Diensten.
– Vollzug des Dienstes (Erstellung und Absatz erfolgen raum-zeitlich simultan).

	Bereitstellung des Dienst-potentiales	Bereitstellung des Dienst-objektes	Präsenz-kriterium	Dienst-vollzug
Planung	Bereitstellungs-planung (Inhalt, Ausmaß) des Dienstpotentia-les	Bereitstellungs-planung (Inhalt, Ausmaß) des Dienstobjektes	Ort und termin-koordinierende Planung	Vollzugsplanung in Inhalt und Ausmaß, Dauer und Raum
Realisation	Durchführung der Potential-bereitstellung	Durchführung der Objekt-bereitstellung	Inanspruchnahme von Ort und Ter-min für Poten-tial und Objekt	Tätigkeits-vollzug zur Dienserstel-lung
Kontrolle	Kontrolle der Bereitstellung und der Dienst-abgabebereit-schaft	Kontrolle der Bereitstellung und der Dienst-aufnahmebereit-schaft	Termin- und Ortkontrolle für Potential und Objekt	Vollzugs-kontrolle in Inhalt, Ausmaß, Dauer, Raum.

3. Dienste-Marketing

3.1. Dienstekategorien als Differenzierungskriterium

Dienste, verstanden als marktfähige Verrichtungen, die das Ergebnis der Inanspruchnahme organisierter Faktorkombinationen sind, können nach der logischen Ebene der Verrichtung, nach dem Standardisierungsgrad und nach der Wirtschaftsstufe des Diensteempfängers differenziert werden. Unabhängig von der im einzelnen unterschiedlichen Zusammensetzung der Faktorkombination kann der Dienst entweder dispositiven oder exekutiven Charakter haben. Im Falle eines *dispositiven Dienstes* ist das Ergebnis der Verrichtung in Planungs- oder Kontrollphasen unternehmerischer Entscheidungsprozesse für den Abnehmer wirksam (Beratung, Vermittlung, Unterricht, Planung, Verwaltung etc.). *Exekutive Dienste* hingegen vermitteln als Output der Faktorkombinationen durchführende Verrichtungen (Transport, Pflege, Reinigung etc.).

In jedem Falle treten in der realen Form des Diensteangebotes diese grundlegenden Kategorien in kombinierter Form mit einem schwerpunktmäßig unterschiedlichen Ausmaß der einzelnen Kategorien auf. Die Dienstenachfrage schließt dabei das

möglicherweise auch beim Empfänger vorhandene Kann-Programm für die potentielle Selbsterstellung des Dienstes nicht aus. Vorausgesetzt ist allerdings die Diensteempfangsfähigkeit und -willigkeit.
Dem *Standardisierungsgrad* entsprechend können Dienste in relativ individualisierter oder standardisierter Form angeboten werden. *Individualisierte Dienste* ermöglichen eine Adaption der Verrichtung auf den spezifischen Bedarf des Diensteempfängers. *Standardisierte* Formen geben den potentiellen Diensteempfängern nur eine oder mehrere definierte Verrichtungskategorien ohne individuelle Veränderungsmöglichkeit zur Auswahl (z. B. Schuhputzautomat). Im Falle hoher Individualisierung wird vom Diensteanbieter eine extreme Anpassungsfähigkeit der Faktorkombination verlangt. Dieser Anpassungszwang ist zusätzlich auf das zeitliche Verhalten der Dienstnachfrage zu überprüfen. Fällt das Bekanntwerden der gewünschten Diensteausprägung mit dem Wunsch nach der Diensteausführung zeitlich eng zusammen, ist zusätzlich eine hohe Anpassungsgeschwindigkeit erforderlich.

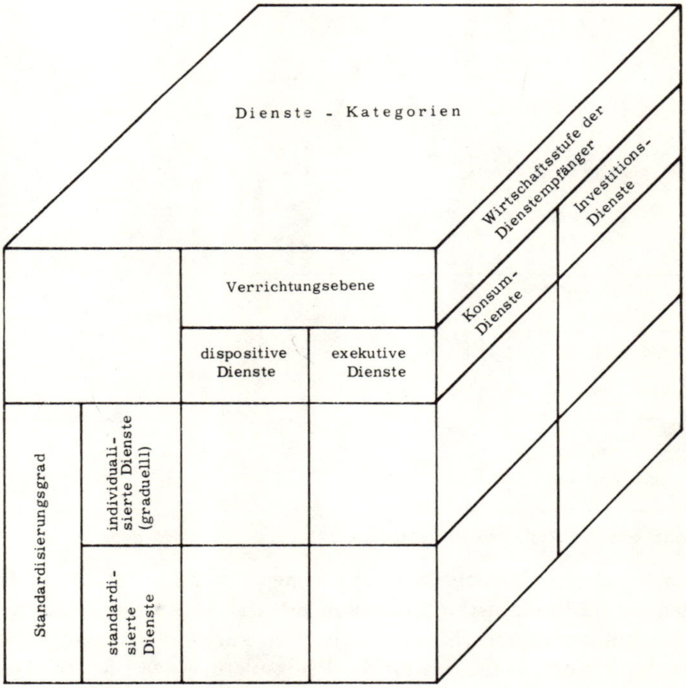

Abb. 58: Dienstekategorien

3.2. Bestimmungskomponenten der Dienste

Als wesentliches Abgrenzungskriterium kennzeichnet den Dienst das fehlende zeitliche Intervall zwischen Erstellung und Vollzug am empfangenden Objekt oder an der empfangenden Person. Dem Kunden ist es nicht möglich, eine Speicherfunktion nach erfolgtem Dienstevollzug zu übernehmen. Damit sind der Ort und die *Kontaktform* nicht mehr allein isolierte Organisationsformen der Übergabe, sondern auch Ort und Form des Konsums. Das Produkt „Dienst" ist nicht isoliert, sondern nur unter den gegebenen Kontaktbedingungen konsumierbar. Aus diesem Grunde sind für den Bereich der Dienste die *Absatzmethode* und die Erscheinungsformen der Kontaktaufnahme zwingende Bestandteile des Diensteangebotes. Die Problemlösung durch die dispositiven oder exekutiven Dienste kann nicht isoliert gesehen werden, sie existiert als konkretes Angebot nur zusammen mit der Gestaltung des Kundenkontaktes. Es ist für den Konsum nicht mehr unwesentlich, wie beispielsweise ein Produkt in die Verfügung des Verwenders gelangt ist (geschenkt, gekauft, gestohlen etc.), sondern der Vollzug eines Konsumaktes ist zwingend an die Kontaktnahme mit der diensteerstellenden Faktorkombination gebunden. Damit ist jeder angebotene Dienst in der Kombination von Problemlösung, Kontakt- und Bereitschaftsorganisation zu beschreiben:

Kontakt- und Bereitschafts-organisation / Problem-lösung		Kontaktform			Raum			Termin			Dauer		
		Kategorie			definiert			definiert			definiert		
		Menschen (Personal)	Objekte	Qualitative Merkmale	absolut ortsgebunden	regionale Rahmen-bestimmung	ungebunden	absolut fix	terminliche Rahmen-bestimmung	variabel	absolut fix	Rahmenbestimmung	variabel
dispositiv	individualisiert												
	standardisiert												
exekutiv	individualisiert												
	standardisiert												

Abb. 59: **Kontakt- und Bereitschaftsorganisation**

Sowohl Diensteangebot als auch Dienstenachfrage treten in bestimmten Merkmalsausprägungen der Bestimmungskomponenten auf. Die Merkmale umfassen einerseits die Problemlösung im engeren Sinne (Dienste) als auch die gewünschte oder angebotene Organisation des Kontaktes für die Effektuierung des Dienstekonsums. Die *Kontaktform* ist sowohl durch Menschen als Verrichtungsträger als auch durch materielle Faktorkombinationen (z. B. Automat) möglich. In jedem Falle ist die Art (Qualität) der Kontaktnahme durch die Verrichtungsträger zu bestimmen. Dienste als Verrichtungen sind darüber hinaus durch ihre raum-zeitlichen Merkmale zu definieren.

Den potentiellen Nachfrageprofilen gegenüber unterliegt das resultierende Diensteangebot dem Zielsystem und dem Bedingungsrahmen der anbietenden Unternehmung. Aus der Menge der möglichen Dienstekategorien sind jene auszufiltern, die unter unternehmensspezifischen Bedingungen realisiert werden können. Abhängig von den gewählten Diensteangeboten und dem Bedingungsrahmen der Unternehmung ist das Marketing-Mix zu bestimmen.

Der unternehmensindividuelle Bedingungsrahmen:
Physische (z. B. regionale Begrenzung aufgrund topographischer Bedingungen)
Technische (Problemlösungsmöglichkeiten)
Wirtschaftliche (Konkurrenzsituation und Nachfragerstruktur wie z. B. Standardisierungsgrad und notwendige Elastizität abhängig von Menge, Häufigkeit und inhaltlicher Gleichförmigkeit der Dienstenachfrage)
Psychische und soziale (normenabhängige Beschränkung möglicher Diensteangebote)
Politische, verwaltungsbedingte und rechtliche Bedingungen (z. B. zeitliche Restriktionen durch Öffnungszeiten, regionale Restriktionen durch Beschränkung ambulanter Formen)
Unternehmensspezifische Restriktionen:
Budgetrestriktionen
Know-how-Restriktionen der Diensteerstellung (Lenkungsebene der Faktorkombination)
Physische Leistungserstellung (der Verrichtungsträger)

3.3. *Diensteprofile*

Diensteprofile als Abbildungen von individuellen oder typischen Merkmalskombinationen können nachfrageseitig den Dienstebedarf definieren; angebotsseitig ist die Wahl eines bestimmten Diensteangebotes Ergebnis einer *Segmententscheidung*, die sowohl innerhalb der Restriktionen die Ausprägungen bestimmt als auch Grundlage für zielgruppenspezifische Kommunikationsentscheidungen ist.

3.4. *Dienstenachfrage*

Abgesehen von allgemein gültigen sozio-ökonomischen Segmentierungskriterien sind insbesondere Kriterien des *Marktentnahmeverhaltens* und der verbundenen *Kaufeinstellungen* wesentlich, da die Kontaktnahme beim Dienstekonsum notwendig ist und daher der persönliche Kontakt zum Kunden Bestimmungselement der kundenindividuellen Präferenzen, Einstellungen und Kaufentscheidungen ist. Damit ist die Gestaltung der Umwelt des Kontaktpunktes (Kaufatmosphäre) und der persönliche Kontakt mit dem Personal der anbietenden Unternehmung stark abhängig von den Sympathien und Einstellungen der Kunden.

Dimensionen motivationsabhängiger Kundendifferenzierung
- persönliche Prädisposition gegenüber den Diensten der diensteanbietenden Unternehmung und dem Objekt, an dem der Dienst verrichtet wird (Motive, Werte und Einstellungen)
- Gruppeneinfluß (Familie, Bezugsgruppe etc.)
- individuelle Restriktionen (monetäre, physische Empfangsrestriktionen, Know-how-Restriktionen)
- Dienste-Marken-Image
  Image der verwendeten Dienste
  Image fremder Dienste
  Verwenderimage
  Nichtverwenderimage

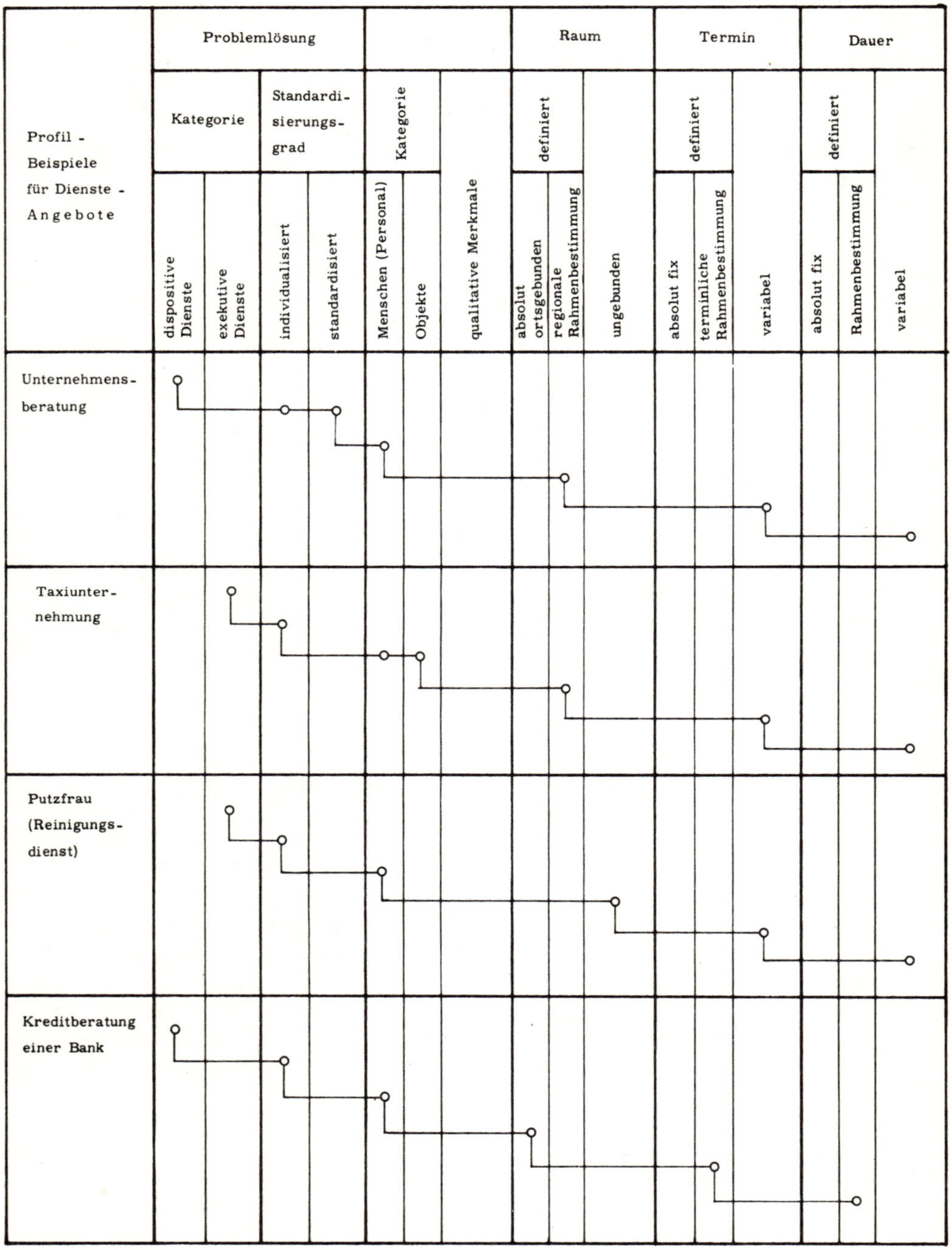

Abb. 60: **Angebotsprofile für Dienste**

– Dienste-Marken-Treue
– Einstellungen gegenüber den Bedingungen des Diensteempfanges oder der Dienstenutzung

Diese möglichen Kategorien sind jeweils zu differenzieren nach

– Nichtbenützern der Dienstekategorie
– Benützer der Dienstekategorie, aber nicht der eigenen angebotenen Dienste
– Kunden eigener angebotener Dienste

Die wirksamen Einflüsse beziehen sich daher stets auf

	Kontaktperson	Kontaktobjekt	Kontaktumfeld
Dienst an der eigenen Person	1.	2.	3.
Dienst an einem Objekt	4.	5.	6.

Beispiele:

ad 1. Subjektive Bewertung der Motive für die Inanspruchnahme eines Dienstes an der eigenen Person (z. B. Einstellung zur Körperpflege) verbunden mit der Willigkeit, von einer bestimmten Person behandelt zu werden (Sympathie etc.).

ad 2. Willigkeit, durch einen Automaten bedient zu werden (unpersönliche Wirkung etc.).

ad 3. Wirkung der Gestaltung des Beratungszimmers, des Behandlungsraumes auf den Diensteempfänger

ad 4. Individuelle Bewertung des Objektes, an dem ein Dienst vollzogen werden soll (z. B. Wohnungsreinigung, Hundepflege, Babybeaufsichtigung, Autopflege etc.) und der darauf bezogenen Willigkeit zum Kontakt mit einer Person.

ad 5. Willigkeit, ein Objekt des Dienstevollzuges mit einem Kontaktobjekt der Dienstersteilung in Berührung kommen zu lassen (z. B. Wagenwaschstraße).

ad 6. Beurteilung der Umfeldwirkung auf ein Objekt (z. B. Gestaltung eines Kindergartens).

4. Literatur

Blackwell, Roger D., Engel, James F., Kollat, David T., Cases in Consumer Behavior, New York etc. 1969; S. 61 ff; *Dienstemarketing: Risikoempfindung und Abschlußorganisation; S. 211 ff; Verhalten innerhalb des Verkaufslokals; S. 317 ff; Kundenorientierung eines Geldinstitutes.*

Chmielewicz, Klaus, Wirtschaftsgut und Rechnungswesen, ZfbF 1969, Heft 2/3, S. 85 ff; *Wirtschaftsgut – Realgüter – Nominalgüter – ursprüngliche Güter – abgeleitete Güter – Dienst – Rechnungswesen – Aktionsphasen des Güterstroms – Erfolgsrechnung.*

Decker, Franz, Struktur der Dienstleistungsunternehmen, BFuP 1972, Heft 7/8, S. 405 ff; *Dienstleistungssektor – Typologie der Dienstleistungsunternehmen – Diensteproduktion.*

Krasensky, Hans, Marketing der Banken, Österreichisches Bankarchiv, September 1972, Heft 9, S. 306 ff; *Dienstemarketing – Marketing-Mix im Bankbetrieb – Marketingkonzepte in Banken.*

Maleri, Rudolf, Grundzüge der Dienstleistungsproduktion, Berlin – Heidelberg – New York 1973; *Dienstebegriff – Dienst als Wirtschaftsgut – Dienstenutzen – Eigenschaften – Dienstetypologie – Diensteproduktion.*

Scheuch, Fritz, Hasenauer, Rainer, Leistung, Dienstleistung, Dienstleistungsbetrieb, JBdAuV, 1969, Heft 2, S. 125 ff.

Schüller, Alfred, Dienstleistungsmärkte in der BRD, Köln–Opladen 1967; *Dienstleistungsbegriff – Dienstleistungsbranchen.*
Schuster, Leo, Marketing der Investmentgesellschaft, Österreichisches Bankarchiv, 1971, Heft 6, S. 201 ff; *Kommunikationspolitik der Investmentgesellschaft – Marketing-Mix der Investmentgesellschaft.*
Walterspiel, Georg, Gemeinsame Besonderheiten investitionsintensiver und kundenpräsenzbedingter Dienstleistungsbetriebe, ZfbF 1966, Heft 1, S. 12 ff.

XV. Image

1. Arbeitsdefinitionen

1.1. Als Image bezeichnen wir das subjektive Gesamtbild, das sich eine Person *(Imageträger)* von einem Objekt formt.
Der „subjektive" Charakter kennzeichnet die Abhängigkeit vom Imageträger; nicht die objektiven Eigenschaften (technischer Grundnutzen), sondern die subjektiv empfundene Abbildung charakterisiert das Image.
Das „Gesamtbild" setzt sich aus *kognitiven* (Wahrnehmungen, Gedächtnis, Denken) und *emotionalen* (Gefühle, Einstellungen) *Elementen* zusammen.
Als „Objekt" können in einer allgemeinen Auffassung auch Personen und Personengruppen gemeint sein. Im vorliegenden Sachbezug werden jedoch lediglich ökonomische Objekte (z. B. Firmen, Warengruppen, Produkte, Marken, Dienstleistungen) betrachtet.
Diese hier gewählte Begriffsabgrenzung im Rahmen des Marketing kann als ökonomisch begründete, pragmatische Zusammenfassung von psychologischen Kategorien verstanden werden.

1.2. Imagearten

Abgesehen von den bereits erwähnten unterschiedlichen Objekten und damit möglichen Image-Unterscheidungen lassen sich aus
a) der Stellung des Imageträgers (Aspekt) und
b) dem Realisationsgrad
Image-Varianten ableiten (Tabelle S. 285).

1.3. Allgemeine Image-Charakteristik (Imagedimensionen)

- *Rufartigkeit*: Für die Existenz des Image ist es gleichgültig, ob die Informationen eigenen Erfahrungen oder übernommenen „rufartigen" Meinungen entstammen.
- *Vollkommenheit*: Images wandeln sich mit der Intensität der persönlichen Erfahrung mit dem Objekt.

	Ist-Image	Soll-Image
Eigen-Image	Subjektive Beurteilung eigener Objekte: z. B. Eigen-Firmen-Image Eigen-Marken-Image	Zielvorstellung aufgrund eigener interner Beurteilung eigener Objekte: Soll-(Ideal)-Image
Fremd-Image	Beurteilung aus der Sicht a) der Konkurrenz Konkurrenzfirmen-Image Produkt (Marken)-Images (Qualitäts-, Preis-Image etc.) b) der Nachfrage Verwender-Images Nicht-Verwender-Images (bezogen auf Firmen, Marken, Preisniveau etc.) c) der Anbieter Image als Abnehmer (Vertragstreue, Zahlungsverhalten etc.) d) sonstiger Gruppen z. B. Beschäftigte, Verwaltungsinstanzen u.a.	Zielvorstellung als Grundlage für image-politische Maßnahmen Anzustrebendes Soll-Image für externe Beurteilungen aus der Sicht der - Konkurrenz - Nachfrage - Anbieter - Beschäftigten - öffentlichen Verwaltung etc.

– *Rang der Imageobjekte*: Das generellere Image (z. B. einer Produktkategorie) ist starrer und wirkt imageformend auf speziellere Images (z. B. Marken-Image).
– *Starrheit:* Images zeigen gegenüber den Veränderungen der Realität (z. B. Qualitätsänderungen, Werbeaussagen etc.) Remanenzwirkungen.
– *Homogenität der Inhalte*: Images zeigen zwar persönlichkeitsbedingte individuelle Abweichungen, sind jedoch im allgemeinen gruppenspezifisch ähnlich.

2. *Imagewirkungen*

Den psychologischen Kategorien des Imagebegriffes entsprechend lassen sich die Wirkungsbereiche des Image und die Zielkomponenten der Image-Politik umreißen:
a) Vom Konsumenten aus:
1. Orientierung im Marktgeschehen, Angebotsorientierung.
2. Bedürfnisbefriedigung aus der emotionalen Komponente (*Zusatznutzen*).
3. Kommunikationsmittel gegenüber der sozialen Umwelt (*Bezugsgruppe*).

b) Vom Anbieter aus:
1. Beseitigen der Anonymität (Vertrauensbildung)
2. Abhebung des Angebotes vom Marktumfeld (relative Alleinstellung).
3. Positive Beeinflussung der Präferenzsysteme der Zielgruppe im Dienste der Absatzzielrealisierung.

Als Arbeitshypothese wird angenommen, daß das Image durch seine Komponenten Informationen filtert, die individuellen Präferenzordnungen den Objekten gegenüber beeinflußt, die Kaufneigung beeinflußt und damit letztlich auf das Konsumverhalten wirkt. Das Image ist damit ein Element der informations- und kaufverhaltensbestimmenden *Prädisposition*.

3. Image-Analyse

3.1. Aufgaben der Imageanalyse

Die Imageanalyse hat jene Daten zu liefern, die einen gezielten Instrumentaleinsatz zur Erreichung der genannten Image-Wirkungen ermöglichen.

Grundsätzliche *imagepolitische Zielkategorien:*

1. Schaffung eines Image (z. B. Produktpositionierung im Falle einer Neueinführung);
2. Imageänderung oder -korrektur, wenn es die angestrebte Marktzielformulierung erfordert (z. B. Relaunch, Modernisierung, Reaktion auf Konkurrenzmaßnahmen).

Dazu benötigt man die Analyse der bestehenden Marktsituation:

Images von eigenen Objekten (Verwender-Image, Nicht-Verwender-Image etc.)

Images übergeordneter allgemeiner Objektbereiche (z. B. Warengattungs-Image, Unternehmens-Image);

Images der Konkurrenz;

Images ähnlicher Objekte im gleichen Verwendungsbereich.

Aus der Struktur des Images als Kombinat von kognitiven und emotionalen Elementen und aus der Stellung im sozialen Kommunikationsprozeß ergeben sich als Analyseinstrumente die Methoden der *empirischen Psychologie und Sozialforschung* (Befragung, projektive Verfahren, Exploration, semantische Differentiale etc.).

Der Einsatz ist der methodischen Kompetenz des Marktforschungsspezialisten zugeordnet. Als einschränkender Rahmen für Umfang der Stichproben und Auswahl der Untersuchungsinstrumente wirkt u. a. das zur Verfügung stehende Budget.

3.2. Graphische Darstellungen zur Imageanalyse

Zweidimensionale Image-Positionierung:

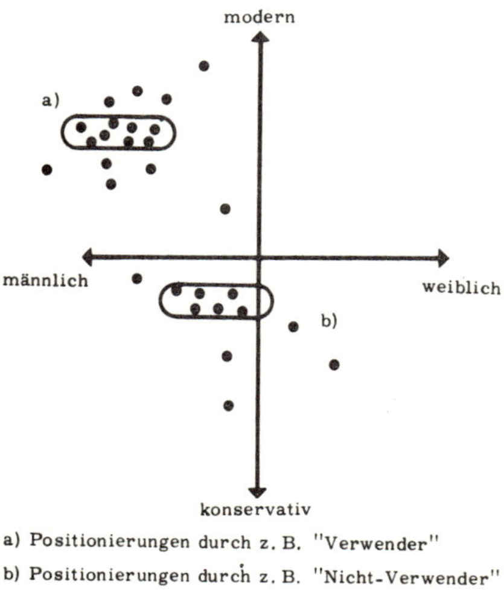

Abb. 61: **Imagepositionierung 1**

Mehrdimensionale Image-Positionierung im abgewandelten semantischen Differential (skaliert):

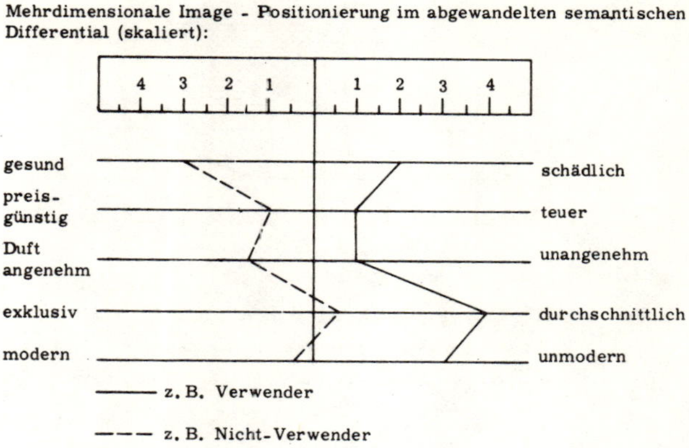

Abb. 62: Imagepositionierung 2

Skalierungsdarstellungen zur Imageanalyse:
Flächendarstellung und Profile zum Vergleich zwischen
- Verwendern – Nicht-Verwendern
- Kunden – Nicht-Kunden
- Konkurrenzprodukten
- Erwartungen (Soll-Image) – Erfüllungsgrad (Ist-Image) etc.

Flächendarstellung

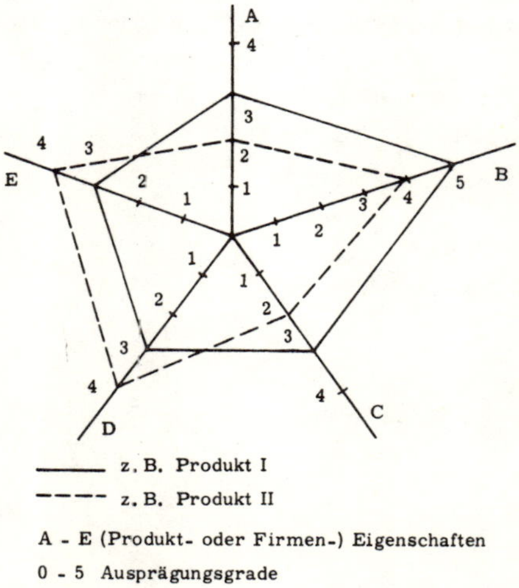

Abb. 63: Imagepositionierung 3

Image-Profile

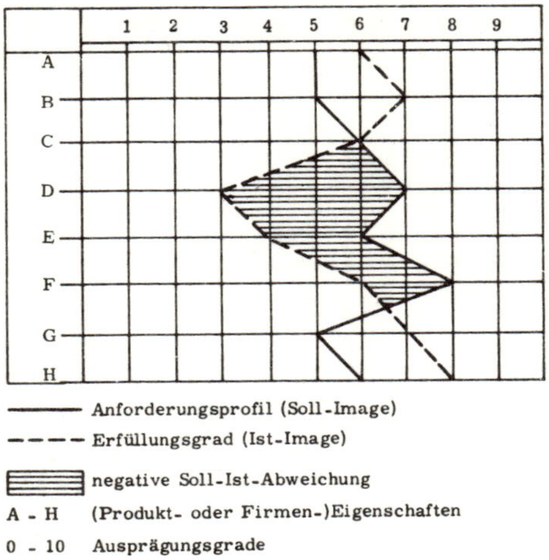

Abb. 64: Imagepositionierung 4

4. *Image-Beeinflussung*

Die Beeinflussung des Image erfolgt durch die subjektiv empfundenen Auswirkungen von drei grundlegenden Einflußbereichen:

a) Die absatzpolitischen Instrumentalbereiche
   - Produktgestaltung
   - Preis
   - Distribution
   - Werbung

b) Public-Relations-Maßnahmen als Instrument für das Unternehmungs-Image

c) Außerökonomische Informationsquellen
   Generelles Informationsverhalten der Zielgruppe unter Berücksichtigung des Imageobjektes
   - two-step-flow of communication
   - Bezugsgruppenorientierung
   - opinion-leader

5. *Entscheidungsprozeß*

(siehe Schaubild Seite 289)

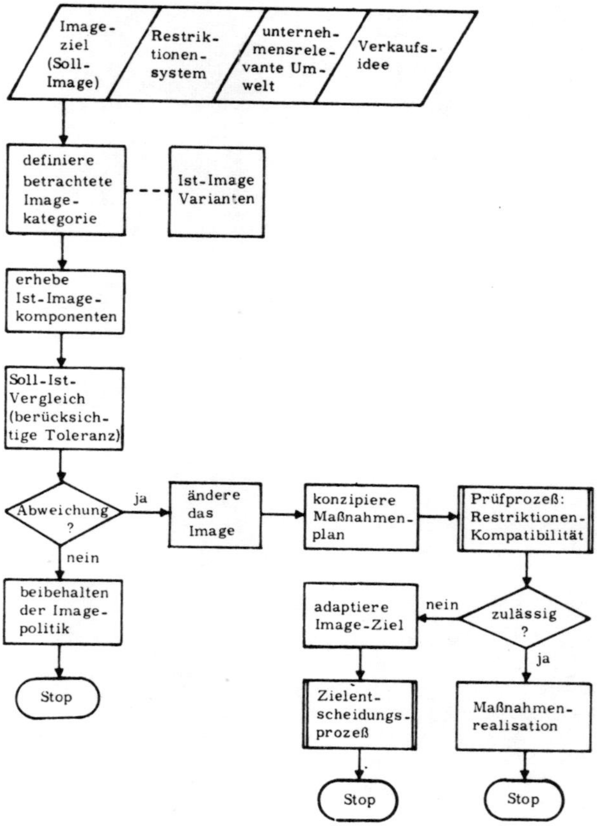

6. *Literatur*

Atteslander, Peter, Methoden der empirischen Sozialforschung, Berlin 1969.

Berth, Rolf, Marktforschung zwischen Zahl und Psyche, Stuttgart 1959.

Johannsen, Uwe, Das Marken- und Firmen-Image – Theorie, Methodik, Praxis, Berlin 1971; *ethymologische Begriffsklärung – verwandte Begriffe – Literaturüberblick – Image im Marketing-Mix – Methodik der Image-Analyse – Präsentation einer durchgeführten Imagestudie.*

Johannsen, Uwe, Image und Image-Planung, FfH-Mitteilungen, hrsg. von der Forschungsstelle für den Handel, Berlin, Mai 1973, S. 1–5.

Müller, Gernot, Das Image des Markenartikels, Opladen 1971; *theoretischer Überblick – Imageanalyse – imagepolitischer Instrumentaleinsatz.*

Nieschlag, R., Dichtl, E., Hörschgen, H., Marketing – Ein entscheidungstheoretischer Ansatz, Berlin, 4. Auflage 1971, S. 451 ff; *begriffliche Bestimmung,* S. 385 ff; *Überblick über theoretische Ansätze zur Imageanalyse – Vektorendarstellung – zweidimensionale Positionierung.*

Phillips, Bernard S., Empirische Sozialforschung – Strategie und Taktik, Wien-New York 1970.

Spiegel, Bernt, Die Struktur der Meinungsverteilung im sozialen Feld – das psychologische Marktmodell, Bern-Stuttgart 1961.

Wiswede, Günther, Motivation und Verbraucherverhalten, München-Basel 1965, besonders S. 223 ff; *„Produktbild" – Vektorendarstellung – Imagedimensionen.*

Absatzpol. Zielsystem | Ausmaßausprägung | ZIELBEZIEHUNG

Zielkategorien	absolut	relativ
unternehmenspol. Ziele	Ideologien, Grundsätze, Philosophien	Unternehmensrentabilität
Finanzziele	Stückzahl, Gewinn, DB, Cash flow	EK bzw. Gesamtkap. Rentabilit.
Marktziele	mengen- u. wertmäßiger Umsatz	mengen- u. wertmäßiger Marktanteil
Instrumentalz.		

Instrumentalz.:
- produktpol. Z.
- preispol. Z.
- komm.-pol. Z.
- distrib. pol. Z.

Beziehungswirkung

Beziehungsebene
- vertikal: hierarchische Beziehung (Umsatz, DB)
- horizontal: Beziehung zw. Unternehmensbereichen u. -instrumenten, Abrundung eines Prod. programms

1-Linien System:
- U-Ltg.
  - Einkauf
  - Prod.
  - Marketing
    - Prod. Entwicklg.
    - Außendienst
      - N, NÖ
      - STMK, BGL, K,
      - S, VB, T
    - Werbung
    - Marktforschung
  - Finanzen & Rechngsw.

funktionale Gliedeg

regionale Gl

objektbez. 1-Linien System
- U-Ltg.
  - Prod I
  - Prod II
    - Privatverwender
      - Werbg
      - Außendienst
    - Betriebe
      - Region Ost
      - Region West

Produktmanagersystem
- Marketing
  - Bereichsleiter / Gruppenleiter
    - PM 1
    - PM 2
      - APM 1
      - APM 2
    - PM 3
  - Vertrieb
    - Region I
    - II
    - III
- Produktion
  - Werk I
  - Werk II
- Finanzierg.
  - Personal
  - Rech.-W.
  - Rechtsabt.
  - Organ.

Matrix:

U-Ltg.	Beschffg.	Absatz	Prod
PI			
PII			
PIII			

sachl. Krit.

Risikobereitschaft

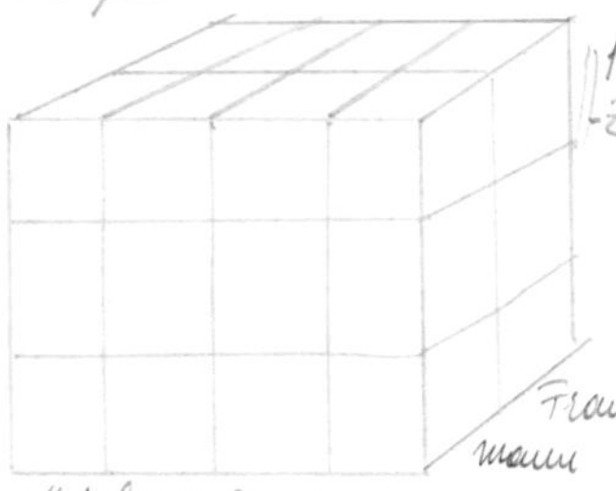

	Realgüter mat.	Realgüter immat.	Nominalgüter stets immater.
urspr. Güter	Seife	Dienstl.	Geld
abgel. Güter	Optionen	Theaterabo	Anspruch auf Geld

Auswahl d. Prod. | Entscheidungssit.

1 Prod.
- Einführg.
- Variation
  - Relaunch (Prod. gibt es schon, Forcierg d. Verk.
  - Modif.
  - Diff.
- Eliminierg

mehrere Prod. z.B. Prod. Linie
Entscheidungen, die Gesamtang. treffen (Sort.-Breite u. -tiefe)
- Einf. schrittweise ges.
- Variation
- Eliminierg
- Prod. Progr. od. Sortiment
- Prod. Linie

Sachregister

Die kursiv gedruckten Seitenzahlen beziehen sich auf abstracts in den Literaturhinweisen.

Absatz *131*, 228
– direkter 232
– indirekter 233
Absatzform *244*
Absatzkanal *243*
Absatzmittler 232, *243*, *244*
Absatzmittlerverhalten *244*
Absatzmittlerwahl *244*
Absatzpolitik *45*, *158*, 230
– selektive 87, *96*, *114*
Absatzpolitischer Entscheidungsprozeß *45*, *96*, *114*
Absatzsegmentrechnung *96*, *114*, *115*, *244*
Absatzweg *239*, *243*, *244*
Absatzwegentscheidung *239*
Absatzwegoptimierung *239*
Absatzzielsystem *45*, 153, 234
Adressatenkreis 189, 198
AID-Verfahren *96*, *132*
Akquisition 230
– selektive 233
– universale 233
Akquisitionsorgane 231, 236
Akquisitionssystem 229f., 232, 235f., *239*, *243*
Aktionsphasen des Güterstromes *283*
Allokation von Distributionsaktivitäten *243*
– Heuristisches Modell *244*
Alternativenbewertung *45*, *46*
Alternativenrepertoire *45*, *85*, *86*, 237
Anreizsysteme in der Distribution *243*
Anspruchsniveau 35, *45*
Arbeitskapazität pro Stelle *213*
Aufbaustruktur 33, 36, 63, 206
Aufgabenträger im Beschaffungsentscheidungsprozeß 191
Aufmerksamkeitserfolg 128
Auftragsgröße *243*
Auswertungsökonomie *85*
Auswertungsverfahren *85*
Autorität *204*

Bedeutungsfunktion 59, 60, 126
– normierte 60
Bedienung 267
Bedingungsrahmen 46
Beeindruckungseffekt *132*
Befragungen 77
– Interview- 77
– Panel- 77
Beleg 190, 204ff.
Belegerstellung 207 ff.
– repetitive 207, 209
– singuläre 207, 209
Belegfluß 205, *213*, *214*
Planung und Kontrolle 212, *213*
Belegflußgeschwindigkeit 212f.
Belegkosten 209
Belegmengen 208
Belegplanung 206
Belegprozeß 204ff.
Belegsystem *114*, 204ff., *213*
Beobachtungen 77
Beschaffungsbudget 64, *204*
Beschaffungszeit 64
Bezugsgruppe 285
Bezugsgruppeneinfluß *132*
Break-Even-Diagramm 107, 109f.
Break-Even-Point 98
Budget *46*
Budgeterstellung *46*, *132*
Budgetprognose *46*
Budgetierungsmethoden in der Werbepolitik *131*, *132*
Buyer 193

decider 193
Deckungsbeitragsrechnung 108f., *114*, *115*
Decodierung 61, 127
Decodierungsziele 129
DEMON-Modell *106*
Desaggregierbarkeit 31
Dezentralisation *114*
Dienste 270ff., *283*
– dispositive 278, 282
– exekutive 278, 282
– individualisierte 279, 282
– standardisierte 279, 282

Diensteabnahmepotential 276
Diensteabsatz 275
Diensteangebot 276
Dienstebegriff 275, *283*, 284
Diensteerstellung 275, 278
– Phasen der 277
Diensteerstellungspotential 276
Dienste-Marketing 278, *283*
Dienstenachfrage 276, 281
Diensteobjekt 274
Dienstepotential 273, 277
Diensteproduktion 277, *283*
Diensteprofile 281
Dienstleistungsbetrieb *283*
Dienstleistungsbranchen *284*
Dienstleistungssektor *283*
Diffusionsanalyse *106*, *132*
Diffusionsprozeß *132*
Direktkontakt im Marketing 265ff.
Distribution 228ff., *239*, *243*, 267
– physische *243*
Distributionskapazität 99, 234, 238, *243*
Distributionskonflikt *243*, *244*
Distributionskontrolle *243*
Distributionsmanagement 234, 237, *243*
Distributionsmodell *239*
Distributionsnetzwerk *243*
Distributionsproduktivität *244*
Distributionssystem 228ff., *239*, *243*, *244*
Distributionsweg 134, *239*
Distributionsverwaltung *239*
Distributionsziele 235, *243*
Diversifikation 147, *152*
Dokumentationssystem *85*, *132*

Eignungsprofil *213*
Einstellung *132*
Einzelhandel *239*, *243*, *244*
– Betriebsformen im *239*
Einzelkosten *115*
Elementarzeichen 60
Emotionale Elemente 284
Empfangsverhalten 126, 210, *214*
Encodierung 61, 125ff.
Entscheidung 32, *45*, *46*, *85*, *115*
– unter Ungewißheit 62, *204*
– unter Unsicherheit 62, 69
Entscheidungsanlaß 189
– konstitutiver 190
– situativer 190
– Organisation des 190, *203*
Entscheidungsfeld *45*, *85*
Entscheidungsprozeß 59ff., *114*, *203*
– distributionspolitischer 228ff., *239*, *243*, *244*
– imagepolitischer 286ff.
informationelle Struktur *85*, *86*
Informationsbeschaffungs- 63, 67f., 78, 79ff., *85*, *106*, *132*
Kalkulations- 111f., *114*
– kollektiver 188ff., *204*
Marktsegmentierungs- 94f.
– preispolitischer 152, 158ff., *158*
– produktpolitischer 100ff., *105*, *152*
– der Produktvariation 149ff., *152*
– werbepolitischer 124ff., *132*
– Ziel- 31ff., 39ff., *45*, *46*
Entscheidungsregel *46*, 62
Entscheidungsverhalten *86*, *204*
Erfolg 106, *152*
Erfolgsrechnung *283*
– kurzfristige, im Einzelhandel *114*
Erfolgsträger 273
Ergiebigkeitsrechnung *96*, *114*, *115*
Erhebungsmethoden *85*, *86*
– Anforderungen an die 78
Erinnerungserfolg 128
Experimente 77

Factoring *244*
Feldverkauf 267
Filter 68, 74
Filterung von Produktideen 98, 100, 103f., *105*
Finalität 32
Finanzziele 97
Franchise-System *244*

Gate-Keeper 193, 199
Genauigkeitsgrad 64, 207
– kostenoptimaler 66f.
Großhandel *243*
Entwicklungstendenzen *239*
Grundnutzen 97

Handelsbetriebe 231
Handelsmakler *244*
Handelsmarken *244*
Handelsprozeß 231
Handelsvertreter 232, *244*
Herstellermarken *244*
Heuristik *85*
Homogenitätshypothese 88
Homo-ökonomikus-Modell *45*

Ideenproduktion 98, *106*
Ideenprüfung 98, 103f., *105*, *106*
Identifikationsproblem 190, 191, 195, 198
Image 284, 285, *288*, *289*
– Homogenität des 285
– Rang des 285
– Rufartigkeit des 284
– Starrheit des 285
Image-Analyse 286, *288*, *289*
– Flächendarstellungen 287

Image-Analyse
– graphische Darstellungen zur 286
– Skalierungsdarstellungen zur 287
Image-Beeinflussung 288
Image-Politik 286, 288, *289*
Image-Positionierung 286ff., *289*
Image-Profile 287f.
Image-Variation 148
Imagewirkungen 285
Influencer 193
Information 60f., *86*
Informationsangebot 63, 207
Informationsbedarf 63, *85*, *86*, 206, *213*, *214*
– kategorial 70
– peripher 74
– zentral 74
Informationsbeschaffung *85*, *86*, *132*, *214*
– Ökonomität der 65, *85*
Informationsbeschaffungskosten 65, *85*
Informationsbeschaffungsprozeß 63, 67f., 78, 79ff., *85*, *106*, *132*
Informationsbeschaffungszeit 66, *85*
Informationsentscheidung 79ff., *86*
Informationserfolg 65, *86*
Informationsfluß *85*, *86*, *213*, *214*, *239*
Informationsgewinnung *46*, *85*, *86*
Informationskapazität 64, *85*
Informationskosten 65, 69, *85*, *86*
Informationsnachfrage 63, 207
Informationsökonomie 63, *85*, *86*
Informationsprozesse 61, *85*, *132*
Informationsstand *85*
Informationssuche 75f., *85*, *86*, *214*, 266
Informationstransformation 46, *85*, *86*, 205, *214*
Informationstransmission *86*, *214*
Informationsveralterung *85*
Informationsverhalten *132*, *158*
Informationswirkungen 127
Informationsziel 74, *86*
Innovation *105*, *152*
Investitionsdienste 276
Investitionsentscheidung *106*, *204*
Investitionsgüter 182, *204*
Investitionsgüter-Marketing 182ff., 197, *204*

Kalkulationsentscheidungsprozeß 111, *114*
Kardinalskalen 35
Kategoriale Effizienz 70f., 73f.
Kategoriale Entsprechung 69
Kaufberatung 267
Kaufeinstellungen bei Dienstekonsum 281
Kaufentscheidung 193
– habituelle 188
– innovative 188
Kaufentscheidungsprozeß *132*, 182
– allgemeiner 185
– organisierter 189ff., 195, 199, *204*
Käuferverhalten 89, *158*
– Partialmodelle 182
– Strukturmodelle 182, 184, *204*
– Totalmodelle 183, 185, *204*
Kaufverhalten *132*, 182, *204*
Knappheit 97, 275
Kognitive Elemente 284
Kommissionär *244*
Kommunikation 62, 190
– hierarchiedifferenzierte 208ff., 212, *213*, *214*
– segmentierte *85*, *214*
– werbliche 269
Kommunikationsengpässe *214*
Kommunikationsentscheidung 124, *243*
Kommunikationsgeschwindigkeit *214*
Kommunikations-Management *213*
Kommunikationspolitik *284*
Kommunikationsprozeß 61, *85*, *86*, 128, *131*, 211, *213*, *214*
Kommunikationsprozeß und Werbung 126ff., 269
Kommunikationsstruktur *85*, *86*, 124, 193, 209, *213*, *214*
Kommunikationsweg *213*, *214*
Kommunikationswirkung 269
– soziale 97, 269
Kommunikationsziele *86*, *132*
Konsumdienste 276
Konsumgüter 48
Kontakt 265ff.
– individueller 265
– organisatorische Erscheinungsform 266
Kontaktelemente 268
Kontaktform 268, 279
Kontaktgestaltung und werbliche Kommunikation 269
Kontaktnahme 268
Kontaktobjekte 283
Kontaktorganisation 267f.
Kontaktumfeld 268, 283
Kontaktziele 197, 265
Kooperation 191, *243*
– freiwillige *243*
Kooperationsgrad 191, *203*
Kooperationsformen *239*, *243*
Kooperationsmethoden *243*
Kosten 106, *114*
Kostenbewertung *114*
Kostendeckung 107
Kosteninformation *114*
Kostenkontrolle der Distribution *115*
Kostenrechnung 106f.
Kostenträger 273
Kundenkontakt 265
Kundenmarktsegmentierung 88
Kundensegmentierungskriterien 88

Lagerprozeß 134, 233, *239*
Leistungsträger 273

Logistikelemente 233
Logistikkapazität 236, *243*
Logistik-Optimierungsmodelle *132, 239*
Logistikorganisation *243*
Logistikstruktur 233, 236
Logistiksystem 229, 233, 235f.
Logistikziele 234f., *243*
Lösungseffizienz 74
Lösungsrelevanzfilter 74

Marketingbudgets 91
Marketingkennzahlensystem *85*
Marketingkommunikation *85, 132*
Marketinglogistik *239, 243*
Marketing-Mix,
– im Bankbetrieb *283*
– der Investmentgesellschaften *284*
Marketing-Mix-Planung *85, 239*
Marktdifferenzierung 87
Marktentnahmeverhalten 281
Marktfähigkeit 274
Marktforschung 75ff., *85, 86*
Marktpotential eines Verkaufsbezirkes *96*
Marktsegmentierung 86ff., *96*, 237, 281
– ökonomische Grenzen der 91
Marktsimulationsmodell *239*
Marktverhalten 157
Marktziele 97
Mediaselektion *131, 132*
Medien 127
Mediencharakteristik 127, *132*
Mehrzweckbeleg 207
Mietsystem *244*
Mitsprachesystem *244*
Mittel-Ziel-Hierarchie *45*

Nachricht 60
Nichtspeicherbarkeit 275
Nominalskalen 35

Operationalität 33, *46*
Operative Struktur des Belegsystems *213*
Opinion Leader 288
Opportunitätskosten *114, 115*
Ordinalskalen 35
Organisationsgrad von Entscheidungsaufgaben 181, *203*
Organisierter Kaufentscheidungsprozeß 189ff., 195ff., *204*

Packungsgestaltung 133, *136*
Packungspolitik 132ff., *136*
Panelerhebung 77
Pattern-System *45*
Personalkapazität *213*
Phasen des Entscheidungsprozesses 183, *203*
Phasenzustand 190, 198
Plankostenrechnung 106f.
Platzverkauf 267
Prädeterminiertheit 31
Prädisposition 184f.
Präferenzordnung 32, 35, 43, *46*
Pragmatik 32, 60, 74, *85*
Preis 152ff., 156, *158*
Preis-Absatz-Funktion 156, *158*
Preiserstellung 153f., *158*
Preisforderung 153
Preispolitik *115*, 152, 153ff., *159*
– Absatzzielsystem und – 153
Preispolitische Entscheidungen 152ff., 158ff.
– adaptive 154
– singuläre 154
Preispolitische Restriktionen 153f.
Preissystem 155
– flexibles 155
– starres 155
Preistest *158*
Preistypus 155, *158*
Prestigewert 97
Primärerhebungen 77
Problementsprechung 64, 68
Problemlösungsprozeß *85*
Produkt 97ff.
Produktbewertungsverfahren 99, *105, 106, 152*
Produktdifferenzierung 99, 147
Produktdiversifikation 99
Produkteinführung 97, 99, *106*
Produktelimination 97
Produktentwicklung 98, 104, *152*
Produktideenfindung 98, 103f., *105, 106*
Produktlebenszyklus 147
Produktinnovation *105, 106*
Produktionsgüter 182, *204*
Produktlebenszyklus 146, *152*
Produktmodifikation 147
Produktpolitik 96ff., *152*
– Aufgabenkatalog der 98
– Ziele der *45*, 97
Produkttest 99, 103f., *105*
Produktvariation 97, *106*, 146ff., *152*
– technische 147
Programmpolitik *105, 114*
Prototyp 104

Rationalität *45, 46*, 63
Reagibilität 108
Relevanzbaum *45, 85*
Restriktion 46, 74, 281
– der Beschaffung 64
– monetäre *46*
– preispolitische 153f.
– produktpolitische 98, 104, *105*
– werbepolitische 128, *132*
Restriktionenkatalog 46f., 134

Risikoempfindung im Dienstemarketing *283*
Rollendifferenzierung in der Organisation 191, 199, *204*
Rollenstruktur im Beschaffungsentscheidungsprozeß 191, 193

Screening 98, 104, *105*, *106*
Segmententscheidung 86ff., *96*, 237, 281
Segmentierungskriterien 87ff., *96*
Segmentierungsprämissen 90ff., *96*
Segmentierungsmodelle 87, 92
Sekundäranalyse 76
Selbstbedienung 267
Selektionsprinzip 87, *96*
Semantik 59, *85*
Semantisches Differential 287
Semiotik 59, 65, *85*, *86*, *131*, *132*
Sendeprofil 210f.
Sender 126, 210f.
Sendeverhalten 210, *214*
Signal 60
Skalen 34, *46*, *96*
Skalierung *85*, *96*
sprachtheoretische Gliederung des Kommunikationsprozesses *86*, *131*, *132*
SPRINTER-Modell *106*
Standardisierungsgrad von Diensten 279
Standorttheorie *239*
Streckengeschäft 244
Streuerfolg 129
Struktur 31
Strukturmodelle des Kaufverhaltens 182, *204*
Stückdeckungsbeitrag 109
Suchfragen 69, 72, 74
Syntaktik 49
System 31
– offenes 61

Tätigkeit 274
Teilkostendeckung 110
Teilkostenrechnung 107
Telefonverkauf *243*
Testmarkt 99, *105*, 105
Totalmodelle des Kaufverhaltens 183, *204*
– prädispositionsorientierte 183, 185
– prozeßorientierte 185
Translationsprozeß 61, 205
Transmissionsprozeß 61, 205
Two-Step-Flow of Communication *132*, *288*

Übertragungscharakteristik von Medien 127
Unternehmung 31
User 193

Variationsentscheidung 146, 148, 151, *152*
Vektordarstellung zur Imageanalyse *289*
Verbundmarken *244*
Verkaufsbezirk *243*
Verkaufsfahrer *244*
Verkaufsförderung *243*, *244*
Verpackungsfunktionen 133ff.
Verpackungsgestaltung 133
Verpackungspolitik 132ff.
Vertrieb,
– selektiver *96*, *243*
Vertriebsbindung *244*
Vertriebskostenrechnung 87, *114*, *115*, *243*, *244*
Vertriebsmethoden *243*, *244*, 267
Verwenderklassen 88, *96*
Vollkostendeckung 106

Werbebudget 130, *132*
Werbung als Kommunikationsprozeß 124ff.
Werbeerfolg 127f., *131*
Werbliche Kommunikation 124, *132*
Werbekommunikationsprozeß 124, 126
Werbemittel 127, 129, *132*
Werbeträger 127, *132*
Werbeziele 125, *131*
Wirtschaften 32
Wirtschaftlichkeitsprinzip 32, *85*
Wirtschaftsgut 96, *105*, 270f., *283*
– adjunktives 274

Zeichen 60
Zeichenfunktion 60, 125
Ziel 31f.
– imagepolitisches 286
– Mindestgewinn- *46*
– Organisations- *45*
– packungspolitisches 132ff., *136*
– preispolitisches 153, *158*
– Rufpflege *46*
– Sicherungs- *46*
– Wachstums- *46*
Zieladaptionsfilter 75
Ziel-Aktivitäten-Analyse *45*
Zielanpassung 39, 75
Zielartikulation 36, *45*, 64
Zielausmaß 34ff., *45*, *46*
Zielbeziehungsfunktionen 38, *45*, *46*, 213, 230
Zielbildung *45*, *46*
Zielentscheidungsprozeß 31ff., 39ff., *45*, *46*
Zielerreichung *45*
Zielforschung *45*
Zielfunktionalität 204
Zielgewichtung *45*
Zielgruppe 88, 90, 127
Zielhierarchie 32 ff., *45*, *46*
Zielinhalt 33, *45*, *46*
Zielkataloge *45*

Zielkompromiß *45*
Zielkonflikt *45*
Zielmessung *45*
Zielperiode 36, *45*, *46*
Zielplanung *45*
Zielsystem 31, 32, 37, *45*, *46*, 129
Zurechenbarkeit 108
Zusatznutzen 97, 285